研发者专利指南
从入门到精通

李可　薛亮 ◎ 著

知识产权出版社
全国百佳图书出版单位
—北京—

图书在版编目（CIP）数据

研发者专利指南：从入门到精通/李可，薛亮著. --北京：知识产权出版社，2025. 3.

ISBN 978-7-5130-9641-6

Ⅰ. F273.1-62；G306-62

中国国家版本馆 CIP 数据核字第 2024BZ7800 号

责任编辑：张　冰　　　　　　　责任校对：王　岩
封面设计：杰意飞扬·张　悦　　　责任印制：孙婷婷

研发者专利指南——从入门到精通

李　可　薛　亮　著

出版发行	知识产权出版社 有限责任公司	网　　址	http://www.ipph.cn
社　　址	北京市海淀区气象路 50 号院	邮　　编	100081
责编电话	010-82000860 转 8024	责编邮箱	740666854@qq.com
发行电话	010-82000860 转 8101/8102	发行传真	010-82000893/82005070/82000270
印　　刷	北京九州迅驰传媒文化有限公司	经　　销	新华书店、各大网上书店及相关专业书店
开　　本	787mm×1092mm　1/16	印　　张	27.25
版　　次	2025 年 3 月第 1 版	印　　次	2025 年 3 月第 1 次印刷
字　　数	679 千字	定　　价	138.00 元

ISBN 978-7-5130-9641-6

致 谢

由衷感谢集佳知识产权代理有限公司的各位老所长及师长、同仁，尤其感谢李德山、高少蔚、李泽艳、潘炜几位老师，还有给出诸多细致修改建议的宝筠老师；还要感谢创建集慧智佳的李雷和各位师长、同仁，为我们创造了最好的条件、提供了最有力的帮助。

由衷感谢给予各种支持的同业及各界的师长、同仁、朋友，他们来自华为、中国中车、腾讯、阿里巴巴、中国移动、搜狗、中国船舶、三一集团、石家庄药业、联想、索尼、苹果、三星等公司，以及各事务所、政府部门和非政府机构。

特别感谢郭永红老师。

特别感谢腾讯专利总监桂燕。

本书是基于以上所有人与两位作者以共同的经历一起写就的。

李 可 薛 亮

壬寅二月十一

（2022 年 3 月 13 日）

特别致谢

　　我应邀为哈尔滨工业大学毕业生参照本书做专利认知培训期间，哈尔滨工业大学原副校长徐晓飞莅临指导，除强调专利的重要性外，还讲到学专利不是为学而学，是为了利用好专利，要创造专利、使用专利，把专利变成利益。徐老师表示这方面知识学校教得还比较少，并对这种学习培训的积极作用给予了肯定。

　　我深受鼓舞，于此向徐晓飞老师致以特别敬意和感谢！

作者　李可

癸卯秋分

（2023 年 9 月 23 日）

哈尔滨工业大学原副校长徐晓飞（前排中央）与作者李可（前排右三）及部分学员的现场合影，摄于 2023 年 8 月 27 日。

序　言

科技创新已经成为未来经济发展的原动力，无论是企业还是个人，都应顺应这一趋势。专利中潜藏着获取经济利益的全局趋势性机遇。现实的挑战在于，在正确专利认知的基础上，建设起驾驭专利的能力。很多已经申请了大量专利的企业还在饱受困扰：投入很多资金和精力获得的大量专利却不能产生效益。然而，各行各业也有杰出的例子。典型者如华为，已经开始凭借专利收取许可费，相关发明人也有丰厚收益。其关键就在于，华为及其人员具备优秀的专利认知和专利能力，很清楚该选取哪些高价值的过硬技术方案去申请专利，能够选择优秀的代理机构为之服务并监控好质量，并善于在经营中用好专利。这就是本书的着眼点：为企业及研发人员从启蒙开始，建设起系统、正确的专利认知、专利能力，以实现收益。

本书站位于研发者和企业，为之立足于商业价值，为其合理谋求正当商业利益最大化，顺应专利认知向商业价值的回归。从中国出发，打造国际视野下的专利认知、能力框架，兼顾主要国家的专利制度，贯通专利培育、运用、价值实现。因此，本书适于用作研发者和企业专利工作的参考书。

本书对于传统专利服务业的从业者，例如专利代理师、审查员，在专利及代理和审查工作方面加深和丰富认知具有指导意义，尤其对可能转型进入企业工作的相关人员更具价值。

当前，专利普遍仍未受到应有重视。除了环境因素，还因为其专业性强，更因为其影响主要作用于未来而非当下。

受制于历史和现实环境，专利传统认知未能充分立足于专利的商业创投本质，视角主要局限于法律和技术细节，忽略了更为根本的与商业经营紧密融合的风险投资、资产估值、商业运用、经营管理等方面的认知和能力。本书重点针对上述问题，希望积极推动其得到解决。如此，专利才能真正成为科创经营的赢利利器。

无论是对于企业还是个人而言，专利在利益分配中的话语权正在迅速增强。这种长期必然趋势取决于中国科技实力的迅速提升、经济更加开放和市场化更加深入，以及经济增长越发依赖科技创新。研发者和企业必须具备商业、技术、法律三维融合的专利能力，方能顺应趋势，利用专利保障自身利益。否则，将可能出现核心技术资产因缺少专利壁垒的有效保护而遭受贬损，严重削弱企业的竞争力、赢利能力和持续发展能力，这对研发者的个人发展和价值实现也极为不利。而且这种影响将随着商业环境的发展越发凸显。

专利必须为研发者所了解和把握。倘若源头就有缺陷，下游不仅难以弥补，甚至可能会将缺陷放大。研发者作为技术成果和专利的源头，其对技术成果的有效专利保护和价值实现的职能无可替代。专利能力已经成为研发者越来越重要的竞争力，需要系统培养。

　　本书首要全面面向研发者——企业研发设计人员，也包括可能产出技术成果的技术和非技术岗位的工作人员，以及院所、院校的科研人员，为这些不能回避专利的人从启蒙开始，搭建专利认知框架，系统建设专利能力。研发者在本书的指导下可以依价值理念、专利规则，从技术成果中系统地挖掘适于专利保护的提案，形成专利技术交底书，从技术角度做好专利申请质量把控，在产品开发中做好侵权规避，为企业专利维权和风险管控提供良好的技术支持，其中涉及专利与科技情报的检索和利用等。除了完成好自己的工作，研发者还应清楚哪些工作需要内部和外部的专业支持以及如何获得支持，能够与专利专业人员顺畅配合，最经济地做好专利工作。除此之外，本书还涉及发明人权益等内容。所以，本书可以成为研发者的工具书和相关职业能力建设的教材。

　　相应地，本书可以作为理工科学生普及专利知识的教材，因为他们是未来的研发者。

　　此外，本书还就专利能力依企业的站位做了全面延展，从战略、策划、实施层面覆盖企业经营所涉及的专利问题，以使其认知框架完备，满足研发者、企业多层面需求：从专利预算和规划、代理机构的选用和管控、专利质量控制和管理维护，到标准与专利的结合、商业运营和投资并购中的专利运用和风险管控、发起和应对专利诉讼、制度和能力建设等。研发者如能对其有所了解，则利于个人发展，同时使企业整体专利工作更加顺畅。所以，本书也特别适合于企业专利管理人员、各级经营管理人员、核心业务人员、双创人员，以及为企业提供专利管理咨询服务的机构、咨询师。这是因为，他们所需的专利能力与研发者相通。本书尤其适合成为企业和咨询机构各层次专利培训、职业能力建设的参考书和教材。

　　相应地，本书可以成为经营管理专业学生的教材，他们是未来的各级经营管理人员、核心业务人员、咨询师等。

　　本书也是从专利能力建设方面为研发者及管理人员提供转型支持的理想读本。对专利缺少了解的企业技术主管，例如技术总监、产品经理，在本书的系统指引下能够转型为专利总监，处理、规划好企业专利事项，尤其在顶层商业决策中用好专利，支持好企业运营。此外，由于企业和个人发展的共同需要，有些研发者必将部分或完全转型成为经营管理者，例如技术主管、总监或专利主管、总监，甚至自主创业。

　　本书就企业如何在良性市场环境下成就高价值专利提供了根本性方向指引。高价值专利的成就依赖外因和内因。外因是专利强保护的良性市场环境。对于大环境，只有顺势而为、因势利导。内因是企业的有效发力点，根本在于以人为本、立足商业价值的系统性专利能力建设，其中最为关键的两部分人群，也是长期的能力瓶颈：一是身处企业核心管理层的专利工作最高负责人，例如企业副总、专利总监；二是作为专利源头的研发者。本书重点覆盖了这两部分人群，以研发者专利能力建设为根本和重心，系统延伸到专利总监的培育选拔。在此基础上，企业高价值专利的培育和运用便水到渠成。

　　尽管本书意在帮助研发者和企业系统地打造认知框架、建设专利能力，但这并不意味着研发者和企业不需要专利等领域的代理师、顾问、律师的外部专业支持。要以最现实、经济的方式达成最优效果，需由专业的人做专业的事。研发者与内部和外部专业专利人员应达成融合式的顺畅配合。技术、专利"两张皮"式的配合，表面上看似简单有效，但是严重侵蚀专利工作质量，是造成企业专利投入有所浪费和损失的主要根源。这也是本书要解决的问题。

除专利外，研发者和企业还应了解其他涉及技术的知识产权，如商业秘密中的技术秘密、软件著作权等，本书对此也做了介绍。由于专利最为关键，对能力要求最高，因而本书以专利为重心。

需要说明的一点是，本书首要面向的不是知识产权专业人员，因此其中的概念和内容阐述力求简单易懂，以满足实用为目的，以免为研发者和企业在理解、运用中过度增添困扰。研发者应重点掌握的内容在各章起始做了指示。企业应全面掌握本书内容。

针对专利代理师、审查员、律师、资产评估师的学习培训资料已经相当完备，而真正立足于研发者和企业的系统性专门资料非常欠缺，难以跟上发展步伐。作者愿借此书贡献一己之力。

本书第 8 章、第 19 章由薛亮撰写，其他章节由李可撰写。

因作者知识及能力局限，本书难免存有不足，敬请批评指正！

李可　薛亮

联系方式：easelike@qq.com

癸卯二月（2023 年 3 月 15 日）

目　录

懂专利的意义

阅读提示

对于研发者，绪论全篇内容均属于重要内容。

无论是企业还是个人，专利中潜藏着获取经济利益的全局趋势性机遇，其中的挑战在于，在正确专利认知的基础上，建设起驾驭专利的能力。

企业以获利为目的，故而企业取得、运用专利也是为了获利。随着中国商业环境更加开放和市场化，技术创新越发成为经济发展的原动力，专利对企业和个人收入、利益的影响越发显著。研发者和企业必须具备商业、技术、法律三维融合的专利能力，方能顺应趋势，用专利锁定利益。

研发者，指企业研发设计人员，包括可能产出技术成果的技术岗位和非技术岗位的人员，如工程师、设计师、技术员，以及科研院所、高等院校的科学家和科研人员。

1. 专利的话语权增强是长期趋势

从世界和中国的长期发展趋势看，市场化的经济活动将稳步增长，并且越发依赖技术创新。专利是商业市场中对涉及技术的商业活动加以制约、重新分配利益的主要手段。因此，专利的话语权增强是长期趋势。

改革开放后，中国建立了市场化的经济运行模式和配套的专利保护制度。而很多国有企业，例如航天、军工企业，其主要业务并未进入商业市场，仍在体制内依国家需要运行。此时，专利没有实际意义，因为专利等知识产权仅在商业市场中有作用。但当这些企业将越来越大的业务份额切入商业市场，尤其是走向海外时，就必须面对专利了。

外向的市场化运营是大势所趋。在国际、国内双循环的经济格局中，国际循环的潜力更大，全球越来越紧密地形成人类命运共同体，跨国经济活动将是经济增长的主引擎。而跨国经济活动只能由市场化规则主导，这也将使国内循环更加市场化。如此，国内循环与国际循环方能充分衔接而不致割裂。由于技术创新在经济增长中的作用越来越大，与市场化经济活动的增长叠加共振，意味着专利活动必然以更高的复合增速长期增长，专利的话语权随之加强。

改革开放之初，中国的科技水平相对于世界领先水平差距较大，技术积累薄弱，过于激进的知识产权政策反而会对活跃经济、引进技术产生负面影响，因此在诸多国内行业市场，尤其是相对封闭的市场中，知识产权治理相对滞后。但是随着中国科技实力的迅速提升，在越发开放、成熟的商业市场中，对本国日趋雄厚的技术积累加强专利保护已经成为强烈的内生需求，这一因素也在强化专利的长期话语权。

2. 专利——机遇与挑战

专利话语权增强的长期趋势，将为企业运营和研发者工作的生态及能力要求带来变革。企业和研发者都必须做好专利能力建设，方能化挑战为机遇，顺应大势，有所成就。

欲使专利发挥价值，须以知识产权强保护环境为外部先决条件，以企业娴熟驾驭知识产权的能力为内在决定因素。中国商业环境的特点是不同地域和行业的状况极不平衡且变化很快。就未来将面对的商业环境，企业和研发者需有前瞻性的思考和准备。专利能力并非朝夕可就。

公平竞争的市场中，企业势必无法获得暴利。垄断是暴利的温床，但是垄断不受欢迎，会招致反垄断规制。然而，专利是公众接受和支持的"垄断"权利。善加利用知识产权，企业可合法获取收益。如此，要求企业须有娴熟驾驭专利等知识产权的能力，且能力的重心在于商业运用。

研发者的能力建设尤为根本。研发者作为发明人，是技术和专利的源头，其对优秀技术、高价值专利的产出所起的关键作用是他人无法替代的。如果专利在源头就有先天性缺陷，这种缺陷是无法在后期弥补的。这一形势之下，专利能力成为研发者所必备的一项能力。商业市场中，未配置完善专利保护的研发成果是不完整的。

技术实力就是技术为企业实现经济价值的能力。为技术构筑专利壁垒的专利能力，已经融入企业的技术实力，是其有机组成部分。缺少了专利壁垒，企业的技术资产无法实现其应有价值。

专利始于挖掘，挖掘始于研发者。专利挖掘，指为了申请专利，从技术成果中提炼出适于申请专利的技术点，即技术方案。要做好专利挖掘，首先要深谙技术成果，其次要对专利法律规则和专利商业估值有基本了解。只有研发者对专利法律规则有所了解，专利挖掘才会有的放矢。当然，对专利规则的认识水平不可能也不必向专利代理师看齐。研发者对专利商业估值有所了解，才不会出现有价值前景的技术点被埋没的情况。同样，对专利估值的认识水平不可能也不必向资产评估师看齐。研发者具备这样的专利能力是经济的、可行的。否则，势必需要专利代理师、资产评估师学扎实技术，陪同或替代研发者做专利挖掘，而这必然不经济、不可行。从专利挖掘的含义即可看到，专利具有商业、法律、技术三重属性，专利能力建设需要融合这三个维度。

由于历史原因，我国的商业市场环境和专利保护制度仍在成长发展，企业的专利能力建设相对滞后。其中，法律和技术这两个维度的专利能力已经在专利代理等传统专利行业的支持下有了数十年的积淀。而在最根本的商业维度上，企业，包括研发者等企业相关人员，面向商业需要，以符合商业规律的方式获取并运用好专利，是长期存在的能力洼地和制约专利效能的瓶颈。

3. 专利效能初探

专利是对特定技术加以垄断性保护的法定权利。研发者如果不擅于用专利保护辛苦得来的研发成果，便是将"大好河山"拱手让人。配置了良好专利保护的研发成果才是完善的研发成果，是企业的优质技术资产。另外，专利信息是科技、商业情报的丰富来源，利用好专利情报，可以为研发者的研发和企业的经营提供诸多有力支持。

一件专利保护一组特定技术方案，均围绕一个技术理念。对同一个技术理念实现专利保护的多件专利，即形成一个专利族。专利族的具体认定标准并不严格统一。

对于用一件专利即可保护的技术理念，常常仍需要申请多件专利形成专利族才可能使保护比较完善。专利族通常有以下两种情况。

（1）地理布局。专利权有地域性。地域性是指一件专利所享受的司法保护受地域限制，即以授予专利权之当局的司法管辖地域为限。要想就一个技术理念在中国、德国、日本获得专利保护，则须分别获得中国专利、德国专利、日本专利。其中，中国专利仅限于在内地（大陆）司法管辖区域内实现保护，若要在香港、澳门、台湾地区获得专利保护，又须分别获得香港专利、澳门专利、台湾专利。为使一个技术理念在多地获得保护而申请的专利，属于同一个专利族。

（2）不同角度。由于受规则之限或者出于完善保护等各种动因，常常出现针对同一个技术理念，即使是在同一个国家，也需申请多件专利来从不同角度加以保护的情形。这种针对同一个技术理念而从不同角度申请的专利，无论是否在同一个国家申请，也属于同一个专利族。

↘【案例 0-1】

芳 砜 纶[1]

诺梅克斯（Nomex）是美国杜邦公司在 20 世纪 60 年代发明并投放市场的耐高温阻燃纤维，学名是聚间苯二甲酰间苯二胺纤维，简称芳纶 1313。诺梅克斯的防护性能卓越，广泛用于军工、电气等领域，价值很高。

20 世纪 70 年代，针对我国军工、电气等领域的重大需求，国家"六五"计划和"七五"计划中设立了攻关项目，对标诺梅克斯开发高温防护材料。该项目由隶属于上海市纺织工业局的上海市纺织科学研究院承担。

攻关人员创造性地在大分子结构中引入对苯环和砜基结构，发明了聚苯砜对苯二甲酰胺（PSA）纤维（国内商品名为芳砜纶），其主要性能与诺梅克斯比肩，如表 0-1 所示。20 世纪 80 年代，建成了小试生产线，芳砜纶在我国军工等领域开始获得应用。

表 0-1 芳砜纶与诺梅克斯主要性能指标对比

性能指标	芳砜纶	诺梅克斯
密度/（g/cm³）	1.42	1.38
软化温度/℃	367	370
起始分解温度/℃	422	415
热空气中的强度保持率①（%）	90	78
热空气中的强度保持率②（%）	80	50～60
电压击穿强度/（kV/mm）	15～22	20

① 在 200℃下保持 100h。

② 在 250℃下保持 100h。

2002 年，为拓展芳砜纶的商业应用，上海纺织控股（集团）公司（以下简称上海纺织）完成了千吨级芳砜纶产业化工程关键技术攻关。2002 年 7 月 16 日，上海纺织提交了中国专利申请"芳香族聚砜酰胺纤维的制造方法"。专利申请于 2003 年 1 月 8 日由国家知识产权局依程序公开，最终获得授权，专利号为 ZL02136060.X。

2006 年 3 月，上海纺织成立了上海特安纶纤维有限公司（以下简称特安纶公司）来实施芳砜纶产业化，开始建设年产千吨的芳砜纶纤维一期生产线。次年 10 月，生产线投入试生产。

2007 年初，恰在芳砜纶生产线建设的关键时期，嗅觉敏锐的杜邦公司派出首席科学家、美国工程院院士 V. 加巴拉造访上海纺织，考察了芳砜纶项目。杜邦公司提出收购特安纶公司未果。

上海纺织尽管占有研发先手优势，但围绕芳砜纶技术成果仅申请了一件专利，不能形成有效的专利保护，将构建专利壁垒的空间和机会留给了杜邦公司。后者申请了多件专利并形成了严密的专利布局，反而对上海纺织实现了"专利绞杀"。

2007 年 8 月起的一年间，杜邦公司至少分三个批次布局了 13 个专利族，最先在美国提交了专利申请，进而延伸到产业相关的主要国家，申请专利总数超过 120 件，覆盖了产业链上游的防护纤维、中游的防护布料、下游的防护器具所涉及的诸多关键点（见表 0-2）。

表 0-2 杜邦公司针对芳砜纶所做的专利布局

美国专利公开（公告）号	申请日	主要同族国家/地区	同族个数	产业链位置
US20090050860A1	2007-08-22	CN, JP, CA, EP, MX, AT, KR, US, WO	12	上游
US20090053961A1	2007-08-22	US, WO, CA, EP, KR, MX, AT, CN, DE, JP	13	上游
US7537831B2	2007-08-22	KR, CA, EP, AT, CN, DE, JP, US, MX, WO	16	下游
US7700190B2	2007-08-22	DE, WO, CA, CN, JP, KR, AT, EP, MX, US	15	下游
US8166743B2	2007-08-22	US, WO, CA, EP, KR, MX, AT, CN, DE, JP	16	下游
US7618707B2	2007-08-22	US, WO, CA, EP, MX, AT, CN, DE, JP, KR	14	下游
US7700191B2	2007-08-22	US, WO, EP, KR, MX, AT, CA, CN, DE, JP	15	下游
US7803247B2	2007-12-21	US, CN, JP, KR, EP	8	中游
US8118975B2	2007-12-21	US, KR, CN, EP	6	中游
US8114251B2	2007-12-21	US, KR, CN, EP, JP	8	中游
US20090061196A1	2008-08-22	US	1	上游

续表

美国专利公开（公告）号	申请日	主要同族国家/地区	同族个数	产业链位置
US8133827B2	2008-08-22	US	2	上游
US7955692B2	2008-08-22	US	2	下游

注：1. 两位字母代码所代表的国家/地区可通过附件 0-1 查询。
　　2. CN—中国，JP—日本，CA—加拿大，EP—欧洲专利局，MX—墨西哥，AT—奥地利，KR—韩国，US—美国，WO—世界知识产权组织，DE—德国。

附件 0-1

其后，出现了芳砜纶的销售大大低于预期的情况。上海纺织从下游经销商了解到，由于担心经销和使用芳砜纶可能侵犯杜邦公司的专利权，众多经销商和用户在杜邦公司和特安纶公司之间选择了前者。杜邦公司并不生产销售芳砜纶，仍只经营诺梅克斯，其主要是利用获得的芳砜纶专利阻吓经销商和用户，让他们不经销、不使用芳砜纶，以排除其对诺梅克斯形成的竞争。

上海纺织被杜邦公司通过构筑严密的专利壁垒阻挡在外，即使芳砜纶性能再优越，也只能将巨大的市场拱手让人。

杜邦公司针对芳砜纶布局的专利，其产品市场覆盖众多国家。据测算，杜邦公司申请这些专利的直接成本为 900 万元至 1200 万元，不足 2011 年诺梅克斯销售额的万分之二（见表 0-3）。

表 0-3　芳砜纶和诺梅克斯 2011 年销售数据

市　场	销售额/亿美元		倍　数
	芳砜纶	诺梅克斯	
全球市场	0.2	74	370
中国市场（不含港澳台地区）	1	10	10
总　计	1.2	84	70

将芳砜纶销售的失利完全归因于杜邦公司的专利布局确实片面。但须承认，杜邦公司对芳砜纶的专利狙击很成功，以很小的成本为极大的利益成功构筑了专利壁垒。

从专利情报对研发和经营的支持作用来看，上海纺织的专利申请"芳香族聚砜酰胺纤维的制造方法"于 2003 年 1 月公开，为杜邦公司了解芳砜纶提供了直接、完备的技术和商业情报。

表 0-1 仅是从该专利文件中摘录的少部分技术信息。按照专利制度的规定，该专利文件更为完整地披露了芳砜纶的制造方法、技术性能，除了其与诺梅克斯的特性对比，还披露了可对照的其他制备工艺。

公众可以从专利公开信息中获得宝贵的技术资料以促进技术的传播，这是专利制度的初衷。专利能力很强的杜邦公司对此做了充分利用。该专利文件中的宝贵情报，有助于杜邦公司掌握、验证芳砜纶的性能，预估其对自己产品市场的影响力。结合其他情报，杜邦公司得以对上海纺织的技术实力、芳砜纶的技术成熟度和产业化进程做出判断，并设计应对方案，把握好出手时机。专利情报和专利布局成为杜邦公司在商业竞争中制胜的法宝。

杜邦公司的应对方案中包括利用多国专利布局来排除芳砜纶的竞争威胁，专利情报无疑为杜邦公司在芳砜纶技术成果的基础上进行二次研发提供了最好的技术资料。

此外，在专利布局的过程中，杜邦公司须监控上海纺织是否做了新的专利申请、技术披露，是否有其他举动。如果上海纺织公开了新技术信息或采取了新行动，杜邦公司势必要调整进行中的专利布局和应对方案。这些也有赖于专利情报的支撑。

反观上海纺织，由于专利意识和能力的欠缺，一方面，专利布局严重不足，给对手留下了极好的机会；另一方面，没有利用专利情报监控对手动向，未能更早地发现问题。

上海纺织后续补充做了一些专利申请，但是未能对杜邦公司起到限制作用。首先，杜邦公司的专利布局已经率先占领高价值区域，压缩了后续专利发挥作用的空间。其次，上海纺织的专利申请以国内为主，仅少量延伸到海外，难以在海外高价值市场充分起效。最关键的是，杜邦公司并不从事芳砜纶的生产和销售，仅经营诺梅克斯，上海纺织就芳砜纶所获得的专利无法构成对杜邦公司的威胁，也无助于摆脱杜邦公司专利对自己的威胁，所以于事无补。

本案例中，杜邦公司深入挖掘并兑现了专利布局和专利情报等所能产出的价值，将之转换成了市场竞争力，改变了市场格局和利益分配，成为大赢家。而上海纺织因缺乏专利挖掘和布局能力，让别人筑起了专利壁垒，失去了市场竞争力。

4. 专利能力建设

"世有伯乐，然后有千里马"，高价值专利堪比良马。企业须有伯乐之能，方能得到和用好良马。倘若只是卖家、中间商、服务商有伯乐之能，企业仍得不到良马。

专利是实现技术保护的"神兵利器"，而非买来后服下一剂便能包治百病的"仙药"。因而，需要从研发者到企业，就专利、知识产权付出专门努力来做能力建设，如同练就驾驭神兵利器的能耐，方能奏效。

就专利工作而言，研发者和企业的自然起点在于把专利布局做明白，尽可能产出高价值专利，后续则在于循序渐进地将专利用明白，水到渠成。

研发者应具备的专利能力主要有以下几个方面。

（1）理解专利价值，对技术成果和专利的商业价值有概念性了解，能够在价值理念、成本效益观念的引导下，在专利申请、维护、运用中实现和优化价值，避免造成损失和浪费。

（2）了解专利规则和套路，如保密划界原理、创造性原理、侵权原理，从而能发挥技术优势。

1）挖掘出适于申请专利的技术点，为构筑坚实的专利壁垒打好基础。

2）在专利撰写、申请过程中，为获取更理想的保护范围提出建设性意见。

3）实现规避专利侵权风险的设计。

4）发觉他方的疑似侵权行为，提供维权支持。

（3）具备基本的专利等科技情报检索能力，为研发和企业运营提供情报支持。

研发者的专利能力，需由企业专利部门负责做系统建设。研发者在专利工作中的作用不可能由企业内部和外部的专业支持来替代。研发者的专利能力不足，必然影响专利工作的质量和效率，使企业的专利投入不能有效发挥作用、造成巨大的损失和浪费。

即使企业相关管理人员和研发者具备了充分的专利能力，他们也不可能承担所有专利工作，仍须引入外部专业力量提供支持。企业内部、外部专业人员必须深度融合式地有效配合，方能使企业专利工作处于理想状态。专业分工是效率和质量的保证。所以，企业既不应将专利工作尽量推给外部机构，也不应对委托外部机构提供服务过于保守。

企业须由专利部门统筹、管理相关工作。专利活动规模很小的企业也必须设立专利部门这一职能机构。在初创期，企业通常难以实际设立专门部门和人员，只能采用兼任的方式。

企业专利工作并非仅涉及专利部门，以研发者和技术部门为典型代表，业务、财务、人力资源、采购等各个部门的职能都会实质性涉及专利以及其他知识产权事务，都需要个性化的专利能力建设。专利工程是全员工程，但首先是一把手工程，因为一把手能调动全员。如此，方能有效实现专利治理。

第1章

认识专利*

阅读提示

对于研发者，本章 1.1.1 节至 1.1.5 节、1.1.7 节、1.1.8 节、1.5.1 节至 1.5.4 节、1.7.1 节、1.7.3 节、1.7.4 节属于重要内容，其余属于一般内容。

1.1 概念

1.1.1 专利

专利，也称专利权，是由法律规定而形成的财产。专利的权利人依法享有专利的财产权利，包括就专利所保护的技术方案在规定的保护期内享有垄断性排他权，即有权依法禁止他人实施专利技术方案。专利的权利人有权就侵犯其权利的行为依法向侵权行为人要求获得赔偿。

专利保护的技术方案常被称为专利技术。

专利的功能之一是就专利技术所实现的商业利益进行再分配，实现向权利人的利益转移。

专利存在的意义之一是使做出技术发明的人能够获得与其技术贡献相匹配的经济回报。

专利或知识产权不可能直接、完全地保护一项技术成果，例如，一部具有多种开创性功能的手机。若对这种手机给予完全保护，因为无从清晰、合理地界定保护范围，无从具备可操作性；再具有开创性的手机，也须以前人的手机技术为基础，也要用到前人的技术，而前人的技术不能被纳入保护范围而被权利人私享。

专利制度的诞生解决了这一可操作性难题，即仅将技术成果之中符合一定形式要求的技术方案，即技术点，抽离出来，以专利的形式加以保护。进而，可以参照这些形式要求确立侵权判定可操作的标准，使专利的法律保护得以实现。通过对技术成果中多个特定的技术点提供专利保护，可使保护效果从这些技术点延及技术成果。也就是说，就涉及手机那些开创性功能的技术点分别获得专利，从而使专利保护效果延及包含这些技术点的开创性功能的手机。

这种将技术成果中适宜申请专利的技术方案抽离出来的工作被形象地称为专利挖掘。专

---

* 尹新天. 中国专利法详解［M］. 知识产权出版社，2011.

利挖掘应由做出技术成果的研发者完成,产出的有形成果是专利技术提案或专利技术交底书,其中包含准备申请专利的技术方案的系统性信息。通常,技术提案供企业内部使用,如果评估后确定要申请专利,再将这些技术提案转化成技术交底书提供给外部专利代理机构,代理机构的专利代理师以之为基础完成专利申请文件的撰写。

与对律师事务所、律师的管理类似,包括中国在内的各国普遍对专利代理机构、专利代理师设置执业准入监管。专利代理机构、专利代理师的相关信息会由主管机关通过官方网站等方式加以公示,以便于公众查询。企业的专利申请事务应当委托有资质的正规代理机构、代理师办理。

并非所有从技术、法律角度看满足专利申请要求的技术点或提案都应当被申请专利,企业应选择预期能够带来经济回报的提案申请专利。关键在于找到对达成特定商业目的、实现商业利益特别有利的要点,企业应在该要点布置一件或多件专利,尤其所布置的多件专利可以相互呼应从而取得优化的专利保护效果时,就形成了专利布局。

因为专利具有地域性,即一个国家的专利仅在该司法管辖的地域内有效力。就同一技术方案应在哪些国家申请并获得专利的决策称为专利的地理布局。

发明人是发明出技术方案的人,具体指对技术方案这一发明做出实质创造性贡献的人。为发明的完成未做出实质创造性贡献的不是发明人,例如提供情报、资料、设备支持的人。

发明人身份是发明完成时即确立的客观事实,不受后续活动的影响。例如,专利申请,专利所有权变更,专利因未缴年费、过期或其他原因失效等,均不引起发明人变化,与发明人身份无关。

一般而言,计算机技术支持的人工智能设备,例如智能机器人,因不具备创造力和自主意识,也因为不具备人格,故而不能成为发明人。但是,不排除在个别国家出现例外。

发明人可以作为申请人就发明出的技术方案向国家主管部门,即专利局,提出专利申请,专利申请经审查通过可获得授权而成为专利,申请人成为专利权人。各国专利局的正式官方名称不同,但专利管理职能大体相同。例如,中国的专利主管部门为国家知识产权局,美国的为专利商标局,日本的为特许厅。

严格而言,已经通过审查并获得授权的才称为专利;提出专利申请,但尚未获得授权的,只能被称为专利申请。

专利申请、专利都是财产。申请人是专利申请的所有者,即权利人;专利权人是专利的所有者,即权利人。

为行文方便,本书中不必对专利和专利申请做区分时,专利的含义也覆盖专利申请。

1.1.2 专利许可

专利的垄断性排他保护意味着权利人可以依法禁止他人商业性地使用自己的专利技术。因此,他方若想实施专利技术,应先取得权利人的同意,即获得许可。取得许可的条件通常是被许可人向作为许可人的权利人支付费用,即许可费。权利人的许可收益应与其专利技术的贡献和商业价值相匹配。

许可费也可以其他利益交换的方式实现,例如交叉许可。同一行业中的两家企业均持有对方实现运营所需的专利时,普遍会利用交叉许可的方式解决问题——相互给予专利许可,抵消许可费。当相互给予许可的专利商业价值不对等时，需要核算差价，另行补平。

专利局会在专利授权时做公告，否则公众无从知晓其从事的活动是否可能侵犯专利权、专利权人是否有权征收许可费。专利权人信息也在公告内容之列。

达成许可时，当事人应签订书面许可协议，就许可的范围、许可费的计算和结算等内容做出约定。

合理许可费的水平受市场调节。如果专利权人要价过高，实施者可能在支付许可费后无法获得合理利润，从而放弃实施，专利权人丧失许可收入机会；如果实施者压价过低，也可能丧失取得收入的商业机会，因为专利权人会选择出价合理的其他实施者。

一些国家鼓励或要求当事人就专利许可在专利局备案并加以公开。考虑到专利许可属于极敏感的商业秘密，通常允许当事人在备案时合理隐去部分信息。但当事人为保护商业秘密，普遍对备案持保守态度。

一些国家，例如中国，规定不对专利许可进行备案时，许可协议的有效成立不受影响，但是不得依此协议对抗善意第三方。也就是说，如果许可协议未备案，受损害的协议当事人只能向有违诚信的协议相对方追索而不能向善意第三方主张权利。

例如，专利权人向 A 公司给予了某专利的独占排他许可，承诺不再向其他方给予该专利许可，自己也不再实施。专利权人与 A 公司未就该许可协议进行备案。后来，专利权人违背了该协议，又向 B 公司给予该专利的实施许可并做了备案。A 公司针对专利权人的合理维权主张会受到法律支持。而如果 B 公司确属善意第三方，因为专利权人与 A 公司的许可协议未备案，A 公司以专利权人不诚信为由而要求撤销专利权人与 B 公司的许可协议，不会受到法律支持。因为那会使善意无过错的 B 公司的商业利益受到损害，有违公平。

1.1.3　专利的财产属性和专利转让

专利、专利申请、专利许可均属于财产，价值的支撑来自预期的许可或维权收入。一件专利保护的专利技术，其商业应用越广泛，专利权人取得的许可收入越多，其财产价值就越高。专利的财产价值也可以间接实现。例如，专利权人自行实施专利；专利权人不实施专利，而是依赖专利技术的替代技术获得收益，在［案例 0-1］中，杜邦公司就不运营芳砜纶，只运营其替代专利产品。

专利申请、专利等作为财产可以转让，可以通过出售、赠予等方式转移所有权。原权利人作为转让人，也称出让人，将权利转让给作为受让人的新权利人，受让人就替代了原权利人，未来的排他保护、收取许可费等相关权利也随转让而归属于受让人。

专利和专利申请的所有权以专利局的登记记录为准。因此，专利和专利申请的转让须向专利局申报。申报材料满足形式要求后，专利局会完成权利人变更登记，也就是专利过户，并进行公告。

1.1.4　职务发明和研发成果归属

专利权原本属于发明人。而作为发明人的研发者普遍受雇于企业，与雇主一般签有涉及研发成果归属的协议：雇主向研发者支付工作报酬，而研发者的研发成果，包括从中产生的专利，归雇主所有，即自动以雇主为权利人而不是以作为发明人的研发者为权利人。相应，作为申请人提出专利申请的资格以及专利授权后成为专利权人的资格就不再属于发明人或研发者，而属于雇主。这种协议下就产生了职务发明。研发者与雇主之间的约定除了涉及报酬，还会涉及技术成果和专利产生收益时给予奖励等事项。

在一些国家，例如中国，法律直接对职务发明做了规定。《中华人民共和国专利法》（以下简称《专利法》）第六条第一款规定："执行本单位的任务或者主要是利用本单位的物质技术条件所完成的发明创造为职务发明创造。职务发明创造申请专利的权利属于该单位，申请被批准后，该单位为专利权人。该单位可以依法处置其职务发明创造申请专利的权利和专利权，促进相关发明创造的实施和运用。"因此，雇主与雇员未签订协议时，职务发明也依法成立。

在另外一些国家，例如美国，职务发明并不依法自动成立，专利最原始的权利人是发明人，雇主须与作为发明人的雇员签订协议，协议约定雇员将技术成果及专利的所有权转移给雇主，职务发明方才成立。否则，申请和取得专利的权利仍然属于发明人。

无论涉及的国家是否对职务发明做出法律规定，都通常优先遵从企业与发明人之间的协议。因此，雇主与雇员应当签署明确的协议，例如，在员工雇佣程序中纳入签订知识产权归属协议的环节，明确工作成果及相关专利等知识产权的归属。其中，协议应覆盖全体员工的全部工作成果，不应仅覆盖研发者的研发项目产出。

当研发成果及专利的来源不是本企业员工，而是外部研发者或从原始研发者那里取得了权利的其他权利人时，企业要取得这些技术及专利的所有权，同样需要与他们就技术、知识产权的归属或转移签订协议。

1.1.5 专利类型

我国法定专利类型有发明专利、实用新型专利和外观设计三种。其中，发明专利和实用新型专利以技术方案为保护客体；外观设计也称外观设计权，以产品外观设计为保护客体。客体即对象。

设计人是做出产品外观设计的人。设计人之于外观设计，类似于发明人之于技术发明。对设计出的外观做出实质性原创贡献的人才是设计人，未做出实质性原创贡献的不是设计人，例如提供情报、资料、设备、资金支持的人。

与发明人的情形类似，计算机技术支持的人工智能设备，例如智能机器人，因不可能具备创造力和自主意识，从而不具备人格，一般不能成为设计人。但是，不排除在个别国家出现例外。

发明专利和外观设计权是各国普遍设置的两种保护形式。中国、美国等国家或地区正式使用外观专利这一称谓。而西欧、日本等诸多国家或地区通常不将外观设计权视为或称为专利，多使用外观设计权这一称谓，或者仅称为外观。

实用新型专利、小发明专利则是部分国家或地区设立的个性化专利形式，其与发明专利没有根本区别，只是为了方便申请人而设置的简易发明专利。

以中国为例，发明专利和实用新型专利的主要区别在于，发明专利可以用于保护最多类型的技术方案，而实用新型专利只能保护针对产品形状、构造或者其结合所提出的实用的新的技术方案。例如，物质配方、方法技术方案不能由实用新型专利保护，只能由发明专利来保护。作为一种简易专利，实用新型专利费用低、授权快、门槛低，但保护期短。

为方便阐述，除特别情形外，本书将实用新型专利、小发明专利归入发明；本书所述专利一般指包含实用新型专利和小发明专利的广义发明专利，不包括外观设计，除非明确应当包括外观设计时。

1.1.6 专利的保护期和年费

多数国家发明专利的保护期为自申请日或最早申请日起满 20 年。有些国家规定在某些情形下，专利保护期可以延长，如开发和行政审批周期较长的药品专利或因专利局的延误而推迟授权的专利。

实用新型专利、小发明专利的保护期一般短于发明专利，最常见的是自申请日或最早申请日起满 10 年。

各国外观设计的保护期差别较大，通常，保护期下限是自申请日或最早申请日起满 10 年。发达国家或地区给予外观设计更长的保护期，例如，欧盟外观设计的保护期可达 25 年。

按照中国专利法，发明专利的保护期限为 20 年，实用新型专利的保护期限为 10 年，外观设计的保护期限为 15 年，均自申请日起计算。

专利权人需要足额缴纳专利年费，或称专利维持费，才能维持专利有效至保护期满。不同国家对缴纳年费的时间规定不同，有的国家要求每年缴纳，有的国家则要求间隔若干年缴纳一次。通常，年费费用标准随时间推移而上涨，在专利有效期内越靠后的年度，年费越高。

错过最后缴费期限而未缴足费用的，专利权自未缴纳年费的时间段起失效。失效之后，倘错过补缴费用的最后期限，则权利不能恢复，也不能通过缴纳后续年度的年费来恢复权利。

现实中，由于已经失去继续保护的价值，大量专利在保护期满前因专利权人放弃续缴年费而提前失效，维持至完整保护期的专利仅有很小一部分。

1.1.7 知识产权

知识产权，英文为 Intellectual Property（IP），直译为智力性财产，是由法律规定而形成的财产。知识产权的权利人依法享有的财产权利包括就知识产权所保护的特定智力成果享有垄断性排他权，即有权依法禁止他人处置或利用受保护的智力成果。权利人有权就侵权行为向侵权者要求赔偿。

知识产权存在的意义之一是使智力成果的原创作者能够获得与之贡献相匹配的经济回报。专利等各类知识产权，其功能是就其保护的智力成果所实现的商业利益进行再分配，实现向权利人的利益转移。

知识产权主要包括专利权、著作权、商标权以及商业秘密权、地理标志权、集成电路布图设计权、植物新品种权等。其中，除了外观设计专利权、商标权和地理标志权，其余各项知识产权均涉及对技术的保护。

集成电路布图设计指用以制造集成电路的电子元件的几何图形排列和连接的独创性布局设计。要取得集成电路布图设计专有权，须先向行政主管部门提出申请，经审查合格方可获得授权。

植物新品种指经过人工培育或者对野生植物加以开发而获得的具备新颖性、特异性、一致性、稳定性的植物品种。要取得植物新品种权利，须先向行政主管部门提出申请，经审查合格方可获得授权。

商标、地理标志主要对产品或服务的来源和品质起标识作用，不直接涉及对技术的保护。可以将地理标志视为一种广义的商标。未经行政注册的商标如果获得广泛使用，也会受到一定的法律保护。但是，经过向行政主管部门提出申请而获得的注册商标，权利更为稳固，能够获得更完善的保护。

各类知识产权均属于财产，可以被转让、赠予、继承、出租、放弃。

知识产权保护的特定智力成果，指智力成果中满足法定形式要求的特定客体，对之加以商业利用能够产生商业利益。

与专利相类似，知识产权不能保护智力成果的全部内涵，只保护满足形式要求的特定客体，进而将保护效果部分延及包含这些客体的智力成果。

对于一项智力成果，可以利用不同类型的知识产权组合加以保护。尽管这种保护仍不能覆盖智力成果的全部内涵，但可以使保护更有层次、更加完善。

不同类型的知识产权特点各异。例如，专利权须由权利人向专利局提出申请，经审查通过并公告后才可获得；而商业秘密保护由权利人天然享有，没有申请、审查、登记程序，商业秘密一旦被公开，将不再构成商业秘密，意味着权利受到破坏而丧失。

为了在社会公众和智力成果的原创者之间做好利益平衡，对于各类知识产权，各国法律基本都会在公平原则之下做出豁免性规定。当满足一定条件时，公众可以对这些知识产权进行合理使用，不必取得权利人的许可，且不构成侵权，例如某些规模有限的非商业性使用、教育科研使用、个人使用等。

1.1.8 商业秘密和技术秘密

各类知识产权侵权中，给权利人带来损失最大的非侵犯商业秘密莫属。各国对侵犯商业秘密的打击最严厉，情节严重的会上升到反间谍、维护产业安全和国家安全的高度。但是，商业秘密侵权发现难、举证难、维权难。在巨大利益的吸引下，商业秘密侵权最为高发。

商业秘密从形式上指权利人所掌握的，可加以商业利用获取商业利益，且采取了保密措施、不为公众所知的信息。

商业秘密是由法律规定而形成的财产。商业秘密的权利人依法享有的财产权利包括就商业秘密享有垄断性排他权，即有权依法禁止他人取得、披露、利用属于和源自权利人的商业秘密。权利人有权要求侵权者停止侵权并做出损害赔偿。如果侵犯商业秘密的行为严重到触犯刑律，侵权行为人将受刑事处罚。

商业秘密包括技术信息和经营信息。具备如下属性的商业信息即构成商业秘密，受法律保护，且没有期限：

（1）秘密性，即不为公众所知。

（2）价值性，即权利人通过商业利用可以取得商业利益。

（3）保密性，即权利人采取了保密措施。

技术秘密指构成商业秘密的技术信息。

权利人谋求获得专利保护的技术方案，在被公开之前属于商业秘密中的技术秘密。技术信息在专利申请过程中被公开后，无论专利申请是否获得授权，因为其秘密性受到破坏，就不再属于技术秘密。

属于侵犯商业秘密的侵权行为如下：

（1）不正当地取得商业秘密，指不经权利人许可，以非法手段或明显低于通常道德标准、行为准则的手段，自权利人处获取商业秘密。

（2）对不正当取得的商业秘密加以利用或披露。

（3）对于经权利人许可而取得的商业秘密，以超出权利人许可范围的方式加以利用或披露，包括未履行保密义务。

例如，A 掌握某项技术秘密 x。B 通过独立研发，也掌握了 x。这种情况下，B 可以对 x 任意加以利用、披露，均不构成对 A 商业秘密的侵犯。如果 B 将 x 公开了，则导致 x 的秘密性受到破坏，A 所掌握的 x 也就不再构成受法律保护的商业秘密了。这一过程中，B 的所有行为都是正当的，不构成对 A 的侵权。

如果 B 未将 x 公开，而是将之作为技术秘密不使用或仅在保密状态下使用，则形成了 A 和 B 分别掌握同样商业秘密的情形，二者的商业秘密均受法律保护。

如果 C 诱使 A 的技术人员甲违反保密规定透露了 A 的商业秘密，则 C 和甲都侵犯了 A 的商业秘密。虽然 B 碰巧也掌握相同的商业秘密，但 C 和甲的行为不会构成对 B 的侵权。

1.1.9 著作权

著作权，也称版权，是由法律规定而形成的财产。著作权的权利人就相关作品中的原创表达依法享有垄断性排他权，即有权依法禁止他人以复制、表演等方式对作品中的原创表达加以利用。权利人有权要求侵权者停止侵权并做出损害赔偿。侵犯著作权情节严重的，例如，形成一定规模的、有组织实施的，构成刑事犯罪。

著作权保护作品的原创表达形式，不保护作品的思想。例如，一本书中介绍了某一技术方案，著作权意味着权利人可以禁止别人翻印这本书，但并不能禁止他人实施书中介绍的技术方案。

通常，著作权所保护的原创表达多带有审美意义，所涉及的作品多是艺术性作品，而非技术创新成果或工业产品。但是，作为广为接受的例外，软件代码被视为特殊的文字性作品，属于著作权保护的客体，以禁止未经授权的软件代码复制等行为。这些行为涉及对表达形式的利用。如果他人采用不同的表达形式重新编制了软件，即使新软件实施相同的方法、具有相同的功能，只要已经规避了原软件的表达形式，即规避了原软件的著作权。

不同行业中的商业和技术生态大不相同，知识产权保护生态也不同。软件产业很特殊，其繁荣需要相对宽松的知识产权环境，因而衍生出很多独特的问题。例如开源软件几乎无处不在，其原理是有条件地开放著作权和源代码，以促使相关软件得以迅速、广泛地为业界所用，发挥价值。开放著作权的方式很复杂，还会延及对专利等知识产权的许可和限制。

著作权也涉及与技术相关的文字、美术、多媒体等作品，例如，设计图纸、产品说明书、数据库编排方式。

著作权随作品完成而自然产生，其取得不需要经过行政登记或授权。

一些权利人在作品完成后进行著作权登记，其主要意义在于司法存证，即面向未来可能产生的纠纷事先保存证据。著作权登记可以证明登记者在登记时已经掌握了被登记的作品，除非存在有力的反证。

著作权形态较为复杂，相关权利可分为财产权和人身权两类。

主要的财产权如下：

（1）复制权，以印刷、复印、拓印、录音、录像、翻录、翻拍、数字化等方式将作品制作一份或者多份的权利。

（2）发行权，以出售或者赠与方式向公众提供作品的原件或者复制件的权利。

（3）出租权，有偿许可他人临时使用视听作品、计算机软件的原件或者复制件的权利，计算机软件不是出租的主要标的的除外。

（4）展览权，公开陈列美术作品、摄影作品的原件或者复制件的权利。

（5）表演权，公开表演作品，以及用各种手段公开播送作品的表演的权利。

（6）放映权，通过放映机、幻灯机等技术设备公开再现美术、摄影、视听作品等的权利。

（7）广播权，以有线或者无线方式公开传播或者转播作品，以及通过扩音器或者其他传送符号、声音、图像的类似工具向公众传播广播的作品的权利，但不包括信息网络传播权。

（8）信息网络传播权，以有线或者无线方式向公众提供，使公众可以在其选定的时间和地点获得作品的权利。

（9）摄制权，以摄制视听作品的方法将作品固定在载体上的权利。

（10）改编权，改编作品，创作出具有独创性的新作品的权利。

（11）翻译权，将作品从一种语言文字转换成另一种语言文字的权利。

（12）汇编权，将作品或者作品的片段通过选择或者编排，汇编成新作品的权利。

主要的人身权如下：

（1）发表权，决定作品是否公之于众的权利。

（2）署名权，表明作者身份，在作品上署名的权利。

（3）修改权，修改或者授权他人修改作品的权利。

（4）保护作品完整权，保护作品不受歪曲、篡改的权利。

著作权中的人身权利又称精神权利。不同于财产权，人身权不能被剥夺，不可转让，永久存在而不受保护期限制。作者去世后，人身权由继承人负责保护。发表权存在例外。

著作人身权由作者享有，不可能实现向新权利人的彻底转移。著作权的形态变化极为复杂，所以涉及著作权的一些行为应由专业人员负责，以控制好法律和经济风险。

著作权中的财产权利受保护期限制。大多数国家依照国际公约以 50 年为限。以中国为例，个人作品的财产权保护期为作者有生之年加去世后 50 年。法人或其他组织的作品，其发表权及其他财产性权利的保护期为 50 年，但作品自创作完成后 50 年内未发表的，不再保护。有些国家给予著作权更长的保护期，例如，奥地利和德国规定著作权的法定期限是作者终身加去世后 70 年，西班牙则规定作者终身加去世后 80 年。

法律、法规，国家机关的决议、决定、命令，以及其他具有立法、行政、司法性质的文件，不受著作权制约，公众可以自由使用。

1.1.10 资产、无形资产与股票、上市

资产是用以产生经营收益的财产。例如，你拥有一所房子并仅用于自住，这所房子是财产，不具备资产的性质；如果将这所房子出租以获取租金，则其具有资产的性质。

无形资产指没有实物形态的资产。但是，货币性资产不计入无形资产，包括存款、国债等。这是因为，货币性资产尽管不同于实物，但性质特殊，价值直观，不确定性小，因而不属于无形资产。

很多公司其核心价值体现在无形资产而不是有形资产上。例如有些科技公司，其可能只有租来的办公空间而没有自己的房产，除去账户中的资金，主要的有形资产只有计算机、打印机等办公设备及办公家具，这些有形资产的价值很有限，相对于整个公司的价值而言甚至可以忽略。

公司的价值是公司有形资产和无形资产之和，即

公司价值=公司有形资产+公司无形资产

包含有形资产、无形资产的公司价值，可以较为直观地体现在股份制公司的股票价格上。

现代企业制度下，股份制公司大量涌现。股份制公司以股票为公司所有权凭证，公司的所有权体现为对公司资产的占有。相应地，某人持有一个公司股票的数量在该公司股票总数量中的占比即其占有公司资产的比例。

公司的价值与股票的关系是

公司价值=股票价格×股票总数量

公司上市，即首次公开募股（Initial Public Offering，IPO），指企业通过证券交易所首次公开向投资者发售股票，以期募集用于企业发展资金的过程。经过核准，公司的股票进入依国家规定设立的股票交易所公开交易，公众可以买卖。未上市的公司，其股票也可以交易，但是不能进入股票交易所开放给公众自由交易。

上市公司的股票开放给公众后有实时活跃交易，股票的交易价格便能较好地反映公众对公司价值的认可。

一个股票交易所可能面向不同类型的公司开设多个股票交易板块，以便于管理。例如我国，仅以在上海和深圳所设的上海证券交易所（以下简称上交所）和深圳证券交易所（以下简称深交所）为例，这两家股票交易所均设有面向大型成熟公司的主板；深交所设有面向中小型公司的中小板、面向创业公司的创业板；上交所设有面向科技创新型公司的科创板。不同板块面向不同类型的企业，上市审核标准、交易监管措施存在一定区别。

【案例1-1】

虹软科技公司的无形资产价值

2019年在科创板上市的虹软科技股份有限公司（代码：688088，以下简称虹软科技公司），其主营业务为视觉人工智能技术的研发和应用。依照招股说明书[3]，截至2018年底，其包括货币资金、固定资产等在内的全部有形资产（扣除负债后）合计10.43亿元。虹软科技公司拟定的发行价为28.88元，按发行前3.6亿股的股票总数，估值约为103.97亿元，相应的无形资产估值超过90亿元（103.97亿元-10.43亿元=93.54亿元），约为有形资产的9倍。

虹软科技公司于2019年7月22日上市，上市后股票总数为4.06亿股，募集的资金扣除发行费用后约为12.6亿元。上市一个月内，虹软科技公司股价处于45.00元至87.29元，公司市值变动范围在180亿至350亿元。假定其有形资产未发生剧变，如以股价60元计，则投资人通过股票交易价格而认可的虹软科技公司的无形资产价值超过200亿元（60元×4.06亿-10.43亿元-12.6亿元=220.57亿元）。

企业拥有的知识产权是企业无形资产的一部分。除此之外，无形资产至少还包括市场性资产、人力性资产等。其中，市场性资产包括产业链上游和下游的业务资源、业务关系等。

1.1.11　技术的分类

对于企业经营涉及的技术，可按公开和权属情况进行分类，如图 1-1 所示。其中，专利和技术秘密是从资产和法律方面看，企业技术最主要的表现形式和载体。对于其他较为次要的涉技术知识产权，例如著作权、集成电路布图设计权等，不做专门讨论时可予以忽略。

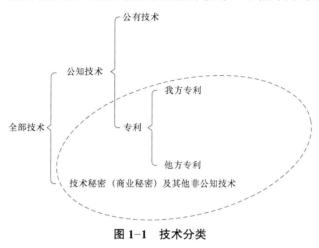

图 1-1　技术分类

图 1-1 中，椭圆虚线部分为专有技术，由特定权利人享有权利，公众不得自由实施，专有技术为非公有技术，覆盖专利、技术秘密及其他非公知技术。可将专有技术理解为涉及技术的知识产权，即技术资产。

严格来讲，某些非公知技术可能因为不满足其他法定要件而不属于商业秘密，不构成知识产权（技术资产）。但是，只要其尚未为公众所知，就有可能转化成商业秘密，因此可将其视为准技术秘密而归入专有技术。

公有技术为公众共同拥有的技术，相应，可以为公众所知，公众有权自由实施。

1.1.12　专利等知识产权的持有安排

专利等知识产权的持有安排指安排由谁作为权利人持有这些知识产权。

核心的专利等知识产权对企业的价值至关重要，对企业的运营有极强的制约力。并且，这种制约力有较高的隐蔽性，不易为他方觉察，尤其当他方缺乏对知识产权的专业敏感性时。

最简洁的持有安排通常是企业就其产生的智力成果自行获得知识产权并持有。

当企业形成一定规模后，尤其形成集团化企业甚至跨国集团企业后，通常会由在公司管理结构中处于最高层的总公司或总部统一管理、持有全部知识产权或核心知识产权；也可能设立专门公司持有这些知识产权，但仍由总公司控制。原因在于，集团化企业已经具备较大规模，集中化管理才能确保专业性和高效率，才可能就集团各维度的商业需要从知识产权方面实现有效调配和支持，其中也包括集团对旗下各个企业实现有效控制。另外，集中化管理还有利于防范、切割相关商业风险。例如，集团旗下企业因经营问题导致资产被冻结和清算时，该企业持有的核心知识产权也会随之流失。

小型企业也可做这样的安排。企业实际控制人将企业知识产权剥离另做持有安排，以实现在复杂形势下对企业更牢固的控制，或者防止核心知识产权流失。一种典型的情况是，小企业在就企业技术成果申请专利时，将企业控制人或其指定的人列为申请人，但不限制企业继续使用相关专利。对商标等也可做类似安排。

但应注意，企业的核心知识产权被剥离会对企业的价值和经营稳定性造成重大负面影响，从而可能影响企业融资、上市，尤其是在知识产权剥离的操作存在合规问题时、企业丧失知识产权而未取得合理补偿时。

1.2　专利属性

专利具有三重属性：法律属性、技术属性、商业属性。其中，法律属性、技术属性最直观，商业属性最根本。法律属性和技术属性是专利存在的形式基础，但商业属性是专利存在之因。专利的商业属性最根本地塑造专利活动。

应特别注意，不同于发明专利，外观设计保护的客体不具有技术属性而具有美学属性，可称为技艺属性。

1.2.1　法律属性和技术属性

专利的法律属性在于专利权产生自法律规定，没有法律规定则没有专利权。具体而言，专利权是由法律保障的垄断性排他权利：权利人就某一技术方案向国家行政部门提出申请，满足法定要求时，即可通过行政登记和公告而取得专利权；专利权意味着国家以其行政和司法强制力支持权利人制止他人不经许可商业性地利用专利技术。

发明专利的技术属性在于其保护的发明是技术方案。

1.2.2　商业属性

商业属性是专利的根本属性。企业以获得商业利益为目的，企业的专利活动也以获得商业利益为目的。

专利的法律属性和技术属性均服务于商业属性，是企业加以利用实现商业利益最大化的工具。

专利制度是商业市场的产物，用以制约商业市场中涉及技术的活动，改变利益分配：将技术产生的收益向权利人做合理转移。专利的价值就体现在其实现利益转移的功能。非市场化的经济运行不需要专利。例如，中国改革开放之前，以公有经济为主，技术成果归国家所有，不做市场化运行，不需要因专利或者技术的归属而调整利益分配。中国在改革开放之后，开始系统性建立市场化的经济运行模式，才相应配套建立了专利制度。

商业市场中，企业的专利活动，例如申请专利、获得专利、行使专利权，大都是商业利益驱使下的商业行为。权利人申请、维护和运用专利而产生的成本，是对专利的投入，其本质是权利人对未来可能收益的投资。因为未来收益的不确定性很大，所以对专利的投入是风险投资。

对于专利商业属性上的价值实现，法律属性提供了可能，技术属性提供了"材料"。基于法律给予的排他权保障，专利权人才可能要求技术的商业使用者支付许可费，从而实现商业收益。

专利技术市场需求的体量决定了专利实施的规模，与专利的价值贡献度共同确定了专利权人许可费收益的规模、专利的商业价值。

1.3　反垄断和反不正当竞争

专利及其他知识产权是受法律保护的垄断性权利。但如果权利人滥用这种垄断性权利，则可能构成恶性垄断或不正当竞争，会受到反垄断或反不正当竞争法规的规制。

1.3.1　反垄断

滥用特定市场中的市场支配地位的行为构成垄断，受反垄断规制。

"滥用"意味着他人正当权益受到损害。垄断行为使市场正当竞争受到限制，使得用户、消费者付出额外代价，其权益受到损害，而垄断行为人获得额外垄断利益。

专利是垄断性权利。因此，专利权人在特定因素配合下可能凭借专利权取得特定市场中的支配地位，若滥用权利，如强迫对方接受过于严苛的许可条件，则可能触犯反垄断法规。

反垄断的实现，一方面可以依靠国家主管部门进行查处，另一方面可以由受害者针对加害者向法院提起反垄断诉讼。

1.3.2　反不正当竞争

违反基本公平原则的商业竞争行为构成不正当竞争，受反不正当竞争规制。

反不正当竞争常被用作规制各类不正当商业竞争行为的兜底法律手段。

尽管专利具有垄断性，但滥用专利的行为常常因为权利人并未具有特定市场支配地位等原因而不能构成垄断，不能用反垄断法规来规制。

而只要专利权人处于相对优势地位，此时的权利滥用就能构成不正当竞争，可以依反不正当竞争来规制。

涉及专利权的其他不公平竞争行为也可以用反不正当竞争来规制。

反不正当竞争的实现，一方面可以依靠国家主管部门进行查处，另一方面可以由受害者针对加害者向法院提起反不正当竞争诉讼。

1.4　专利制度的初衷

1.4.1　以公开换保护

设立专利制度的根本目的是促进经济发展和技术进步，激发全社会发明创造的活力，使发明创造的优良成果迅速普及。

专利制度的设计和运行遵循"以公开换保护"的初衷。发明人须在专利文件中充分披露尚不为公众所知的发明技术方案，达到本领域普通技术人员可以实施的程度，然后由专利局向社会公开，使公众及时了解；法律对经过公开并获得授权的专利给予垄断性排他保护，以确保发明人能够取得与其技术贡献相匹配的收益。而在专利保护期之外，公众可以自由地使用这些技术，即这些技术已经进入公有领域。发明人在发明收益的激励下积极从事发明创造，并且申请和公开专利；社会公众能够通过专利公开及时了解到新的技术发明，选取具有商业价值的优良技术方案加以实施，从而最终实现经济发展、技术进步。

"以公开换保护"的原则也适用于外观设计。

"以公开换保护"原则作为专利制度的初衷，其精神贯彻到了专利制度的方方面面。对于专利制度运行及专利申请操作中的诸多问题，常常要回溯到"以公开换保护"原则来寻求答案，例如，对专利新颖性、充分公开的要求，对专利保护范围清楚、专利可实施的要求，专利经公告方可获得授权的公示原则，等等，均以"以公开换保护"为渊源。

1.4.2　专利制度促进国家发展的案例

↘【案例1-2】

美国专利制度的建立如何促进国家发展

"给天才之火浇上利益之油"是美国总统亚伯拉罕·林肯对专利制度的生动评价。身为政治家和律师的林肯也是发明家，是美国历史上第一位获得专利的总统。美国历史上，层出不穷的政治家深谙科技兴国之道，更懂得专利制度在其中的关键作用。这与美国的迅速崛起并长期保持领先不无关系。

美国开国三杰乔治·华盛顿、托马斯·杰斐逊、本杰明·富兰克林不仅共同参与了美国建国，同时也是美国专利制度的奠基人。

1787年颁布的美国宪法中规定了"为发展科学和实用技术，国会有权保障作者和发明人在有限的时间内对其作品和发明享有独占权"。

1790年，华盛顿在就任第一任美国总统的第二年，便指令杰斐逊负责制定专利法、建立专利制度。杰斐逊当年便完成了任务，这使得美国甚至比法国还早一年颁布专利法。杰斐逊后来成为美国历史上第三位总统。

美国专利制度的建立是在建国之初百废待举之时被作为头等要务来办的。华盛顿、杰斐逊、富兰克林等一众开国政治家对美国当时面临的局面有着清醒的认识：尽管赢得了反抗英国殖民统治的战争而获得独立，但是美国的实力大大落后于英国，国家前途凶险未卜。地大物博的美国是农业国，科技和工业落后，不可与英国同日而语。英国掌握着最先进的科技，拥有最强大的工业。就科技和工业对国民经济和国家实力的意义而言，英国作为最大的受益者有着最深刻的认识，因此其在努力发展科技和工业的同时，严禁技术出口。美国在独立之前，作为英国的海外殖民地时就得不到英国严格管制的技术，独立之后更是被英国防范。

如何促进科技发展、尽快掌握先进技术、加速建设先进工业成为美国的当务之急。因为只有这样，美国方能尽快实现经济和国力增长，摆脱危局。美国开国政治家们对此深具共识。领命建设专利制度的杰斐逊是一名政治家，也是建筑师和发明家，更是深谙其中利害。

政治家富兰克林也是杰出的物理学家和发明家，他最早提出了电荷守恒定律，还是避雷针的发明者。富兰克林对科技造福社会持有开放的心态，乐于见到他的发明成果在美国、欧洲得到广泛应用而没有通过申请专利去谋利。

美国专利制度对打破英国技术封锁，推动技术引进、技术进步，进而促使国力增长，效果显著。受当时条件限制，专利制度实际多采用本国新颖性标准，不为本国公众所知的技术即可受到专利保护。因此，诸多将先进技术从大洋彼岸引入美国者通过获得专利取得了丰厚回报。先进技术从英国或欧洲大陆传播至美国的速度大为加快。

用好专利制度成为美国自建国以来的长期国策，对美国科技、产业、经济保持活力和领先发挥了重要作用。

20 世纪下半叶以来，全球贸易和交流越发紧密，全球化市场融合的趋势逐步明显。在这种贸易生态下，一国专利制度对激励本国技术引进、科技进步所产生的效果已经与美国开国时代大大不同。尤其是科技、产业、经济相对落后的国家，实施强有力的专利保护制度明显不再有利于技术引进，专利制度对激励本国科技创新的积极作用也因受到新经济因素的复杂影响而被削弱。总体来说，会形成强者越强、弱者越弱的马太效应，领先一方依靠技术和知识产权优势越发压制落后一方的发展从而更加领先。因此，新形势是科技和经济相对领先的国家主张大力强化专利保护，科技和经济相对落后的国家则对强化专利保护相对保守。

1.5 专利保护的客体、技术方案、实用性

1.5.1 专利保护的客体和技术方案、技术手段等概念

专利保护的客体指专利保护的对象，即技术方案。

技术特征是具备技术意义的技术细节，是从形式上构成技术手段、技术方案的元素。

技术手段在形式上由技术特征组合而成，其特征在于特定技术手段的运用产生特定技术效果。

技术方案在形式上由技术特征组合而成，其特征在于特定技术方案的实施解决特定技术问题，即技术方案是有用的，对人有明确的用途。

其中，技术意义是指技术方案、技术手段、技术特征所具有的客观技术特性；技术效果是由技术方案的实施或技术手段的运用而对物质世界产生的客观影响；技术问题的本质是技术效果不能满足人的需要。技术问题是人对该未被满足之需要的感受。应特别注意：

● 所有需要均是人主观感受到的，本书就技术问题或创造性提及"需要"时，为行文简洁，多数情况下不再明文强调"感受"。

● 所有需要均是未被满足的需要，当需要得到了满足，则不再是需要，本书就技术问题或创造性提及"需要"时，为行文简洁，多数情况下不再明文强调其未被满足之含义。

技术方案与技术手段的关系在于，可将技术方案的实施视为以特定方式运用技术方案中所包含的技术手段，这些技术手段的技术效果也就是技术方案的技术效果，为人解决特定技术问题。

以上六个概念中，除技术意义外，技术方案、技术手段、技术特征、技术问题和技术效果这五个概念是专利领域中常用的专有概念。

参考图1-2，六个概念存在层次关系：技术方案与其要解决的技术问题形成顶层概念；技术手段与其产生的技术效果形成中层概念；技术特征与其具备的技术意义形成底层概念。

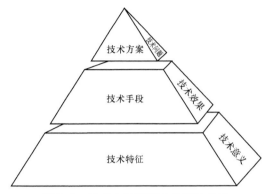

图1-2　技术方案等概念的层次关系

这些分层的概念存在向下兼容的关系，向上则不确定，具体情况如下。

（1）由上而下时，可以解决技术问题的技术方案，必然包含产生技术效果的技术手段；产生技术效果的技术手段必然包含具备技术意义的技术特征。而由下而上时，则不一定成立。

（2）由下而上时，对某些较复杂的技术特征可以同时以技术手段的形式加以运用而产生特定技术效果，并且相应技术效果能够解决特定技术问题，则该技术特征同时又构成简单的技术手段、技术方案；但并非总是如此，有很多技术特征并不构成技术手段，很多技术手段不构成技术方案。

另外，技术方案、技术手段、技术特征各自具有多个内部层次，即具备可分解性。例如，某些相关联的技术特征可以合并成一个"总"技术特征。技术方案、技术手段亦复如是。

↘【案例1-3】

通过美国曲别针专利来认识专利

1903年授权的美国专利曲别针（US742893A，可参见附件1-1）的专利技术方案涉及对曲别针结构的改进。这种曲别针仍在广泛使用：由一段弹性钢丝窝制而成，形成大小相套的、扁长形的、近封闭的外环和内环，外环、内环在同一平面内，形成了曲别针的主平面。可将外环、内环形象地称为外舌、内舌。曲别针通常用于在两舌之间夹住多页纸张。

专利技术方案解决的技术问题是：传统曲别针使用不便，难以在两舌之间插入纸张，即便捷性上的技术效果不满足人的需要。

专利技术方案采用的技术手段是：使内舌尖稍外翘。

专利技术方案运用的技术原理是：内舌尖探出了曲别针主平面，在内舌尖部与曲别针主平面间形成导角，通过此导角的导引，可更容易地将纸张插入两舌之间。

附件1-1

本案例至少包括两个技术方案：传统曲别针和改进后的曲别针。

传统曲别针：由一段弹性钢丝窝制而成，形成大小相套的、扁长形的、近封闭的外环和内环，外环、内环在同一平面内。

改进后的曲别针：由一段弹性钢丝窝制而成，形成大小相套的、扁长形的、近封闭的外环和内环，外环、内环总体在同一平面内；使内环舌尖稍外翘，至内环舌尖探出曲别针主平面，在内环舌尖部与曲别针主平面间形成一个导角。

以改进后的技术方案为例，做技术手段、技术特征的分解（见表 1-1）。

表 1-1　技术方案分解

序号	技术特征的分解	序号	技术手段的分解	
	技术特征		技术效果	技术问题
1	由一段弹性钢丝窝制而成	1	可在两舌之间夹住多页纸张	便捷性上的技术效果不满足人的需要；要将多页纸非损伤、可拆解地临时夹持在一起的操作不够便捷
2	形成大小相套的、扁长形的、近封闭的外环和内环			
3	外环、内环总体在同一平面内			
4	使内环舌尖稍外翘，至内环舌尖探出曲别针主平面，在内环舌尖部与曲别针主平面间形成一个小导角	2	可使多页纸张较为方便地插入两舌之间	

依照表 1-1，技术方案被拆解成 4 个技术特征，其中技术特征 1～3 构成技术手段 1，技术特征 4 构成技术手段 2。

技术手段 1 也是一个完整的技术方案，即传统曲别针；而技术手段 2 不能独立构成技术方案，其必须以技术手段 1 为基础，与之相结合，方能成为技术方案。

技术方案、技术手段、技术特征的拆解方式并不唯一，应视情况而定。表 1-1 的拆解方式并不唯一。

一个技术方案中的某一技术特征可以在多个技术手段中共用。例如，技术手段 2 的运用脱离不开技术手段 1，至少利用了技术特征 3。技术特征 3 实质包含并体现于技术特征 4 之中。

1.5.2　技术特征可分解

技术特征是最基础层面的概念，是从形式上构成技术手段、技术方案的元素。倘若将技术特征再做分解后仍具备专利分析的技术意义，则分解所得的技术细节仍构成技术特征，只是处于更细分的层级。对技术特征的细分拆解可以一直继续至无法再行拆解、继续拆解所得不再具有技术意义。通常情况下不必将技术特征拆解到最细。

例如，对［案例 1-3］中的专利技术特征可进行细分（见表 1-2），分解方式并不唯一。

表 1-2　技术特征进一步分解示例

序号	技术特征	序号	细分技术特征
1	由一段弹性钢丝窝制而成	1.1	由一段钢丝窝制而成
		1.2	钢丝具有弹性
2	形成大小相套的、扁长形的、近封闭的外环和内环	2.1	形成大小相套的外环和内环
		2.2	外环和内环是扁长形的
		2.3	外环和内环是近封闭的
3	外环、内环总体在同一平面内	3	外环、内环总体在同一平面内
4	使内环舌尖稍外翘，至内环舌尖探出曲别针主平面，在内环舌尖部与曲别针主平面间形成一个小导角	4.1	使内环稍外翘
		4.2	外翘部位为舌尖，至内环舌尖探出曲别针主平面，在内环舌尖部与曲别针主平面间形成一个小导角

1.5.3　技术意义、技术效果、技术问题的质变升级

技术方案、技术手段、技术特征的定性取决于其是否对应于技术问题、技术效果、技术意义。技术问题的解决必然建立在技术效果的基础上，技术效果必然建立在技术意义的基础上。反过来则不存在必然结论：技术意义不必然成就技术效果，技术效果不必然解决技术问题。

技术意义、技术效果、技术问题之间存在从底层到顶层的层次关系，这种概念层次的上升是质变升级，不能由下层概念通过简单数量堆砌而引发。

参照表 1-3，从技术意义升级成技术效果，意味着从技术意义这一被动客观存在升级成利用这些客观技术意义对物质世界造成客观改变；从技术效果升级成技术问题的解决，意味着从对物质世界的客观改变升级成利用这种改变来满足人的主观需要。

表 1-3　对技术意义、技术效果、技术问题的解读

概念	定义	解释	本质
技术问题	技术问题的本质是技术效果不能满足人的需要，技术问题是人对该未被满足之需要的感受	对物质世界的改变满足了之前未被满足的人的主观需要，方达成技术问题之解决	满足主观需要
技术效果	技术方案的实施或技术手段的运用对物质世界产生的客观影响	对技术特性加以利用而对物质世界造成客观改变	改变客观世界
技术意义	技术方案、技术手段、技术特征所具有的客观技术特性	具有客观技术特性	被动客观存在

技术问题实质对应于满足人的需要，即具备对人的用途。

由于人需要的主观性和多样性，技术问题也呈现出这种性质。也就是说，不同的人面对同一技术方案，如某一产品，有的人因需要可以得到满足，不觉得有技术问题；有的人因需要得不到满足，认为有技术问题。认为有技术问题的，也常因其需要是五花八门的，其所认为的技术问题也各不相同。因此，认为没有技术问题或有各种技术问题，都是正当、合理的，不应将某人感受到的某一技术问题认定为标准答案，用以否定其他人的感受。

对于技术方案的缺陷或有益效果，与技术问题的情况类似。

应尤其注意技术效果和技术问题的层级区别。例如，一些国家在专利审查中，倾向于以"具备相同技术效果"来代替"解决相同技术问题"，通过淡化、抹杀技术问题的主观性，即割去人的主观需要、主观感受，来否定发明过程中发明人就发现技术问题所付出的创造性劳动，使得专利审查结果不利于申请人。这将有失公允。

1.5.4 技术方案的特点

技术方案可以是产品技术方案，例如装置的结构、物质的配方；也可以是方法技术方案，例如产品的生产方法、加工工艺、使用方法、测试方法。

适合由专利保护的技术方案可被称为一个技术点。即使是一件很简单的产品，也会涉及数量庞大的技术点。技术点的理论数量没有上限，均可以申请专利。但是，真正有商业价值、值得申请专利的技术点数量很有限。

例如曲别针这种古老的简单产品，现在每年至少仍有数十件中国专利获得授权，保护曲别针涉及的各种新技术点，即改进技术方案，例如结构改进、特别用途。

2010 年授权的中国实用新型专利"新式曲别针"（CN201471890U，可参见附图 1-1）的技术方案涉及一种采用封闭双环结构的新式曲别针。与传统曲别针相比，专利曲别针不存在断点，具有不受单向使用的限制、不易划伤所夹纸张的技术效果，满足了此前未被满足的相应需要，解决了相应的技术问题。此外，专利曲别针夹持纸张的接触面经过了特别处理，呈现"微螺旋状或水平弯曲状或垂直弯曲状"，从而增加了摩擦力，达成了稳固夹持的技术效果，满足了人对稳固夹持的需要，解决了相应技术问题。

附图 1-1

附图 1-2

2012 年公布的中国发明专利申请"一种清洁巾的折叠方法"（CN102424300A，可参见附图 1-2）涉及清洁巾的折叠方法。这种折叠技术方案达成的技术效果是使清洁巾能够在保证擦拭面积的前提下增加擦拭次数，解决的技术问题是使用不够高效，即之前清洁巾的使用效率不满足人的需要。

1.5.5 实用性

专利技术方案必须具有实用性。

实用性是指技术方案能够制造或使用，能够产生积极效果。其中，"能够制造或使用"是指专利产品和专利方法可以商业化、产业化地制造和实施；"能够产生积极效果"是指专利技术的技术效果可以满足人的需要从而解决技术问题。

不能为技术问题的解决做出贡献的技术方案不具备实用性。不符合客观规律的技术方案被认为不可实施，不具备实用性，如永动机。

1.6 专利不保护的客体

专利保护的客体是技术方案。

出于维护公共利益，各国还会做出法律限制，对某些客体不提供专利保护。

但是，事情绝非非黑即白，以足够的专业技巧处理时，可以淡化不受保护的敏感客体，为期望保护的智力成果争取一定的专利保护空间。实际操作中，希望为特别客体谋求专利保护时，应考虑目标国家的具体情形，请高水平的专利代理师以高专业水准做专利策划、撰写、申请。

1.6.1 客观规律、自然现象、科学原理

专利不保护客观规律、自然现象、科学原理，它们不是技术方案，从而不是专利保护的客体。

技术方案强调使用技术手段来解决技术问题以满足人的需要，其中包含人的主观能动干预。这是技术方案与客观规律、自然现象、科学原理的本质区别。

一个人发现了某一客观规律、自然现象、科学原理，这一发现不受专利保护。当他发现了如何以技术手段利用客观规律、自然现象、科学原理来解决技术问题、满足人的需要，即发现了有用的对客观规律、自然现象、科学原理的应用方式，才发明了可享有专利保护的技术方案。

例如，依照法拉第电磁感应定律，导体在磁场里运动切割磁感线时，导体中会产生电磁感应电势，这种规律、现象、原理不能获得专利保护。如果发明了应用法拉第电磁感应定律的发电机，这种对原理的应用形成了技术方案，所采用的特定结构设置达到能够发电的技术效果，解决了如何供电的技术问题，满足了人们用电的需要。因此，该技术方案可申请获得专利保护。

1.6.2 思想方法、商业方法、软件算法

思想方法，包括智力活动的规则和方法，不是技术方案，不是专利保护的客体，例如围棋等游戏的规则、足球比赛等体育比赛的规则。

商业方法、程序算法也常常被认定为思想方法或智力活动的规则和方法而不能获得专利保护。但是，存在灰色地带：如果商业方法或算法中涉及技术元素，涉及利用技术手段解决技术问题，则其不再是单纯的思想方法或智力活动的规则和方法，则有可能成为受专利保护的技术方案。相应的认定标准因国家而异。

对思想方法不给予专利保护，除了可操作性原因，根本原因在于防止过度的垄断权利束缚经济活动的自由度，妨害经济活力。

1.6.3 疾病的诊断治疗方法、手术方法

出于人道主义的考虑，疾病的诊断治疗方法、手术方法通常不能获得专利保护。从而，

医务人员救治病患时，不必顾虑专利侵权。但是，药品和医疗器械属于受专利保护的客体。

包括中国在内的诸多国家在法律中做了明确排除，规定疾病的诊断治疗方法、手术方法不能享有专利保护。也有一些国家并未排除，例如美国、俄罗斯、澳大利亚。但是尽管在这些国家仍可能就疾病的诊断治疗方法、手术方法获得专利，但在执行层面，专利权人的此类维权主张难以受到国家权力的支持。

实际操作中仍存在灰色地带。例如，一些为疾病诊断提供支持的化验、检测方法，因其与疾病诊断的关联性各异，难以笼统确定是否应被排除在可专利性之外。

1.6.4　特别客体

通常，动植物品种、动植物生物学繁育方法、用原子核变换方法获得的物质、某些依赖遗传资源完成的发明不能享有专利保护。其中，对于植物新品种，各国一般会提供专门的保护形式，不是通过专利来保护，但美国例外；对于其他客体，因国家安全、伦理等原因，其可专利性受到限制。当然，就这些特别问题而言，不同国家的规定常常并不统一。

例如，对于动物品种，各国普遍不提供专利保护，也没有专设的知识产权保护制度。但是，20 世纪 80 年代，美国哈佛大学研究团队利用基因改造技术研发出了一种适宜用于医学实验的老鼠，被称为"哈佛鼠"。哈佛鼠先后在美国、欧洲多地获得专利，成为第一种受到专利保护的哺乳动物，引发了诸多争议。也有很多国家拒绝为动物品种提供专利保护，驳回了哈佛鼠的专利申请。

1.6.5　违反法规、违背公序良俗的技术方案

违反法规、违背公序良俗的技术方案通常不会受到专利保护；在行文和附图中还不应涉及产生不良政治影响或不良社会影响的内容。对此，相关规定因国家而异。

处理此类客体时，应注意区分法律管制和法律禁止的区别。一些技术方案在法律管制之下具有正当用途，这不会妨害其受专利保护。例如某种兴奋剂，如果在法律管制下存在正当的医疗用途，则仍可获得专利；但如果将其用于吸毒，则不能获得专利。

在中国，测量人体或者动物体在极限情况下的生理参数的方法，如测量人或动物寒冷耐受极限的方法，被认定为不具有实用性而不可获得专利授权。其中明显包含人道、公序良俗的考虑。

1.7　新颖性、创造性等概念

技术方案须具备新颖性和创造性方可获得专利保护。

1.7.1　新颖性、现有技术、禁止重复授权和先申请原则

新颖性，指申请人提出专利申请时，要求保护的技术方案是新的，即不属于现有技术、不为公众所知。现有技术方案，即属于现有技术的技术方案，不应被纳入专利保护范围。

现有技术，指专利申请日之前在国内外为公众所知的技术。专利申请日是判定某项技术

对本专利申请是否构成现有技术的基准日期，即核定新颖性、创造性的基准日期。

事实上，不为公众所知但是处于公众可获知状态的技术也属于为公众所知的现有技术。例如，一份秘密档案中介绍了尚不为公众所知的技术，该档案在专利申请日之前已经解密并且可以由公众在国家档案馆调取查阅，尽管根据档案馆的记录，该档案还没有被人调阅过，但该档案中披露的技术仍构成现有技术。

很多国家对于新颖性设有细化的特别规定。例如，中国专利法定义的新颖性"是指该发明或者实用新型不属于现有技术；也没有任何单位或者个人就同样的发明或者实用新型在申请日以前向国务院专利行政部门提出过申请，并记载在申请日以后公布的专利申请文件或者公告的专利文件中"。其中，国务院专利行政部门指中国国家知识产权局。

一项发明创造只能获得一项专利权，即禁止就同一项发明创造在一国之内出现两项或多项专利权。否则，实施专利技术的人可能要就同一项专利技术重复支付专利许可费，这显然有失公平。此为专利的"禁止重复授权"原则。

禁止重复授权原则并不能使一件产品不会同时侵犯两件或多件专利，因为一件产品会涉及由不同专利保护的不同技术点。

当就同一项发明创造先后出现两件专利申请时，若两件专利申请均满足专利授权的法定要求，则在先的专利申请优先获得授权，在后的专利申请不能获得授权，此为专利的"先申请"原则。

就法理而言，禁止重复授权和先申请原则与新颖性、创造性不同。但在操作层面上，禁止重复授权和先申请原则所涉及的问题多可通过新颖性、创造性来解决。习惯上，可以将禁止重复授权和先申请原则纳入广义的新颖性的范畴。

1.7.2　新颖性宽限期

遵从《保护工业产权巴黎公约》（以下简称《巴黎公约》）这一基础性知识产权国际公约的要求，诸多国家设有新颖性宽限期制度。

新颖性宽限期，指专利技术方案在专利申请日之前满足特定条件的披露不视为公开，例如，一定时期之内（我国专利法规定为 6 个月内），或者满足特定条件的披露不视为公开，故而相应披露不会被视为现有技术对之后才提起的专利申请新颖性和创造性构成不利影响。

设立新颖性宽限期的目的之一是避免申请人因为顾虑未及申请专利而不能参加国际展会。依照《巴黎公约》，参加受承认的国际展会而导致披露后，专利申请可以享有新颖性宽限期。

各缔约方在《巴黎公约》的基础上，对新颖性宽限期的适用条件多有发展。例如有些国家规定，对于违背申请人意愿、侵害申请人权利的披露也适用新颖性宽限期。

但是，各国对新颖性宽限期的规定不同会导致在某些国家可以享有新颖性宽限期，而在另外一些国家却不能享有。因此，新颖性宽限期不应成为申请人计划内加以利用的工具，只宜作为意外情形下用以挽回局面的后备手段。

申请人在协调专利申请与可能导致技术方案公开的经营活动时，应当确保专利申请在先，技术公开在后，以避免自己的行为导致自己的专利丧失有效性。

1.7.3　创造性与非显而易见性

创造性，在一些国家也被称为非显而易见性，指申请人提出专利申请时，要求保护的技术方案对照现有技术不是显而易见的，即不容易想到的。

相应地，相对于现有技术不具备创造性，即显而易见的技术方案，不应被纳入专利保护范围。

如前所述，专利申请日是判定某项技术对该专利申请是否构成现有技术的基准日期，也就是核定新颖性、创造性的基准日期。

我国专利法对创造性的定义是：与现有技术相比，该发明具有突出的实质性特点和显著的进步。其中，突出的实质性特点主要指具备非显而易见性；显著的进步主要指技术方案对技术问题的解决可以取得较好的技术效果，至少提供了不同于现有技术的解决方案。

1.7.4　对比文件

要评价专利技术方案的新颖性、创造性，需要评价者，例如对专利申请做授权审查的专利局审查员，找到与专利技术方案最为相关的现有技术，即证据，以作为评价依据。最常见的证据是技术文件，如专利文献、科技论文等。这种可以作为评价新颖性、创造性的证据的技术文件被形象地称为对比文件。因为在评价过程中，不可避免地需要对比专利技术方案与对比文件所载技术方案的异同。

构成现有技术的证据才能有效地用于评价专利的新颖性、创造性。专利和论文因其公开日期便于查证，又便于检索，从而成为最常见的证据。

一些文件的披露时间因为晚于专利申请日或披露时间不能确定，因此不能成为现有技术的证据。但因其与专利技术非常相关，尽管不能用于新颖性、创造性评价，但对了解和评价专利技术具有参考价值，也常常被笼统地称为对比文件。

依据"对比文件"一词的具体使用环境，在操作中常常仅指完整文件中的相关部分，例如仅指从证据中提炼出来的、用于比对的特定技术方案，有时甚至仅聚焦于其中的特定技术手段、技术特征。

1.8　专利制度的发展

1.8.1　开端

1474 年，威尼斯共和国颁布了世界上首部具有近代特征的专利法。

1624 年，英国颁布垄断法，此为现代专利保护制度的开端。

1.8.2　《保护工业产权巴黎公约》

1883 年，在法国巴黎，11 个国家缔结了《保护工业产权巴黎公约》(*Paris Convention on the Protection of Industrial Property*)，简称《巴黎公约》。《巴黎公约》具有划时代意义。自此，为适应技术、经济、贸易的发展，专利进入寻求跨国保护的国际化时代。

主权国家方可成为《巴黎公约》的缔约方。中国于 1985 年加入《巴黎公约》。截至 2023 年 4 月 3 日，《巴黎公约》有 179 个成员国。《巴黎公约》由世界知识产权组织负责管理和维护，关于其条文、成员国等情况可以在世界知识产权组织的网站上查询。

《巴黎公约》就各国应当给予保护的工业产权类型、保护年限等基本问题做了原则性规定。依照《巴黎公约》，工业产权的保护对象有专利、商标、工业品外观设计、实用新型、服务标记、厂商名称、地理标志以及制止不正当竞争。工业产权覆盖了很多适于工业化、规模化商业应用的知识产权。著作权不属于工业产权。

《巴黎公约》的重要意义还在于建立了国民待遇原则和优先权制度。

国民待遇原则指在民事权利方面，一个国家给予外国公民和企业与其本国公民和企业同等的待遇，即不因国籍差别而区别对待。

在《巴黎公约》的背景下，国民待遇原则指成员国的国民和居民在各成员国享有同等权利，不应被区别对待。例如，即使某个人的国家未加入《巴黎公约》，只要其在《巴黎公约》的任一成员国有居所，是该成员国居民，也与《巴黎公约》成员国的国民享有同等权利。

国民待遇原则具有非常开放的精神和极大的进步意义，有利于跨国知识产权保护，更好地支持了跨国贸易。

《巴黎公约》建立了优先权制度：申请人在《巴黎公约》的成员国就某一技术方案首次提出合格的专利申请，申请被受理并给出专利申请号、确立了申请日，则申请人在这一申请日后的一年内，可以在其他成员国就此技术方案提出专利申请并主张首次申请的优先权。主张了优先权的在后申请享有首次专利申请的申请日，视为与首次申请同日提交。

申请外观设计也可以享有优先权，可以主张优先权的期限是首次申请后 6 个月以内。

优先权制度极大地便利了跨国专利申请。如果没有优先权制度，仅将专利申请的实际申请日构成现有技术的基准日，申请人要想就技术成果在多个国家申请专利，就须面对尽快完成跨国专利申请的极大压力。有了优先权制度，申请人只要在其所在国提出首次专利申请，即可利用主张优先权所允许的一年时间，完成在其他国家申请专利所需的文件翻译等各项准备，从容地办好跨国申请。

作为优先权基础的在先专利申请，其后续的状态变化不影响在后专利申请所主张优先权的有效性。例如，如果作为优先权基础的在先申请被申请人放弃或未能获得授权，在后申请所主张的优先权不受影响。

在后申请是否享有优先权须以申请文件中包含的单个技术方案为单位分别判断，而不以专利申请为单位进行整体判断。仅在后申请和在先申请中均包含的相同技术方案能够享有优先权。所以，如果在后申请中加入了新技术方案，由于该新加入的技术方案并不存在于在先申请中，就不能享有优先权。

在后申请的技术方案优先权成立时，作为优先权基础的在先申请的申请日即为其优先权日。对于不能享有优先权的技术方案，可将其本次申请的日期视为其优先权日。因此，同一件专利申请中包含的不同技术方案可能享有不同的优先权日。

技术方案的优先权日也常被称为该技术方案的最早申请日，是评价该技术方案新颖性、创造性的真正基准日。例如，申请人于 2000 年 6 月 1 日在中国提交了专利申请，通过主张优先权，他可以最迟于 2001 年 6 月 1 日在日本提交相同的专利申请，该日本专利申请视为在

2000 年 6 月 1 日提交，享有该优先权日。

这种便利外国专利申请而可跨国主张的优先权也称为外国优先权或国际优先权。

也存在本国优先权。例如，申请人于 2000 年 6 月 1 日在中国提交了专利申请，通过主张优先权，他可以最迟于 2001 年 6 月 1 日在中国提交相同或部分内容相同的专利申请。

对于主张本国优先权的，有的国家要求申请人放弃作为优先权基础的在先申请，例如中国。这样做并不妨碍优先权的成立，益处是可以避免重复审查带来的资源浪费。但是，申请人的在后申请如果处理不当，则可能严重损害专利保护范围。

申请人可以利用本国或外国优先权弥补较早提出的专利申请中的缺陷。例如，提交专利申请之后，发明人对相关技术方案又做了改进，受程序的限制，申请人不得将改进的内容直接加入已经提交的专利申请。但是，申请人可以在主张优先权的期限内，将补充了新内容的专利申请重新提交并主张在先申请的优先权，新内容和原有内容享有不同的优先权日。

一件专利申请可以同时享有多项本国、外国优先权。

一个技术方案的最早申请日才可以为优先权提供基础，并且不能以"接力"的方式主张优先权。例如，2000 年 6 月 1 日，申请人提交了第一专利申请，其中包括技术方案 A。2001 年 3 月 1 日，申请人提交了第二专利申请，其中包括技术方案 A 和 B，并主张了第一专利申请的优先权。2001 年 9 月 1 日，申请人又提交了第三专利申请，其中包括技术方案 A、B 和 C。受主张优先权期限的限制，第三专利申请仅能主张第二专利申请的优先权而不能主张第一专利申请的优先权。由于技术方案的最早申请日才可以成为优先权的基础，并且不能"接力"，因此第三专利申请中的技术方案 A 无法享有更早的优先权日，仅能以第三专利申请的实际申请日 2001 年 9 月 1 日为其优先权日；第三专利申请中的技术方案 B，因其首次申请是第二专利申请，因而能够以第二专利申请的实际申请日 2001 年 3 月 1 日为其优先权日。

1.8.3　世界知识产权组织

世界知识产权组织（World Intellectual Property Organization，WIPO）是联合国负责国际知识产权事务的专门机构。世界知识产权组织网站系统性地提供了涉及专利和其他知识产权的数据、资讯，包括各国专利局、商标局网站的入口。利用这些资源，访问者可以检索到多国的专利、商标，查询多国知识产权法规、保护制度等。

世界知识产权组织设立于 1967 年，但其前身和历史可以追溯至缔结《巴黎公约》之初。《巴黎公约》首批成员国于缔约次年，即 1884 年，组建了国际局来负责《巴黎公约》的执行行政管理。1893 年，该国际局增加了管理其他知识产权国际公约的职能，并更名为保护知识产权联合国际局。1967 年，保护知识产权联合国际局的 51 个成员签订了《建立世界知识产权组织公约》，该公约于 1970 年生效，该组织也改组为世界知识产权组织。

1.8.4　《专利合作条约》与国际申请

1970 年，在美国华盛顿，35 个国家签订了《专利合作条约》（Patent Cooperation Treaty，PCT）。PCT 构筑了跨国专利申请的最主要渠道。

PCT 主要涉及发明专利，不涉及外观设计。

主权国家方可成为《专利合作条约》的缔约成员。中国于 1994 年成为 PCT 缔约国。截至 2022 年 12 月底，PCT 成员总数已超过 150 个。PCT 目前由世界知识产权组织负责管理和维护，条文、缔约国等情况可以在世界知识产权组织的网站上查询到。

通过 PCT 提交的专利申请通常被称为 PCT 申请或国际申请。世界知识产权组织负责 PCT 申请的管理，并委托各 PCT 缔约国的专利局配合完成相关工作。

PCT 申请本身不产生专利权。申请人须在规定期限内，以 PCT 申请为基础在 PCT 缔约国提出进入国家阶段的请求，形成国家阶段申请，相当于在该国正式提出专利申请。国家阶段申请经该国专利局审查通过后，即可在该国获得专利权。与国家阶段申请相对应，PCT 申请也常被称为国际阶段申请。

进入国家阶段的期限并不统一，通常为 30 个月。专利申请人可以利用 PCT 申请达到延长优先权期限的效果，即将《巴黎公约》规定的 12 个月延长到 PCT 允许的约 30 个月。

例如，作为首次申请，某一中国申请人于 2000 年 6 月 1 日在中国提交了一件 PCT 专利申请。他可以最迟于 2002 年 12 月 1 日在日本提交该 PCT 申请进入日本国家阶段的请求，相当于在日本提出专利申请。该日本国家阶段申请的申请日仍然是 PCT 国际阶段的申请日 2000 年 6 月 1 日。

一件 PCT 申请可以在多个 PCT 缔约国并行进入国家阶段，形成多件相互独立、分别由各国管辖的多件专利申请，通过审查后可获得专利权，也就是形成覆盖多个国家的专利族。作为国家阶段申请基础的 PCT 国际阶段申请，其本身不能获得专利权。所以，"国际专利权""PCT 专利权"等的说法属于概念错误。

如果申请人没有利用 PCT 申请，而是通过主张《巴黎公约》中的优先权直接到其他国家提出专利申请，这种专利申请一般被称为巴黎公约申请或直接申请，以区别于 PCT 国家阶段申请。某一国家的直接申请和 PCT 国家阶段申请只在提出专利申请的程序路径上存在区别，在该国专利审查、专利授权的操作层面上没有实质区别，专利授权后的法律效力也没有区别。

依照程序，申请人有机会在 PCT 国际阶段修改申请文件，但是这种修改的实际价值一般不大。申请人大多选择在 PCT 申请进入国家阶段时，结合所进入国家的具体情况，做出必要修改。

PCT 申请为申请人提供的主要便利在于变相延长了优先权期限并提供国际检索报告。如果申请人善加利用，还可以减少盲目性和浪费。

此外，对于中国申请人，倘申请人在中国提交 PCT 申请后，再通过 PCT 申请进入中国国家阶段来获得中国专利，通常可以享受额外的费用减免。相应，这样做比先提交中国申请，随后再主张优先权提交 PCT 国际申请的做法，可以为申请人节约费用。

1. 变相延长优先权期限

PCT 申请进入国家阶段的时限通常是优先权日起 30 个月或更长。而巴黎公约申请只给了 12 个月。因为启动国家阶段申请的成本很高，该时限的延长对申请人极为有利。

（1）在发达国家申请一件专利的平均成本为 5 万～10 万元，在发展中国家则成本相对较低。

（2）在经济更发达的国家，专利能够实现更高的市场价值，所以更值得布局专利。

（3）一件发明专利从申请到授权的周期通常在 2～4 年，将国际阶段和国家阶段的费用及翻译等各种费用均考虑在内，50%～70%的费用发生在提交国家申请的前后。

国家阶段申请可以延迟至 30 个月，意味着申请人承受的因费用产生的现金流压力也相应地得到缓解。更重要的是，申请人有更长的时间观察市场和技术的发展，更准确地评估专利申请的商业前景。对于难以经得起时间考验的专利申请，应尽早放弃以减少损失。事实上，极高比例的专利没有"走完生命全程"即被权利人因此而主动放弃。

在专利申请策略上，30 个月的时间为"投石问路"提供了可能。在当今高度信息化的时代，各国审查员可以迅速获得主要国家同族专利申请的审查进展，并且常以之为参考，由此形成同族专利在各国的审查授权结果高度趋同的情形。因此，申请人可以选择一个主要国家，例如中国，"投石"，先推进专利申请，在 30 个月期限结束前，即使所投之石尚未落地，即尚未授权，其结果也已经较为清晰，这样就会使他国同族申请结果的不确定性大为降低，申请人据此再决定是否进入其他国家。"投石"的专利申请可以是作为国际申请优先权基础的国家申请，其审查进展常常可以快于国际申请的国家阶段。

2. 提供国际检索报告

依照程序，PCT 国际检索单位应就 PCT 申请做专利性检索，向申请人出具国际检索报告。

专利性，指使专利申请获得授权或使专利维持有效的法定实质性条件，主要包括新颖性、创造性和实用性要求。其中，最应关注的是创造性。

专利性检索，通常指专利审查员为了评估专利申请的新颖性、创造性，以找到相关对比文件为目的而做的检索。检索报告中会列出相关对比文件。

参考国际检索报告，申请人能够更好地预估专利授权前景，调整专利申请策略。

如果申请人认为前景不好，PCT 申请在程序上允许申请人及时撤回专利申请，且专利申请不会被公开，申请人仍能将相关技术作为技术秘密来保留。如果申请人不利用这个程序机会撤回专利申请，专利申请将被公开从而成为公知技术，也就不可能再构成申请人独享的技术秘密；如果公开的专利申请未能获得专利权，则相应技术成为公有技术。

1.8.5 《与贸易有关的知识产权协定》

《与贸易有关的知识产权协定》（*Agreement on Trade-Related Aspects of Intellectual Property Rights*，TRIPs），简称《知识产权协定》，是世界贸易组织管理的一项多边贸易协定。世界知识产权组织是《知识产权协定》设计成形的主要支撑机构。

世界贸易组织（World Trade Organization，WTO），简称世贸组织，是一个独立于联合国的永久性国际组织。世界贸易组织的前身是 1947 年多国签订的《关税与贸易总协定》（*General Agreement on Tariffs and Trade*，GATT），简称《关贸总协定》。1996 年 1 月 1 日，世界贸易组织正式取代《关贸总协定》临时机构。

《知识产权协定》之前的《巴黎公约》和《专利合作条约》侧重于便利跨国专利申请，统一和规范了专利类型和专利申请程序。《知识产权协定》侧重于国际贸易中的知识产权规则和争端解决机制。

中国于 2001 年加入世界贸易组织。需要注意的是，并非只有主权国家才能加入世界贸易组织，只要是满足一定条件的关税独立经济体即可加入。中国香港和中国澳门自 1995 年起即是世界贸易组织成员。

1.8.6 未来

专利制度等知识产权制度，其初衷在于促进经济发展、社会进步，兼顾效率和公平，关键在于调节好发明人、原创者的利益与社会总体利益的平衡。

在人类命运共同体中，各国间的联系和贸易越来越紧密。知识产权也必然呈现深度国际化的趋势，各国知识产权保护体系也需要更为开放地融合发展，实现顺畅对接。这将是一个漫长、反复的过程，也是一个全球知识产权治理的问题。

在操作层面，继《巴黎公约》《专利合作条约》《知识产权协定》后，世界知识产权组织下一步的努力方向是推动各国专利实体原则的统一，具体指新颖性、创造性和侵权成立的判定原则。专利实体原则直接触及各国司法主权和重大现实利益，因而其推进更具有挑战性。此前专利国际化合作的进展主要体现在专利程序和专利保护原则的统一。

在这一国际背景下，中国在努力建设成为知识产权强国的同时，将积极地、全方位地、多层次地深度参与全球知识产权治理，构建多边和双边协调联动的国际合作网络，以深化与共建"一带一路"国家和地区知识产权务实合作为抓手，积极维护和发展知识产权多边合作体系，加强在联合国、世界贸易组织等国际框架和多边机制中的合作。[4]

第2章

专利文件和专利程序

阅读提示

对于研发者，本章属于一般内容。

2.1 专利文件

包括 PCT 国际申请在内的各国专利文件均有统一形式。

2.1.1 发明专利申请和发明专利的封面页

遵循以公开换保护的原则，发明专利在申请阶段由专利局公布，在授权时由专利局公告，因而发明专利至少有两个版本的公开文件。

发明专利申请阶段的公布常被称为公开，其目的是使公众及时了解专利技术信息，对后续可能获得授权的专利有所准备。专利形成的权利以授权公告为准。

因此，倘若对专利文件的兴趣仅在于技术情报，可以不关注其是申请公开还是授权公告。倘若有涉及法律权利的情况，例如评估专利侵权风险，则应使用授权公告文件。而申请公开文件产生于专利授权之前，不能提供专利保护范围的准确信息。

申请公开文件和授权公告文件的区别主要体现在封面页上。

图 2-1 和图 2-2 所示为同一件专利的申请公开文件和授权公告文件的封面页。

封面页，即首页，用于简明地展示专利的各项基本信息，例如权属信息、程序信息、专利分类号、摘要等。封面页中包含的各信息项目被称为著录项。

专利分类号是依照专利技术分类体系确定的标示其技术领域的编号。多个国家设有自己的专利技术分类体系。

参见图 2-1 和图 2-2，申请公开或公布采用以下字样：专利申请、申请人、公开日、公开号；授权公告采用以下字样：专利、专利号、授权公告日、授权公开号、专利权人。

[19] 中华人民共和国国家知识产权局

[51] Int. Cl.
A47K 10/02 (2006.01)

[12] 发明专利申请公开说明书

[21] 申请号 200510127652.2

[43] 公开日 2006年7月5日

[11] 公开号 CN 1795797A

[22] 申请日 2005.12.6
[21] 申请号 200510127652.2
[30] 优先权
　　[32] 2004.12.28 [33] JP [31] 2004-381814
[71] 申请人　株式会社普勒里多格
　　地址　日本大阪府
[72] 发明人　松冈良幸　威胁忠义

[74] 专利代理机构　北京集佳知识产权代理有限公司
　　代理人　徐谦

权利要求书1页 说明书6页 附图3页

[54] 发明名称
　　蛋糕型毛巾制装饰品的制造方法
[57] 摘要
　　本发明提供一种使成品的大小及形状不发生偏差的毛巾制装饰品的制造方法以及由该方法形成的毛巾制装饰品。一种蛋糕型毛巾装饰品的制作方法，其特征在于，叠放成为呈蛋糕形状的骨架的衬纸(3)，并折叠毛巾织物(2)，更具体地讲，将在多边形的顶面部(6)的各片上延伸设置折叠部(7)而成的衬纸(3)，以收纳在比该衬纸(3)大的毛巾织物(2)内的方式配置，并以使前述顶面部(6)成为顶面侧的方式，与前述毛巾织物(2)一同折返前述折叠部(7)，并将该折叠好的物品装入到开口部与前述顶面部同形状的蛋糕杯(4)中，而形成蛋糕形状。

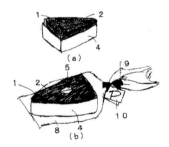

图2-1　发明专利申请公开文件首页

[19] 中华人民共和国国家知识产权局

[51] Int. Cl.

A47K 10/02 (2006.01)

[12] 发明专利说明书

专利号 ZL 200510127652.2

[45] 授权公告日 2009 年 7 月 15 日

[11] 授权公告号 CN 100512734C

[22] 申请日 2005.12.6

[21] 申请号 200510127652.2

[30] 优先权

　　[32] 2004.12.28 [33] JP [31] 2004 – 381814

[73] 专利权人 普来利股份有限公司

　　　地址 日本大阪府

[72] 发明人 松冈良幸 威胁忠义

[56] 参考文献

　　US1346441 1920.7.13

　　US4928831 1990.5.29

　　JP6 – 15558 Y2 1994.4.27

　　JP3067357 U 2000.1.5

　　JP3 – 39488 U 1991.4.16

　　审查员 褚鹏蛟

[74] 专利代理机构 北京集佳知识产权代理有限公司

代理人 徐 谦

权利要求书 1 页 说明书 6 页 附图 3 页

[54] 发明名称

　　蛋糕型毛巾制装饰品的制造方法

[57] 摘要

　　本发明提供一种使成品的大小及形状不发生偏差的毛巾制装饰品的制造方法以及由该方法形成的毛巾制装饰品。 一种蛋糕型毛巾装饰品的制作方法，其特征在于，叠放成为呈蛋糕形状的骨架的衬纸(3)，并折叠毛巾织物(2)，更具体地讲，将在多边形的顶面部(6)的各片上延伸设置折叠部(7)而成的衬纸(3)，以收纳在比该衬纸(3)大的毛巾织物(2)内的方式配置，并以使前述顶面部(6)成为顶面侧的方式，与前述毛巾织物(2)一同折返前述折叠部(7)，并将该折叠好的物品装入到开口部与前述顶面部同形状的蛋糕杯(4)中，而形成蛋糕形状。

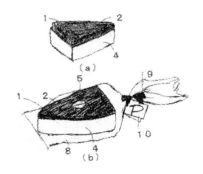

图 2-2 发明专利授权公告文件首页

表 2-1 是发明专利的主要著录项。

其中，国际承认的专利文献著录项目数据识别代码［Internationally agreed Numbers for the Identification of（bibliographic）Data，其英文缩略语是 INID 代码］是由世界知识产权组织规定使用的专利文献著录项目数据代码。

各著录项目中，申请号、专利号、公开号最常用。对于专利号，有的国家规定为专利授权公告文献的公开号，有的国家则另外专设。例如，参考图 2-2，中国专利的专利号总体沿用了申请号，仅在申请号之前冠以字母"ZL"以示区别；中国专利另有授权公告号。

各国专利局对申请号、公开号等均有各自的编号规则。在国际化的背景下，对于各国或地区专利局使用的申请号、公开号，实际使用中常常在其号码之前补加两位国家或地区代码。

表 2-1　发明专利主要著录项[5]

INID 代码	著录项目名称	说　　明
（10）[①]	专利文献标识	对应于专利申请公布，称为公布号或公开号；对应于授权专利公告，称为公告号。不需要特别强调专利授权状态时，公告号也被泛称为公开号。特别情形下，在一件专利的全生命周期中，可能因为文件变动而经历多于 2 次的公开或公告。对于每次公开或公告，都有唯一的公开号，以作为该文献的唯一标识
（12）	专利文献名称	
（15）	专利文献更正数据	专利文献出现过更正的，用以标示更正情况
（19）	公布或公告专利文献的国家机构名称	
（21）	申请号	一件专利自申请至授权后的全生命周期内享有唯一的申请号。一件专利申请或专利，每次公开或公告即产生一件享有唯一公开号的专利文献，但这些历次公开的专利文献有着相同的申请号
（22）	申请日	
（30）	优先权数据	实际应为外国优先权数据。对于主张外国优先权的，相关信息通常包括外国优先权申请的申请号、申请日和受理该优先权申请之专利局
（43）	申请公布日	
（45）	授权公告日	
（48）	更正文献出版日	
（51）	国际专利分类	国际专利分类（International Patent Classification，IPC）用于标示专利技术所涉及的具体技术领域。IPC 是应用最普遍的专利技术分类体系，其将专利涉及的全部技术按部、分部、大类、小类、主组、分组等逐级分类，组成完整的等级分类体系。IPC 的主要作用是方便专利的管理、利用和检索
（54）	发明或实用新型名称	
（56）	对比文件	

续表

INID 代码	著录项目名称	说　　明
（57）	摘　要	
（62）	分案原申请数据	用于标识分案申请的原申请，主要包括原申请的申请号和申请日。申请人有时需要依照分案程序以一件专利申请为基础，提出一件新的相同类型的专利申请。新提出的专利申请包含的内容不超出原专利申请的范围，享有与原专利申请相同的权益，包括相同的申请日和优先权
（66）	本国优先权数据	对于主张本国优先权的，相关信息通常包括本国优先权申请的申请号、申请日和本国国家代码
（71）	申请人	
（72）	发明人	
（73）	专利权人	
（74）	专利代理机构及代理人	
（83）	生物保藏信息	对于一些涉及微生物的专利申请，须做微生物保藏的，用于标示微生物保藏信息。该信息通常包括保藏号和保藏日
（85）	PCT 国际申请进入国家阶段日	适用于 PCT 国际申请的国家阶段申请，用于标示进入国家阶段的日期
（86）	PCT 国际申请的申请数据	适用于基于 PCT 国际申请进入国家阶段的专利申请，主要包括 PCT 国际申请号和国际申请日
（87）	PCT 国际申请的公布数据	适用于基于 PCT 国际申请进入国家阶段的专利申请，主要包括 PCT 国际申请公布号、公布所用语言和公布日期

注：本表依据《中国专利文献著录项目》（ZC 0009—2012）整理。
① 曾使用"[11]"。

　　日本发明专利申请 JP2006187333A 封面页的著录项（21）是其专利申请号"2004-381814"（可参考附图 2-1）。此申请也是图 2-1 所示中国专利申请的外国优先权申请。因此，该日本专利申请的信息也体现在了图 2-1 的著录项优先权数据（30）之中。

附图 2-1

　　美国发明专利 US7698875B2 的封面页也体现了日本发明专利申请 JP2006187333A 的优先权（可参考附图 2-2）。美国发明专利 US7698875B2 的著录项（21）是其专利申请号"11/318964"。由于历史原因，美国专利商标局在间隔较长时间后会重复使用同一专利申请号，从而造成一个申请号对应多件专利的情形。此时，可借助其他信息来区分，例如申请日、申请人。

附图 2-2

　　美国发明专利 US7698875B2 的著录项（73）为专利权人。美国专利实操中通常不用"Patentee"一词（专利权人），而是用"Assignee"（受让人）。美国专利制度强调发明人是原始的专利权人，发明人之外的其他人只能通过转让从发明人那里受让到专利或专利申请的所有权，所以将发明人之外的权利人表示为受让人。

2.1.2　说明书、权利要求书、摘要

申请公开文件和授权公告文件封面页之后，分别是专利申请和授权专利的实体文件。申请公开和授权公告的实体文件无形式差别，但是通常存在内容差别。产生内容差别的原因通常是专利局对专利申请进行审查的过程中，申请人为使专利申请达到授权标准，对专利申请做了修改。

专利文件(尚未授权时称为申请文件)主要包括说明书（Description）、权利要求书（Claims）和摘要（Abstract）三部分。说明书和摘要可以包含附图（Drawing）。

实用新型专利的文件形式与发明专利的相同。

专利文件或申请文件也常被称为广义的说明书（Specification），其组成如图 2-3 所示。

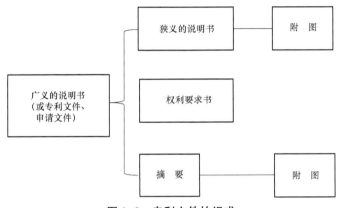

图 2-3　专利文件的组成

1. 说明书

说明书对专利技术方案做出清楚、完整的说明，以所属技术领域的技术人员能够实现为准。说明书大多包括附图。典型的说明书包括以下部分：

（1）技术领域，对专利技术所涉及的技术领域做出简要说明。

（2）背景技术，对专利技术相关的技术做出说明，主要是现有技术的状况。

（3）专利技术方案的内容。

（4）附图说明。

（5）具体实施方式是对实施例的介绍，即以专利技术方案的具体实施案例为范式，较为详细地说明专利技术方案如何实施。通常应提供多种典型实施例。

2. 权利要求书

权利要求书是用于明确专利保护范围的专门法律文件，其以说明书为依据，清楚、简明地限定要求获得保护的范围。权利要求书由多项权利要求组成，每项权利要求均独立地说明并限定特定专利保护范围。权利要求简称权项。

权利要求是专利权的实际单位。专利权不以权利要求书、专利为单位。

为实现明确权利要求保护范围的功能，权利要求的撰写形成了特别的行文方式。因此，将发明人的技术提案撰写成权利要求后，以普通技术人员的眼光来看，会显得支离破碎、面目全非，只有熟悉权利要求行文表达的人才会理解。

专利制度建立之初，仅要求申请人提供权利要求书以限定所要求的保护范围，并没有说明书这种设置。后来发现，仅依靠权利要求书会不可避免地因理解困难而产生歧义，无法清楚地明确保护范围。因此，引入说明书为权利要求补充背景、提供解释依据。

3. 摘要

摘要简要说明专利技术方案的要点，让读者能够便捷地识别专利的主要内容，从而方便检索查询。

摘要应包括最能说明专利技术方案的一幅附图。

2.1.3　实用新型专利

依照程序，中国实用新型专利不需要进行申请公开，直接发出授权公告。实用新型专利"新式曲别针"（CN201471890U）授权公告的封面页可参见附图 1-1 。

附件 4-2

实用新型专利的著录项目与发明一致，可参考表 2-1。

实用新型专利 CN2819822Y 的授权公告文件可参见附图 4-2 。

2.1.4　PCT 申请

附图 2-3

PCT 国际申请 WO2009015581A1 的封面页可参见附图 2-3 。

2.2　专利程序

专利程序的完整流程可用两个关键时间点划分为三段，如图 2-4 所示。

图 2-4　专利程序的完整流程

两个关键时间点是专利申请日和专利授权日。申请日之前是申请前阶段，之后是审查阶段，直至专利授权后，进入授权后阶段。

专利申请的公开及公开日也很重要。

2.2.1　申请前阶段

在申请前阶段，申请人需在其技术成果中先确定适于申请专利的技术方案，形成技术提案。确定申请专利后，制作技术交底书，委托代理机构完成专利申请的撰写和提交专利申请的其他准备。

专利的撰写和提交专业性很强,宜委托专业代理机构完成,以保证质量并取得良好的性价比。

2.2.2　提交专利申请

向专利局提交专利申请时，应提交满足形式要求的申请文件、其他形式文件，并缴费。形式文件中提供申请人和发明人的信息以及权利正当性的证明材料等。

如果专利申请满足最低要求，专利局将受理专利申请，并给出申请号、确立申请日、开出受理通知书。最低要求至少包括满足基本形式要求的申请文件、申请表、申请人信息、联系方式、费用。专利申请中的非致命性缺陷可在以后通过补正、修改来弥补。

专利申请号和申请日具有重要的法律意义，其意味着权利人基于申请文件于申请日宣誓了其所拥有的技术领地。此后，如果再有相同的技术被他人申请专利、被公开而为公众所知，都不会威胁到申请人技术领地的安全。

2.2.3　审查阶段

专利申请被受理后，即进入专利审查阶段。在这一阶段，专利审查员审查确定专利申请是否符合授予专利权的法定要求。当审查员发现专利申请存在缺陷时，会通知申请人，给予其补正修改、解释答辩的机会。最终，当审查员认为专利申请符合授权要求时，将会授予专利权；否则，驳回专利申请。

申请人可以主动撤回专利申请，也可以消极地放弃专利申请，例如就审查员指出的问题放弃做出补正修改或解释答辩、不缴纳所需的费用。相应地，该专利申请将失去效力。

专利审查可以分为形式审查和实质审查。

1. 形式审查

形式审查，指对专利申请形式问题做的审查。

形式问题，指专利申请在申请程序、形式方面的问题，例如申请所需文件是否齐备、申请文件的格式和编排是否符合要求、申请文件是否提供了申请人信息、申请人是否适格、委托了代理机构的是否有合格的委托书、是否按规定缴纳了费用等。

申请人依程序弥补形式缺陷的行为称为补正。

专利的形式问题主要由代理机构负责，企业不必过多关注。

2. 实质审查

实质审查，指对专利申请的实体问题做的审查。各国发明专利申请普遍需要通过实质审查才能获得授权。

实体问题，也称实质问题，是关乎专利性的问题，涉及专利申请获得保护的技术方案是否满足专利授权的实质性要求，主要涉及新颖性、创造性和实用性，以及保护对象是否属于可授权的客体。

申请人、发明人应重点关注创造性，它是比新颖性更关键的实质性要求。

关于实用性、专利保护客体等的问题可以由代理机构在撰写环节解决，以避免在审查时出问题。

就审查中发现的实体问题，审查员会下达审查意见（Office Action，OA）以指出问题。

作为对审查意见的回应，申请人应在指定期限内提交答辩意见，其中包括为解决问题而做的申请文件修改。

专利申请可能经历多轮审查答辩才能通过审查，获得授权。

申请人委托了代理机构的，审查答辩由代理机构完成，但申请人须提供技术支持、确认答辩方案。

3. 实用新型专利、小发明、外观设计的审查

少数国家会对实用新型专利、小发明、外观设计做实质审查；大多数国家不做实质审查，或者实质审查的要求相对较低，例如，只审查新颖性而不审查创造性或只审查明显的实质性问题。

还有一些国家对实用新型专利、小发明、外观设计做延迟的实质审查，即授权之前不做实质审查，但权利人基于相应权利进行司法维权之前，需要补做实质审查，或者通过检索报告、专利权评价报告等形式，确立基本的权利有效性。

中国的实用新型专利和外观设计经过形式审查和对明显实质性问题的审查即可获得授权。权利人司法维权时，应出具专利权评价报告。

4. 保护范围的"争夺"

专利实质审查，是申请人和审查员之间依照法理"争夺"保护范围的过程。在某种程度上可以说申请人与审查员的立场是对立的。申请人希望取得较大的保护范围；而申请人获得的保护范围变大，公众可以自由实施的公有技术的范围就要变小。因此，审查员代表公众的利益，会利用专利审查努力压缩专利的保护范围。

如图 2-5 所示，白色部分是依法明确应当由申请人获得的保护范围，黑色部分是依法明确不应由申请人获得的保护范围。因为合理保护范围不可能有明确的边界，黑色和白色区域之间会有较大的灰色地带，该灰色地带就是申请人和审查员据理力争的主要区域。经过"争夺"，最后确定的保护范围如图中虚线所示。

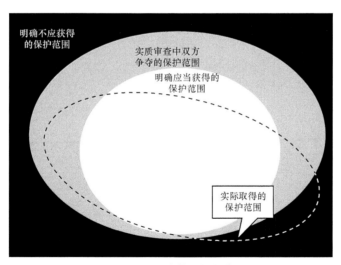

图 2-5　保护范围的争夺

为通过实质审查，申请人常常通过修改权利要求放弃部分保护范围，从而使专利保护范围收缩。实质审查中，申请人类似于交易中的卖方，其主张较大的保护范围相当于开出高价；审查员类似于买家，会努力压低价格。经过专利审查这一讨价还价的过程后，最终的"成交价"就是授权的保护范围，这一"成交价"通常会低于"卖方的起始要价"。

有时会出现专利申请所主张的保护范围未被压缩就通过了实质审查而获得授权的个例。这种以"原始要价成交"的情形，可能意味着"卖家开价低了"。

2.2.4　驳回、复审及救济

1. 驳回、复审

当审查员认为专利申请不满足授权要求，且申请人未能有效补救时，专利申请将被驳回。此时，申请人可以利用救济程序尝试推翻驳回决定，如果成功，专利审查将恢复正常，且审查员不得以原证据和理由再次驳回该专利申请。如果驳回决定不能被推翻从而生效，专利申请将失去效力并终止。

通常，针对驳回决定的救济程序是在规定的期限内提起专利复审。从性质上看，可将复审视为一轮特殊的审查答辩。

各国专利局通常设有专门机构审理复审请求，以复核驳回决定。在我国，由国家知识产权局专利局下设的专门机构复审和无效审理部负责。美国则由专利商标局下设的专门机构专利审理和上诉委员会（The Patent Trial and Appeal Board，PTAB）负责。

一般情况下，申请人提起复审时，会获得修改专利申请的机会。

2. 复审之后的救济

申请人对复审决定不服的，还可以继续寻求司法救济，即在规定的期限内向有管辖权的法院提起诉讼，要求推翻复审决定。法院维持或推翻复审决定的判决，一经生效，专利局须遵照执行。

包括中国在内的一些国家普遍采用二审终审制。

二审终审制确保当事人就同一事由寻求司法救济时，能够享有两次由法院审理并给出判决的机会，两次法院审理按时间顺序称为一审和二审。通常，二审法院是一审法院的上级法院。

经由一审法院完成第一次审理并给出一审判决后，当事人对判决不服的，可以在规定的期限内向二审法院提起上诉，要求推翻或改变一审判决。如果当事人未在规定的期限内上诉，则一审判决生效，二审不再发生。

二审终审制下，二审即为终审，二审判决直接生效。二审法院也可能将案件发回一审法院重新审理。

在二审判决之后，当事人仍然不服的话，还可以向最高法院申诉。最高法院仅会酌情决定是否受理。倘若最高法院受理了当事人的诉求，则表示当事人在二审之外取得了额外的司法救济机会。最高法院有可能维持原判决，也可能做出新的判决，或发回下级法院重新审理。通常，在申诉阶段，出现新的生效判决之前，原生效判决的效力不受影响。

2.2.5　专利授权及授权周期

1. 授权公告

专利申请经审查合格，即可获授权。专利局应在授权日发布专利授权公告。

专利制度的初衷是促进社会技术进步，公众能够经由专利公告了解新技术。

依照 "以公开换保护"的原则，专利公告也是提供专利保护的前提。未经公告，专利技术的实施者不可能查证专利权是否确实，此时如果商业活动被禁止、被要求缴纳专利许可费，显然有失公平。

2. 授权周期

发明专利需要经历耗时较长的实质审查，从提出专利申请到取得专利授权，各国的周期不尽相同，一般为 2～3.5 年。

有些国家设有快速审查制度，满足条件的专利申请能够通过快捷通道快速获得授权。倘若没有明确原因，不建议申请人加快审查和授权流程，因为加速可能无法确保专利质量并且会造成财务浪费。

不需要经历严格实质审查的实用新型专利、小发明能够在更短的周期内获得授权，通常从提出专利申请到获得授权的周期为数月到一年。

2.2.6　授权后阶段

专利在授权公告后开始享有完整的保护。之后，申请人需要缴纳年费以维持专利有效。

1. 专利无效

专利也可能因他人提起无效请求而失去效力。专利因此失效的，视为权利自始即不存在。相关内容可参阅 3.2.8 节。

2. 专利的修改

通常，专利一经授权就不再允许主动修改。有些国家允许对不会产生歧义的笔误做修正。

专利被提起无效时，允许权利人在严格限制下针对无效理由修改权利要求，且权利要求的保护范围只可以收缩，不允许扩大。相关内容可参阅 3.2.4 节。

3. 专利情况变化时的公告

当专利的基本情况发生变化时，尤其当其权利状态、权利人有所变化时，专利局会做出公告，使公众知晓。

2.2.7　发明专利的公开和临时保护

1.“自申请日起满十八个月”公开

对于发明专利申请，自申请日起满 18 个月即进行公开是《巴黎公约》的规定和各国普遍遵循的惯例。中国也不例外。

我国《专利法》第三十四条规定，国务院专利行政部门收到发明专利申请后，经初步审查认为符合要求的，自申请日起满 18 个月，即行公布。

发明专利从申请到授权，至少经历两次公开：自申请日起满 18 个月的专利申请公开，以及专利申请通过审查获得授权时的专利授权公告。按照我国专利审查程序，发明专利申请在公开后才启动实质审查，所以专利授权公告不会早于专利申请公开。

对于实用新型专利和外观设计，专利局通常只做授权公告，授权之前不做申请公开。

申请人可以要求专利局提前公开自己的专利申请，但这可能会对申请人不利。

2.“自申请日起满十八个月”公开的由来

专利制度设立之初并没有“自申请日起满十八个月”公开的要求，引入这一要求是为了解决狙击商业活动的潜水艇专利带来的麻烦。

倘若没有“自申请日起满十八个月”公开这一要求，一件发明专利申请可以潜伏很长时间而不为公众所知，直到专利授权公告。申请人可以利用发明专利实质审查等程序进行拖延，将授权时间拖延至 10 年甚至更长。这就造就了长期潜伏的潜水艇专利。

优质的潜水艇专利能给权利人带来收益。申请人提交完专利申请即完成了技术领地宣誓，然后，权利人可以隐瞒专利申请而放心地泄露相关技术，从而吸引他方用于商业实施，如此利用潜水艇专利的潜伏期，等待他方业务做大后的最佳时机，进而"收割"超额利益。

倘若实施专利的企业较早发现潜水艇专利，则可能先与权利人谈判达成价格合理的许可协议，也可能选择替代技术方案而规避专利侵权，甚至放弃商业计划。但如果企业长期无从知道潜水艇专利，为相关商业活动已经做了大量前期投资，却突然冒出一件专利并需要按实施规模缴纳许可费时，因已被前期巨额投入所"绑架"，企业极为被动。这对企业极不公平。

潜水艇专利导致技术延迟公开，有悖于快速推动社会技术进步的专利制度初衷。此外，延迟公开还可能造成他人为研发相同的技术做重复投入，造成资源浪费。

发明专利申请提交后，如果很快就被公开，则对申请人过于严苛、不公。权衡之下，以自申请日起满 18 个月为期限来公布发明专利申请比较合理。

专利制度奉行先申请原则，意在鼓励发明人尽早提交专利申请，加快技术进步节奏。这使专利申请的提交难免仓促而有欠完善，相关技术研发还可能在提交后又有新进展。

这也是促成优先权制度的原因之一：除了便利跨国专利申请，优先权制度还使申请人可以在一年之内对在先提交的专利申请通过补充新内容加以完善，以主张优先权的方式提交在后申请。这样可以使在先申请宣誓的技术领地不受损失，新内容于在后申请的申请日完成技术领地宣誓。

倘若在先专利申请很快被公开，且公开早于主张优先权的在后申请中新内容的申请日，对于该新内容，在先申请就构成公知的现有技术，这会使新内容很难具有创造性，难以获得专利权。鉴于这一原因，专利申请也不宜提前公开。

发明专利申请正常公开的时间应当晚于主张优先权的 12 个月期限，专利局也需要足够的程序处理时间，最终形成了"自申请日起满十八个月"公开的惯例。

另外，在专利申请正式进入公开程序之前，申请人还有机会撤回专利申请、阻止专利公开。这样，申请人还可以将相应技术方案作为技术秘密来保留。专利申请一旦被公开，就覆水难收了，很多被公开的专利申请最终无法获得授权，相应的技术进入公有领域，由公众自由使用。

综上，除非有特别原因，专利文件晚公开对申请人有利，早公开对社会公众有利。申请人通常不应选择提前公开专利申请。

3. 临时保护

发明专利申请公开之后，至发明专利授权之前，申请人可以享有有别于正式专利保护的临时保护。临时保护期间，申请人凭借专利申请提出维权主张时，如收取许可费，不会受到法律支持，因为申请人还未取得专利权。专利授权之后，且专利申请公开时要求保护的技术方案被正式纳入专利保护范围时，专利权人可以就临时保护期间他人实施该技术方案的行为要求追偿，法律会给予支持。倘若临时保护期间他人实施的技术方案，尽管落入专利申请公开时要求的保护范围，但该技术方案最终未能被纳入授权专利的保护范围，则其不能享有临时保护，权利人没有可以主张权利的基础。

申请人通过临时保护获益的机会极低，因此申请人不应盲目追求临时保护而要求提前公开专利申请，除非有特别理由。申请人因专利申请提前公开而使权利受到严重损害的事例很多。

2.2.8 PCT 申请的公开

1. 国际公开

PCT 国际申请也遵循"十八个月公开"的惯例,国际申请应在优先权日起满 18 个月后公布,即 PCT 申请的国际阶段公开。

依照程序,申请人应先收到国际检索单位出具的国际检索报告,该检索报告对专利技术的新颖性、创造性做出评估。如果申请人认为专利授权前景不好,仍能及时撤回该专利申请,阻止申请文件公开。申请文件中未公开的技术仍可作为技术秘密由申请人保留和利用。

PCT 申请的国际阶段公开有可能但通常不会在某一国家启动临时保护。公开是否启动临时保护因各国规定而异,通常与国际公开采用的语言和该 PCT 申请进入国家阶段的情况有关。

PCT 申请国际阶段提前公开可能会对申请人造成不利影响,可参考 2.2.7 节。

2. 国家公开

进入国家阶段后,PCT 申请的性质与国家专利申请相同,均由该国专利局管理,处理程序也类似,在满足自优先权日起满 18 个月的前提下,做发明专利申请公布,公布后享有临时保护;在专利通过审查获得授权时再做授权公告。

2.2.9 单一性与分案申请

1. 单一性

单一性,指一件专利仅能包含实质相关联的一组专利技术方案。实质不相关联的技术方案不可以在同一件专利申请的权利要求书中并存,并获得授权。这种实质相关联的判别标准依照技术方案在创造性方面的相关性而确定。

设立单一性限制的目的是方便分类和检索。

2. 分案

申请人可以依照分案程序,以一件专利申请为基础,提出一件新的专利申请。新提出的专利申请享有与原专利申请相同的权益,包括相同的申请日、优先权。依照分案程序提出的专利申请称为分案,作为基础的专利申请称为原案或母案。

分案所包含的内容不得超出母案的原有内容;分案与母案应当同属一个类型,例如同为发明专利。

在程序允许的范围内,基于一件母案可以提出多件分案;甚至分案可以转变成母案,成为继续提出分案的基础。

分案提出后,其在处理程序、法律效力等方面均与普通专利申请相同。

通常,分案与母案、分案与分案的说明书相同,权利要求书不同。一件专利申请的说明书可以包含能够获得专利保护的多套技术方案。但是,因为单一性限制或其他原因,不适合将所述多套技术方案包含在一件专利申请的权利要求书中取得授权。此时,申请人可以利用分案程序,将所述多套技术方案拆分到多件分案的权利要求书中,分别审查授权。

多数分案是为了满足单一性要求而被迫做出的。如果审查员认为母案不满足单一性要求,申请人可以将不满足单一性要求的权利要求从母案的权利要求书中删除以克服单一性问题;以删除的权利要求为基础形成分案的权利要求书,提出分案。

也有一部分分案是申请人出于策略需要而主动提出的。

↘【案例 2-1】

美国的专利分案制度

针对专利分案，美国设立了复杂但灵活的制度，提供了三种分案类型，包括继续申请（Continuation Application）、部分继续申请（Continuation-in-Part Application）、分案申请（Divisional Application）。

继续申请相当于申请人主动提出的普通分案，此时分案所包含的内容不得超出母案。

部分继续申请也由申请人主动提出，其与继续申请或普通分案的不同之处在于，申请人可以引入母案不包括的新内容。如果有新内容，新内容只能以部分继续申请的实际申请日为优先权日，不能享有更早的优先权日。

分案申请指为克服母案不满足单一性要求而提出的普通分案申请。

第3章

专利授权条件和专利无效

阅读提示

对于研发者，本章属于一般内容。

3.1 专利授权的条件

专利授权的条件指授权法定要求，可分为实质要求和形式要求。

形式要求指专利申请文件以规定的形式、格式编排；配有必要的形式证明文件，例如证明权利人获得权利的正当性的文件；专利申请的处理符合程序要求，缴纳了规定的费用。关于专利申请文件的形式要求，宜主要委托代理机构处理，经济性最好。

本节主要涉及专利授权的实质要求，以及形式要求中应特别注意的合规问题。在企业充分配合的前提下，可以主要依靠合格的代理机构解决大部分问题。

3.1.1 属于专利保护的客体、具有实用性

专利申请要求保护的客体应为符合法规要求的技术方案，并具备实用性。此授权要求较容易满足，企业可以主要依靠代理机构来保障达到要求。

3.1.2 具有新颖性和创造性

权利要求应具备新颖性和创造性。从广义的角度看，这两个授权要求还涉及先申请原则和禁止重复授权原则。

创造性的门槛高于新颖性，因而创造性是最关键的实质性要求，是导致专利不能获得授权的最常见的原因。其他要求则较容易满足，通常不会对授权构成实质障碍。

因此，研发者应重点了解创造性，理解创造性的基本判定规则和原理。

新颖性和创造性取决于技术方案的基础情况，代理机构不对其负责。

3.1.3 充分公开、说明书支持、可实施、包含必要技术特征

充分公开、说明书支持、可实施、包含必要技术特征等要求是为了确保专利制度"以公

开换保护"初衷的实现。其中，充分公开是最核心的要求，其他要求都是由该核心要求衍生出来的。因此，一些非核心的要求可能并不显性地出现在各个国家的专利法规当中。

这些要求主要涉及专利撰写实务，应依靠代理机构来满足。

1. 充分公开

对未充分公开的技术方案，不给予专利保护。

充分公开指申请获得专利保护的技术方案应当充分公开至该领域普通技术人员可以实施的程度。否则就不能达成"以公开换保护"的初衷。

而作为申请人和发明人的企业和研发者，希望将更多的技术细节作为技术秘密来保留，不愿意将其写入专利文件，因为这种做法更有利。

专利申请应在满足充分公开要求的基础上，尽可能少地披露希望保密的技术细节。这一要求与创造性的要求结合起来时，对专利撰写的专业水准要求会很高。

2. 说明书支持

权利要求应当以说明书为依据，得到说明书的支持。

说明书支持具体指权利要求描述的技术方案应当在说明书中得到充分公开，可以从说明书中获得充分解释，即不应将说明书未充分公开的技术方案纳入权利要求的保护范围。

3. 可实施

可实施指专利技术方案能够被工业性实施，达成预期技术效果，解决特定技术问题。

可实施问题与专利实用性、充分公开、说明书支持均有内在关联。一些申请人对技术成果中的某些关键技术手段因故未在专利文件中充分公开，或根本没有提及，或只泛泛带过，致使仅依照专利文件实施时，不能达成专利文件中声称的预期技术效果，无法解决特定技术问题。这种情况下，根据不同国家的具体规定，该专利申请可能因不具备实用性、不可实施、未充分公开等原因而不能获得授权。

例如，权利要求所描述的保护范围中纳入了很多技术方案，实施这些技术方案时，有的能够达成预期技术效果、解决特定技术问题，有的则不能，即保护范围中存在"坏点"。因为保护范围覆盖了不能达成预期技术效果、解决特定技术问题的技术方案，相应权利要求可能被认定为不可实施或不能受到说明书支持。

专利说明书对技术效果、技术问题的描述对专利能否获得授权以及可获得的保护范围有实质影响。该问题的处理对专利撰写的专业水准有较高要求。

4. 包含必要技术特征

有些国家要求专利权利要求中须包含必要技术特征。必要技术特征指对于达成专利文件中声称的预期技术效果、解决特定技术问题必不可少的技术特征。

当权利要求中缺少必要技术特征时，必然导致产生不可实施的问题。因此，可实施问题可以实际涵盖必要技术特征问题。

3.1.4 修改未超出原始提交的范围

基于专利申请日的重大法律意义，在专利申请处理中尽管允许申请人修改申请文件，但是严格禁止引入新内容，即不得通过修改将原本不包含的技术内容引入申请文件，也就是修改不得超出原始提交的范围，简称不得"修改超范围"。

引入新内容或修改超范围被严格禁止，否则申请人将能对申请日时宣誓的技术领地在申请日后做出扩充，这对公众极不公平。

需要注意的还有涉外专利申请，有可能因翻译失误而在客观上造成修改超范围。

修改不得超范围这一要求主要涉及专利实务，应依靠专利代理机构来满足。

3.1.5 分案未超出原始申请的范围

申请人提出分案时，分案中不得引入原始申请中未包含的内容，其原因与修改不得超范围相同。

3.1.6 保护范围清楚

保护范围清楚，指权利要求的保护范围应清楚明晰。

同理，本要求主要涉及专利实务，应依靠专利代理机构来满足。

3.1.7 单一性

专利申请应符合单一性要求，否则不能授权。

本要求不是关键性要求，应依靠专利代理机构来满足。

3.1.8 特别合规要求

合规，属于特殊的形式问题，专利局可能不会主动审查。但是一旦产生合规问题，将使专利不能授权；即使已经授权的，也将导致权利被剥夺。只要企业给予适当注意并依靠专利代理机构处理相关事务，就可以以较低的成本避免这些问题。

合规问题上存在很大的国别差异，在跨国背景下容易出现。这是因为，不同国家的法律规定、文化观念、行为标准不同，在一国习以为常的举动，可能在另一国会产生严重后果。因此，跨国专利事项尤其应依靠专利代理机构办理。

典型的合规要求包括保密审查、诚信、如实申报发明人等。

1. 保密审查

各国普遍设有保密审查制度，以实现对敏感技术的管制。倘若申请人违反了保密审查规定，通常会导致相应专利不能获得授权或失去效力。更严重的，倘若因此违反了国家保密、技术管制的法规，还会在专利范畴之外引发法律责任。

以中国、美国为代表的诸多国家，要求对本国境内完成的技术成果，应最先在本国向专利局提交专利申请，由专利局做保密审查；也可以向专利局提出只做保密审查的请求。如果保密审查未获通过，申请人将接到通知：被纳入管制、禁止申请人向境外申请专利等。如果保密审查获得通过，申请人就取得了在境外就该技术提出专利申请的许可，即国外申请许可，如此方可向国外提出专利申请。一般情况下保密审查会及时完成，不致影响申请人跨国申请专利的进程。

保密审查的要求因国而异，申请人须谨慎咨询专利代理机构。

2. 诚信

以美国为典型代表，有些国家对权利人在专利活动中的诚信有严格要求，严重有违诚信的行为可能导致专利申请不能获得授权，已经授予的专利权也可能被剥夺。

我国《专利法》第二十条明确规定了申请专利和行使专利权应当遵循诚实信用原则。例如，不以保护创新为目的而仅为套取政府补贴而编造专利申请的行为即在重点查处之列。

在美国专利实务中，因诚信导致专利失效的高发情形是未如实做出披露。为便利专利审查，很多国家要求申请人向专利局披露相关技术信息，美国专利商标局则要求申请人提交信息披露声明（Information Disclosure Statement，IDS）。因申请人未履行好该义务导致美国专利被判定不可执行的案例比比皆是，而不可执行意味着失去法律保护，等同于失去效力。

【案例 3-1】

高通诉博通案

2005 年 10 月，高通公司在美国加利福尼亚州南区联邦地区法院起诉博通公司（案号 3:05-CV-01958），案由为专利侵权。涉案专利为适用于 H.264 视频编码标准的专利 US 5452104、US 5576767。

法院认定高通公司存在严重有违诚信的行为，包括：

（1）在了解联合视频组（Joint Video Team，JVT）正在开发 H.264 视频编码标准的情形下，未按照相应专利披露政策履行披露义务，向联合视频组隐瞒了涉案专利。

（2）在该案证据发现程序中，隐瞒了涉及前述情节的大量证据。

法院判决高通公司败诉并支付惩罚性赔偿，负担博通公司的律师费用及诉讼费用；涉案专利全球不可执行。此判决应理解为高通公司在其他国家取得的相同专利也不可执行。

此外，法院将高通公司的 6 名代理律师发送到加利福尼亚州律师协会（The State Bar of California）接受违纪调查。

附图 3-1

高通公司上诉至美国联邦巡回上诉法院（案号 2007-1545 和 2008-1162，如附图 3-1 所示），最终改判两件专利对涉及 H.264 技术标准的产品不可执行，不涉及该标准时，两件专利仍可执行。

3. 实际发明人和设计人

在包括中国在内的许多国家，申请人提出专利申请时未严格按照实际情况申报发明人，通常不会产生严重后果。

但是，以美国为代表的部分国家将实际发明人认定为原始专利权利人，对发明人填报有严格的法律要求。当发明人不实的专利申请进入这些国家时，因为专利局不做主动核实，在申请过程中通常不会暴露问题，但是一旦未被申报的实际发明人提出权利主张，当前权利人会因取得权利的正当性存在问题而丧失专利权。

因此，应当如实填报发明人。

外观设计人与专利发明人情形类似。

3.2　专利无效

3.2.1　概念

专利无效，是对授权专利重新做有效性审查的程序。对于授权专利，认为其有效性存在问题，不满足专利授权的实质性条件时，他方可以提起专利无效请求，如果经审查认定确实存在问题且不能补救，则宣告相应专利无效；否则，维持专利有效。

专利的每一项权利要求都是一项独立的权利，专利的有效性审查以权利要求为单位。

尽管发明专利大多是经过严格的实质审查才获得授权的，但是由于专利有效性的评估很复杂，而且审查资源受客观条件制约，因此不满足授权条件的专利申请被授权的情形难免存在。必要时，可对其提起专利无效宣告请求。

3.2.2　专利权无效的理由

专利权无效（或称专利无效）的理由与专利获得授权应满足的实质要求一般是对应的，但也存在例外，例如单一性问题不能成为无效理由。不同于其他实质性要求，不满足单一性要求的专利即使获得授权，也不会导致权利人侵占不应得的保护范围或利益，因而不予追究。

专利无效理由包括：

（1）技术方案不属于专利保护的客体。

（2）技术方案不具有实用性。

（3）权利要求不具有新颖性、创造性。

（4）技术方案未充分公开。

（5）权利要求不能获得说明书支持。

（6）专利不可实施。

（7）修改超出原始提交的范围。

（8）分案超出原始申请的范围。

（9）保护范围不清楚。

各国对专利无效理由的表述异曲同工。

3.2.3　合规问题导致专利失效

合规问题也可能成为专利无效的理由，具体情形与其导致专利申请不能获得授权相似，可参阅 3.1.8 节。

3.2.4　为维持专利有效而做的解释和修改

在专利无效程序中，为了维持专利有效，专利权人除了针对专利无效的理由、证据加以解释，还可以对专利进行修改，通过牺牲一定的保护范围以克服有效性问题。

1. 底线原则

对权利要求的解释和修改加以限制的底线原则是：专利保护范围只能缩小，不能扩大。也就是说，只可出现原先落入保护范围的技术方案修改后不再落入该专利保护范围的情形，不能出现原先未落入专利保护范围的技术方案修改后落入专利保护范围的情形。否则，明显对公众不公。

此外，必须遵守不得引入新内容或修改不得超范围的原则。

2. 解释

解释工作主要在于对技术特征的含义加以明确，常使专利的保护范围有所收缩。

有时，技术特征的含义或范围具有一定的弹性，权利人有可能通过使范围收缩的解释方式确定技术特征的含义，避免专利被宣告无效。例如，规避涉及新颖性、创造性的对比文件，将其中披露的现有技术排除在保护范围之外。

3. 修改

在专利授权后的无效程序中，各国法规普遍严格限制了专利可以做的修改。

通常，允许专利权人以删除、合并权利要求或删除权利要求中并列技术方案的方式修改权利要求。有些国家允许更为灵活的修改方式，例如对权利要求补充额外的技术特征，但是修改不得突破前述底线原则。

3.2.5　专利无效的提出

原则上，任何人均可作为请求人提起专利无效。请求人应提交认定专利权无效所需的理由和证据，以说明被提起无效的专利存在专利性缺陷。

通常情况下，与专利权人存在利益冲突的人才会提起专利无效。例如，当专利权人试图向他方收取专利许可费时，专利常被对方提起无效，一旦成功则不用缴纳许可费。

一些国家要求无效请求人披露其真实身份，例如美国。因为一些无效请求人会请表面上没有关联的替身提出无效请求，不让专利权人知晓攻击来自何方。甚至专利权人自己也会请替身对自己的专利提起无效，以可控的方式达成最有利于巩固专利权的判例，为后续向他人主张权利打好基础。

针对某一专利提起无效的次数没有限制，但通常会遵循"一事不再理"的原则，即禁止以相同的证据和理由重复提起专利无效。

3.2.6　专利无效程序

通常，各国专利局设置专门管辖专利无效的机构负责审理并做出决定，宣告专利无效或维持其有效。例如，中国国家知识产权局专利局下设复审和无效审理部、美国专利商标局下设专利审理和上诉委员会（The Patent Trial and Appeal Board，PTAB）管辖专利无效。

在有些国家，专利无效由具有管辖权的法院直接审理；也有专利局和法院共同管辖的情形，请求人在许可的范围内选择其中一个。

下面以专利局管辖这一常见情形为例，对无效程序做出说明。当由法院管辖时，审理程序和原则与此类似。

专利无效程序与诉讼程序类似，属三方程序：无效请求人是请求方，专利权人是被请求方，双方利益相冲突；还有作为审理方的专利局。因为审理方是专利局这一行政机关而非法院，因此也可将专利无效程序称为准司法程序。

基本程序是：请求人提起无效请求，其中应包括专利无效的理由和证据；专利局的主审部门确定无效请求满足基本形式要求，即会受理，并通知专利权人，同时转达请求人提出的理由和证据；专利权人应在规定的期限内做出答辩、提供证据；主审部门也应将专利权人的答辩意见及证据转给请求人，以供请求人再补充意见、证据。如此往复。这个过程中，通常会进行口头审理，即双方当面进行举证、质证、意见陈述等。

专利无效审理应符合通常的听证原则，即一方提出新的理由、意见、证据后，另一方应获得答辩机会。

当主审部门认定争议事实已经清楚，即可做出决定。

3.2.7　专利无效的后续救济

如果对专利局的专利无效决定不服，当事人可以向具有管辖权的法院提起诉讼，以实现救济。大多数国家采用二审终审制，即保证有两轮诉讼救济的机会。但是，也有国家将专利局主持的无效程序视为一审，后续只保证一次法院审理的机会，即二审上诉，如美国。

当事人直接向法院起诉要求审理的，该无效审理则构成一审。

3.2.8　专利无效的结果及公告

经过审理，一件专利有可能被判全部无效，即失去全部保护范围；或者被维持全部有效，即全部保护范围受到维护；也有可能部分内容被判无效，其余部分被维持有效，即损失一部分保护范围。

专利无效程序导致的专利权利变化须由专利局向公众公告。专利一旦被宣告无效且相应决定或判决生效，被宣告无效的那部分权利应视为自始即不存在，等同于原本没有被授权。

专利权人不能基于被宣告无效的专利收取专利许可费。但是，出于维护交易稳定的通常原则，在专利无效决定生效前，专利权人已经收取的专利许可费不必退还，除非有特别原因，例如专利权人有恶意欺诈行为。

3.2.9　第三方意见

提交第三方意见是一种用于阻止专利申请获得授权的程序，相当于提前发起专利无效。企业发现有竞争威胁的他方专利申请被公开后，可以提交第三方意见，阻止专利授权，或者压缩其保护范围，从而消除或减小威胁。这样做，成本低、对抗性低，但对专利的攻击效果受一定限制。另外，企业应有专利预警能力。

在专利申请公开之后、授权之前的审查期间，任何第三方可以向专利局就该专利申请提出供审查员参考的第三方意见，一般包括专利申请不满足授权要求的理由和证据，这些理由和证据通常针对该专利申请的创造性、新颖性缺陷提出。

第三方意见是对专利审查的支持，普遍受到专利局欢迎，各国专利局不会就提交第三方意见收取费用，并为之设置最便捷的通道。例如，在欧洲专利局的网站上，对于已经公开、正在审查的欧洲专利申请，显示该申请信息的网页上即设有提交第三方意见的便捷入口。

提交第三方意见后，提交方对后续专利审查进展并没有干预权力，只能被动接受专利审查结果。

3.3 国家间专利局的专利授权和无效

3.3.1 国家间专利局及专利授权

基于成员国缔结的协议，存在多个国家间专利组织，其功能相当于多个国家共同组建的专利局，由该专利局完成专利申请的受理、审查、授权。授权专利在成员国直接生效，或者在选定的成员国经程序性登记后生效。

加入国家间专利局后，有些国家不再设立本国独立的专利系统，申请人只能通过国家间专利局才能在该国获得专利；还有一些国家保留了本国独立的专利系统，要在该国获得专利时，申请人可以在两个渠道间选择，直接向该国专利局提交专利申请，或者向该国加入的国家间专利局提交专利申请。至于如何在两个渠道间做选择，申请人应充分咨询代理机构。

3.3.2 国家间专利局的专利无效

就国家间专利局授权的专利，通常有如下两种专利无效方式：第一种是可以直接对国家间专利局授权的专利提起无效，成功后，该专利权被全部消灭，即在各个成员国中的权利均随之消失；第二种是国家间专利局授权的专利在各成员国中各自衍生出独立的国家专利，由各成员国分别管辖，因此只能针对衍生出的各国家专利在相应国家分别提起专利无效。

第二种情形较为复杂，各国专利局或管辖法院对本国专利有效性做出判定，因为判定结果可能不一致，因此相同的专利在不同国家可能有不同的"命运"。

3.3.3 主要的国家间专利局

各国家间专利局的情况可能随时变化，例如成员国、收费标准、申请程序等，申请人应向代理机构咨询。

1. 欧洲专利局

欧洲专利局（European Patent Office，EPO）基于《欧洲专利公约》（*European Patent Convention*）管理欧洲专利。欧洲专利是发明专利。欧洲专利局不受理外观设计。

《欧洲专利公约》于 1973 年缔结、1978 年生效，截至 2022 年底，成员国覆盖全部欧盟国家及若干欧盟之外的欧洲国家，未覆盖全部欧洲国家（见表 3-1）。

授权的欧洲专利在成员国履行形式登记程序后即在该国转化成国家专利而生效。

此外，波黑（BA）和黑山（ME）与欧洲专利局签有单独协议而成为欧洲专利延伸国，欧洲专利也可在这两个国家生效。

2. 欧盟知识产权局

欧盟知识产权局（European Union Intellectual Property Office，EUIPO）是隶属于欧洲联

盟的机构，负责欧盟外观设计和欧盟商标的注册及管理，不受理发明专利。

欧盟外观设计是一经注册即在所有欧盟成员国生效的单一外观设计权。

表 3-1　欧洲专利局成员国

代 码	国 家	代 码	国 家	代 码	国 家
AL	阿尔巴尼亚	GB	英 国	MT	马耳他
AT	奥地利	GR	希 腊	NL	荷 兰
BE	比利时	HR	克罗地亚	NO	挪 威
BG	保加利亚	HU	匈牙利	PL	波 兰
CH	瑞 士	IE	爱尔兰	PT	葡萄牙
CY	塞浦路斯	IS	冰 岛	RO	罗马尼亚
CZ	捷 克	IT	意大利	RS	塞尔维亚
DE	德 国	LI	列支敦士登	SE	瑞 典
DK	丹 麦	LT	立陶宛	SI	斯洛文尼亚
EE	爱沙尼亚	LU	卢森堡	SK	斯洛伐克
ES	西班牙	LV	拉脱维亚	SM	圣马力诺
FI	芬 兰	MC	摩纳哥	TR	土耳其
FR	法 国	MK	北马其顿		

3. 欧亚专利组织

截至 2020 年底，欧亚专利组织（Eurasian Patent Organization，EAPO）覆盖了土库曼斯坦、白俄罗斯、塔吉克斯坦、俄罗斯、哈萨克斯坦、阿塞拜疆、吉尔吉斯斯坦、摩尔多瓦、亚美尼亚 9 个成员国，负责发明专利的授权和管理。

申请人须在成员国范围内指定需要专利生效的成员国。

4. 非洲知识产权组织

非洲知识产权组织（African Intellectual Property Organization，OAPI）覆盖了非洲部分官方语言为法语的国家，负责发明专利和外观设计等的授权和管理。截至 2020 年底，该组织覆盖了 17 个成员国：贝宁、布基纳法索、喀麦隆、中非共和国、乍得、刚果（布）、科特迪瓦、加蓬、几内亚、马里、毛里塔尼亚、尼日尔、塞内加尔、多哥、赤道几内亚、几内亚比绍、科摩罗。

专利经非洲知识产权组织授权后，统一在各成员国生效。

5. 非洲地区知识产权组织

非洲地区知识产权组织（African Regional Intellectual Property Organization，ARIPO）覆盖了非洲诸多以英语作为官方语言的国家，负责发明专利和外观设计的授权和管理。截至 2022 年底，该组织覆盖了 22 个成员国：博茨瓦纳、佛得角、斯威士兰、冈比亚、加纳、肯尼亚、莱索托、利比里亚、马拉维、毛里求斯、莫桑比克、纳米比亚、卢旺达、圣多美和普林西比、塞舌尔、塞拉利昂、索马里、苏丹、坦桑尼亚、乌干达、赞比亚、津巴布韦。

申请人在成员国范围内指定需要专利生效的成员国。

6. 海湾阿拉伯国家合作委员会

海湾阿拉伯国家合作委员会（Gulf Cooperation Council，GCC），简称海湾合作委员会或海合会，是海湾地区最主要的政治经济组织，成员国有沙特、阿联酋、卡塔尔、科威特、阿曼、巴林。海湾合作委员会负责发明专利的授权和管理。

专利经海湾合作委员会授权后，统一在各成员国生效。

3.3.4　国家间专利局的专利授权和无效案例

↘【案例 3-2】

欧洲专利的授权和无效

欧洲专利

欧洲发明专利申请应向欧洲专利局提交，所用语言应为英语、法语、德语之一，经过审查合格获得欧洲专利授权，同时发布授权公告。

在欧洲专利授权公告发布后 3 个月内，权利人需在选定的欧洲专利局成员国的专利局办理欧洲专利生效，从而在该国获得相应的国家专利。办理专利生效需按选定国的要求提交形式文件并缴费。

在欧洲专利授权公告发布后 9 个月内，任何人均可向欧洲专利局就该专利提起异议。异议的性质是专利无效。经过欧洲专利局审理，无论该欧洲专利被宣告全部无效或部分无效还是全部维持有效，效力自动延及依据该欧洲专利在各选定国生效的相应国家专利。

在欧洲专利授权公告发布 9 个月以后，提起欧洲专利异议的时间窗口关闭，若想使该专利无效，只能针对各选定国的相应国家专利分别提起专利无效，由各选定国各自独立管辖。

单一专利

欧盟也在努力推进欧洲专利制度的改造，希望基于《统一专利法院协议》(*The Agreement on a Unified Patent Court*，UPCA）在欧盟内实现单一专利。单一专利一经授权即在各个成员国生效，不再衍生出各个国家的独立权利。涉及单一专利的专利无效和侵权纠纷在统一专利法院解决。

欧洲专利系统和单一专利会有较长的并存期，允许权利人在两套系统间进行选择。

第4章

专利侵权判定

阅读提示

对于研发者，本章4.1节、4.2节、4.3.1节、4.5.1节、4.6节属于重要内容，其余属于提高内容。

4.1 概念和步骤

专利侵权判定指判定特定产品或行为，即被控侵权技术方案，是否落入专利的保护范围。特定产品或行为落入专利的保护范围是侵权成立的必要而非充分条件，其他法定条件也满足时，侵权成立。

企业应对专利保护范围和侵权判定有基本认识。但是，保护范围认定和侵权判定的专业性、主观性很强，在学理认识和司法实践中，总体统一之下，各国存在不同认识。因此，企业仍应依靠外部专业力量处理这方面的问题。

侵权判定分两个步骤：一是明确专利的保护范围；二是做侵权比对，以确定被控侵权技术方案是否落入专利保护范围。

4.2 权利要求书的结构与侵权判定

权利要求书中的各项权利要求应以说明书为依据，清楚、简明地限定专利保护范围。

专利侵权的基本单位是权利要求而非专利或权利要求书。行为人侵犯了某件专利的一项或多项权利要求时，则笼统地称行为人侵犯了该专利。

权利要求可分为产品权利要求、方法权利要求，分别保护产品技术方案、方法技术方案。专利授权后，相应被称为产品专利、方法专利，两者统称为专利技术。

以下为"一种水杯"的权利要求书示例：

1. 一种水杯，包括杯体，其特征在于，包括适配于所述杯体的杯盖。

2. 如权利要求1所述的水杯，其特征在于，所述杯盖上设有提手。

3. 如权利要求1所述的水杯，其特征在于，所述杯盖上设有凸圈，所述凸圈适配于所述杯体的杯口，所述凸圈的外径小于所述杯口的内径。

4. 如权利要求 3 所述的水杯，其特征在于，所述杯盖上设有提手。

5. 如权利要求 1~4 中任一项所述的水杯，其特征在于，所述杯体和杯盖的材质为金属、陶瓷或者玻璃。

以上权利要求书中的权利要求均为产品权利要求。

权利要求应在起始部分写明技术方案所保护的主题，可依此区分产品权利要求和方法权利要求。例如，在上述权利要求书中，各权利要求保护的主题是"水杯"，故为产品权利要求。

4.2.1 权利要求、技术特征与侵权判定

权利要求是对技术方案的描述。当被控侵权技术方案完全符合或实质符合专利权利要求的描述时，即认为被控侵权技术方案落入权利要求的保护范围。

为了增强侵权比对的可操作性，常将权利要求描述的技术方案分解为技术特征，即将技术方案视为技术特征的组合。

例如，可将上述权利要求 1 分解为 3 个技术特征：水杯、水杯包括杯体、水杯包括适配于杯体的杯盖。必要时，还可以将较大的技术特征再细分成较小的技术特征，例如可以将"水杯包括适配于杯体的杯盖"分解为"水杯包括杯盖"和"杯盖适配于杯体"两个技术特征。

产品权利要求中最常见的技术特征为产品部件、结构、材料组分，方法权利要求中最常见的技术特征为操作步骤及其顺序、执行主体、承受对象。在就产品权利要求和方法权利要求做侵权判定时，使用的原则和方法相同。

当被控侵权技术方案包含或实质性包含一项权利要求的全部技术特征时，表示被控侵权技术方案完全符合或实质符合权利要求的描述，即认为被控侵权技术方案落入权利要求的保护范围。

大多数权利要求可由标志性词语划分为前序部分和特征部分，例如"其特征在于"。这种划分的法律含义是：前序部分被认为仅涉及现有技术、背景技术，特征部分涉及专利为现有技术做出实质贡献的创新内容。

前序部分和特征部分所包含的所有技术特征均是对权利要求所保护技术方案的有效限定，在侵权判定时，权利要求中的任何技术特征均不能被忽略。

4.2.2 独立权利要求、从属权利要求与引用关系

示例权利要求书中，权利要求 1 为独立权利要求，权利要求 2~5 为独立权利要求 1 的从属权利要求。

从属权利要求以"如权利要求×所述的……"的方式引用了权利要求书中其他的权利要求，被引用的权利要求称为该从属权利要求的基础权利要求。例如，权利要求 4 以权利要求 3 为直接引用基础，由于权利要求 1 也被权利要求 3 引用，权利要求 1 构成权利要求 4 的间接引用基础。

从属权利要求依附于其基础权利要求。不引用其他权利要求的权利要求并不依附于任何权利要求，称为独立权利要求。

图 4-1 展示了"水杯"专利的权利要求书中各个权利要求的引用关系。

从属权利要求意味着通过引用,将基础权利要求的全部技术特征加入该从属权利要求当中。

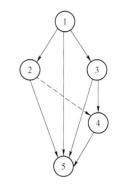

例如,权利要求 2:"2. 如权利要求 1 所述的水杯,其特征在于,所述杯盖上设有提手。"引用了权利要求 1,所以权利要求 2 是权利要求 1 和权利要求 2 的结合。因此,权利要求 2 可以写成:"2. 一种水杯,包括杯体,其特征在于,包括适配于所述杯体的杯盖,所述杯盖上设有提手。"

尽管改写后的权利要求 2 表现为独立权利要求的形式,但是因为其包含了权利要求 1 的全部技术特征,只要权利要求 1 存在,权利要求 2 在性质上就是从属权利要求。

图 4-1 "水杯"专利各权利要求的引用关系

从属权利要求引入的技术特征,即在被引用的基础权利要求上增加的技术特征,称为该从属权利要求的附加技术特征。

权利要求 4 实质上也是权利要求 2 的从属权利要求,尽管形式上并非如此。因而,权利要求 4 也相当于权利要求 2 和权利要求 3 的结合。

权利要求 5 引用了权利要求 1~4。这种情形下,权利要求 5 等价于 4 项权利要求,可以将之拆为:

5.1 权利要求 1+权利要求 5 的附加技术特征。

5.2 权利要求 2+权利要求 5 的附加技术特征。

5.3 权利要求 3+权利要求 5 的附加技术特征。

5.4 权利要求 4+权利要求 5 的附加技术特征。

权利要求书采用独立权利要求与从属权利要求相结合的方式呈现权利要求,这是通例。其优点是使各权利要求之间的逻辑关系清楚,表达简洁,可读性强。

一件专利,尤其是发明专利,可以在满足单一性要求的前提下包含多项独立权利要求,这些独立权利要求可以分别保护,例如产品部件、产品、产品系统、制造方法、使用方法、测试方法等。

每项独立权利要求与其从属权利要求一起构成一组权利要求。相应地,一件专利的权利要求书可以包含多组权利要求。

4.2.3 独立权利要求、从属权利要求与保护范围

图 4-2 展示的 1~4 号水杯分别对应权利要求 1~4 所描述的技术方案。

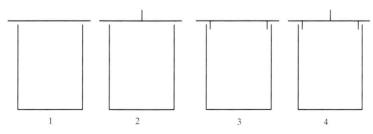

图 4-2 权利要求 1~4 对应的水杯技术方案

表 4-1 简化示意了不同编号的水杯是否落入某项权利要求的保护范围，落入的以"√"表示，不落入的以"×"表示。

表 4-1　权利要求保护范围示意

权利要求	1 号水杯 杯盖	2 号水杯杯盖+ 提手	3 号水杯杯盖+ 凸圈	4 号水杯杯盖+ 提手+凸圈
权利要求 1（杯盖）	√	√	√	√
权利要求 2（杯盖+提手）	×	√	×	√
权利要求 3（杯盖+凸圈）	×	×	√	√
权利要求 4（杯盖+提手+凸圈）	×	×	×	√

以权利要求 2 为例，1 号、3 号水杯未落入其保护范围，原因是两种水杯均没有提手这一技术特征，因而不符合权利要求 2 所描述的技术方案。

权利要求 2 描述的技术方案未涉及凸圈，所以水杯是否包括凸圈与是否落入权利要求 2 的保护范围没有关系。因此，3 号和 4 号水杯均包括凸圈，但一个落入了权利要求 2 的保护范围，另一个并没有。1 号、2 号水杯同理。

可将侵权判定原理理解为：权利要求的保护范围由权利要求所包含的全部技术特征来限定。

权利要求内包含的技术特征越多，则限制条件越多，其保护范围越小。而从属权利要求包含基础权利要求的全部技术特征，并在此基础上引入了附加技术特征。因此，综合侵权判定原理和从属权利要求的特点可知，从属权利要求的保护范围小于其基础权利要求的保护范围，两者是下位和上位之间被包含和包含的关系；在由一项独立权利要求引领的一组权利要求中，独立权利要求的保护范围最大，且完全包含其他权利要求的保护范围。

当一项技术方案落入某一从属权利要求的保护范围时，其必然也落入其基础权利要求的保护范围。反过来则不一定。

因此，在针对某一产品或某项技术进行侵权判定时，通常从一组权利要求中的独立权利要求入手。对照独立权利要求完成分析后，就足以明确相关技术方案是否落入专利保护范围。得到肯定结论时，如有必要，才需要进一步判定相关技术方案是否落入各从属权利要求的保护范围。

仍以前述"水杯"专利的权利要求为例，如图 4-3 所示，权利要求 1 的保护范围用最大的椭圆示出，各从属权利要求的保护范围均被其包含；权利要求 2 的保护范围用斜线椭圆部分示出；权利要求 3 的保护范围用灰色椭圆部分示出。权利要求 4 的保护范围为权利要求 2 和权利要求 3 保护范围重叠的部分。权利要求 5 的保护范围可按拆解后生成的权利要求分别示出，以 5.1 表示权利要求 5 的附加技术特征与权利要求 1 结合而得到的权利要求，依次类推。

5.1 的保护范围为点划线围成的椭圆区域。

5.2 的保护范围为点划线围成的椭圆区域中的斜线部分。

5.3 的保护范围为点划线围成的椭圆区域中的灰色部分。

5.4 的保护范围为点划线围成的椭圆区域中斜线与灰色重叠的部分。

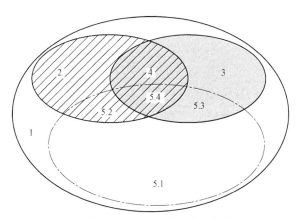

图 4-3 "水杯"专利各权利要求的保护范围示意

4.2.4 最小权利单元

专利权以权利要求为单位。

但实际上,权利要求仍不是最小的权利单元,权利的最小单元是权利要求中包含的技术方案。一项权利要求可以在形式上包含多个并列的技术方案,相应地,可以将每个并列的技术方案拆解成一项权利要求,例如做了多项引用的从属权利要求。

因此,可能出现在一项权利要求中,一部分技术方案优先权成立、另一部分技术方案优先权不能成立的情形。

例如,权利要求:"1. 一种水杯,包括杯体,其特征在于,所述杯体的高度在 25 毫米至 40 毫米或者 40 毫米至 50 毫米。"该权利要求可以拆解成两项权利要求:"1. 一种水杯,包括杯体,其特征在于,所述杯体的高度在 25 毫米至 40 毫米。"和"2. 一种水杯,包括杯体,其特征在于,所述杯体的高度在 40 毫米至 50 毫米。"

应避免对包含多项技术方案的权利要求进行拆解,以避免因考虑不周全而导致错误。例如权利要求:"1. 一种水杯,包括杯体和杯盖,其特征在于,所述杯体和杯盖的材质为金属或陶瓷。"该权利要求不能简单拆解成:"1. 一种水杯,包括杯体和杯盖,其特征在于,所述杯体和杯盖的材质为金属。"和"2. 一种水杯,包括杯体和杯盖,其特征在于,所述杯体和杯盖的材质为陶瓷。"

这是因为,原权利要求所保护的技术方案并没能周全地体现在拆解出的权利要求中。例如,原权利要求中还包含杯体和杯盖采用不同材质的情形。

4.3 确定保护范围的原则

权利要求的保护范围,须依照本节列出的各项原则来综合解释。

4.3.1 字面范围原则

权利要求应以说明书为依据,在说明书的基础上,清楚、简明地限定保护范围。当结合说明书仍不能准确地确定权利要求的含义时,应进一步参照所属技术领域的公知常识和对相关概念的一般理解来确定含义。

专利说明书的解释效力优于公知常识和一般理解，因此存在冲突或歧义时，应以说明书为准。

最终，如果对权利要求、技术特征的解释仍可能较为模糊，此时应按照最宽合理解释原则确定权利要求、技术特征的含义，以明确权利要求的保护范围。

最宽合理解释原则，指采用合理范围内最宽泛的解释方式来确定权利要求中技术特征的含义、权利要求的保护范围。

例如，研发者准备的专利技术提案涉及融合通信平台，是运营商后台的大型服务器系统。而对于专利代理师而言，一部智能手机打开一个小应用，也构成融合通信平台。

采用最宽合理解释原则，在说明书的基础上解释权利要求的保护范围，必要时引入所属技术领域的公知常识和一般理解，由此确定的保护范围即为字面保护范围，简称字面范围。

字面范围的原理体现了专利制度以公开换保护的根本原则，其背后是基本的契约精神、诚信和公平原则。

【案例 4-1】

开口露馅式饺子专利的无效

1998 年 12 月，申请人递交了"开口露馅式饺子"发明专利和实用新型专利申请。两件申请先后获得授权后，权利人就开口露馅式饺子成功地展开了经营。后来，围绕该食品的商业纷争不断，两件专利被多方、多次提起无效。其中，对于"饺子"这一概念如何界定，成为直接影响专利有效性、当事人重大利益的一大焦点。

实用新型专利"开口露馅式饺子"CN2349802Y（参考附件 2-1）的权利要求 1 如下：

附件 2-1

1. 开口露馅式饺子，其特征在于：饺子的纵向两端或顶端有至少一个的开口（2），其开口与饺子内的饺馅（4）相通。

国家知识产权局专利复审委员会作出的《无效宣告请求审查决定》第 5344 号（参见附件 4-1），对于"饺子"这一技术特征的理解，至少需要明确：蒸饺和锅贴是不是饺子；饺子是否仅指水饺；本专利中的饺子是否包括生饺子坯，还是仅指熟饺子。生饺子坯即生饺子。

附件 4-1

倘若认定该专利中的饺子包括蒸饺和锅贴，则凡经营符合权利要求描述的蒸饺和锅贴的商家均受到该专利的制约。倘若认定该专利中的饺子不包括生饺子坯，仅经营生饺子，例如速冻饺子的商家，受到专利的制约会减弱。

另外，请求人提起无效所依据的主要对比文件涉及蒸饺和锅贴。倘若认定该专利中的饺子包括蒸饺和锅贴，对比文件对该专利将具有决定性"杀伤力"。

依据该技术领域的公知常识和一般理解来界定"饺子"的范围时，广义的饺子概念可以包括蒸饺、锅贴、生饺子；相对狭义的饺子概念也常常仅指水饺，而将蒸饺、锅贴排除在外；此外，将生饺子坯排除在饺子之外的情形也存在，例如，在餐厅点一盘三鲜饺子，服务员肯定不会端上一盘生的三鲜饺子，这是业内常识。

此时，依照最宽合理解释原则，应认定饺子的概念包蒸饺、锅贴、生饺子。

但是，说明书对权利要求的解释效力优先于公知常识和一般理解。尽管该专利说明书中未明确地将蒸饺、锅贴排除在饺子的范围之外，也未直接明确该专利中的饺子仅指水饺，但结合说明书的内容可以合理得出结论：该专利所述饺子实际指水饺。

依照《无效宣告请求审查决定》第 5344 号："合议组认为，根据本专利说明书中的记载可以看出，无论从背景技术的描述中来看，还是从本实用新型的所要解决的技术问题、所带来的技术效果以及实施例来看，本专利所指的饺子实际上都是指水饺，其目的是为解决传统饺子由于普遍是用饺子皮将饺馅完全密封包容的形式，而产生的速冻效果差、影响其保鲜质量，煮熟时间较长、容易使饺馅变老、失去原有的鲜嫩效果，而且还容易使饺馅与饺子皮分离、导致营养成分流失的缺点，而提供一种开口露馅式饺子，因其饺子皮不密封包容饺馅，使得在冷冻时饺馅极易被冷冻，在水煮时饺馅易快速熟透，从而产生一定的有益效果（参见本专利说明书第 1 页第 2-4 段）。另外本专利的说明书并无提及其他制作方法，如用蒸、烤或煎的方式而制得的例如蒸饺或者锅贴。鉴于说明书所记载的内容可以用于解释权利要求，因此合议组认为本专利权利要求中所涉及的饺子为水饺。"

关于生饺子，说明书中并未发现排除生饺子的理由，实际上说明书中涉及的速冻效果差等问题明确地指向了生饺子。因此，该专利中的饺子指水饺，其中包括生的水饺。

↘【案例 4-2】

气缸套和发动机专利侵权分析

某汽车配件生产企业委托专利咨询机构就某产品做专利侵权风险排查，锁定了专利CN101258317B"气缸套和发动机"。该专利的权利要求 1 如下：

1. 一种用在气缸体中的用于镶铸的气缸套，其特征在于，所述气缸套包括具有多个突起部的外周向表面，每个所述突起部具有收缩的形状，其中在所述外周向表面和所述突起部的表面上形成有金属材料的膜，并且其中所述突起部的数量为在每平方厘米的所述气缸套的所述外周向表面上有五至六十个。

这里有一个问题是："突起部具有收缩的形状"中，对"收缩"如何理解？

在技术调查之初，企业技术人员表示其生产的配件产品符合这一描述，即产品"突起部具有收缩的形状"。

咨询师研究了专利说明书后，确定 "收缩"有特定含义，依据是说明书中的多处具体说明及附图（见图 4-4）。

"图 4 是示出形成在第一实施例的气缸套上的具有收缩形状的突起部的模型图；图 5 是示出形成在第一实施例的气缸套上的具有收缩形状的突起部的模型图……在突起部 3 的轴向方向上，在近端 31 和远端 32 之间形成有收缩部 33……收缩部 33 形成为使得其沿轴向方向的截面积（轴向方向截面积 SR）小于在近端 31 和在远端 32 的轴向方向截面积 SR。"

因此可以判定，权利要求中"突起部具有收缩的形状"，可以形象地以收腰来形容，是上下端截面积大、中部截面积小的腰鼓形。

在向企业技术人员说明之后，技术人员修正了原来的意见，表示其生产的配件产品的突起部形成自下而上逐渐收缩的圆锥或圆台，即自下而上截面积逐步变小，突起部并没有形成收腰式的"收缩"，因而并不符合权利要求的描述。

CN 101258317 B　　说　明　书　附　图　　3/15 页

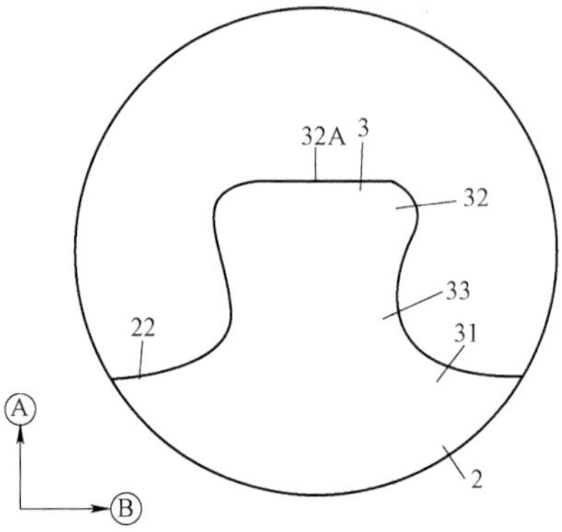

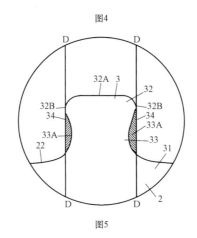

图4

图5

图 4-4　专利 CN101258317B 的说明书附图 4 和附图 5

4.3.2　等同原则

权利要求应清楚、简明地限定保护范围。但是，语言表达不可能绝对精确，如果机械地恪守权利要求的字面含义，则行为人有可能绕过权利要求的字面含义，而实质上实施了专利技术。这对专利权人并不公平。所以就权利要求保护范围的解释设立了等同原则，以对字面范围做适度扩展，相应确定的大于字面范围的那部分保护范围即为等同范围。

在侵权判定中，等同原则的适用经常意味着权利人的失败。

图 4-5 展示了权利要求保护范围与字面范围和等同范围的关系。其中，阴影区域为权利要求的保护范围；字面范围是小椭圆所示的范围，等同范围是大椭圆与小椭圆之间的环形区域。所以，权利要求保护范围是字面范围与等同范围之和。

等同原则指实质相同即构成等同。具体指，将行为人所实施的技术方案与专利技术方案相对照，以实质相同的手段、实现实质相同的功能、达到实质相同的效果；在被诉侵权行为发生时，所属技术领域的普通技术人员从专利技术方案出发不经创造性劳动即可得到行为人所实施的技术方案，即在专利技术的基础上，被控侵权技术方案显而易见。

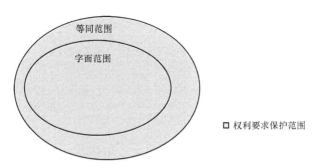

图 4-5　权利要求保护范围与等同范围、字面范围的关系

倘若从专利技术方案出发还需付出创造性劳动才能得到被控侵权技术方案，该技术方案相对于专利技术方案并不显而易见，则不可能构成等同技术方案。

等同原则自诞生起便争议不断。如若等同原则成立，意味着与权利要求的描述存在字面出入的技术方案也会落入专利保护范围。由此，以公开换保护的根本原则、公示原则，即专利公告效力，以及背后的契约精神、诚信和公平原则都将受到动摇。

对于权利人而言，倘若需借助等同原则才能将某一技术方案纳入自己的专利保护范围，大多意味着专利权利要求撰写的失败，当初撰写权利要求时，忽视了该显而易见、实质相同的替代技术方案，以致未能将其纳入权利要求的字面保护范围。如果因为权利人没有负责、专业地写好自己的专利，而要动摇以公开换保护原则、专利公告效力、诚信和公平原则、契约精神，显然有失公允。

因此，各国对等同原则的适用普遍持谨慎态度。同样出于谨慎考虑，各国大多保留等同原则，以备在不能预见的复杂情形下仍有可以利用的工具来平衡公众与权利人之间的利益。例如，在专利申请提交后，由于技术进步产生了一些新的技术手段，他方运用这些技术手段可以采用与专利技术方案实质相同且显而易见的方式加以实施，享受专利技术的效益。但这种实质相同的实施方式是专利申请时申请人无法预见的。此时，利用等同原则适度扩大保护范围有其合理性。

总之，权利人应多注意提高专利撰写质量，降低利用等同原则维权的预期。

4.3.3　禁止反悔原则

禁止反悔，也称禁反言，指权利人不得出尔反尔，向他人主张自己已经放弃的权利。在专利审查中，权利人可能对权利要求的保护范围做缩小化解释以利于获得授权；而在授权后的维权中，又可能将保护范围做扩大化解释以获得额外利益。禁止反悔原则意在禁止此类利用语言释义的弹性而不当得利的操作。

依照禁止反悔原则解释权利要求时，须引入审查历史文件。

通常，审查历史文件指专利审查、专利无效程序中形成的、涉及专利有效性的行政和司法文件。广义的审查历史文件也可能包括其他专利争议的行政、司法文件，只要这些文件涉及对专利保护范围的解释。

就解释效力而言，审查历史文件在专利文件之下，在公知常识和一般理解之上。

以［案例 4-1］为例，在专利无效程序中，权利人提出观点"专利中的饺子实指水饺"。

该观点被记录在案，获得了复审合议组的认同，专利被维持有效。如若之后权利人以行为人经营蒸饺或锅贴而实施该专利为由，要求他们支付许可费，则违背了禁止反悔原则。

禁止反悔原则，其狭义概念指在专利申请后的授权、确权程序中，权利人为了或被推定为了满足法定授权要求而对权利要求的范围进行了限缩，例如增加权利要求中的技术特征、对技术特征的含义做出缩小性解释，则其在行使专利权时不得将通过限缩放弃的内容重新纳入专利保护范围。

禁止反悔原则的适用有宽泛发展的趋向。例如，在专利审查授权程序中，权利人对权利要求的限缩并不一定是为了满足法定授权要求，但是在后续审查中，审查员仅针对限缩后的保护范围做了专利有效性审查，此情形应适用禁止反悔原则。再如，在涉及专利侵权纠纷的司法或行政程序中，权利人对权利要求保护范围做出限缩性解释虽不是为了满足法定授权要求，但出于维护交易稳定和诚信公平，也应适用禁止反悔原则。

禁止反悔原则对字面范围和等同范围都可能形成制约。尽管通行说法仅强调禁止反悔原则对等同范围的制约，而实际上，适用禁止反悔原则的权利人的解释在字面保护范围的弹性区间内也会产生限缩作用，使字面范围收缩。

图 4-6 展示了权利要求保护范围与字面范围、等同范围、禁止反悔原则下排除的保护范围的关系。其中，阴影区域为权利要求保护范围。禁止反悔原则使得原本应在字面范围和等同范围内的部分区域被排除到保护范围之外。

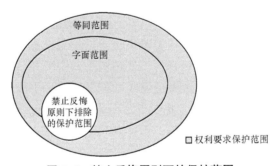

图 4-6 禁止反悔原则下的保护范围

4.3.4 捐献原则

捐献原则，指如果在专利说明书中公开了某个实施方式，但其未被纳入权利要求的字面保护范围，则该实施方式被视为捐献给了公众，公众可以自由实施。专利权人在主张专利权时，不得通过等同原则将其重新纳入保护范围。

↘【案例 4-3】

多功能座躺椅专利侵权诉讼

专利权人起诉深圳喜兔公司专利侵权。涉案专利为实用新型专利"一种多功能座躺椅"，公告号为 CN203852051U。

权利要求 1 是唯一的独立权利要求：

1. 一种多功能座躺椅，其特征在于，包括支撑架、底架、用于固定座垫的座架、背架、第一调节滑轨、第二滑轨以及弹簧；其中，所述底架固定于支撑架上，所述座架固定于所述底架上；所述底架包括底面及与背架相连的第一侧杆及第二侧杆，所述第一侧杆与所述第二侧杆相对设置，所述底架面上的两侧上设有与座架相连的所述第一调节滑轨及所述第二滑轨；所述背架包括连接面以及与所述连接面相连的背面；所述连接面的两侧分别与所述第一侧杆及所述第二侧杆枢接，所述背面位于所述第一侧杆及所述第二侧杆的上方；所述连接面的底架设有与所述背架的底面相连的所述弹簧。

6号零件为弹簧（可参见附图4-1），其两端各连接一个部件。此连接关系是该案关键。结合说明书，可以由权利要求1中的描述"所述连接面的底架设有与所述背架的底面相连的所述弹簧"，得出弹簧一端连接底架，一端连接背架。

附图 4-1

专利说明书中共有三处说明了弹簧的连接关系："所述连接面的座架设有与所述背架的底面相连的所述弹簧""所述连接面51的底端设有与所述座椅的底面21相连的所述弹簧6""弹簧的一端与座垫的底面相连，一端与背架的底端相连"。结合说明书可以确定，第二处说明中，连接面51是背架的一部分，座椅的底面21是底架的一部分。

可见，说明书提供了三种弹簧连接的具体实施方式。三个实施例中，弹簧一端均与背架连接，另一端分别连接座架、底架、座垫。

依照说明书，座架、底架、座垫是三个不同的部件。在权利要求1中也有说明："一种多功能座躺椅，其特征在于，包括支撑架、底架、用于固定座垫的座架、背架……所述座架固定于所述底架上……"

涉案专利的权利要求仅保护了弹簧与底架相连的实施方式，则依照捐献原则，弹簧与座架、座垫相连的两种实施方式均捐献给了公众，公众可以自由实施。

而该案被告恰恰采用了专利权人已经捐献给公众的弹簧与座垫相连的实施方式。因此，二审法院判定侵权不成立。

广东省高级人民法院判决书（2017）粤民终1248号指出："根据本院查明的事实，涉案专利说明书中记载的'……弹簧的一端与座垫的底面相连……'技术方案并未在涉案专利的权利要求中予以记载。本院认为，准确确定专利权的保护范围不仅是为专利权人提供有效法律保护的需要，也是尊重权利要求的公示和划界作用，维护社会公众信赖利益的需要。在权利要求解释中确立了捐献原则，以此对专利的保护功能和公示功能进行利益衡平。该规则的含义是，对于在专利说明书中记载而未反映在权利要求中的技术方案，不能包括在权利要求的保护范围之内。对于在说明书中披露而未写入权利要求的技术方案，如果不适用捐献原则，虽然对专利权人的保护是较为充分的，但这一方面会给专利申请人规避对较宽范围的权利要求的审查提供便利，另一方面会降低权利要求的划界作用，使专利权保护范围的确定过于灵活，增加了不确定性和公众预测专利权保护范围的难度，不利于专利公示作用的发挥以及公众利益的维护。因此，《最高人民法院关于审理侵犯专利权纠纷案件应用法律若干问题的解释》在第五条中规定：'对于仅在说明书或者附图中描述而在权利要求中未记载的技术方案，权利人在侵犯专利权纠纷案件中将其纳入专利权保护范围的，人民法院不予支持。'按照上述条文的规定，如果本领域技术人员通过阅读说明书可以理解披露但未要求保护的技术方案是被专利权人作为权利要求中技术特征的另一种选择而被特定化，则这种技术方案就视为捐献给社会。本案中的情形正是如此。虽然涉案专利说明书中记载有与被诉侵权产品相同的'一端连接在座垫的底面'的技术方案，但由于专利权人在撰写专利权利要求时，明确了该技术方案为这一端连接在底架上，并未将专利说明书的上述方案体现在权利要求中，这在客观上缩小了专利保护范围。按照上述捐献原则，在侵权案件中，专利权人不能随意将已经捐献给公众的技术方案再纳入专利保护范围。因此，被诉侵权技术方案的技术特征与涉案专利权利要求1相应的技术特征相比，橡皮筋或弹簧所连接的部位不一样，被诉侵权产品不落入涉案专利权利要求1的保护范围。"

图4-7展示了权利要求保护范围与字面范围、等同范围、捐献原则下排除的保护范围的关系。其中，阴影区域为权利要求保护范围，捐献原则使得原本应在等同范围内的部分区域被排除到保护范围之外，字面范围不受捐献原则的影响。

如果权利人因捐献原则而遭受损失，主要原因是专利撰写失误。

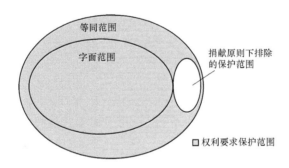

图4-7 捐献原则下的保护范围

4.3.5 自认规则[6]

自认，指权利人在涉及专利的司法和行政程序中，因做出不利自认而让出明确应得的专利保护范围。

而权利人依照禁止反悔原则不得主张的保护范围，最大只能是明确应得保护范围与明确不应得保护范围之间的弹性"灰色地带"。

依照自认规则解释权利要求的保护范围时，须考虑审查历史文件。

自认规则通常并不显性存在于各国专利法规中，但其受民法基本原则的支持，因而在专利领域也成立，存在对当事人权益产生影响的案例。

专利权是私权，与公众利益对抗。所以，只可能出现权利人通过自认缩减自己权利的情形，被缩减的那部分权利被让渡给公众；不可能出现权利人或相对方通过自认使专利权扩充而侵蚀公众权利的情形。

权利人及专利代理师应当对自认规则时时警惕，避免做出不利自认。

↘【案例 4-4】

揉面机专利侵权诉讼

2007 年，专利权人基于实用新型专利"用于粉条加工的揉面机"（公告号为 CN2819822Y）起诉他人专利侵权。后来，该案诉至最高人民法院。2009 年，最高人民法院下达（2009）民申字第 1562 号裁定书，裁定侵权不成立。原因之一便是专利权人自认使专利保护范围严重收缩，导致被控侵权的揉面机不可能落入涉案专利权利要求的保护范围。

该实用新型专利权利要求 1 如下（参见附件 4-2）：

附件 4-2

1. 一种用于粉条加工的揉面机，它包括机架（1），设置在所述机架（1）上的驱动电机（2），其特征在于：在机架（1）上部设置有带有进、出料口（3、4）的料斗（5），和水平设置在该料斗（5）内的由所述驱动电机（2）驱动的输送搅龙（6）；在位于所述出料口（4）上方的机架（1）上并排设置有两个相通的 U 形揉面斗（7、8），其中一个 U 形揉面斗（7）的底部与所述出料口（4）相连通；在位于每个 U 形揉面斗（7、8）上方的机架（1）上分别设置有一揉面锤（9、10），所述两揉面锤（9、10）的支撑架（11）通过曲柄连杆机构（12）与驱动电机（2）的动力轴相连接。

最高人民法院将权利要求 1 拆解为 6 个必要技术特征。特征 6 为："6. 在位于每个 U 形揉面斗上方的机架上分别设置有一揉面锤，所述两揉面锤的支撑架通过曲柄连杆机构与驱动电机的动力轴相连接。"

两揉面锤（9、10）与支撑架（11）的连接关系和运动方式是问题的焦点。

参见附件 4-2 的附图 1 以及专利说明书可知，两揉面锤（9、10）以相同方式并列设置在同一支撑架（11）上，两揉面锤在支撑架带动下一起同向地做上下往复运动，以锤揉面斗中的面团。

依照最高人民法院的裁定书，被控侵权揉面机相应的实施方式是："位于每个 U 形揉面斗上方分别设置有一揉面锤，每一揉面锤具有一支撑架，每一揉面锤的支撑架之间由杠杆连接，其中一个揉面锤的支撑架通过曲柄连杆机构与驱动电机上减速器的动力轴相连接，动力驱动装置通过曲柄连杆机构带动一个揉面锤的支撑架，该揉面锤支撑架通过杠杆运动使两个揉面锤反向上下往复运动。"

可见，被控侵权揉面机的两个揉面锤并没有设置在同一个支撑架上，而是各有一个专用支撑架；两个揉面锤并不是一起同向地做上下往复运动，而是做方向相反的交替往复运动，即第一个揉面锤向上时，第二个向下，而第一个向下时第二个向上。

可见，被控侵权揉面机两揉面锤与支撑架的连接关系和运动方式与专利说明书中描述的实施方式明显不同。但是，专利保护范围并不由说明书中的实施方式限定。

而权利要求没有限定两揉面锤与支撑架的具体连接关系，也没有限定运动方式，即被控侵权揉面机两揉面锤与支撑架的连接关系和运动方式与权利要求并不冲突，符合权利要求的描述。

但是，最高人民法院的裁定书指出："对于专利技术特征 6，专利权人薛××在本院听证时明确确认，两个揉面锤共用的一个支撑架通过曲柄连杆机构与驱动电机的动力轴相连接，动力驱动装置通过曲柄连杆机构带动两个揉面锤同向上下往复运动。专利权人薛××对该技术特征的上述解释并未超出其权利要求书对相应技术内容的记载范围，也与其专利说明书附图所示的两个揉面锤、支撑架、曲柄连杆机构、驱动电机之间的相互位置和连接关系相吻合。因此，涉案薛××专利必要技术特征6可以限定为：在位于每个U形揉面斗上方的机架上分别设置有一揉面锤，所述两揉面锤的共用的一个支撑架通过曲柄连杆机构与驱动电机的动力轴相连接，动力驱动装置通过曲柄连杆机构带动两个揉面锤同向上下往复运动。"

权利人在法院听证中，对权利要求中技术特征6的含义做出了严重不利于自己的自认，使得"两揉面锤的共用的一个支撑架""两个揉面锤同向上下往复运动"等描述被引入了权利要求对保护范围的限定，使保护范围收缩。从而，被控侵权揉面机不再符合权利要求的描述，也就不可能落入权利要求的保护范围，侵权不可能成立。

随后，最高人民法院又下达了（2009）民申字第1563号裁定书（可参见附件4-3），其中重申了权利人自认的情节。依照该裁定书，河南省高级人民法院进行再审，下达了（2010）豫法民再字13号判决。但是，再审判决并未述及与自认相关的情节，仅基于其他事实和理由判定侵权不成立。

附件4-3

图4-8展示了权利要求保护范围与字面范围、等同范围、自认规则下排除的保护范围的关系。其中，阴影区域为权利要求保护范围，自认规则使得字面范围和等同范围中的部分区域被排除。

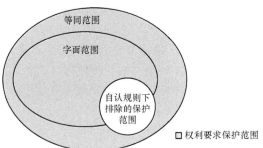

图4-8　自认规则下的保护范围

4.3.6　专利保护范围的综合认定

综合考虑字面范围、等同范围，以及禁止反悔原则、捐献原则和自认规则下排除的保护范围之后，方可得出实际保护范围，如图4-9所示。

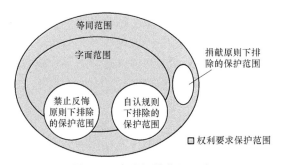

图4-9　专利保护范围示意

4.4 对保护范围的特别限定

4.4.1 强调限定

通常，应以普通限定描述技术方案。倘若对技术方案的描述中包含特别强调从而形成强调限定，这种强调对限定有所强化，将使所描述的技术方案的保护范围收缩。

因此，倘若将普通限定所描述的保护范围解释成与强调限定所描述的保护范围一般大小，则可能存在解释失误。例如，权利要求中描述了一种车辆，特征在于其运行状态下，具有 4 只工作车轮。如果某品牌车辆在运行状态下有 6 只工作车轮，那么该品牌车辆是否符合专利的描述呢？倘若说明书中未另作解释，回答可以是肯定的。只要存在 4 只工作车轮，即符合专利描述，尽管该车辆还额外多出 2 只工作车轮。权利要求的描述是"具有 4 只工作车轮"，而不是"只能具有 4 只工作车轮"。其中，"只能"属于强调限定，使所描述之技术方案的保护范围收缩到只能是 4 只工作车轮。不加入该强调限定时，限定的范围实际是至少有 4 只工作车轮。

周延限定是一种典型的强调限定。某一限定没有例外地对所有实施例均起限定作用，则称其为周延限定；否则就是不周延的。周延限定表征的保护范围应小于非周延限定，且容易被竞争者绕过。

例如，权利要求中描述了一种机械零件，特征在于其表面上存在突起，突起的高度在 5mm 以上，此为不周延的普通限定。以下是一种周延限定："一种机械零件，特征在于其表面上存在突起，每个突起的高度在 5mm 以上。""每个"一词使"突起的高度在 5mm 以上"成为适用于所有突起的周延限定。

对于不周延的普通限定，只要零件上存在一个高于 5mm 的突起，哪怕其他突起的高度均不足 5mm，零件即符合专利描述。对于周延的强调限定，只有零件上所有的突起均高于 5mm，零件才符合专利描述，只要零件上存在一个高度不足 5mm 的突起，零件即不符合专利描述。

4.4.2 "本发明"及类似表达方式

"本发明"一词作为在专利文件中指代发明成果的习惯用语被广泛使用，但是，该词语被一些国家认定为周延措辞，由其引导的内容可能对专利保护范围产生强调限定，导致保护范围缩小。例如 2007 年，美国联邦巡回上诉法院 Verizon Services Corp.v.Vonage Holdings Corp.判例认定"本发明"（present invention）这一措辞形成对专利技术方案的周延限定，从而其引导的内容将限制权利要求的保护范围。自此，美国专利律师开始弃用"本发明"这种说法，更多地使用类似于"本发明某些实施例"或"本公开"（present disclosure）等说法。后来，该变化逐渐为更多国家所接受。图 4-10 展示的中国发明专利 CN105676962B 即为一例。

一种电子设备

技术领域

[0001]　本发明涉及电子技术领域,尤其涉及一种电子设备。

背景技术

[0002]　随着显示技术的不断发展,柔性显示技术组件得到了越来越多的关注,其中,显示屏与传统显示屏相比,显示屏不仅体积更轻薄,功耗更低,并且还具有可变形特点,例如,可以用一物体在显示屏上进行按压,使显示屏上相应的部分下陷。鉴于显示屏的上述优点,其应用场景十分广阔,如可以将其应用到手机、电脑、可穿戴式设备等等。

[0003]　但本申请发明人在实现本申请实施例中发明技术方案的过程中,发现上述技术至少存在如下技术问题:

[0004]　虽然显示屏具有形变功能,当将其应用到图手机、电脑等电子设备上时,显示屏就会固定设置在电子设备上的一特定区域,所以,现有技术中,电子设备中的显示屏存在姿态单一的技术问题。

发明内容

[0005]　本发明实施例提供一种电子设备,用于解决现有技术中,电子设备中的显示屏存在姿态单一的技术问题。

[0006]　本申请实施例提供了一种电子设备,包括:

图 4-10　专利 CN105676962B 说明书局部

4.4.3　现有技术缺陷、发明目的、技术效果、技术问题

现有技术缺陷、发明目的、技术效果、技术问题是专利的必备元素。这些元素彼此关联,对专利保护范围产生直接或间接的影响。另外,相关技术原理常与这些元素相关联,也会影响专利的保护范围。

专利保护的客体是技术方案,技术方案又被定义为"可以解决某一技术问题的技术手段或技术手段的组合",所以,"技术问题"无法回避。

而现有技术缺陷、发明目的、技术效果、技术问题存在内在关联,举出其中之一即可推知其余。以［案例4-4］中的"用于粉条加工的揉面机"专利为例,现有技术缺陷、所解决的技术问题同为现有揉面机揉出的面团不够均匀,发明目的是提供将面团揉得更均匀的揉面机,要达到的技术效果是使揉出的面团更均匀。

这些元素对保护范围的影响因情形而异。例如,将所解决的技术问题变身为核心技术特征直接体现在权利要求中,则其直接限定权利要求的保护范围。典型的例子如药物的二次用途发明(见图4-11)。

药物二次用途发明指通过对已知药物进一步研究,发现未知的新药物用途,也称第二医药用途。例如,甲磺酸伊马替尼片,即格列卫,由瑞士诺华公司研发,于 2001 年获得美国食品药品监督管理局批准,作为治疗费城染色体阳性的慢性髓性白血病(Ph+CML)的药物上市。该药物的公开早于 1995 年。后来,瑞士诺华公司发现格列卫对胃肠基质肿瘤(GIST)有显著疗效,于 2000 年 10 月就格列卫针对胃肠基质肿瘤的应用申请了专利,也获得了相应

的中国专利 CN1276754C。该专利属于典型的药物二次用途发明，权利要求书仅有一项权利要求（见图 4-11），其创新点在于为已知药物格列卫发现了新的可以解决的技术问题——治疗胃肠基质肿瘤的手段不足。

01817895.2　　　　　权　利　要　求　书　　　　　第1/1页

1. 具有通式I的4-(4-甲基哌嗪-1-基甲基)-N-[4-甲基-3-[(4-吡啶-3-基)嘧啶-2-基氨基]苯基]-苯甲酰胺

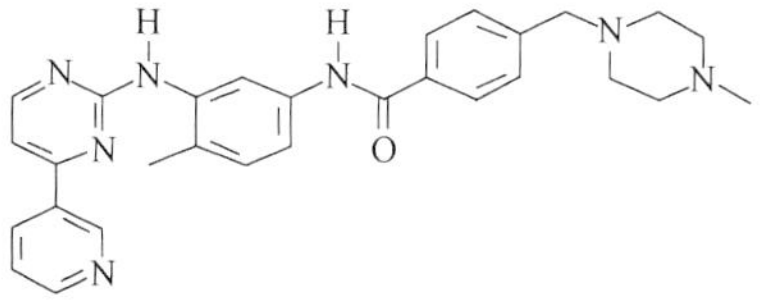

(1)

或它的可药用盐在制备用于治疗胃肠基质肿瘤的药物组合物中的用途。

图 4-11　专利 CN1276754C 的权利要求书

技术问题等元素一般仅体现在专利说明书中，并不直接以技术特征的形态出现在权利要求里。但是这些元素与发明技术方案有内在联系，它们通过说明书对权利要求的解释作用间接影响权利要求的保护范围，影响力度强于说明书中的一般内容。

倘若被诉侵权产品或方法具备权利要求包括的全部技术特征，则其在形式上落入专利保护范围；但如果被诉侵权产品或方法并未解决专利技术所针对的技术问题，应认定其未落入专利保护范围。

就这些元素对保护范围的间接限制作用而言，各国普遍认可，但是，具体影响仍需结合个案情况和所在国司法环境进行判断。

另外，有些国家要求权利要求中须包含必要技术特征，即达成声称的技术效果、解决特定技术问题必不可少的技术特征。从这一角度看，技术效果、技术问题等元素已经限定了专利可能争取到的最大保护范围。必要技术特征问题实质上也是可实施问题。

为弱化技术问题、必要技术特征、可实施问题对保护范围、权利有效性的不利影响，可以在申请文件中加入类似表述：

本发明技术方案针对现有技术解决方案过于单一的技术问题，提供了显著不同于现有技术的解决方案。

本发明的某些优选技术方案可以更有针对性地解决其他更具体的技术问题，这与上述技术问题并不冲突。

4.4.4　开放式限定和封闭式限定

依照各国接受的通例，"包含"属于开放式限定，"由……组成"属于封闭式限定。

可将开放式限定和封闭式限定分别视为普通限定和强调限定。两者的区别在于，采用开方式限定时，例如专利描述了"工具套装，其中包括剪刀、钳子"，则除了剪刀、钳子，还包括了锤子的工具套装也符合专利描述；采用封闭式限定时，专利描述了"工具套装，其由剪刀、钳子组成"，则工具套装中只包括剪刀、钳子，还包括锤子的工具套装就不符合专利描述。

将封闭式限定用于化学组分时，可以忽略通常含量的杂质。

对于其他连接词，解读可能并不统一，除了依据直接语义，还须考虑说明书提供的背景及不同国家的实务惯例。

4.4.5　功能性限定

功能性限定，指对权利要求描述的技术方案不采用结构、成分等具体技术特征来限定，而是以应具有的功能、达到的效果来限定，例如限位装置、加热器。

对于功能性限定，首先应在专利说明书中寻找定义、解释。结合其技术背景，在相关技术领域中对其所表述的技术含义存在广为接受的清楚理解时，应当遵从这种理解。否则，功能性限定的范围可能仅限于专利说明书中列举的具体实施方式及与之等同的实施方式。

等同实施方式的认定与等同范围的认定均以等同原则为指导，前者更为模糊和复杂。

4.4.6　权利要求中的附图标记

有些权利要求书中可能包含技术特征对应的附图标记，即附图中的标号。附图标记仅用于增加可读性，便于阅读者参考附图来理解技术内容。附图标记不会对权利要求的含义产生影响，在确定权利要求的保护范围时不应考虑附图标记，尤其不应将附图标记所关联到的附图中的信息额外引入到权利要求中而形成对保护范围的不恰当限制。

4.5　侵权比对及判定

侵权比对应依照全面覆盖原则进行，通常以"技术特征分解表"（Claim Chart，简称 CC 表）为工具。如果不直接涉及重大侵权风险、经济利益等必要理由，只依据专利文件结合公知技术来完成侵权判定大多足以解决问题。确有必要时，应引入审查历史文件进行深入、完整的侵权判定，以得出更可靠的结论。

深入、完整的侵权判定，其成本很高，不可能大量进行。成本取决于工作量，而工作量首先来自收集和分析相关行政、司法程序生成的文件，其中最大的不确定性来自查找和分析不限量的外部证据。

4.5.1　全面覆盖原则

全面覆盖原则，即全部技术特征覆盖原则，指如果被控侵权技术方案包含了权利要求中的全部技术特征，则其落入权利要求的保护范围。

如前所述，被控侵权技术方案符合权利要求的描述时，即意味着被控侵权技术方案落入权利要求的保护范围。全面覆盖原则是对该原理在操作层面的严格表达。

应严格恪守全面覆盖原则。对权利要求保护范围做解读时出现的扩大化、缩小化解释等错误，根源均在于未正确恪守全面覆盖原则。

常见的扩大化解释多源于忽略了权利要求中的某些技术特征。权利要求中看似多余和无意义的内容、前序部分的内容均不应忽略。

常见的缩小化解释多源于将权利要求中不包括的技术特征引入了权利要求，较为高发的情形是将专利说明书中具体实施方式所包含的技术细节引入了权利要求，使权利要求的保护范围向实施例收缩。

4.5.2 "技术特征分解表"使用原则

"技术特征分解表"是用于实践全面覆盖原则的工具，用以实现权利要求与被控侵权技术方案之间的比对，从而完成侵权判定。表 4-2 示出了典型的"技术特征分解表"。

表 4-2 "技术特征分解表"示例

公开号		专利名称			
文本性质	授权（ ）、第（ ） 次无效、公开（ ）	目标产品/ 方法定义			
专利权人					
序　号	权利要求（ ） 技术特征	参考译文	目标产品/方法	评　议	比对结论
T1					
T2					
T3					
权利要求原文					
专利附图					
目标产品/ 方法之图					
纳入考虑的 审查历史文件					
结　论					

制表人：　　　　　　日　期：

权利要求是比对的标准，被控侵权技术方案是被比对和判别的标的。权利要求由技术特征组合而成。在使用"技术特征分解表"时，先将完整的权利要求分解成多个技术特征，逐一记录；然后以分解出的各个技术特征为标准，逐一针对标的进行检查，查看标的是否具备相同或等同的相应特征，在表中记录下标的的每个相应特征和比对结果。

以技术特征为单位、为标准的检查逐个、无遗漏地完成后，权利要求中所有的技术特征都得到了检查，即可确保全面覆盖原则得到了贯彻，从而确保判定结论的正确性。

利用"技术特征分解表"完成侵权判定时，应坚持以下操作原则。

1. 标准唯一

一个"技术特征分解表"中采用的比对标准必须唯一，即一个"技术特征分解表"仅针对一项权利要求。

要对多项权利要求做比对时，应制作多个"技术特征分解表"，禁止多项权利要求共用一个表。

2. 标的唯一

一个"技术特征分解表"中被比对的标的，即被控侵权技术方案，应当唯一。

标的唯一指仅针对一个技术方案，即一件产品或一个方法。针对多个不同的产品或方法，应制作多个"技术特征分解表"，不得共用一个表。需要注意的是，原理相近但某些规格或参数不同的系列产品不是同一产品。

3. 标的具体

"标的具体"是对"标的唯一"的特别强调。原则上，标的应当是一个具体实施例。即使同一规格和批次的产品，其某一参数也可能各有不同。例如，同一批次的某产品，其某一参数的范围是 8～12，其中 1 号产品该参数为 9，2 号产品该参数为 8，3 号产品该参数为 11……，在一个"技术特征分解表"中，应当仅对应于其中一件具体产品。

有必要时，应当选取多件具体产品分别填写"技术特征分解表"，以能够较好地代表标的。

方法技术方案亦复如是，应以某次具体实施为标的。

4. 中立

制作"技术特征分解表"时，应当维持技术中立的态度。在描述技术内容时，不应出现倾向性、结论性、解释性、评价性语言，不应出现带有预设立场的辩解性语言和带有感情色彩的语言。例如，不应出现"此属于常见的现有技术""该专利创造性很差居然还能授权"。

5. 相关

在"技术特征分解表"中，不应出现不相关的多余内容，例如有关专利新颖性、创造性、稳定性、先进性的内容。

6. 避免不利记录

制作"技术特征分解表"时，应尽量避免形成不利于己方的书面记录，例如己方标的落入他方专利保护范围、构成侵权等。不利书面记录有可能在潜在法律纠纷中产生有害后果。

7. 风险立场

如果完成侵权比对的目的是企业内部的风险预警，宜本着尽量提示风险的目的，在判断的弹性空间内尽量向风险较大的方向——标的落入专利保护范围可能性较大的方向倾斜。

其他情形时，应客观中立地完成比对。

4.5.3 "技术特征分解表"填写说明

以图 4-12 所示"技术特征分解表"为例，说明填写方法。

公开号	ⓐ	专利名称	ⓐ			
文本性质	授权（　）、第（ⓑ）次无效、公开（　）	目标产品/方法定义	ⓒ			
专利权人	ⓐ					
序　号	权利要求（ⓓ）技术特征	参考译文	目标产品/方法	评　议	比对结论	
T1	ⓔ	ⓕ	ⓖ	ⓗ	ⓘ	
T2						
T3						
权利要求原文	ⓙ					
专利附图	ⓚ					
目标产品/方法之图	ⓛ					
纳入考虑的审查历史文件	ⓜ					
结　论	ⓝ					

制表人：　　　　　　　　　　日　期：

图 4-12　"技术特征分解表"填写示例

ⓐ栏：相应信息为标准的专利著录项目，客观填写即可。

ⓑ栏：相应信息为所使用专利文本性质，其作用是提醒制表人（即完成侵权比对者）注意核实专利法律状态。有三种：

（1）大多数情形下，应当使用专利授权文本，此时勾选"授权"项。

（2）授权专利经历过专利无效的，因可能经历多次无效而仍被维持全部或部分有效，或者可能因其他特别原因而有变动，无论是何种情形，均应使用最近公告的专利文本，因此填写所采用的是第几次专利无效或变动所确定的文本。

（3）在极少数情况下，企业认为有必要针对尚未授权的专利申请提前预估侵权风险，此时勾选"公开"项，并应在"结论"（ⓝ栏）做出特别说明。

ⓒ栏：应按照"标的唯一"和"标的具体"的原则，对标的做清楚限定。

ⓓ栏：在括号中填写该表所针对的权利要求序号。按照"标准唯一"原则，一个"技术特征分解表"只针对一项权利要求。例如，当针对权利要求 5 做判定时，括号内填"5"。

ⓔ栏：此列从整体上反映涉案专利的权利要求，将作为标准的权利要求按比对需要分解成技术特征，由上到下填入各栏，行数不够时应整行增加。权利要求拆解办法可参考 4.5.4 节。当说明书或其他来源的内容对权利要求形成额外限制时，应将这些内容分解成适当的额外技术特征并引入"技术特征分解表"。应注意，仅引入确有必要的最少必要特征。额外技术特征应当排在权利要求中最相关的字面特征之后或排在最后，并在相应的"评议"栏（ⓗ栏）

中明确说明，包括额外特征的来源、依据。在"结论"（ⓝ栏）中也应加以说明。

ⓕ栏：标准为外文权利要求时，填写与ⓔ栏对应的参考中文译文。ⓔ栏应用专利原文。原文与译文有出入时，应以原文为准。

ⓖ栏：参照ⓔ栏填写标的的相应技术特征。具体内容参见 4.5.5 节。

ⓗ栏：就ⓔ栏与ⓖ栏是否构成相同或等同给出分析说明。本栏所做的判定仅针对某一技术特征是否相同或等同，并非得出全局性结论。因此，本栏中不应出现"侵权""侵权风险高""落入保护范围""落入权利要求等同保护范围""等同侵权"等字样。专利说明书或审查历史对相应ⓔ栏中的技术特征的解释产生显著影响的，应在本栏中详述，并给出依据和出处。相同或等同的具体判定参见 4.5.6 节。

ⓘ栏：就比对结果，仅限于填写相同、等同、不相同也不等同、无结论这四项之一。详见 4.5.6 节。

ⓙ栏：填入标准权利要求的完整原文。

ⓚ栏：放入对于理解标准权利要求有帮助的重要专利附图。

ⓛ栏：放入对于理解标的技术方案有帮助的重要的图。

ⓜ栏：侵权判定考虑了审查历史文件的情况下，应将相应文件列于此栏，无论该历史文件是否实际影响了保护范围。

ⓝ栏：给出侵权判定总体结论，并总结相关栏目总体内容，给出简要总结。原则上不应出现"侵权""不侵权"等清晰、绝对性结论，尽量避免形成不利于己方的书面记录；可以使用风险高或低、可能性高或低等更有弹性的措辞。具体参见 4.5.7 节。

4.5.4　技术特征的拆分

将权利要求按侵权判定的需要分解成技术特征，按顺序依次填入ⓔ栏。

技术特征应具有层次，较大的技术特征可以细分为较小的技术特征。因此，技术特征的拆分方式并不唯一。另外，在制作"技术特征分解表"以完成侵权比对时，特征拆分通常不会一次到位，需多次调整，目标是最利于比对。

拆分应在确保准确的前提下，使技术特征尽量清晰，原则如下。

（1）尽量保持原文行文，仅在必要时做调整，调整时须谨慎，确保不造成原内容的丢失、新内容的引入、原内容的扭曲，前序部分也不得丢失。

（2）可先按原文的自然断句来拆分。

（3）对于可以清晰判明与标的相同的技术特征，可不再向下拆分。

（4）对于标的存在不同技术特征的，含不存在相应技术特征，应按以下原则尽量向下细分，直到不能拆分为止：尽量将与标的相同的细分特征抽离出来成为独立特征，以凸显不同之处；如在一个特征中存在多个与标的不同的细分特征，尽量将其拆开，以凸显其不同之处。

↘【案例 4-5】

"一种鞋垫"的技术特征拆分

标准的权利要求：一种鞋垫，包括除臭层和与除臭层相邻的吸汗层。

标的的技术方案：一种鞋垫，包括一体的除臭吸汗层。

表 4-3 和表 4-4 分别为原始的技术特征拆分和最终的技术特征拆分。

表 4-3　原始技术特征拆分

序　号	权利要求	标　的
1	一种鞋垫	一种鞋垫
2	包括除臭层和与除臭层相邻的吸汗层	包括一体的除臭吸汗层

表 4-4　最终技术特征拆分

序　号	权利要求	标　的
1	一种鞋垫	一种鞋垫
2	包括除臭层	包括除臭层
3	包括吸汗层	包括吸汗层
4	除臭层与吸汗层相邻	除臭层与吸汗层是一体的

对照技术特征拆分的原始版和最终版，可见最终版所采用的拆分方式使两者异同以更清晰的方式呈现出来。两者相同之处在于，都是带有除臭层、吸汗层的鞋垫；不同之处在于除臭层与吸汗层的相对位置或结构关系。

按照最宽合理解释原则，既可将一体的除臭吸汗层理解为增加了除臭功能的吸汗层，也可理解为增加了吸汗功能的除臭层，或者既是除臭层也是吸汗层，所以应将其认定为带有除臭层、吸汗层的鞋垫。

4.5.5　标的相应技术特征的确定

ⓖ栏的填写应参照并对应于ⓔ栏内容，列出标的的相应技术特征，应遵循以下原则。

（1）以相同的精神、原则、口径、方式来解释权利要求技术特征和与之相对应的标的技术特征。

（2）标的相应特征应完整、具体，但不应包含不相关内容。

（3）标的确不具备相应特征时，应填写"无"，并在相应的ⓗ栏中做出说明。

（4）标的相应特征所描述的含义范围，与ⓔ栏中权利要求特征所描述的含义范围相比较，应使两者的关系构成以下三者之一，否则不支持特征比对：① 标的是标准的下位概念；② 两者相同；③ 两者无交叠，其中，标的不具备相应特征，相应ⓔ栏填写"无"时，也属于两者无交叠。

［案例 4-5］中对标的相应特征的处理即体现了上述原则。

就概念含义范围之间的关系而言，当一个较大的概念所表示的含义范围完全包含另一个较小的概念所表示的含义范围时，则称前者为后者的上位概念，后者为前者的下位概念。

例如，青铜是铜与锡或铅的合金。合金是青铜的上位概念，金属是合金、青铜、铜、锡、铅的上位概念；相反，合金、铜、锡、铅是金属的下位概念，青铜是合金、金属的下位概念。

下位概念可以构成上位概念的一个实施例，即具体实施方式。

表 4-5 列举了两个概念范围可能出现的五种关系。表格中，以"步进电动机"为权利要求中的一个技术特征（ⓔ栏），对应于标的五个技术特征示例（ⓖ栏）。

表 4-5　概念范围的五种关系

序号	权利要求技术特征（ⓔ栏）	标的技术特征（ⓖ栏）	标的与权利要求的概念关系	是否满足要求
例 1	步进电动机	电动机	上位	×
例 2	步进电动机	三相电动机	部分交叠	×
例 3	步进电动机	直流步进电动机	下位	√
例 4	步进电动机	步进电动马达	相同	√
例 5	步进电动机	非步进的三相电动机	无交叠	√

例 1 和例 2 中，标的技术特征与权利要求技术特征的关系分别为上位和部分交叠的关系，此时无法完成特征比对。侵权判定时，因为面对的标的是具体的产品或实施例，倘若不存在特别阻碍，总可以通过深入的技术调查，使ⓖ足够具体，即令标的相应特征表示的范围足够小，使例 1、例 2 的情形最终演化成例 3 至例 5 的三种情形之一，则足以支持完成比对。

表 4-5 中对标的特征的描述中，出现了"直流""三相"两个限定。这两个限定与特征比对不相关，可以不填入"技术特征分解表"，以使表格更简洁清楚。

4.5.6　技术特征的相同、等同比对

技术特征的相同、等同比对参见表 4-5。

1. 例 3、例 4 情形——相同

当出现例 3、例 4 情形时，表明标的技术特征符合权利要求相应技术特征的描述，可以得到构成"相同"的判定结论。当情况很清楚明确时，不必多加解释。

2. 例 5 情形——不相同也不等同，等同

当出现例 5 的情形时，表明标的技术特征不符合权利要求相应技术特征的描述，两者不相同。严格来说，对于两者是否构成等同需进一步判断。但是，等同成立的情形很罕见，在两者确实存在明显不同的前提下，可以认为其既不相同也不等同，并在"技术特征分解表"的ⓗ栏做出总结和分析。

等同原则可否适用是一个复杂的问题，当侵权判定涉及重大风险决策时，应积极向专业机构寻求支持。如果确实需要分析等同的可能性，在填写"技术特征分解表"ⓗ栏时，应首先总结不同之处，然后对是否构成等同结合技术事实加以说理。

按照等同原则，实质相同即构成等同，将行为人实施的技术方案与涉案专利权利要求相对照，以实质相同的手段实现实质相同的功能，达到实质相同的效果；并且，在被诉侵权行为发生时，本领域的普通技术人员从涉案专利权利要求所保护的技术方案出发不经创造性劳动即可得到行为人所实施的技术方案，该技术方案显而易见。

其中，技术方案显而易见，具体到特征层面时，指以标的技术特征替换权利要求中的相应技术特征是显而易见、易于想到的。

因此，等同成立，须依照等同原则就手段实质相同、功能实质相同、效果实质相同、显而易见四方面均加以论证并得到正面结论。倘若可证明四方面中的任意一个不能成立，即可宣告等同不成立，得到"既不相同也不等同"的判定结果。

当标的与权利要求两者特征呈现极其明确之不同时，相当于两者所采用的技术手段不可能实质相同，显而易见的要求也不能成立，足以使等同不成立。倘若与公告的权利要求存在明确不同技术特征的技术方案也被认定落入专利保护范围，明显有违法理、对公众不公。

此外，要论证标的与权利要求相对照，手段、功能、效果之实质相同不能成立时，应当先阐明权利要求具备特定的手段、功能、效果，并且这些手段、功能、效果与发明需要解决的技术问题实质相关。然后，再论证标的不具备相应的手段、功能、效果。倘若仅说明标的具有某些权利要求不具备的手段、功能、效果，不能支持等同不成立的结论。

3. 例 1、例 2 情形——相同

应当尽量避免例 1 和例 2 的情形。主要办法是针对标的做更深入的技术调查，掌握更下位的标的技术特征。如果不可行，就只能针对例 1 和例 2 的情形做判定，这样一来结果存在不确定性：当标的实际技术特征落入某一范围时，将构成"相同"；落入另一范围时，构成"不同"。此时可以不考虑等同。

对此应当以"相同"为判定结果，填入"技术特征分解表"ⓘ栏，在ⓗ栏、ⓝ栏中重点说明结论存在不确定性，以及不确定性的成因，并指出具备什么条件才能得到"相同"或"不同"的判定结论。

4. 其他情形——无结论

当掌握的信息严重不足，甚至不能确定所比对的一组特征属于例 1 至例 5 中的哪种情形时，应做出"无结论"的判定结果，填入"技术特征分解表"⑪栏，在⑪栏、⑪栏中重点说明造成"无结论"的原因，并指出具备什么条件才能得到更清晰的结论。

4.5.7　得出判定结论的方法

表 4-6 给出了得出侵权判定结论的方法，以及应当做的说明。

表 4-6　得出侵权判定结论的方法及相关说明

结论 1	结论 2	判断方法	⑪栏中的说明内容
字面侵权风险高	标的疑似落入字面范围	⑪栏内容全部为"相同"	指出标的具有权利要求全部技术特征，且均构成相同
等同侵权风险高	标的疑似落入等同范围	⑪栏中出现过"等同"，其余均为"相同"；或者⑪栏中全部为"等同"	对构成"等同""相同"的技术特征分别加以总结，重点评述"等同"特征
侵权风险低	标的未落入保护范围	⑪栏中出现过"既不相同也不等同"	对"既不相同也不等同""无结论""等同""相同"分别加以总结，重点评述"既不相同也不等同"的特征，"无结论"的特征次之，"等同"特征再次之
无结论	无结论	⑪栏中出现过"无结论"，且未出现过"既不相同也不等同"	对"无结论""等同""相同"分别加以总结，重点评述"无结论"的特征，"等同"特征次之

在制作"技术特征分解表"的过程中遇到的特殊问题，以及重要或容易生疑的事项，也应体现到"结论"中，即⑪栏中。

由法理可知，"既不相同也不等同"的决定力最强，一旦得出这个判断结果，就意味着标的相关技术特征不符合涉案专利权利要求的描述，即使还有未查明的情况，也可以给出明确结论"标的未落入专利保护范围"。

不存在"既不相同也不等同"时，"无结论"的决定力最强，其意味着不能确定标的相关技术特征是否符合涉案专利权利要求的描述。当判断结果为"无结论"时，通常可能是技术方案极为特殊、极难查证，或者专利撰写有较大失误，或者专利撰写水平极为高超。

4.5.8　"技术特征分解表"示例

参见附录 1，"技术特征分解表" CN2819822Y 是基于附件 4-2 之实用新型专利、结合［案例 4-4］的案情而制作的。

附件 4-2

其中，为便于理解而拆分得到 T3、T4 后，T4 在行文上增加了"在机架（1）上部设置有"的字样，该适应性修改是为了使 T4 的技术含义不变，权利要求整体含义不变。

T5、T6 也做了类似处理，在保证权利要求整体含义不变的前提下，将技术特征中相同和不同的部分尽量分离，以凸显不同。

T6、T7 是实质关联的技术特征，协同达成技术方案的功能和效果。从评议的角度，T6、T7 一起处理较为自然。从特征比对的角度，T6、T7 均构成不相同且不等同的特征，分开比对较为直观。

T6、T7 的合并评议在不构成等同方面很充分。如果单纯从技术和逻辑的角度，评议可以简化。但是，通过完整评议，并针对容易生疑的内容做出重点说明，会使案情更为清晰。

T9 构成相同。在"目标产品/方法"栏中写入了"减速器"这一额外特征。而不引入"减速器"也正确，还更清晰、简洁。而在实操中，倘不使工作过于烦琐，适度引入标的的额外技术特征，可使"目标产品/方法"栏所示的标的相应特征更为下位，更易于比对。此外，"减速器"这一特征实际引发了疑问，引入并评述利于决疑。

T10、T11 是专利权人自认导致的，对专利权人不利。自认规则没有普遍获得各国专利法的显性支持。就该案而言，依照最高院（2009）民申字第 1563 号裁定书，河南省高级人民法院做了再审，下达了（2010）豫法民再字 13 号判决。再审判决没有明示对自认的认同。但是该案足以揭示这一现实：自认规则可能对当事人利益构成实质影响。该案并非孤例。自认规则要求当事人须对自己的权益尽责维护。

4.6 规避风险的技术设计

4.6.1 原则和思路

规避设计，也称绕道设计，指为使自己的产品或实施的技术方案不落入他方专利保护范围，在技术设计上绕过他方专利保护范围，从而规避专利侵权风险。

当研发者掌握了专利侵权判定的原理时，结合对技术的了解，即可针对他方相关专利和设计任务完成规避设计，遵循的原则如下。

（1）使设计成果的实施不落入专利保护范围。

（2）对于设计成果中难以排除或评估侵权风险的部分，尽量缩减范围、拆解、剥离。

（3）通过改进设计增加技术方案的保密性使其更难被他方探知或查证。

在规避设计中，专利部门应当向研发者提供专业支持，以确保侵权风险分析的准确度。

实现规避设计的基本思路如下。

（1）采用与专利技术方案完全不同的技术路径实现所需功能。

（2）去除专利技术方案中的某些技术特征、技术手段，仍能实现所需功能。

（3）以既不相同也不等同的技术特征、技术手段替换专利技术方案中的某些技术特征、技术手段，仍能实现所需功能。

（4）将与专利技术方案有较高相似度的部分拆分，与相联系的设备或与上下游技术方案形成新的配合、组合关系，仍能实现所需功能，同时尽量消除相关侵权风险。

（5）对于不可避免地存在侵权风险的部分，尽量在最小的范围内与其他部分剥离。

（6）设计上尽量采用难以测量、查证、实施反向工程的安全保密技术手段，以提升保密性。

上述原则和思路应结合具体场景融合性、系统性地运用，以达成最佳效果。

4.6.2　综合考虑

规避设计充满复杂状况和不确定性，须依靠跨部门的通力合作。

首先要解决的问题是如何高效检索到相关专利。过于周全的专利检索将使成本提高。由于专利公开存在延时，非常相关的专利有时不能被及时发现。因此，企业须在检索成本和检索完善性之间做好权衡。

另外，规避设计必然导致产生额外成本。而相关专利的有效性存在不确定性，专利权人是否会积极维权并取得成效也存在不确定性。因此，企业还须权衡这些复杂的利害关系。

第5章
专利保护及维权

阅读提示

　　对于研发者，本章 5.1.1 节、5.8 节属于重要内容；5.1.2 节、5.1.3 节、5.2.1 节至 5.2.9 节、5.3 节、5.6 节属于提高内容；其余属于一般内容。

5.1　侵权的成立

　　设立专利制度是为了使专利权人就其技术贡献获得合理经济补偿。行为人未经专利权人许可、未给专利权人合理经济补偿而实施专利技术的行为，构成侵权并应当被禁止，该侵权行为人应承担侵权赔偿责任。

　　行为人指依法律标准，具有行为能力，能够承担相应责任的人，或者有法人地位的企业、机构。产品，哪怕是侵权产品，其不是实施侵权行为的主体，不能成为侵权行为人，不能承担侵权责任。

　　特定产品或方法落入专利的保护范围是侵权成立的必要条件，其他法定条件也满足时，专利侵权成立。各国对专利侵权的规定有一定的差别，但总体一致。

　　例如，我国《专利法》第十一条规定：任何单位或者个人未经专利权人许可，都不得实施其专利，即不得为生产经营目的制造、使用、许诺销售、销售、进口其专利产品，或者使用其专利方法以及使用、许诺销售、销售、进口依照该专利方法直接获得的产品。其中，"为生产经营目的"的规定要求构成侵权的专利实施须具有商业性，不带商业属性的实施不构成侵权。应注意，"为生产经营目的"的范围大于以赢利为目的。例如，一些机构非赢利性的运营活动也属于为生产经营目的的活动，也会导致专利侵权；雇员在工作过程中的专利实施，同时也是雇主的实施行为，会致雇主构成专利侵权，而雇员自己不会，原因是雇主是生产经营主体，具有为生产经营之目的，而雇员并不如此。

　　各国普遍对构成侵权的实施增加了商业属性限制。

　　专利侵权可以分为侵犯产品专利和侵犯方法专利两种。法律对方法专利的保护除了针对专利方法本身，还延及依照专利方法直接获得的产品。因此，侵犯方法专利的情形可以进一步分为单纯方法的侵犯和延及产品的侵犯两种。

5.1.1　对产品专利的侵权

侵犯产品专利指行为人为生产经营目的制造、使用、许诺销售、销售、进口专利产品。

倘若一件产品落入产品专利的保护范围，该产品为专利产品。侵权纠纷中涉及的专利产品常称为被控侵权产品、疑似侵权产品、涉案产品。专利侵权确定成立后，可将该专利产品称为侵权产品。

制造除了通常意义上的制造，还包括"再造"这一专利侵权角度的专门概念。

再造是一种特殊的制造，指以一件或多件获得了专利授权的相同专利产品为主要物质基础，新制造出这种产品，其特征在于，使产品涉及专利技术部分的使用价值或寿命大大超出正常合理范围。例如，以应当报废的专利产品为主要材料，拼装出新的可以正常使用的专利产品。

正常维修不导致专利侵权。再造与维修常常难以区分。二者的本质区别在于，专利权人是否得到合理的补偿，即实施者是否为专利技术的使用价值支付了适当的许可费。合理许可费与专利产品的使用价值或使用寿命成比例。正常维修不会将专利产品的使用价值或寿命扩大或延长到合理范围之外。否则就是专利产品的再造，专利权人理应就被扩大或延长的部分取得额外的许可费补偿。

许诺销售，可以理解为明确表示愿意出售某种产品的行为，例如通过广告、商店橱窗或展销会展示、提供报价等方式做出的销售意思表示。

5.1.2　对方法专利的方法侵权

行为人未经专利权人许可商业性实施专利方法的行为构成专利侵权。

倘若一种方法落入方法专利的保护范围，该方法为专利方法。

5.1.3　对方法专利的产品侵权

未经专利权人许可，商业性地使用、许诺销售、销售、进口依照专利方法直接获得的产品，构成专利侵权。

例如，一种专利方法涉及某种轮胎用橡胶的生产。采用该方法生产的橡胶属于依照专利方法直接获得的产品，未经专利权人许可商业性使用、许诺销售、销售、进口这种橡胶的行为构成专利侵权。其中，将这种橡胶制造成轮胎的商业性行为属于对橡胶的商业性使用，构成专利侵权。由于所生产的轮胎不再属于依照专利方法直接获得的产品，因此对轮胎的商业性使用、许诺销售、销售、进口不再构成专利侵权。

在我国，"依照该专利方法直接获得的产品"可以理解为实施产品生产加工的专利方法时，完成专利方法的最后步骤所得到的产品。当该产品再经历后续实质性生产加工工序，产生了实质性变化，或者丧失了其独立性，则不再是"依照该专利方法直接获得的产品"。

丧失独立性，指尽管该产品本身可能并未产生实质性变化，但与其他产品或零部件组合构造出另一产品，从而丧失了原有独立性。

对于专利方法延及产品的保护，不同国家的认定存在一定差异。

例如，美国专利法 35 U.S.C.271（g）规定，当一件产品经由专利方法处理后，倘若经后续处理被实质性改变，或者成为另一产品不重要和非根本性的组成部分，则该产品不再是依照专利方法直接获得的产品。

未经专利权人许可，商业性使用、许诺销售、销售、进口依照专利方法直接获得的产品，构成专利侵权。此处并未包括制造该产品的行为。原因是，这种制造行为属于实施专利方法的行为，已经纳入了对方法专利的方法侵权，所以不必重复规定。

这种延及产品的保护使产品生产加工方法相对于其他专利方法，例如测试方法、使用方法，能够获得更充分的保护。相对于产品侵权，方法侵权变化复杂，举证困难。

5.2 侵权的限制和例外

在专利侵权成立的通用规定之外，为更好地平衡权利人与公众之间的利益，各国还做出诸多限制性规定和例外规定，即对某些落入专利保护范围的实施给予侵权豁免，例如规定特定实施不构成侵权、不视为侵权，或者免除部分或全部侵权责任。但有时并不会形成明确规定，仅体现为司法操作惯例。

尽管有很多豁免规定成为国际通例，但各国的规定，尤其在操作层面上，存在较大的差异，企业应专门咨询代理机构。

5.2.1 私人行为或非商业使用

出于平衡公众利益和伦理等考虑，构成专利侵权的专利实施主要限于商业性、规模化实施，私人行为或非商业使用一般被排除在外。当然，具体规定因国家而异，存在灰色地带，不确定性较大。主流的趋势是就私人行为、非商业性使用给予更大豁免。

以中国为代表的一些国家对非商业性使用给予豁免，但对个人商业使用不提供豁免。有少数国家则扩大了豁免范围，例如俄罗斯除了对非商业性使用给予豁免，对于个人使用、家庭使用，无论是否属于商业性使用均给予豁免。大多数国家只给予较小范围内的侵权豁免，仅豁免私人或个人的非商业行为，对专利权人较为友好。以美国为代表的少数国家，对私人行为或非商业性使用均未在法律规定上直接给予侵权豁免。

然而在司法实践中，私人或个人行为通常会被豁免。基于维权可操作性和商业伦理，专利权人不向个人性质、不成规模的实施提出侵权指控已经是惯例，尽管这些实施依照相应国家的法律规定确属专利侵权。此类维权主张亦常难以实际获得司法或行政裁判的支持。

例如，个人使用手机，在职务行为之外，也存在处理工作事务的情形，这种情况明确属于商业性或生产经营性使用。手机落入诸多产品专利的保护范围。人们使用手机时，会不可避免地实施诸多通信等技术领域的专利方法。如若未经授权、未被豁免，个人日常使用手机的行为必然构成专利侵权。而专利权人通常不会向个人使用者发起维权，仅会向手机生产商、经销商、电信运营商及其上游供应商提出侵权指控和维权主张。

尽管对个人行为未在法律规定上直接提供豁免，但是美国最高法院在有关案件的法官意见中曾表示，不应使个人消费者因正常使用所购买的商品而面对或承担专利侵权的风险和责任，否则对消费者将显失公平。这一精神在美国司法实际操作中被普遍遵循。

中国也没有针对个人商业实施明确给予侵权豁免，但是包括中国在内的世界各国，尚未出现认定消费者个人商业性使用手机构成专利侵权并应承担侵权责任的判例。

5.2.2 实验科研使用

包括中国在内的世界各国对实验科研使用普遍给予豁免，即以专利技术为实验和科学研究对象的专利实施不构成专利侵权。

该豁免的意义在于，鼓励对技术的研究、开发、改进，使之免受专利侵权威胁。这对专利权人也存在有益的方面，专利技术的潜在使用者了解、评估专利技术，利于专利技术的推广应用并产生许可收益。

实验科研使用仅限于以专利技术为实验研究对象，例如检验其性能、探索改进办法等；如果以专利技术为工具去研究其他对象，则这种实施不享受豁免。

5.2.3 准备处方药

有些国家规定对药房依照医生处方为病人配药的行为及所配药品给予豁免。

包括中国在内的很多国家并没有在法律规定中直接做出该豁免规定，但是，专利权人针对这种情形提出专利侵权主张可能引发商业伦理问题。现实中，此类案例较为罕见，且侵权主张很难获得支持。

5.2.4 先用权

包括中国在内的许多国家提供先用权豁免。

先用权指善意行为人若在专利优先权日之前已经开始实施专利技术或已经为实施做了实质性准备，则可以在该规模、范围之内继续实施而不构成专利侵权。

倘若先用权范围内的实施规模有所缩减，则缩减部分的先用权被消灭且不可恢复。

5.2.5 临时过境的外国交通运输工具中的特定专利实施

按照《巴黎公约》，各缔约方应对临时过境的外国交通运输工具中的特定专利实施给予侵权豁免。

豁免的范围涵盖支持交通运输工具运行的核心、基本功能的技术，包括核心设备、运行所需必要备件、维修维护工具、维修维护方法的实施等。

少数国家甚至对航天器、人造卫星的临时过境做出豁免规定。

5.2.6 为获得管制许可的行为

对于某些受管制的领域，例如药品，申请人为向主管机关申请获得许可而实施专利技术的行为应获得专利侵权豁免。

许多国家将为获得管制许可而进行的专利实施归入实验科研使用而加以豁免，没有就其做出专门豁免规定。

1984 年，美国联邦巡回上诉法院通过判例确立了"波拉例外"（Bolar Exception），经由立法程序最终确定对医药、生物产品、医疗器械为获得管制许可而进行的实施给予侵权豁免。

还有些国家将豁免范围从医药卫生领域扩展到其他须获得管制许可的领域。

5.2.7　农民特权和繁育者例外

农民特权和繁育者例外，指对于专利保护的可自我复制或繁育的生物材料，允许农民或繁育者可以留种自用或自行繁育、自行使用的方式实施专利，而不构成专利侵权。

我国不对动物和植物新品种提供专利保护，没有就农民特权和繁育者例外做出专利侵权豁免的规定。但是，我国对植物新品种有专门的知识产权保护制度，并对农民留种自用做了豁免规定。

世界各国普遍未针对动物新品种设立专门的知识产权保护制度。

动物和植物新品种之外的一些可自我复制或繁育的生物材料，例如微生物，普遍可以获得专利保护。

5.2.8　强制许可和政府使用

包括中国在内的世界各国普遍通过立法做出了专利强制许可和政府使用的规定，以在紧急、特别情形下维护社会公众利益。例如，若因公共卫生或安全危机而需紧急采取应对措施，等不及通过正常商业流程与专利权人进行许可谈判，国家主管机关可以给予请求实施人强制许可，不必再取得专利权人的同意；当这种紧急、特别状况不再存在时，应停止强制许可。相关国际条约如《与贸易有关的知识产权协定》，就此做了规定。

另外，当国内存在对专利技术的需求，而因专利权人的原因致专利技术未能获得充分实施，相应需求未能得到充分满足，例如专利权人为获得超额垄断利益拒绝给予专利许可，也拒绝出售专利，或者表面不加拒绝，而在专利许可或出售的谈判中采用各种手段，包括拖延、出尔反尔、提出不合理条件等，使许可或出售不能在合理时间内以合理条件达成，国家主管机关可以给予请求实施人强制许可，不必再取得专利权人的同意。

实施强制许可时，应给予专利权人合理补偿。另外需注意，强制许可不支持分许可或转让。

政府使用适用的情形与强制许可类似，并且常常以强制许可的形式实现。例如，政府委托或授权第三方商业实体实施专利技术，政府本身并不直接实施。

5.2.9　合法来源下的产品使用或销售

包括我国在内的一些国家有法律规定，对合法来源下的产品使用或销售给予一定范围内的专利侵权豁免。

我国《专利法》第七十七条规定："为生产经营目的使用、许诺销售或者销售不知道是未经专利权人许可而制造并售出的专利侵权产品，能证明该产品合法来源的，不承担赔偿责任。"

对侵权产品的使用、许诺销售或者销售仍然构成专利侵权，应停止侵权，但在满足法定条件时，可以豁免侵权赔偿责任。而侵权产品的上游供应商，例如产品的制造商和进口商，不能获得豁免，权利人应获得侵权赔偿。

合法来源豁免应以专利权人的正当权益不会受到进一步损害为前提，尤其不应加大专利权人的维权难度。例如，不会使取得同等赔偿的调查、取证、诉讼的经济成本、时间成本实质性上升，否则对专利权人极不公平。

在不设置合法来源豁免的国家，专利侵权产品的使用者、销售者可以依据与上游供应商签订的知识产权担保协议或担保惯例向上游供应商追偿。

知识产权担保，指供应商做出保证，就给下游带来的知识产权侵权责任，由供应商而不是下游来承担；就下游引发的知识产权问题，供应商有义务配合解决。

有经验的企业会形成以制度流程保障的惯例，与供应商签订完善的知识产权担保协议。

倘若仅依靠法律规定而没有完善的知识产权担保，企业及其下游合作商的正当权益不能得到最公平、妥善的维护。

5.2.10　微量进口

通常，各国对侵权产品的微量进口，例如跨国旅行者少量携带，给予豁免。

5.2.11　现有技术抗辩

现有技术抗辩极为复杂，且可操作性不强、应用范围有限，可不做了解。

现有技术抗辩，指在专利侵权纠纷中，被诉侵权人倘若能够证明其实施的被控专利侵权的技术属于现有技术，则侵权不成立。对于外观设计，相应设有现有设计抗辩。

现有技术抗辩的法理在于，专利不应将现有技术纳入保护范围。

少数专利侵权纠纷有可能回避专利无效，而通过现有技术抗辩快速解决，从而有助于减少当事人的对抗和诉累，减轻司法资源负担。因此在一些国家，例如中国，现有技术抗辩是有效的侵权抗辩手段。

也有一些国家并不支持以现有技术抗辩来对抗专利侵权，原因是现有技术抗辩的可操作性较差，强行适用极易导致误判，通过专利无效等路径解决侵权纠纷更加稳妥。

适用现有技术抗辩时，常出现的误判是：仅证明行为人实施了某些与专利技术很像但并不相同的现有技术，就错误地认定现有技术抗辩成立；而实际上，行为人实施的技术仍可能落入有效专利的保护范围，专利侵权应当成立。

要想避免出现上述误判，需要严格验证行为人实施的现有技术与专利技术的关系，只有当该现有技术能够使专利不具备新颖性、创造性时，现有技术抗辩才可能成立。

5.3　权利用尽与默认许可

专利的权利用尽和默认许可原则用于制止专利权人重复收取专利费，以维护他人正当实施专利技术的权益。当权利用尽或默认许可成立时，行为人不必就专利实施再取得权利人的许可，不必再缴纳许可费。

权利用尽和默认许可的根本意义在于，专利权人可以主张的权益应与其专利技术的贡献相匹配，否则有违诚实信用和公平原则。权利用尽和默认许可不应成为善意、无过错专利权人就专利实施取得合理收益的障碍。

专利当中的每一项权利要求均是独立的权利，在处理权利用尽和默认许可问题时，应以权利要求为单位，而不以专利为单位。一件专利当中某项或某几项权利要求对某些产品或行为形成权利用尽或默认许可，不意味着其他的权利要求亦会如此。

5.3.1　权利用尽

专利权利用尽，又称权利穷竭、权利耗尽，适用于产品性专利，指流通的相关产品经专利权人许可后，应视为专利权人已经就这些产品取得了合理收益，所以相应专利权已经用尽，专利权人不得针对这些产品基于该专利再行主张权益。

当一件产品能够实质性包含专利技术方案的全部技术特征时，则称该产品体现完整的专利技术方案，该专利是产品性专利。产品性专利包括产品专利和产品性的方法专利。

大部分方法专利不是产品性方法专利。然而，某些方法专利尽管其技术方案是方法，但其包括的全部技术特征也可以完整地体现到产品上，从而构成产品性方法专利。例如，在计算机领域，实现一些功能的技术方案既能够以软件形式体现，也可以固化成硬件来体现，无论是采用软件还是硬件，均可体现到一台设备中。

总之，仅当专利技术方案可以完整地体现于产品时，才可以就该产品适用权利用尽。

经专利权人许可，指专利权人给予总体上的许可、同意，而不必针对这些专利给予明确许可。例如，专利权人售出相关产品后，专利权人不得再以产品价款中未包含专利许可费为由向下游的经销商、使用者收取许可费，否则有违诚信原则。

但是，倘若专利权人还持有其他专利，且其权利没有用尽，当行为人后续的行为构成对这些专利的实施时，专利权人仍可就未用尽的部分主张权利。

相关产品未经专利权人许可，因由他人制造、进口、销售、使用等而构成侵权的，倘若专利权人就某批产品接受了侵权行为人给予的补偿，应认为专利权人已经就专利技术获得了合理收益，这批产品已经获得了许可，依照权利用尽原则，专利权人不得基于这些专利就这批产品再向任何人要求补偿。

1. 附带条件的许可

权利用尽的效力优先于附带条件的许可。

例如，专利权人向经销商销售相关产品时附带了条件——产品仅限于在某市销售，但是经销商违反了该条件限制，在其他城市也进行了销售。此时，权利用尽依然成立，经销商的行为不构成专利侵权，后续购买、使用这些产品的行为人也不构成专利侵权。但是，经销商违反了销售限制条件，属于违反约定，专利权人可以要求其承担违约责任，并给予相应赔偿。

2. 平行进口

在国际贸易背景下，权利用尽会引发平行进口问题。

平行进口与专利的地域性相关。例如，专利权人甲就某产品在 A 国拥有专利，但在 B 国没有专利。因此，任何人均可在 B 国生产、销售、使用该产品，而不会导致专利侵权。倘若甲也在 B 国生产该产品，商人乙在 B 国采购甲生产的这些产品，将其进口至 A 国，则乙的进口行为属于平行进口。

部分国家明确支持对平行进口适用权利用尽，于是乙的行为被认为已经获得甲的许可而不构成专利侵权。但也有少数国家的态度明确相反，于是乙的行为被认为构成专利侵权。多数国家未在法律法规中对此做出明确规定，有待澄清。

主流趋势是支持对平行进口适用权利用尽。专利权人可以采用附带条件的销售方式，从民事约定的角度解决地域限制问题。

5.3.2 默认许可

企业应以明示方式周全地处理专利等知识产权的许可，不宜试图依赖默认许可来解决问题。各国专利法中没有对默认许可的明确规定，只能依照具体情节个案考量。

默认许可，也称默视许可，指专利权人并未明确给予专利许可的情况下，行为人别无合理选择而不可避免地实施的行为侵犯了专利权人的专利权，倘若存在明显、充分的理由可以推出应当存在默认许可，且专利权人向行为人主张专利权以谋取补偿的行为违背诚实信用和公平原则，则可推定专利权人已经对行为人给予默认许可，从而不能再基于这些专利主张权利。

默认许可成立至少应满足以下要求。

（1）行为人侵犯专利权人专利权的行为是别无选择、不可避免的，除此之外没有其他实质可行的行为方式。此条件极其苛刻。例如，专利权人出售了一种实施其专利的专用设备。从表面上看，该专用设备理应包含了实施该专利的默认许可。但事实并非如此，默认许可成立的条件要严苛得多。因为行为人大多可以选择转卖该设备、将该设备用于另行取得专利许可的用途、等到专利失效后再行实施。因此，行为人并非别无选择，默认许可仍不能成立。应注意，实施专利的专用设备未必完整体现专利技术方案。

（2）专利权人的行为直接致使行为人从事专利侵权行为时，即仅当二者行为存在很强的直接关联时，默认许可方能成立。

（3）默认许可不使诚实信用和公平原则受到破坏，否则不能成立。例如，默认许可使善意无过错专利权人无法获得与其专利贡献度相匹配的合理补偿，则默认许可不应成立。

（4）按照个案具体情况，存在明显、充分的理由可以推出应当存在默认许可。

与产品性专利不同，纯方法性专利的实施是无形的，情况较为复杂，无法简单地适用权利用尽。对于纯方法性专利，可以依靠默认许可达成对专利权人滥用权利的制约。默认许可原则也可以适用于产品性专利。

专利技术实施者倘若获得了专利许可，许可范围内的行为便是正当的，不构成专利侵权。专利许可是很复杂的专业问题，各国法规倾向于要求当事人明确订立许可协议。所以，专利许可以明示为主，默认许可的适用条件很苛刻。仅当许可不能成立将导致诚实信用和公平原则受到较大损害时，默认许可方能成立，以作为维护公平的兜底手段。

5.3.3 权利用尽与默认许可案例

【案例 5-1】

Bandag，Inc.v.Al Bolser's Tire Stores，Inc. 案

1984 年，在美国 Bandag, Inc.v.Al Bolser's Tire Stores, Inc. 案（750 F.2d 903）的判决中，判定涉案方法专利不适用权利用尽，默认许可也不成立。

Bandag 公司是一家从事轮胎翻新等业务的公司，维护着 800 余家特许经营商组成的业务网络。依照特许经营协议，Bandag 公司向特许经营商提供原料、设备、技术以及专利、商标许可，特许经营商在 Bandag 公司的品牌之下开展业务。

Bandag 公司持有一项冷工序轮胎翻新方法专利（US3236709），并且生产实施该方法的专用成套设备，即涉案设备。Bandag 公司未就涉案设备取得专利。Bandag 公司将涉案设备卖给其特许经营商，并许可它们利用该设备实施冷工序轮胎翻新的专利方法。

Tire Retreaders 公司是 Bandag 公司的特许经营商，其准备退出特许经营。依照特许经营协议，Tire Retreaders 公司此前从 Bandag 公司购得的设备归 Tire Retreaders 公司所有。Bandag 公司对 Tire Retreaders 公司持有的涉案设备估价 4 万美元，希望回购，但是因为 Bandag 公司没有依惯例在 Tire Retreaders 公司的特许经营协议中设定强制回购条款，该设备由 Al Bolser's Tire Stores 公司（以下简称 Bolser 公司）以 7 万美元购得。

Bolser 公司随即开始利用涉案设备实施 Bandag 公司专利保护的轮胎翻新方法而开展业务。Bandag 公司与 Bolser 公司交涉未果，于是对其提起专利侵权诉讼。

法院查明如下：

（1）Bandag 公司的专利有效，Bolser 公司利用涉案设备进行轮胎翻新的行为落入该专利保护范围。

（2）涉案设备由多个装置组合而成，部分装置为通用装置，部分装置为专门用于实施涉案专利的专用装置。

（3）涉案设备经过技术改造后，即可以以规避专利侵权的方式从事轮胎翻新业务，改造成本约 3000 美元。

法院认为该案不能适用权利用尽，理由是涉案方法专利所保护的翻新方法没有完整体现于涉案设备。

法院认为默认许可不成立，因为很多必要条件得不到满足：Bolser 公司并非别无选择、不可避免，Bandag 公司和 Bolser 公司两者的行为不存在直接强关联，不存在明显、充分的理由可以推出应当存在默认许可。

首先是 Bolser 公司并非别无选择。法院指出 Bolser 公司有多种规避侵权的可行方式，尽管这会使 Bolser 公司增加一定的成本，但其选择了承担专利侵权风险的行为。这些可行的不侵权行为方式至少包括下列之一。

（1）将设备整体或拆解销售给 Bandag 公司或其他买家，在拆解销售的情形下，Bolser 公司可以留下部分通用装置自用。

（2）将设备加以改造，规避侵权。

（3）将设备闲置 18 个月至 Bandag 公司专利期满失效，然后再启用设备从事轮胎翻新业务。

所以，Bolser 公司实施专利的行为是自己的选择，而不是因专利权人 Bandag 公司的行为所导致。Bandag 公司并没有与 Bolser 公司直接达成交易或协议，两者没有默认许可赖以成立的直接行为关联。

Bolser 公司认为，Bandag 公司接受与 Tire Retreaders 公司的协议在先，且协议未依惯例设置回购条款，进而竞价失败而放弃回购，意味着 Bandag 公司给予默认许可。而法院认为这一说法不成立，Bolser 公司对默认许可的预期只是一厢情愿。

Bandag 公司将实施其专利的许可通过特许协议给予其特许经营商，Bandag 公司并未明示其特许经营商可以转许可、分许可，应认为特许经营商无权向第三方许可。Bolser 公司从特许经营商 Tire Retreaders 公司购得专用设备，并不意味着 Bolser 公司从专利权人 Bandag 公司或被许可人 Tire Retreaders 公司取得了正当的默认许可。

此外，不存在明显、充分的理由可以推出默认许可应当存在。

【案例 5-2】

Priebe & Sons v.Hunt 案

1951 年，在美国 Priebe & Sons v.Hunt 案（188 F.2d 880）中，专利权人 Hunt 持有有效专利 US2300157。其中，权利要求 2 等要求保护一种为禽类拔毛的机器，权利要求 12 等要求保护一种专用于该机器的手指部件。

专利权人销售专利保护的拔毛机，也销售专利保护的手指部件。其中，该手指部件是专用于该拔毛机的易损件（附图 5-1 展示了涉案拔毛机，其中，标号 30 的部件为手指部件）。

附图 5-1

行为人 Priebe & Sons 将从专利权人处购得的手指部件安装入自行组装的拔毛机，该拔毛机落入专利保护范围。行为人随后利用自产拔毛机从事拔毛业务。

专利权人指控行为人专利侵权。行为人认为专利权人滥用专利权。

法院判定，对于权利要求 12 等保护手指部件的权利要求，权利用尽成立，行为人不侵犯这些专利权；对于权利要求 2 等保护拔毛机的权利要求，权利用尽、默认许可均不成立，行为人侵犯了这些专利权。

1. 关于权利用尽

以下叙述仅以权利要求 12 代表手指部件权利要求，以权利要求 2 代表拔毛机权利要求。

手指部件完整体现了权利要求 12 的技术方案，因此专利权人售出手指部件导致权利要求 12 的权利用尽。行为人未侵犯权利要求 12 的专利权。

手指部件仅体现了权利要求 2 保护的拔毛机技术方案中的部分技术特征，未能体现权利要求 2 的完整技术方案。所以，尽管手指部件是专用于该拔毛机的，专利权人售出手指部件的行为不导致权利要求 2 的权利用尽。

2. 关于默认许可

默认许可成立的多项条件得不到满足。

首先，行为人并非别无选择，侵犯专利权的行为完全可以避免。例如，行为人可以购买获得许可的拔毛机，将手指部件作为其备件。

其次，该案中不存在应当使默认许可成立的情节和理由，行为人不应对取得默认许可抱有合理预期。专利中的每一项权利要求都是独立的，不能简单因为获得了手指部件权利要求的许可就认为也获得了拔毛机等其他权利要求的许可。手指部件属于实施拔毛机专利的专用产品，但这一事实不足以导致默认许可。

最后，倘若默认许可成立，对专利权人有失公平。专利权人销售拔毛机和手指部件的行为是善意的、正当的。手指部件和拔毛机两种产品的市场价格、专利权人分别就两种产品的获利存在很大差距，公允地反映了两项发明在商业价值上的差距，前者大大低于后者。专利权人销售手指部件的获利仅使其获得了与手指部件发明贡献相当的补偿。倘若默认许可成立，行为人利用购得的手指部件自行制造专利拔毛机，将使善意无过错的专利权人无法就其拔毛机发明贡献取得合理补偿，有违公平。

综上，默认许可不成立。

5.4 维权和救济程序

有多种维权渠道供专利权人根据具体情形和需要主动加以选择和组合。而被控侵权方的应对则相对被动。除了本节所列的各种维权程序，双方还普遍会通过谈判试图解决问题。作为一种非常有效的手段，谈判常常与各种维权程序并行或交替进行，可能贯穿全程。

通常，维权行动会涉及复杂的法律问题和重大商业利益，当事人有必要聘请具备特别相关经验的律师、顾问，就事项做出评估，完成相关活动的策划、执行。必要时，当事人可能就一桩事项聘请多方律师、顾问，群策群力，以求万全。尤其对于跨国纠纷，通常同时需要当地和本地的律师、顾问团队合作办案。

当事人尤其应注意对不同维权选项的预期风险、成本、收益做出现实评估。维权活动为当事人增添的经济成本和其他负担，常常被严重低估。

5.4.1 一般司法救济

一般司法救济指通过民事诉讼解决侵权纠纷，是当事人普遍采用的救济方式。各国普遍采用二审终审制，确保当事人就同一事由可以享有两次法院审理的机会。

专利侵权纠纷属于民事纠纷，即专利权人与疑似侵权方两个民事主体之间的利益纠纷，采用告诉才受理的原则，即当事人向法院起诉，法院才加以审理和管辖。当事人向管辖法院提起民事诉讼，提出诉求、理由、证据，从而开启司法救济程序。

专利权人通常的诉求是停止侵权，并就已经发生的侵权行为获得经济补偿。作为反制措施，成为被告的被诉侵权方通常会提起专利无效。在有些国家，法院可以将专利侵权和专利无效合并审理。

当侵权和无效是两个独立程序时，管辖专利侵权的法院会中止诉讼审理，等待无效审理的结果。当法院认为案情比较清晰时，也可能不中止诉讼，以正常节奏审理。

疑似侵权方也可能再针对专利权人发起诉讼。例如，与专利权人就专利许可费的标准存在争议而请法院裁决；认为专利权人滥用专利权，侵犯了自己的权利，而以反垄断、反不正当竞争等理由提起诉讼。

以美国为例，专利侵权和专利无效由联邦法院管辖，可以合案由联邦法院审理。但满足一定条件时，当事人也可以选择向美国专利商标局提起专利无效请求。专利案件的一审由分布于美国各地的 94 家联邦地区法院管辖。对一审判决不服的，应向位于华盛顿哥伦比亚特区的联邦巡回上诉法院提起二审上诉。当事人对二审判决依然不服的，还可以向美国最高法院申诉，最高法院可以不受理。

5.4.2 临时司法救济

临时司法救济指紧急情况下由法院下达司法令而临时实现救济。这种司法令常被称为临时禁令或诉前禁令。

一些禁令可能附有条件或期限，例如特定当事人在一定时间内不起诉则禁令失效；一些禁令可能长期有效，除非由法院后来的判决或裁定予以撤销。

通过民事诉讼解决专利侵权纠纷的周期较长，司法救济难以迅速实现。因此，出现紧迫情况时，例如，侵权行为在较短时间内即可给当事人或公众造成重大损害，尤其当损害难以弥补时，或者重要证据可能灭失，有必要采取临时救济措施。

法院根据请求，并认为确有必要时，可以迅速下达司法令。这种司法令常常为禁止当事人从事特定行为的禁令；也可以是要求当事人实施特定行为的命令，例如提交特定证据。

由于临时救济措施是在未对案件完整信息做充分判断的情况下做出的，为防止造成不当损害，法院仅在确有必要的最小范围内下达司法令。

临时救济措施通常在紧急情况下才被动用，在下达司法令之前，法院一般不会向对方当事人提供申辩机会，或者仅在不影响措施及时生效的情形下提供有限的申辩机会。当事人对司法令不服的，可以通过诉讼实现救济。当事人正当权益因司法令受到损害的，通常由司法令的请求人做出赔偿。

必要时，法院可能要求司法令的请求人先缴纳保证金，倘若对方当事人的正当权益因司法令受到损害，保证金将用于赔偿。纠纷解决后，结余的保证金将被退回给请求人。

【案例5-3】

德国展会查抄

德国对展会知识产权保护较为激进。在德国参加展会的厂商很容易遭遇法院临时禁令，致被控涉及专利等知识产权侵权的展品、资料被查抄，或被令撤展。倘若被诉侵权的参展商不能通过后续救济程序改变这一禁令，禁令将长期有效，相关产品将一直被认定为侵权产品。

当专利权人作为禁令请求人提出较为充分的理由，使法院认为相关展品侵权嫌疑很高，在展会展出将给专利权人造成极为不利的影响时，法院就可能下达禁令。

因禁令被查抄、撤展的参展商有异议，认为正当权益受到损害的，并不能在当时质疑禁令的效力并干预其执行，但可以随后提起诉讼加以救济，要求取消禁令、取得赔偿。

参展商事前预见到遭遇临时禁令风险的，可以采取预防措施，包括向有可能下达禁令的管辖法院提前递交法律意见，给出不应下达禁令的理由。倘若足以说服法院，随后他方提起的临时禁令请求不会获得法院批准。

此外，根据德国民事诉讼法所规定的原则，可能的情况下，当事人运用司法手段维权之前，应与对方接触，尽到自力解决纠纷的基本努力。因此，权利人在请求禁令之前，通常会和疑似侵权方接触，例如发送警告函。倘若疑似侵权方可以与权利人通过积极谈判达成和解，也可以避免被下达临时禁令。

因专利侵权而对参展产品下达临时禁令的情形在其他国家较为罕见，因为法院通常认为侵权嫌疑产品的展出不能构成严重紧急事态，当事人可以经由常规的救济渠道维权。

5.4.3　行政准司法救济

有些国家设置了由政府行政机构处理专利侵权纠纷的准司法救济程序，采用类似法院审理的方式，经当事人告诉而受理专利侵权纠纷。倘若当事人对行政处理决定不服，可以再向法院起诉，寻求司法救济。

我国专利法赋予专利行政管理机构处理专利侵权纠纷的职能。专利权人可以向有管辖权的专利行政管理机构，通常为侵权行为发生地的地方知识产权局，提出诉求。专利行政管理机构受理后，就双方纠纷加以审理，做出行政处理决定。对该行政决定不服的，当事人可以在规定的期限内向有管辖权的法院提起行政诉讼以寻求司法救济。同样，行政诉讼亦遵循二审终审制，当事人可以享有两次法院审理的机会。

↘【案例 5-4】

美国"337 调查"

美国"337 调查"是一种典型的行政准司法救济手段，指美国国际贸易委员会（United States International Trade Commission, USITC）根据美国《1930 年关税法》（*Tariff Act of 1930*）第 337 条及其修正案进行的调查。"337 调查"意在打击进口产品侵犯美国知识产权的行为及美国进口贸易中的其他不公平竞争行为，其中涵盖专利侵权等知识产权侵权。

通常，原告是作为美国专利权利人的美国本土厂商，针对美国进口疑似侵权产品的行为，向美国国际贸易委员会提出发起"337 调查"的请求。被调查方将收到美国国际贸易委员会的通知，可作为被告应诉。

倘若侵权成立，美国国际贸易委员会将发出禁令，以禁止侵权产品的对美出口和在美国境内的销售。美国国际贸易委员会无权判令侵权方向权利人给予经济补偿。

美国国际贸易委员会的禁令不仅只针对"337 调查"的被告，还可能延及其他未涉入"337 调查"、但向美国出口相同产品的厂商。因此，凡以美国为重要目标市场的厂商应注意"337 调查"的公告，以便及时发现并在必要时主动加入涉及自己产品的"337 调查"，以维护自己的权益。

当事人对"337 调查"结果存有异议的，可以在规定的期限内向美国联邦巡回上诉法院提起二审上诉。美国国际贸易委员会的"337 调查"审理视为一审。

美国"337 调查"案件的审理周期一般为 12～18 个月，大大短于侵权诉讼的周期。应对"337 调查"的关键在于迅速反应，应尽快委托有专业经验的律师；应对"337 调查"案的成本大大低于应对美国侵权诉讼的成本。

要应对美国"337 调查"或美国诉讼，当事人在高额的直接经济成本之外，还要投入大量资源，付出超出一般想象的时间和努力。

5.4.4　辅助行政救济

各国普遍为专利权人就专利侵权提供辅助行政救济手段，例如专利海关备案和侵权产品海关查扣。

专利等知识产权的权利人可以办理知识产权海关备案，在权利有效期内，当海关在其管辖范围内主动或经举报发现疑似侵权产品后，可依照权利人的请求予以扣押。

海关可以要求专利权人缴纳保证金。倘若被扣货物确为侵权产品，海关将依法处置，并将保证金退还专利权人。倘若被扣货物并非侵权产品，保证金应先用于补偿货物扣押给货主方带来的损失，余额退还专利权人。

由于有些货物的价值或相关利益对时间很敏感，海关可能允许在侵权纠纷解决之前，货主方提供充足保证金后解除扣押。倘若被扣货物最终被认定为侵权产品，货主方的保证金将用于对专利权人的赔付。倘若被扣货物并非侵权产品，货主方的保证金将被退回。

当事人对货物查扣及侵权认定有争议的，可向法院起诉。海关将按照生效的法院判决或当事人达成的和解做善后工作。

在有些国家，不通关的转运货物也可能受海关管辖；进口货物通关进入国内以后，可能仍受海关管辖。例如，德国海关会在展会上对被控知识产权侵权的进口产品采取执法行动。

5.4.5 警告函、声明和确认不侵权之诉

作为自力实现救济的方式，专利权人可以向疑似侵权方及其商业合作方发送警告函、声明，敦促其停止侵权、购买许可等。

此时，权利人应注意警告函、声明中不包含诋毁、不实、误导性内容，否则权利人的维权行为反而会侵害对方合法权益，反遭对方维权。

权利人向疑似侵权方做出侵权警告而未及时提起侵权诉讼，若对方因对自己的行为是否构成专利侵权存有异议，可以以权利人为被告，向法院提起确认不侵权之诉，通过判决来明确其行为是否构成侵权。

5.4.6 网络服务商投诉

在涉及互联网电商平台等网络服务商的商业运营中，权利人有可能通过向网络服务商投诉实现救济。

在互联网环境中较早出现的是针对著作权侵权的专门司法规制，主要针对未经著作权人许可而利用互联网平台以发布、复制、传播等方式侵犯著作权的行为。为相关侵权行为提供了帮助的网络服务商也需要承担侵权责任。后来，这种司法规制逐步扩展到商标、专利等其他知识产权侵权，甚至有覆盖全部民事侵权的趋向。

为明确网络服务商承担侵权责任的范围，确立了被普遍接受的"避风港"原则和"红旗"原则。

"避风港"原则指网络上的内容构成侵权时，倘若网络服务商只是提供了空间服务，并没有制作侵权内容，当收到有效的侵权通知后，有义务及时删除侵权内容，否则应当承担侵权责任。"避风港"原则可以简化表述为"通知+删除"。

"红旗"原则是"避风港"原则的例外，指如果侵权事实很明显，有如红旗飘扬般醒目，即使网络服务商未接到通知也应当知晓侵权的存在，则网络服务商应及时主动删除侵权内容，否则应当承担侵权责任。

在法律支持下，权利人获得了通过发出有效侵权通知要求网络服务商删除侵权内容的

维权手段。例如，入驻电商平台的电商展示、经销商品的行为，倘若构成专利等知识产权侵权，而电商平台不按照"避风港"原则或"红旗"原则及时做出下架处置，其将承担侵权责任。

以我国为例，顺应法律法规和监管要求，各类网络服务商，包括发布各式内容的网站、电商平台、中介平台、提供内容搜索和引导服务的服务商等，均设置了严格的制度和程序以确保合规。主要包括：要求内容和商品提供者提供覆盖知识产权的不侵权担保，并且保留中止服务、删除内容、下架商品的权利，建立有效保证"通知+删除"的操作规程，以规避侵权责任。

权利人可以向网络运营商提供有效的侵权通知，触发侵权内容的删除。有效的侵权通知应符合网络运营商参照相关法规提出的基本要求。除权利人基本信息、联系方式之外，有效通知应当指明具体的侵权行为、内容，提供被侵犯的权利及其有效性的必要说明及证明材料，对侵权成立的理由做出必要说明。

关于利用"避风港"原则或"红旗"原则规制专利侵权是否可行，以及如何把握执行尺度，仍存在争议。主要障碍在于，欲使"避风港"原则、"红旗"原则具有可操作性，网络服务商必须具备侵权判定的基本能力，且侵权判定成本低至其能够承受。著作权、商标权的侵权判定相对简单，具备一定可操作性；而专利侵权判定较为复杂，对网络服务商是一大挑战。

5.4.7　仲裁

因其自身的局限性，仲裁较难成为被普遍采用的维权方式，但由于其成本低、效率高的突出优势，受到越来越多的关注。

商业交易中，可能在签署交易协议时即将仲裁确定为纠纷解决方式，当事人必须遵从。但专利权人和被诉侵权人显然难以事前达成这种有约束力的仲裁安排。所以，当事人对专利侵权纠纷仲裁存有疑虑时，将选择提起诉讼这一更为稳妥的解决方式。

但是，仲裁与诉讼相比有突出的成本优势。尤其当案情复杂时，例如涉及跨国的复杂商业合作，诉讼成本极高，耗时常可达数年，诉累极重，相比之下，仲裁的费用可能少 1～2 个数量级，且可以在数月内了结。

应注意，所选择的仲裁机构须具备处理专利纠纷的专业能力。

5.5　侵权民事责任

5.5.1　侵权责任

专利侵权行为人应当承担的民事责任通常包括停止侵权行为、销毁侵权产品和工具、赔偿权利人损失。情节特别恶劣时，法院可能判令加大过错方的赔偿责任，适用惩罚性赔偿。

专利侵权属于民事侵权。通常，行为人存在恶意或过失的行为才会招致侵权成立并承担民事责任。而专利侵权属于适用无过错责任的法定例外。专利侵权的辨识很复杂，善意无过错行为人也常会因为正常的商业行为导致专利侵权，应承担侵权责任。

5.5.2　一般赔偿额

通常，专利权人应得赔偿额可以依据专利权人的损失、专利权人应得的专利许可费或侵权行为人的侵权获利来核算，三者大体相当。赔偿数额还应包括权利人为制止侵权行为所支付的合理开支。因此，维权成本较高的国家，赔偿额也较高。

其中，侵权获利不应理解为侵权产品的全部利润，应当理解为未支付的合理许可费。以侵权产品为例，赔偿额应与专利许可费相当，两者都应与专利的技术贡献相匹配，大大低于侵权产品的全部利润。

根据价值原理和经济规律，实施专利产生的利润增加额应由专利权人和作为被许可人的专利实施者分享。分配给专利权人的这部分即为合理专利许可费，理论值为利润增加额的四分之一。实施专利产生的利润增加额占专利产品利润的一小部分。所以，许可费仅在侵权产品的合理利润中占较小比例。被许可人因经营方面的原因可能未能赢利，也可能超额赢利，但专利技术的贡献和许可费的标准不应因此而被贬低或夸大，应另做合理估算。

专利权人的维权成本也会反映到侵权赔偿额中。否则，专利权人的维权行动将得不偿失，最终导致专利制度不能有效运转。所以，各国法院判决的专利侵权赔偿额一般都与当地维权成本成正相关。例如，美国专利权人通过侵权诉讼可以取得高额赔偿，与其高额的诉讼成本不无相关。

5.5.3　惩罚性赔偿

倘若能证明侵权行为人存在特别恶劣的行为，例如明知专利权存在而故意侵权、为专利权人维权设置人为障碍、提供虚假证据等，法院可能酌情加大对侵权行为人的处罚，包括判令其向权利人支付高额惩罚性赔偿金。

明确设立惩罚性赔偿制度的国家通常将惩罚性赔偿的额度设在正常赔偿额的三倍以内。我国专利法则规定惩罚性赔偿额为正常赔偿额的五倍以内。美国等国家也常以判令负担对方律师费用、诉讼费用为惩罚手段。

侵权行为人收到权利人警告函后继续侵权的，可能被认定为明知专利权存在而故意侵权，最终被判令承担惩罚性赔偿责任。

5.6　间接专利侵权和间接式直接专利侵权

在不同技术领域，间接专利侵权、间接式直接专利侵权的重要性不同。对于涉及大系统的专利方法，例如移动通信方法、移动互联网领域的通信方法，间接侵权、间接式直接侵权的影响很大。

为强调与间接专利侵权的区别，尤其在本节内，常将一般意义的专利侵权称为直接专利侵权。

5.6.1　间接专利侵权及侵权责任

教唆、帮助他人实施侵权的构成间接侵权。教唆、帮助他人实施专利侵权的构成间接专利侵权，应承担间接侵权责任。间接专利侵权责任通常包括：停止侵权、销毁侵权产品和工具、赔偿权利人的损失。

因间接专利侵权的侵害程度低于直接专利侵权，赔偿责任相应较轻。所以，专利权人通常优先选择向直接专利侵权的行为人展开维权。但是在某些情形下，专利权人不得不向间接专利侵权行为人展开维权。例如，当直接专利侵权以个人消费者的个体行为为主时，维权明显没有可操作性，但倘若存在向这些个人消费者提供专门产品或服务的供应商，消费者在其帮助或诱导下实施了专利侵权，则该供应商的行为可能构成间接专利侵权，就间接专利侵权行为起诉该供应商是专利权人综合考虑之下更好的选择。

间接侵权是专有法律概念，不能按字义直观理解。间接专利侵权作为间接侵权的一种，适用间接侵权的一般民事原则：仅当行为人存在恶意或过失，间接侵权方能成立。

因此，间接专利侵权的成立有如下前提条件：

（1）行为人知道或应当知道涉案专利，即知情。

（2）行为人教唆、帮助他人实施的行为将侵犯涉案专利。

（3）相应专利侵权已经实际发生或者有实际发生之虞。其中，"实际发生之虞"指可以现实地推定有所发生。

倘若行为人不是切实知道涉案专利，即不知情，间接专利侵权不能成立。而专利直接侵权属于法定承担无过错责任的情形，其成立与行为人是否知情无关。因此，行为人可以以不知情为由免除间接专利侵权责任，但不能免除直接专利侵权责任。若可能涉及间接侵权，专利权人应考虑及时发出警告函，以使当事人切实知情，否则间接侵权不能成立。

例如，行为人善意地劝导他人实施了某些商业行为，而行为人和实施者都不知情，指不知道涉案专利的存在，从而不知道该行为实际构成专利侵权，则实施者的行为构成直接专利侵权，而劝导者不侵权。

如果后来劝导者接到权利人的警告函，函中就上述侵权行为所涉专利做了清楚说明，那么可认定劝导者自此已经知情。而如果劝导者此后继续劝导实施者实施了专利侵权，则劝导者的行为构成教唆他人侵权，间接专利侵权成立，劝导者应承担间接侵权责任。

倘若劝导者接到警告函后仍继续劝导实施者实施专利，但是实施者因故未再实施，则因教唆未致直接侵权实际发生，间接侵权不成立。但是，实施者仍应对之前的专利侵权承担直接侵权责任。

5.6.2　间接式直接专利侵权及侵权责任[7]

间接式直接专利侵权属于直接侵权，行为人承担直接侵权责任。通常，只有就特定方法专利侵权才有必要从间接式直接侵权的角度加以分析。

就专利侵权成立的条件和侵权责任，间接式直接专利侵权与间接专利侵权的显著不同在于：因前者是直接侵权，侵权成立不以行为人知道或应当知道专利的存在为前提，行为人不能以不知情为由逃脱侵权责任。

传统的直接专利侵权指单一行为人独自直接完整实施专利而导致专利侵权。

间接式直接专利侵权，或称专利直接侵权的间接实施，指尽管行为人未"独自直接完整实施"涉案专利，但直接侵权仍成立的情形：行为人有可能完全没有直接参与专利实施，也可能仅直接参与完成了其中部分步骤，从而未构成"独自直接完整实施"；但是，只要专利得以完整实施，且完整实施的责任可以归结于一个行为人或协调行动的多个行为人，则在未"独自直接完整实施"的情形下直接侵权仍成立，该行为人或协调行动的多个行为人承担直接侵权责任。其中，行为人应对其指导、控制下的他方行为的后果承担责任；协调行动的多个行为人应对协调行动的后果共同承担责任。

存在以下情形之一时，倘若专利因此得以完整实施，则间接式直接专利侵权可能成立：

（1）单一行为人指导或控制其他行为人实施。

（2）多个行为人共同协调实施。

（3）以上两种情形相结合。

例如，某行为人将完整实施专利方法的步骤拆分为数个部分，指导或控制不同的人分别实施各个部分，致专利方法得以完整实施。该行为人没有"独自直接完整实施"该专利，但其行为构成间接式直接侵权。

又如，我国有商标许可下的间接式直接专利侵权成立的判例——（2017）粤73民初2408号。A拥有某商标，将其许可给B，用于B的某产品。该产品被认定为专利侵权产品，B与A均构成直接专利侵权，共同承担侵权责任。尽管A并不了解B的产品，并未直接参与侵权产品的设计、生产、销售，但是被判须为其商标名下的产品承担经营、控制责任。因此，尽管A未"独自直接完整实施"该专利，其行为仍构成间接式直接侵权。

再如，专利侵权产品设计方案控制方或提供方，尽管未直接参与侵权产品的生产、销售等侵权行为，也被判承担直接专利侵权责任的判例有（2014）鄂武汉中知初字第8号、（2017）鲁民终1290号。

还如，两家公司之间尽管没有直接联络，但依照同一技术标准，即在该技术标准的协调下各自生产了专门用于实施该技术标准的不同设备。用户将从两家公司购买的设备连接成系统，该系统的运行即符合该技术标准，构成对该技术标准必要专利的完整实施。两家公司的设备均只构成实施该专利的专用设备，在连接成系统运行之前，均不会导致所述专利的完整实施，所以两家公司均未"独自直接完整实施"该专利。但两家公司的行为均构成间接式直接专利侵权，因为专利完整实施的责任可以归责于两家公司在技术标准协调下指导、控制用户实施的行为。

在分析涉及多个行为人或多方的专利侵权时，不应将行为人与执行专利方法的装置混为一谈。专利技术方案的完整执行可能涉及多件设备分别完成特定动作，这些设备也常被称为"多方"、"多边"或"多侧"，其与行为人的"多方"是根本不同的概念：只有行为人能够实施专利侵权并承担侵权责任，而设备并不适格。应判明设备处于哪一行为人的控制之下，行为人应为其控制的设备所执行的动作承担责任。

另外，执行专利方法的多边设备中，有时可能每件设备分别对应一个行为人，即设备与行为人一一对应。然而，更多则是设备与行为人可能是多对一、一对多、多对多的关系，形成交叉和多层控制下的复杂对应。

【案例 5-5】

Akamai Technologies v.Limelight Networks 案

美国提出了分离式侵权（Divided Infringement）概念，指随着通信等领域的技术发展而越来越多出现的多个主体共同执行专利方法构成的专利侵权，其中任一主体均未构成对专利方法的"独自直接完整实施"。Akamai Technologies v.Limelight Networks 案（以下简称 Akamai 案）中，美国最高法院审理后，将分离式侵权认定为间接式直接专利侵权。

原告 Akamai Technologies 公司拥有涉及网络内容传送的美国专利 US6108703（以下简称 703 专利）。该专利方法用于在分布于各地的众多服务器中为用户迅速查找最近的网页并获取数据，提高了传送速度。

703 专利技术方案中包括用于内容识别的"标记"步骤。被告 Limelight Networks 公司在提供网络内容服务时，除了未执行"标记"步骤外，执行了 703 专利技术方案中其他所有步骤。"标记"步骤由用户执行，被告给出了实施"标记"步骤的技术帮助和指示。

原告 2006 年起诉，2016 年该案件尘埃落定。11 年间，该案经历了各级法院给出的 8 个主要判决或裁定。2014 年，美国联邦巡回上诉法院按照美国最高法院的意见确立了分离式侵权致直接专利侵权成立的判定方法，最终判定被告实施的分离式侵权属于直接专利侵权。

对于分离式直接侵权，美国联邦巡回上诉法院首先将问题明确为：当有多个实体实施专利方法时，其他方的行为能否归属于某一方，从而使其承担侵权责任。

美国联邦巡回上诉法院列出了能够将一方行为转而归属于另一方，最终能够使分离式直接侵权成立的两种情形：

（1）一方是否控制或指导另一方的行为。

（2）各方是否组成联合事业体。

其中，"控制或指导"需要有一个主脑或主谋，其控制或指导他方实施某些行为。相应地，被控制者或被指导者的行为可以归于主谋，主谋的行为可能构成直接专利侵权。Akamai 案之前，已经有判例指出委托代理关系和合同关系均可以使"控制或指导"成立，但这两种情形不能适用于 Akamai 案。因此，美国联邦巡回上诉法院为被告"量身打造"了第三种情况：将履行专利方法中的特定步骤设定为参与某种活动或者获得利益的条件，并确立了履行这些步骤的方式或时机。

关于"是否组成联合事业体"，美国联邦巡回上诉法院列出了以下要素：

（1）明示或暗示的协议。

（2）有共同实现的目的。

（3）金钱利益的生态群落。

（4）对于联合事业体发展的方向具有平等的话语权和控制权。

联合事业体下，多方协调共同行事，各方在侵权行为中的地位和作用平等，也平等地为联合事业体整体行为共同承担责任。

5.6.3 间接专利侵权与间接式直接专利侵权的混同和重叠

间接专利侵权与间接式直接专利侵权经常出现混淆和重叠，难以区分。

例如，某案件中，甲到底是教唆或帮助乙实施了专利侵权，还是指导或控制乙实施了专利侵权，常常难以辨析。相应地，就行为人同一行为可能出现间接专利侵权和间接式直接专利侵权均成立的重叠认定。但是因为专利权人应得的补偿与其专利的技术贡献相匹配，只要核算得当，这种重叠认定并不会导致专利权人额外获得不应得的补偿，不会丧失公允。

重叠认定在国际上也存在先例。例如在 A&M Records,Inc.v.Napster,Inc.这一美国有关著作权侵权的标杆案例中，Napster 公司因同一行为被认定重叠构成两种类型的侵权：帮助侵权和代理侵权。其中，帮助侵权属于间接专利侵权；代理侵权属于指导或控制之下的间接式直接专利侵权，指代理人履行代理职责产生的民事侵权，被代理人应承担侵权责任。该判例同样可以指导专利侵权及其他民事侵权。

【案例 5-6】

西电捷通诉索尼标准必要专利侵权案[7]

2015 年 7 月，原告西安西电捷通公司（以下简称西电捷通公司）起诉被告索尼公司侵犯了其名为"一种无线局域网移动设备安全接入及数据保密通信的方法"的专利（专利号为 ZL02139508.X），要求索尼公司停止侵权、赔偿损失。

2017 年 3 月，北京知识产权法院下达一审判决（2015）京知民初字第 1194 号。

2018 年 3 月，北京市高级人民法院就一审被告索尼公司提起的上诉下达了终审判决（2017）京民终 454 号。

本案例仅涉及用户使用的场景，但被告可能构成专利侵权的场景至少还包括手机设计、生产、维修中的测试检验。

涉案专利权利要求 1 保护一种移动设备接入局域网的安全认证方法，其中，移动终端 MT、无线接入点 AP 以及认证服务器 AS 分别执行特定操作并交互，以实现移动终端接入局域网时的安全认证，具体为：

1. 一种无线局域网移动设备安全接入及数据保密通信的方法，其特征在于，接入认证过程包括如下步骤：

步骤一，移动终端 MT 将移动终端 MT 的证书发往无线接入点 AP 提出接入认证请求；

步骤二，无线接入点 AP 将移动终端 MT 证书与无线接入点 AP 证书发往认证服务器 AS 提出证书认证请求；

步骤三，认证服务器 AS 对无线接入点 AP 以及移动终端 MT 的证书进行认证；

步骤四，认证服务器 AS 将对无线接入点 AP 的认证结果以及将对移动终端 MT 的认证结果通过证书认证响应发给无线接入点 AP，执行步骤五；若移动终端 MT 认证未通过，无线接入点 AP 拒绝移动终端 MT 接入；

步骤五，无线接入点 AP 将无线接入点 AP 证书认证结果以及移动终端 MT 证书认证结果通过接入认证响应返回给移动终端 MT；

步骤六，移动终端 MT 对接收到的无线接入点 AP 证书认证结果进行判断；若无线接入点 AP 认证通过，执行步骤七；否则，移动终端 MT 拒绝登录至无线接入点 AP；

步骤七，移动终端 MT 与无线接入点 AP 之间的接入认证过程完成，双方开始进行通信。

涉案专利构成 WAPI 技术标准的标准必要专利，即符合 WAPI 技术标准的系统在运行时必然实施涉案专利。

该案中，移动终端 MT 为被告生产的手机。被告生产的手机符合 WAPI 技术标准，但并不能独自完整实施专利技术方案，只属于实施专利的专用设备。当其与同样符合 WAPI 技术标准的无线接入点 AP、认证服务器 AS 配合工作而建立 WAPI 标准下的局域网连接时，将完整实施专利技术方案。

被告与无线接入点 AP、认证服务器 AS 厂商，在 WAPI 通信标准的协调下，不经联络即可背对背地各自实现移动终端 MT（即手机）、无线接入点 AP、认证服务器 AS 的生产，包括在各自产品中实现以实施专利技术为目的的专用配置。用户将这些产品接入标准网络，即形成了实施专利技术的专用系统。用户依照被告提供的操作指引启动手机 WAPI 功能时，就启动了专利技术方案在该专用系统上未经授权的完整实施，构成专利直接侵权。

综上，手机生产商和无线接入点、认证服务器厂商在技术标准的协调下，共同指导用户完整实施了专利。依照朴素的认识，WAPI 标准作为通信协议，其本质是一种人造功能，通常以程序代码的形式被固化在网络设备中，使网络设备具备 WAPI 功能。上述专用设备的生产商即为固化行为的实施者，对用户的指导、控制也主要通过固化来实现。因此，厂商若使其网络设备具备 WAPI 功能，应当取得 WAPI 专利许可，否则将构成侵权。

该场景下，间接侵权也同时成立。专利侵权的实施以诸多企业和个人用户各自实施为主，难以就总体侵权实际状况做全面、恰当的举证，但可以推定专利侵权已经发生，即有实际发生之虞。

本案一审、二审均判定西电捷通公司胜诉，其间出现过间接侵权成立的认定，未出现直接侵权成立的认定。但是此后，在其他同质侵权诉讼中，出现了认定直接侵权成立的判决。

5.7 刑事责任

涉及专利的某些行为可能触犯刑律而构成刑事犯罪，行为人应承担刑事责任。

通常，由执法机关对犯罪行为立案调查，由检察机关向法院提起公诉。发现犯罪行为的，可以向执法机关报案。某些情形下，也允许受害方提起刑事自诉，即自行向管辖法院针对实施犯罪的加害方提起刑事诉讼。

涉及专利的刑事责任及处置程序因国家而异，企业在策划域外商业活动时，应向律师、顾问了解当地情况，评估风险。

5.7.1 专利侵权

在包括中国、美国、欧盟等在内的多数主要国家或地区，专利侵权不会触犯刑律。即使在明知的情形下从事专利侵权，也只会导致民事责任加重。

但是，在有些国家，专利侵权，尤其侵权人涉嫌有明知专利存在而故意侵权等恶劣情节时，有可能被追究刑事责任。这些国家包括日本、韩国、泰国、俄罗斯、阿根廷等，罚责有罚金、监禁、劳役等。

例如，《日本专利法》第 196～204 条做出了刑事处罚规定，其中第 196 条就专利侵权所定罚责为单处或并处 10 年以下监禁和 1000 万日元罚金；《韩国专利法》第 225 条就专利侵权所定罚责为 7 年以下监禁或 1 亿韩元罚金；《俄罗斯联邦刑法》第 147 条就专利侵权等行为所定罚责为罚金、4080 小时以下义务劳动或 2 年以下强制劳动或监禁。

在经济较发达、法制较完善的国家，尽管针对专利侵权设有刑事条款，但通常仍按民事纠纷处置，刑事处罚的案例较少。然而，既然设有刑事罚责，仍须警惕。

5.7.2　假冒专利和伪造专利证书

在大多数国家，构成刑事犯罪的涉专利行为主要包括假冒专利、伪造专利证书。

在宣传中、商业活动中、产品上使用专利标识不当可能构成假冒专利。因此，应特别注意专利标识的使用合规。

就假冒专利而言，不同国家的规定存在差别，但总体涵盖如下几方面：对非专利产品或未经专利权人授权的专利产品施以专利标识；将非专利产品、技术或未经专利权人授权的专利产品、技术宣传成专利产品、技术或授权的专利产品、技术。这些行为被定为犯罪行为，主要因为其误导公众，直接侵害公众利益。

例如美国，就假冒专利、伪造专利证书分别在专利法第 292 条（35 U.S.C.292）和犯罪及刑事程序法第 497 条（18 U.S.C.497）中做了规定。依照专利法第 292 条，可以就行为人每个虚假标识，例如，做了虚假专利标识的每一件产品，处以 500 美元罚金。依照犯罪及刑事程序法第 497 条，伪造专利证书的，可以单处或并处罚金和 10 年以下监禁。

在中国，对于假冒专利行为，专利法和刑法中均做了规定。依照《中华人民共和国刑法》第 216 条，假冒他人专利，情节严重的，处 3 年以下有期徒刑或者拘役，并处或者单处罚金。对于伪造专利证书，可以依照刑法中有关伪造、变造国家机关公文、证件、印章的规定，对行为人处 3 年以下有期徒刑、拘役、管制或者剥夺政治权利，并处罚金；情节严重的，处 3 年以上 10 年以下有期徒刑，并处罚金。

5.7.3　其他

不同国家就涉专利行为专门设置刑事罚责的情形主要还包括专利申请公开前泄露专利信息、侵夺发明人权益等。

对于专利申请公开前泄露专利信息，主要针对专利从业人员，例如专利局工作人员、专利代理师。一般行为人以不正当手段获取他人保密的专利信息加以利用或公开的行为，应被认定为侵害商业秘密。侵害商业秘密情节严重的，构成犯罪。

5.8　规避风险的运行模式设计

5.8.1　原则和思路

规避风险的运行模式设计涉及诸多商业利益和风险的权衡，专利等知识产权风险是其中的重要方面。运行模式的设计应在专利部门充分配合下完成，技术部门及研发者应提供支持，此外还应引入必要的外部专业支持。

企业对专利侵权的认定及相应责任有系统性了解后，应结合对商业运行模式和技术的了解，针对准备实施的商业方案，完成规避风险的运行模式、商业方案设计，其中应涵盖产品技术设计。

企业应对相关国家的法律环境、商业环境等情况做尽职调查，即出于控制风险的目的，就相关情况做摸底调查、背景调查。

所设计的商业方案及运行模式应当合法合规，以不触犯法律为底线。

规避专利侵权风险的原则如下：

（1）优先通过优化商业方案、运行模式规避侵权，以取得专利许可为必要补充。

（2）侵权风险难以评估、难以完全规避的，尽量通过优化运行方式等手段，减小侵权可能性，使侵权所涉范围和体量缩减，相应减轻侵权责任。

（3）通过改进设计提升保密性，更难被他方探知或查证。

以产品参加展会为例，规避侵权及损失的措施可包括：

● 对于海外参展的，可能时，将运行方式设定为展品仅为展示而临时进口至当地，参展后展品离境，不在当地销售，并做出声明，则可规避产品销售导致的侵权，压低潜在的侵权赔偿责任。

● 展示和宣传中，尽量避免泄露技术方案，从而不易查证，例如，

■ 仅展示产品涉及相关技术方案最少的侧面、视角。

■ 仅宣传产品达到的良好性能，从产品名称、型号起，公开材料不涉及采用的技术方案、路线、原理等。

● 禁止拍照。

● 必要时，特别内容仅向特定人群展示，可以附加保密协议。

● 不同产品，尤其高风险产品，各设相对独立的展示单元，不同产品的宣传材料，尤其高风险的，各自独立编排，以各自独立的媒介或载体单元来承载、发布，以尽量切割侵权风险、缩小不利影响的范围。

其中，查证，指调查、取证。

通过运行模式设计实现风险规避的典型思路有：

（1）控制上游风险。

（2）利用法定侵权限制和例外。

（3）利用权利用尽、默认许可。

（4）优先规避传统直接侵权，规避保密性和防护性较为薄弱、过于简单的间接式直接专利侵权或间接专利侵权。

（5）对于风险不确定性较高的部分，加强保密性设计，使其更难被他方探知或查证。

（6）融合技术规避设计。

上述原则和思路应结合具体场景融合性、系统性地运用，以优化效果。

5.8.2 典型手段

1. 上游控制

专利侵权风险有向下游传导的特性，在产品专利上尤其明显。例如，若某零件为侵权产

品，使用该零件的设备以及使用该设备的系统均存在侵权问题。

企业应对上游供应商，包括产品、服务、技术等供应商采取风险控制措施，由其提供可靠的知识产权担保等。对引入的侵权风险应做摸底，为设计解决方案打下基础。

2. 锁定主谋

涉及间接式直接专利侵权和间接专利侵权时，实施指导、控制、教唆、帮助的一方可能通过巧妙掩盖上述行为而逃避侵权责任，将责任转移给他方。

相关侵权责任不仅限于专利侵权责任，也可延及其他民事责任，如技术设计安全性的责任。例如，某行为人要求企业按特定设计定制生产、供应某产品，相应地，行为人对生产企业实施了控制。经过刻意掩饰后，根据双方的供货合同和往来材料只能认定企业向行为人出售了产品，无法认定企业遵从的设计方案来自行为人。行为人将定制加工变成了产品采购；企业从业务承揽变成了产品销售。如此，按照指导或控制原则行为人本应承担直接侵权责任，却通过提供生产企业这一合法来源而逃脱责任，生产企业承担了全部侵权责任。

相反的例子是，生产商向订货企业供应自行设计的产品，却要做由订货企业"审定、提供"设计方案的合同约定和表面动作，造成下游企业控制和提供设计方案的表象。出现专利侵权时，原本不应承担责任的订货企业根据指导或控制原则却要承担侵权责任。

因此，企业规避、防范侵权风险时，应注意对技术来源做严格控制，制度性地存档存证，尤其警惕上述行为。

3. 业务流程优化

在［案例 5-5］中，Limelight 公司对业务流程做了优化，避免了独自直接完整实施技术方案，规避了传统意义上的直接侵权。尽管最终未能完全规避侵权责任，但该流程设计使保密性、防护性有所提升，增加了维权难度。

在流程优化设计中，对于不可避免地存在侵权风险的部分，应以最小的范围剥离出来，使侵权涉及的范围和体量缩减。当构成侵权实施的独立产品或行为因为涉及范围小而经济价值低时，侵权损害和赔偿责任也较小。

4. 多实体结构优化

与业务流程优化相配合，设计多个各自独立担责的法人实体，如多个公司，在业务流程中发挥不同功能，可以更为有效地切割、控制风险。该策略被普遍用于商业风险、财务风险管控。专利等知识产权侵权风险是应当统筹于其中的重要商业风险。

如前述及，发生专利侵权时，相关侵权行为所涉及之商标的权利人也可能被判定承担侵权责任。因此，商标资产的持有结构也应优化。

5.8.3　国际化运营

国际化业务为规避风险的运行模式设计在各个维度带来了丰富变化，也增加了难度。

在国际化运营中，须先掌握各国相关专利布局及法律、商业环境等情况。竞争者的某件专利可能在这个国家有布局，在另一个国家没有，将造成如下局面：某一行为，在这个国家构成侵权，在另一个国家不构成侵权。由于各国法律和商业环境的差别，相同的侵权行为在不同国家受容忍的程度、处罚力度、赔偿责任也有差别。因此，在国际化产业布局中，将某一生产环节布设在不同的国家，侵权风险也会不同。

另外，商业实现的下游目标国不同，常需要对上游做适应性调整。例如，对于某型号的电子产品，分别以中国、印度、美国为目标市场，因这些国家专利布局和市场环境的差异，可能需要从不同的渠道购买价格不同、包含不同专利许可的基带芯片。

方法专利提供了更大的操作空间，尤其在互联网领域。专利的地域性导致如下情形：尽管同一专利在两国均有有效权利，但倘若将完整实施行为在两个国家做了拆分，在任一国内均没有完整实施，从而在两国均不产生侵权。

另外，国际化运营对维权执法也提出了挑战。当部分侵权行为和后果发生在一国，而行为人却在另一国，维权难度很大，例如间接式直接专利侵权，侵权行为在一国，而对该行为给予了指导或控制的行为人却在另一个国家。即使某些国家设置了域外长臂管辖，但跨境保护从举证到执行等各个环节均有诸多现实困难，收效有限。

↘【案例 5-7】

苹果公司在中国的公司结构

苹果公司在中国的公司结构与其运行模式设计相配合，利于实现对专利侵权等风险的控制。

苹果公司在美国加利福尼亚州注册，为进行国际化运营，其打造了一个跨国公司集团。苹果公司旗下的诸多公司在法律上各自独立，各自承担民事责任。实际上，这些公司基于统一的利益而协调行动。这种设计的目的在于控制风险、优化利益。例如，控制和切割包括专利侵权风险在内的商业风险，最大程度地合法避税，等等。

在苹果中国的官方网站上，可以找到官方销售、技术支持、售后服务渠道，但是找不到苹果公司在中国的公司设置。事实上，也并不存在"苹果（中国）公司"。

通过查询可知，苹果公司控制着一家成立于 1980 年的爱尔兰公司——苹果运营国际有限公司（Apple Operations International Limited）。该公司 100% 控股四家苹果公司旗下的中国公司。

表 5-1　苹果运营国际有限公司控股的中国公司

公司名称	成立日期	注册资本
苹果技术服务（乌兰察布）有限公司	2018 年 2 月 8 日	3500 万元人民币
苹果电脑贸易（上海）有限公司	2001 年 1 月 15 日	200 万美元
苹果贸易（上海）有限公司	2010 年 1 月 13 日	2600 万美元
苹果电子产品商贸（北京）有限公司	2007 年 12 月 6 日	4500 万美元

注：此数据截至 2021 年 8 月。

这四家苹果旗下的公司系中国公司，最新的是成立于 2018 年的苹果技术服务（乌兰察布）有限公司，据报道为数据中心；其余三家均为贸易公司，最早的是成立于 2001 年的苹果电脑贸易（上海）有限公司，负责全部苹果公司产品对中国的进口、销售。

苹果公司还以类似的方式、渠道在中国投资或成立了其他若干不同职能的公司。

2016 年 4 月，原告西安西电捷通公司起诉第一被告苹果电子产品商贸（北京）有限公司、第二被告苹果电脑贸易（上海）有限公司及经销苹果公司产品的某中国公司侵犯了其名为"一种无线局域网移动设备安全接入及数据保密通信的方法"的专利（专利号为 ZL02139508.X），要求被告停止侵权并赔偿损失，案号为（2016）陕民初 10 号。在技术层面，侵权情节与［案例 5-6］西电捷通诉索尼标准必要专利侵权同质。

第一被告、第二被告针对侵权指控提出的抗辩理由涉及其是否为适格被告，指其不是正确的侵权行为人。依照案情，二被告可能提出的抗辩理由有：

（1）涉案专利涉及通信方法，依照法理，实施该通信方法的行为人构成专利侵权，而二被告仅为涉案苹果手机的进口商、经销商，并非实施专利方法的行为人。

（2）依照法理，落入产品专利保护范围的产品构成侵权产品，侵权产品的进口、经销属于侵权行为，进口商、经销商可以成为适格的侵权被告。但是，涉案专利为方法专利，涉案苹果手机仅可能成为实施方法专利的工具而非侵权产品，则不应将进口商、经销商认定为侵权行为人。

而不利于二被告的理由在法理上占上风：

（1）在用户使用手机而实施专利的情形下，进口商、经销商为专利侵权行为提供了专用工具，应承担间接侵权责任。

（2）同样在用户使用手机而实施专利的情形下，生产商无疑会因构成指导或控制而承担间接式直接侵权责任，进口商、经销商是否能够完全逃脱这一责任，不能一概而论。

从法理角度看，作为手机生产商的苹果公司是最为适格的被告。然而，从操作角度看，专利权人就境内的侵权行为直接以境外的美国公司为被告，跨境取证和判决执行等行动成本高昂、极为困难，使诸多权利人难以承受。因此，尽量以国内主体为被告是权利人出于可操作性而做出的现实选择。

苹果公司仅在中国设立贸易公司，客观上增加了他方在中国针对生产商进行维权的难度，利于其规避应由生产商承担的责任，利于减少损失或者获得额外利益。

《中华人民共和国消费者权益保护法》有严格规定，要求包括本地经销商在内的经营者也要对消费者所购买的诸多产品的质量和保修负责，重要原因之一便是防止境外生产商利用各种方式增加消费者在中国针对生产商进行维权的难度，从而规避应承担的责任。而在专利侵权方面，尤其对于涉及多边的通信方法专利侵权，我国尚无相关规定，让专利权人就境外生产商应当承担的责任可以向经销商或进口商有效追偿，从而为权利人针对境外生产商维权提供便利。

第6章

技术和专利的价值

阅读提示

研发者应在本章 6.1 节至 6.4 节的基础上，重点领会 6.5 节。对于研发者，本章 6.5.3 节至 6.5.9 节属于重要内容，其余属于提高内容。

企业申请、取得、运用专利的行为是商业行为，具有投资属性，即投入成本，期望取得高于投入的回报。因此，企业应依照投资理念认识专利和技术的价值，以指导相关决策。

在满足企业专利管理基本要求的前提下，本书对投资、估值等专业内容做了最大限度的简化，假定货币价值稳定，不考虑通货膨胀、汇率变化等因素，不考虑其他次要干扰项（如税收等）。

从资产角度讨论专利时，只要适用，还应包括专利申请、专利许可。

6.1　概念

6.1.1　投资

投资是就一个项目为取得商业收益而投入商业成本的行为。成本包括投资人获得、维护、运营资产所付出的成本。各项成本和收益均可以折算成货币。

投资项目是可以独立运营并产生收益的资产组合，是投资管理、核算、估值、分析的单元。

投资项目产生的收益，主要通过资产运营、资产销售实现。不同类型的投资项目，投资、维护、运营、收益的方式各异：

（1）生产产品的实业项目，成本投入涉及生产设施的获取、维护、运转，以及人力投入、物料消耗、研发设计、管理销售等，收益主要来自产品销售。

（2）以债券资产为标的的投资项目，除购买债券的价款和交易成本外，持有期间几乎不存在维护成本，收益主要来自债券销售、债券利息和本金兑付。

（3）专利运营项目，成本包括通过购买或自行挖掘、申请等取得专利资产的成本，专利年费、代理机构服务费等维护成本，许可谈判、侵权诉讼等专利运营成本等。此外，各阶段还会发生专利分析成本。收益主要来自专利许可、转让、侵权赔偿等。

6.1.2　价值和价格

资产价值以资产收益为尺度，是资产未来净收益之和。核算资产价值时，应扣除资产项目未来的维护、运营等成本。收益取得、成本付出的时间等对价值的影响应计算在内。

价值与价格的概念不同。资产价格是资产交易时，买卖双方达成的交易金额。交易时，买卖双方均会对资产的价格或价值做评估，即估价或估值。对于买入资产的投资人，价格为投资成本；对于卖出资产的投资人，价格为资产在卖出时实现的价值，价款是就以前的投资成本实现的收益。

理论上，资产的合理价格等于价值，但是价格通常偏离于价值，原因如下：

（1）同一件资产对于不同的人价值不同，不同能力的人运营资产产生的收益不同，甚至差别很大。

（2）不同人的认识水平、掌握的信息不同，对同一件资产的价值认识也不同。

（3）因为其他特别原因，导致价格背离价值，例如卖方因特别原因急需现金时，会就价格做出折让。

为行文方便，本书在估价和估值、资产和商品之间不做严格区分。

6.1.3　投资与估值

投资围绕价值展开，以获得超额价值为目的，即追求以低成本获得高收益。因此，投资绕不过估值，要对投资项目内的各项成本、收益进行估值，对投资项目本身进行估值。

对于投资项目中未来发生的成本或收益，投资人常需要做多次评估。随着时间推移和市场变化，信息更加丰富，评估中的不确定性逐步消减，未来成本、收益情况也就逐渐变得明确。

6.2　估值方法

专利工作中常常会涉及专利的价值。例如，以专利价值引导专利挖掘，在具备专利申请基本条件的诸多技术方案中，选取最有价值前景的形成适当数量的专利技术提案申请专利。

对于研发者而言，掌握简化的收益法估值原理即可。例如，估值时可忽略收益时间对价值的影响，避免专利估值过于复杂。

对于企业而言，为有效实现技术运营、专利规划等活动，需要以投资理念对技术和专利价值有所把握，因此应全面掌握本节内容。

6.2.1　简化的资产估值方法——收益法

资产的价值可以折算成货币金额。在简化的条件下，排除各类变动因素、不考虑包括利息在内的资金时间性收益，资产的价值（V）是其未来各项收益（I）的总和：

$$V = \sum I_i = I_1 + I_2 + \cdots + I_n$$

式中：I_i 为第 i 项收益。

这种基于资产未来收益评估资产价值的方法即收益法。收益法从本质上反映资产的真实价值。

机器的资产价值

以一台机器的运营为投资项目。该机器还可正常使用 3 天，预计第一天带来 10 元收益，第二天带来 15 元收益，第三天带来 5 元收益，在不产生其他收入或支出的情况下，这台机器的资产价值为

$$V=\sum I_i=I_1+I_2+I_3=10+15+5=30（元）$$

倘若买家以 28 元购得该机器，且该机器按预期产生了收益，则该投资项目使投资人获利 2 元（30 元−28 元）。

通常，资产产生收益的同时还会有支出，如运营成本。此时，可将各项支出计为负的收益，则前述公式仍然成立。

机器的资产价值（拆解销售）

仍以一台机器的运营为投资项目。该机器还可正常使用 3 天，预计第一天带来 10 元收益，第二天带来 15 元收益，第三天带来 5 元收益。随后，可将这台机器拆解成零件去销售，拆解和销售成本为 5 元，记为 $I_拆$=−5 元，销售收入记为 $I_售$=15 元，则这台机器的资产价值为

$$V=\sum I_i=I_1+I_2+I_3+I_拆+I_售=10+15+5-5+15=40（元）$$

6.2.2　纳入风险考虑的收益法

价值是面向未来估算的，必然包含不确定性和风险。因此，估值的关键在于对未来收益的准确预计，这依赖于对相关领域和市场的认识水平、掌握的情报。

当估值的不确定性较大时，可以立足现实情况，按照最大可能的估值、最好的估值、最差的估值分别评估，得出可供参考的价值范围。另外，还可以对这三种估值出现的概率做出预估。

机器的资产价值（提前报废）

仍以前述估值 40 元的机器为投资项目，倘若后续实际情形是：机器只产生 15 元的收益，即报废不能使用，记为 $I_收$=15 元；拆解的成本高达 20 元，即 $I_拆$=−20 元；而拆解后的销售收入仅为 2 元，即 $I_售$=2。该机器的资产价值应修正为

$$V=\sum I_i=I_收+I_拆+I_售=15-20+2=-3（元）$$

但是，倘若当时就能够对未来做出这样的预计，按照正常的商业逻辑，投资项目经理就不会选择拆解、销售报废机器，而是销毁。倘若销毁报废机器不产生成本，则该机器的资产价值为

$$V=\sum I_i=I_{收}=15（元）$$

按照最大可能的估值、最好的估值、最差的估值分别进行，示例如表6-1所示。

表6-1　三种情况下的价值评估

情　形	$I_{收}$	$I_{拆}$	$I_{售}$	估值 $V=\sum I_i$	出现概率	备　注
最大可能的估值	30元	−5元	15元	40元	80%	
最好的估值	45元	−4元	18元	59元	15%	
最差的估值	15元	−20元	2元	15元	5%	倘若未能在拆解前做出准确评估而放弃拆解、销售，则最差情形下的估值应为−3元

综合考虑之下，该机器的平均资产价值为：40×80%+59×15%+15×5%=41.6（元）。

6.2.3　年化收益率：收益时间的影响

在前述讨论中，收益时间对价值的影响被忽略了。现实中，我们知道，三年后取得的100元与现在持有的100元，价值可能不相同，如果将现在的100元存入银行，三年后，加上利息收益可能高于100元。

将年化收益纳入考虑之中，意味着将取得收益的时间对价值的影响纳入考虑之中。

年化收益率是指投资期限为一年所获的收益率，可以用 y 表示。对于一年期定期存款，其利率相当于该笔存款的年化收益率。于是，资产期值可用式（6-1）表示：

$$V_t=V_0 \cdot (1+y)^t \tag{6-1}$$

式中：V_0 为资产现值（元），指资产现在的价值；V_t 为资产期值（元），指资产经过时间 t 后的价值；t 为投资时间（年），例如438天应计为 $t=438/365=1.2$（年）；y 为年化收益率（%）。

需要说明的是，现值 V_0 所针对的"现在"，通常指计划或实际开始投资的时间点。

↘【案例6-4】

1 年存款

以为期1年的一笔100元存款为投资项目。甲将100元按一年期定期存款存入银行，经过365日，即正好满1年时取出存款，按存入时一年期定期存款利率3%计算，可获得103元。将 $V_1=103$ 元、$V_0=100$ 元、$t=1$ 年代入式（6-1）中，得到 $y=3\%$。

该笔存款的年化收益率 y 相当于一年期定期存款的利率，为3%。

【案例 6-5】

1.2 年存款

以为期 1.2 年的一笔 100 元存款为投资项目。甲将 100 元按一年期定期存款存入银行，经过 438 天后取出存款 103.25 元。存入时一年期定期存款利率为 3%，甲的存款满一年后，本息为 103 元；至甲提出存款时，按活期存款计得 0.25 元利息。将 $V_{1.2}$=103.25 元、V_0=100 元、t=1.2 年代入式（6-1）中，得到 y=2.7%。

甲为期 1.2 年的投资项目的年化收益率为 2.7%。

通过年化收益率，投资人可以直观地对不同投资项目的收益预期做横向比较。

6.2.4　纳入年化收益的收益法

若一个投资项目仅取得一次性收益，类似于单笔存入、单笔提出的银行存款，调整成以项目资产期值 V_t 表示项目资产现值 V_0 时，公式如下：

$$V_0 = \frac{V_t}{(1+y)^t} \tag{6-2}$$

式中：各符号含义同式（6-1）。

式（6-2）中，资产期值 V_t 可以视为一次性收益 I_t，于是有

$$V_0 = \frac{I_t}{(1+y)^t} \tag{6-3}$$

式中：I_t 为一次性收益（元）；其他符号含义同式（6-1）。

由式（6-3）可以得到，在特定年化收益率下，一个投资项目可在不同时间取得多笔收益，项目资产现值 V_0 是其产生的全部收益折成现值的总和，即

$$V_0 = \sum \frac{I_{t_i}}{(1+y)^{t_i}} = \frac{I_{t_1}}{(1+y)^{t_1}} + \frac{I_{t_2}}{(1+y)^{t_2}} + \cdots + \frac{I_{t_n}}{(1+y)^{t_n}} \tag{6-4}$$

式中：I_{t_i} 为资产经过时间 t_i 取得的收益（元），t_i 以年为单位计；其他符号含义同式（6-1）。

对于未来的支出、成本，可记为负的收益代入公式。

对于现值 V_0，作为"现在"投资时间的基准点通常设定为最主要的投资额发生的时间点。

式（6-1）～式（6-4）常用于估算投资项目的年化收益率。现值 V_0 为当前投资额，是已知的；再预估出取得未来收益的时间和金额；将这些数值代入公式，即可求得年化收益率。

【案例 6-6】

3 年期债券

以一种 3 年期债券为投资项目。该债券 1 月 1 日发售，面值 100 元，票面利率 5%，每年 12 月 31 日兑付当年利息 5 元，第三年的 12 月 31 日归还 100 元本金并支付最后一笔 5 元利息。于是，100 元债券的持有者将于第 1 年和第 2 年的 12 月 31 日分别收到 5 元利息，于

第 3 年的 12 月 31 日收到利息和本金共 105 元。某投资人计划于第 1 年的 10 月 1 日从债券交易市场购买该种债券，投资人期望取得不低于 4% 的年化收益率。相应，可以计算出期望的债券成交价格。

利用式（6-4），I_{t_1} =5 元，I_{t_2} =5 元，I_{t_3} =105 元，t_1=0.25 年，t_2=1.25 年，t_3=2.25 年，y=4%，将其代入式（6-4）可得：V_0=105.84 元。

可知，如果投资人于第 1 年 10 月 1 日以 105.84 元的价格购得该债券，则可取得 4% 的年化收益率。如果投资人于该日以低于 105.84 元的价格，或者在第 1 年 10 月 1 日以后、12 月 30 日之前以 105.84 元的价格购得该债券，则投资人可以取得高于 4% 的年化收益率。

6.2.5 收益与风险的平衡

投资人须对投资项目的收益与风险做好权衡。

如果两个投资项目收益率相当，则投资人会优选风险低的项目。如果两个投资项目风险相当，则投资人会优选预期收益高的项目。因此，自然会出现风险与利益同在的现象。

6.2.6 市场法和成本法

收益法从根本上体现价值原理。当被估值的资产所在领域成熟时，收益的可预测性好，收益法准确度较高。否则，较难得到有参考价值的估值结果。

作为对收益法的补充，还有两种基本估值方法，即市场法、成本法。其他各种估值方法大多是在这三种基本方法的基础上，针对具体情形加以特别设计，混合衍生而成。

估值是面向未来做出的，任何一种方法均不可能消除未来的不确定性。必要时，应利用不同方法由不同的团队背对背估值，互相校验。

由于收益法体现价值规律，因此可用收益法取得的估值作为最有力的参考基准。例如，对某项资产依据市场法或成本法得出的估值明显大大高于据收益法估算的收益，且无合理解释，则不应认可该估值结果。

1. 市场法

市场法也称市场价格比较法，是以近期成交的具有可比性的资产为参照，评估标的资产价格的方法。

运用市场法时，通常须对比分析参照物与标的物的异同，对估价做出相应修正。参照物越多，越利于得到更有参考价值的结果。

对于交易活跃、透明度高的资产，且确实具备可比性的，例如原油、铜，用市场法评估更简单、有效，其优势明显。

对于某些资产，市场法难以奏效。例如专利资产，尽管它们之间有存在高度相似的表象，但这些相似之处与专利之价值通常并无实质关联，且专利交易案例的透明度很低。而对于高质量的通信标准必要专利组合、药品专利组合，在有了市场运营的经验后，由于这类专利组合收益和价值的不确定性小，有可能在一定范围内存在模式统一的活跃交易，同时存在大量司法判例建立的价值参考基准，具备在一定范围内使用市场法的条件。但是应注意，即使同是通信标准必要专利、药品专利，其质量和价值仍可能有天壤之别，而且交易模式、对象、场景的变化也会有重大影响。

其中，专利组合，指特定权利人所持有的专利资产，或者特定权利人所持有的专利资产中，与特定技术或商业项目相关的专利资产。专利资产覆盖各国专利、专利申请、专利许可。

2. 成本法

成本法以构建标的资产所需必要成本为参照，评估标的资产的价值。

成本法的估值原理建立在经济规律的基础之上：商品的价格不能高于生产商品的有效成本，则商品的生产经营不可维系，即商品的合理价格不应低于其有效成本。

基于成本法，还衍生出了历史成本法、重置成本法。

商品的卖家常常采用历史成本法来估价，即商品的价格不应低于取得、维护商品的实际成本。

商品的买家常常倾向于重置成本法，即以重新生产、获得相同商品的成本为参照。

历史成本法和重置成本法之间有冲突，暴露了成本法的局限。商品的历史成本中存在无效成本，例如因失误而增加的成本；随着技术进步，重新生产相同商品的有效成本可能显著降低。

可见，将成本法用于成熟、稳定的市场和商品时，优势明显；而对于技术研发成果、专利这类标的，成本法难有优势。

技术研发成果、专利的产生具有偶然性且不可重复。采用重置成本法时，重置研发投入、研发团队未必可行，未必产生相同或相当的成果。倘若涉及专利，不可重复性的关键影响最为清晰：专利公开了的技术方案不必投入成本就可以无偿获知。但是，对于其中获得专利保护的部分，即使后来重新研发出相同的技术成果，依然受制于在先专利，成果仍属于在先专利的权利人。

获得专利的直接成本很透明，主要是官方费用和代理机构代理费。而绝大多数专利并未能实际转化应用，从而未给权利人带来收益，在专利期满之前，甚至在专利申请授权之前，即被权利人放弃，以避免进一步损失。这些专利因为没有取得收益的前景，基于收益法，其价值为零，权利人此前付出的成本并不能成为价格、价值的有效支撑。

成本法的根本性局限在于，成本与商品使用价值或资产收益能力之间经常不存在实质关联。为突出表达这一性质，在估值领域，存在将"成本"称为"沉没成本"的专有说法。

尽管对于技术成果和专利的估值，成本法有较大局限，但有时也有参考价值。宏观而言，企业持续申请专利的行为必须能承受成本法思想下的成本、收益核算。

6.2.7 不确定性较大时的估值简化

面向未来的估值必然包含不确定性。有时，可将一些不确定性分离出来，单独估测。此时，应酌情忽略影响较小的不确定性因素，以便既不严重影响估值的准确度，又可简化估值计算。

例如，在［案例 6-1］中，没有计入收益时间的影响，即未考虑期值、现值之差；也没有计入通货膨胀的影响。就该例而言，这些因素对估值准确度的影响可以忽略。

专业估值中，常常引入高深、复杂的数学模型、原理。然而，以对一家公司的估值为例，若是因为对其技术、产品、行业、市场有深入认识，有必要使用这些复杂的工具将这些认识有效反映到估值结果之中，这种复杂工作才有意义；否则，使用再复杂的工具也不能提高估值的参考价值，仅有故弄玄虚的效果。对影响估值的次要方面，以及影响甚至可以忽略的因素，使用复杂工具同样毫无意义。

6.3　技术估值

6.3.1　技术估值的场景

企业的诸多经营活动带有技术投资性质。只有对技术的价值做到心中有数，企业才能做好这些工作：

（1）独立或合作研发，以研发投入为成本，希望技术成果可以产生收益。

（2）技术产业化运营，涉及的专有技术有自行研发和外购两种获得方式，均构成投资成本。

（3）技术许可或转让，无论作为买方还是卖方。

（4）涉及技术资产的融资、收购、并购，包括企业上市，无论作为投资方还是被投资方。

不同场景下，技术估值的形式要求、细致程度差别很大，但是均遵循估值原理。例如，涉及与相对方的重大资产交易时，对技术估值的要求较高。受到行政监管的行为，例如公司验资、上市，对技术估值要求尤其高。

验资指公司注册申领营业执照或注册资本变更等情形下，由有资质的注册会计师审验资本情况，出具验资报告。当资本涉及技术时，则须对技术进行估值。

公司上市意味着公众可以在证券交易市场通过购买该公司的股票进行投资。出于对公众基本权益的保护，各国对公司上市设有严格的监管要求，包括对资产和经营状况的披露、审计，上市公司定期发布季度、年度报告。涉及资产、财务等方面的审验应由有资质的注册会计师完成，其中涉及技术估值。

企业内部经常以技术资产估值为经营决策依据。例如，对研发项目的立项论证，预期技术成果所带来的收益（即其价值）应当大于成本投入。此类技术估值，如果完成得太过草率或根本不做，决策可能会太过盲目；如果太过细致，则可能导致无效劳动而不能为决策提供更有参考价值的依据。

6.3.2　技术估值标的

因为估值应基于收益，所以估值所针对的资产标的应是可独立交易或可独立运营而产生收益的资产单元。

典型的技术估值标的有技术资产和技术项目。

技术资产由不同类型、不同数量的专有技术单独或组合构成，以专有技术转让或许可的方式来交易，产生收益。需要特别强调的一点是，如果没有非技术资产的配合，如资金、配套设施、人力等，仅凭技术资产不能实现运营，不能产生运营收益。

技术项目指实质涉及技术的投资项目。

技术项目是可独立运营而产生收益的资产单元。

如前所述，技术资产不能自行实现运营。因此，技术项目是技术资产与非技术资产的组合。技术项目中的技术资产应覆盖运营所需的全套专有技术；非技术资产是实现运营所需的其他资产，例如配套设施、人力资源。

投资人可以整体收购一个现成可运营的技术项目。例如，某公司的一个团队开发出了一款软件产品，利用配套设施进行运营。该软件产品连带技术、团队、配套设施即可作为一个技术项目，将其从原公司中拨离出来，进行估值并出售。购买该技术项目的投资人可以将其转化成一个独立运营的公司，也可以并入另一个公司运行。

投资人也可以将自有的和其他来源的技术资产与非技术资产组合搭建成一个可运营的技术项目。

6.3.3　技术项目和公司的估值

一家技术公司可以视为一个可运营的技术项目或技术项目组合。因此，技术项目和公司的估值方法实质相同。

以收益法、市场法、成本法为基础，公司的估值方法已经发展得较为成熟。估值时，此前已经投入的成本应视为沉没成本，不再考虑。项目的价值取决于未来收益。如存在影响收益或估值的因素，应做调整。例如，当技术项目尚不具备完备的运营条件时，可参考对公司估值的方法进行估值，但应对补齐运营条件所需的成本做出预估，将其影响计入估值。

对公司进行估值，一方面，应基于对技术、产品、行业、市场的深入了解，预估市场规模、市场占有率等，目的是以此预估公司在一定时期内的销售额（即收入），通常按年做预估；另一方面，对公司在同一时期内的全部成本做估算，要考虑公司规模的变化，以及包括研发投入在内的方方面面的成本、消耗，也按年做预估。

综合之下，则可估算出该公司在一定时期内预期的逐年赢利，即逐年净收益。

因公司未来经营情况具有不确定性，因此通常只估算未来 5～10 年的收益情况。即使处在较为传统、稳定的领域，预估一家公司未来 10 年的运营情况也很勉强；更不用说新兴领域内的初创公司，预估其未来 5 年的运营情况都很难。

基于未来若干年预期收益，可以依照收益法初步得出公司估值，再结合重大影响因素做调整。在传统、稳定领域内的公司，未来不确定性相对较小，可以对其较长年限内的赢利情况有所预估，就可预见的重大事项做出预估和调整，做出较小的风险折让后即可得出公司估值。对于新兴领域内的初创公司，公司不能赢利也属正常，但是基于远期赢利空间和高成长预期，应酌情上调估值、给出溢价；因为未来的不确定性较大，也应在估值上做出较大的风险折让。

由于估值确有弹性，在投资活动中，利用认知和信息优势恶意操纵估值结果以谋取不正当利益的事件经常发生，使一些投资人损失巨大。因此，包括企业在内的投资人，除了应对所投资的标的有深入了解之外，还应当掌握基本投资知识、估值原理，谨慎、合规地使用可信的专业服务机构，以规避风险。

6.3.4　技术资产、技术成果的估值

对于研发项目技术成果中的专有技术，可以将其归入技术资产进行估值。非专有技术，

即公有技术，不能转化为某方私产。

技术资产、技术成果指单纯的技术资产。其与技术项目的不同在于，不包括实现技术资产运营所需的非技术资产。

研发具备投资性质，企业启动研发项目前，至少应当从技术、商业角度进行论证，对项目预期的技术成果进行估值。在项目推进的重要节点，还要做跟进评估，以确定该研发项目是否需要调整或终止。

估值结果是否具有参考价值以及参考价值大小如何，同样取决于对相关技术、产品、行业、市场是否深入了解，对资产评估方法的使用是否正确。尤其对于未启动、未完成的研发项目，对预期成果的估值更适宜由企业内部的经营管理人员主导，在必要的专业支持下，自主完成。

技术资产的经验四分收益估值法，简称四分估值法，是一种基于收益法原理，引入经验系数对专有技术资产做近似估值的方法。

四分估值法依照经验假定，技术资产的价值相当于实施这些专有技术带来的运营利润增加额的四分之一。注意：在核定利润增加额时，不应计入取得该技术资产的成本。利润增加额其余的四分之三是其他配套资产产生的价值。于是有

$$V_t = \frac{P_I}{4} = \frac{S \cdot r_{PI}}{4} \tag{6-5}$$

其中
$$r_{PI} = P_I / S$$

式中：V_t 为技术资产的价值（元）；P_I 为因使用该专有技术导致的利润增加额（元）；S 为产品销售额（元），指采用该专有技术的产品的销售额；r_{PI} 为技术的利润贡献率。

全部资本投入可分为技术资本投入和非技术资本投入。因此，可依照收益法原理核算出技术资本的收益，即技术资产实现的收益。收益即价值。

本节范围内，可忽略资本、资产两个概念的区别。

当一个项目不涉及专有技术而只依赖公有技术时，则项目不涉及技术资本，全部收益归于非技术资本。此类项目因为不存在技术壁垒而不能实现高附加值，在充分竞争的市场中，收益率通常极低。

项目产出的有形、无形产品的销售形成项目运营收益。项目新引入专有技术时，暂不考虑专有技术的获取成本，产品的售价和成本均可能上升或下降。但是，产品的利润必然上升，否则没有必要引入该专有技术。亏损下降相当于利润上升。基于四分估值法，新引入的专有技术，其理论价值应为利润增加额的四分之一，这也是引入该专有技术的合理成本，即通过转让或许可取得该专有技术的合理对价。

通常，引入专有技术会拉高整体收益率。此为知识产权壁垒和技术附加值带来的积极效果。

技术项目依赖的专有技术常有多个来源。现实中，常常有必要仅针对某一来源的专有技术进行估值，以协商从特定技术供应商获得该专有技术的价格。

多项专有技术共同作用使产品利润增加时，倘若只对其中一项专有技术的价值做评估，应确保对利润增加的贡献度在全部专有技术中做出了适当的分摊，否则，可能出现堆叠问题。

就某产品所使用的某项专利核定出许可费后，再以相当的标准对该产品所使用的其他专

利核定出许可费，然后将许可费累加，倘若出现许可费总额大大高于实际利润增加额的四分之一，且明显高于专利技术的合理贡献，则称出现了专利许可费堆叠。

依照四分估值法，对于极度依赖专有技术的产品，总许可费不应超过合理平均利润的四分之一。现实中，某些权利人主张的许可费，甚至可能堆叠至接近产品售价。

技术估值时，所涉及的销售额通常应以公允的裸产品出厂价为核算基础。应当剔除品牌、营销等特别原因造成的价格扭曲部分，以便公允地衡量技术资产的价值。公允的裸产品出厂价应按合理的社会平均水平核定，而不是采用某一具体企业的出厂价。

四分估值法是宏观工具，不应僵化地套用于个案。例如，商品的真实价格是其价值的货币表现，取决于社会必要劳动时间。如果直接将某企业生产该商品的劳动时间当成社会必要劳动时间核算其真实价格，是不正确的。

6.4 专利估值

专利的价值实现受到多方因素牵制。因此，专利估值须针对情势发展，灵活运用估值原理，不应僵化套用公式。

6.4.1 高价值专利

高价值专利是可以为权利人实现高商业价值的专利。价值实现方式是：专利依附于可以实现巨大商业利益的技术成果，该技术成果所实现的利益能够被大量转移给权利人。

对于权利人自行实施的高价值专利，可估算其理论许可费，将之视为专利为权利人实现的内部隐性利益转移。

实现高价值专利的步骤如下：

（1）锁定可以实现巨大商业利益的技术成果。

（2）对该技术成果做有效的专利布局。

（3）有效行使权利，其实现前提是良性的专利保护环境。

6.4.2 专利的风险投资属性

企业申请专利的行为具有风险投资属性，尤其对于前瞻性、战略性专利申请。

相对于一般投资，风险投资的特征尤其在于前景的不确定性大、风险大、成功率低。但是，成功的项目可以带来高回报。初创公司对新兴开创性领域的投资属于典型的风险投资。

不同于以公司为投资标的风险投资，对专利的风险投资，标的是单纯的技术资产。根据历史经验，能够为专利权人带来直接收益的专利仅在全部专利中占极低的比例，专利投入成为企业典型的风险投资。

企业对专利的投入除了所支付的官费、代理费等，还有人工成本、管理成本等。

要产出有价值的专利并做好商业运用、实现其价值，企业须投入较高的专业人工成本，该成本常常被低估。投入不足反而会带来巨大浪费。

6.4.3 专利估值的场景

企业涉及外部交易的经营活动中经常需要做专利估值，例如专利转让、许可，项目投资。除此之外，企业在日常专利申请、维护中也需做基础性估值。

1. 外部交易

涉及外部交易时，交易双方对专利及相关资产的估值有严格、专业的要求，通常应引入专业顾问按照专业、规范的方式进行。买方有必要对包括专利在内的技术资产做全面、专业的尽职调查，排查其缺陷。

当外部交易以技术项目或公司为标的时，即标的中同时包含技术资产和非技术资产时，通常做整体估值即可，不必将专利剥离出来单独估值，除非单独估值具有特别意义。

当外部交易仅涉及技术资产或专利时，通常也只做整体估值即可，确有特别意义和必要时才将特定专利等专有技术项目剥离出来单独估值。

2. 内部活动

可将企业专利申请、维护视为以专利为标的的投资项目。此时，简易的相对性价值评估即可满足要求。另外，在专利的不同生命阶段，也需要反复进行基础性评估。

进行专利挖掘形成提案后，经估值判定其具有收益前景、值得耗费成本的，可以申请专利。相当于根据估值结果认定提案的资产价值，将具有资产价值的提案纳入投资项目来运营。

自专利申请至结束维护，仍需通过估值确定相应专利是否具备资产价值，有价值则继续付出成本加以维护，失去价值则淘汰。

6.4.4 专利价值基础

专利等资产的价值以收益为基础。对价值、收益的支撑可分为两类：实体性支撑和泡沫性支撑。

实体性支撑指资产可以满足人的实质需求，会有人为此刚性支付对价。例如，某项专利技术可以使实施者以更低成本产出更多粮食；又如，某项专利技术涉及某种难以治愈的重大疾病的特效药。

泡沫性支撑指使人产生资产具有高收益可能的虚假预期，出于投机心态或错误判断而支付对价，而这种对价没有实体性支撑，致资产价格虚高，即形成泡沫。泡沫不可持续。

因虚假预期、价值泡沫推升的资产价格不反映资产的真实价值。

专利资产的实体性价值基础在于许可收入，而该许可收入的基础必须是专利产业化运营满足人的实质需求。

专利权人自行实施专利技术的，应基于专利权人的商业实施规模和合理的专利许可费率核算出理论许可费金额，将其作为核算专利价值的基础。

6.4.5 专利资产、专利资本与专利运营

专利运营是凭借专利取得经营性收益的活动。专利运营项目是投资项目，典型的运营模式有转让、许可、质押、出资、信托、证券化。

基于专利运营在价值支撑上的区别，还可以将其分为资产式运营和资本式运营两类。

专利资产式运营指在实体性基础上实现专利真实价值的专利运营，以产业化实施产生新的实际价值为基础的专利运营，其中包括就产业实施收取许可费。

专利资本式运营指经由资本运作兑现专利资本泡沫价值而实现的专利运营。例如，以专利为资本道具，利用传统或创新的金融工具，催生价值泡沫，以零和博弈的方式通过财富重新分配，兑现泡沫价值而实现收入。专利资本式运营不创造新的实际价值。

一个专利运营项目内可以同时存在资产式运营和资本式运营。

【案例 6-7】

专利证券化运营

某专利权人将一个专利包委托给证券公司做证券化运营。对该专利包的未来许可费收益，证券公司组织了评估，结果为 1000 万～3000 万元。

证券公司对该专利包实施了证券化，通过向投资人发售证券取得 700 万元。专利权人实得 500 万元，剩余 200 万元用于支付实现证券化运营的费用。

购买证券的投资人将按照持有证券的份额享有该专利包的未来许可费收益。按照评估，投资人可能取得高于 12% 的年化收益率。

但是，该专利包后续运营很不理想，部分专利被宣告无效，并且由于技术更新换代、市场变化，很多企业转型或停产，从而许可收入大大低于预期。最终，投资人仅陆续获得了 340 万元，亏损超过 50%。

忽略期值、现值之差，可知该专利包通过证券化实现了 700 万元收入，而专利包实际价值为 340 万元，因此 360 万元的超出部分是资本式运营催生的泡沫价值，由专利权人、证券公司、评估机构等分享。

专利证券化进展有限，未成为专利运营的主流模式。其根本原因在于，专利运营对专业能力要求极高，而主持一般资产证券化的金融机构不具备这种能力。此外，具备运营条件的专利组合数量稀少，更多会由专业机构实现运营。

6.4.6　专利收益法和四分估值法估值

本节阐释的专利估值以收益法为基础，忽略了期值与现值之差等影响因素。

专利估值可以以一件专利为标的，也可以以协同发挥作用的多件专利所形成的专利组合为标的。专利的价值取决于未来许可费收入。其中，专利权人实施自己的专利也应折算许可费计入专利价值。

专利的价值为

$$V_P = \sum I_{ri} = I_{r1} + I_{r2} + \cdots + I_{rn}$$

式中：V_P 为专利价值（元）；I_{ri} 为第 i 项许可费收入（元）。

参照四分估值法，合理的许可费额度为使用该技术产生的利润增加额的四分之一。专利的理论估值为

$$V_P = \sum_{i=1}^{n} I_{ri} = \sum_{i=1}^{n} S_i \cdot r_{Pti} = \frac{\sum_{i=1}^{n} S_i \cdot r_{PIi}}{4} = \frac{S_1 \cdot r_{PI1} + S_2 \cdot r_{PI2} + \cdots + S_n \cdot r_{PIn}}{4} \tag{6-6}$$

式中：V_P 为专利价值（元）；I_{ri} 为第 i 项许可费收入（元）；S_i 为第 i 项专利产品销售额（元）；r_{Pti} 为第 i 项专利许可费率；r_{PIi} 为第 i 项专利技术的利润贡献率。

$$r_{Pt} = I/S = r_{PI}/4$$

式中：r_{Pt} 为专利许可费率；S 为专利产品销售额；I 为专利许可费收入；r_{PI} 为专利技术的利润贡献率。

某些专利技术看似无法直接使用上述方法估值，例如测试方法专利，其实施及作用并不直接体现到实施者的某种产品或某项收入上。但是从商业运营的角度看，仍然能够核算出实施者使用该专利技术而收获的价值，最终必然体现在使其收益上升或成本下降。因此，仍然能够按照收益法和四分估值法进行估值。

专利的挖掘、布局、撰写对专利可实现价值有关键影响，直接体现在许可费收入 I 及其他相关因数上，如专利产品销售额 S、专利许可费率 r_{Pt}、专利技术的利润贡献率 r_{PI}。对于同一项技术成果，优质的专利挖掘、布局、撰写可以使这些因数实现综合最大化。

6.4.7　专利简化估值

现实条件下，可以利用折让系数将重要的非理想因素以最简方式纳入考虑，则相应专利估值公式为

$$V_P = \sum_{i=1}^{n} K_i \cdot I_{ri} = \sum_{i=1}^{n} K_i \cdot S_i \cdot r_{Pti} = \frac{\sum_{i=1}^{n} K_i \cdot S_i \cdot r_{PIi}}{4} \tag{6-7}$$

式中：V_P 为专利价值（元）；K_i 为第 i 项折让系数；I_{ri} 为第 i 项许可费收入（元）；S_i 为第 i 项专利产品销售额（元）；r_{Pti} 为第 i 项专利许可费率；r_{PIi} 为第 i 项专利技术的利润贡献率。

对于折让系数 K，可以理解为实现许可收入的成功率，可依照市场法的精神，参照经验推定并修正。

折让系数 K 中融合和了诸多影响因素，必要时可对其进行进一步拆解。例如，将 K 拆解成两个因数：权利稳定性 K_s、维权成功概率 K_e。折让系数 K 可表示为

$$K = K_s \cdot K_e$$

式中：K 为折让系数；K_s 为权利稳定性；K_e 为维权成功概率。

应注意，K_s、K_e 并非相互独立，二者之间有复杂的关联。

1. 权利稳定性 K_s

权利稳定性用以衡量专利保护范围产生变化的可能性。

专利申请未来授权的保护范围有较大不确定性，授权专利的保护范围可能因专利无效而被缩小直至消失。经历过无效考验的专利，其权利稳定性较高。

专利保护范围缩小时，常常连带专利产品销售额 S、专利许可费率 r_{Pt}、专利技术的利润贡献率 r_{PI} 不同程度地减小。

权利稳定性除了受专利撰写质量、司法环境等因素的客观影响外，还特别受到相关商业

利益博弈的影响，例如牵涉利益的大小、相关方的商业策略等。因此，权利稳定性还涉及相关方的主观方面，例如专利无效中双方的努力程度。

2. 维权成功概率 K_e

维权成功概率 K_e 反映凭借专利取得许可收益的成功概率。

专利维权收益中的不确定性很大，其中还应扣除维权成本。

一件专利经过专利维权考验并形成可参照判例，其维权成功概率中的不确定性会大大降低，也会获得有较高证明力的收益率参考值。

维权成功概率涉及的方面尤为复杂，不确定性的成因，除具体行业、技术之特点之外，相关方的具体情况、商业策略，包括主观努力程度，也对其有很大影响。

维权成功概率首先受限于专利权人发现潜在侵权行为的能力，进而受制于维权可操作性的诸多限制。例如，就不同性质的专利技术，发现侵权行为并有效举证的查证难度和可操作性差别很大。涉及消费产品外观或简单结构的专利，侵权行为最容易被发现和举证；而在采取了严格保密措施的生产车间内对测试方法专利的实施则相反。

当专利实施者的实施规模普遍很小，甚至以个人行为为主时，也会使维权因为不具经济性、可操作性而难以展开，尽管该专利的实施总量可能很大，给专利权人带来的经济损失巨大。

达成优质的专利挖掘、布局、撰写，意味着对侵权发现和举证难度等可操作性因素也作了最佳考虑。

司法救济是终极维权手段，倘若其不能提供坚实后盾，权利人无法有效依靠商业谈判等常规方式实现合理补偿。可见，司法环境、商业环境亦对维权可操作性和成功率有着深刻影响。

专利侵权，无论从技术、法律、商业角度均极为复杂，致使争议解决的经济成本、时间成本极高，不确定性风险极大，维权成功率难以评估，尤其对于跨境维权。

一方当事人法理占优，而受程序限制，迟迟难以得到生效判决；得到有利判决，却常可能面对判决执行的困局；有利判决得到执行，但是诉讼的胜利和商业的胜利常常可能是两回事。这些因素都给维权可操作性和成功率增添了变数，其中的复杂度会被缺少现实经验者大大低估。

不仅只在专利、知识产权侵权领域，法院判决常常遭遇执行困难，例如，因为被执行人失联、破产、没有可执行财产等。当以经济补偿为主要动机时，有经验的原告会在发起诉讼前评估执行的可操作性，其也是维权成功率的一部分。

司法救济是一种公平的维权手段，但是这种获得公平的成本极高，导致很多人望而却步。出于理性，财力匮乏的当事人会因为难以承受诉讼成本和不确定性，不得不在法理占优的情形下做出巨大让步或放弃维权；财力雄厚的一方会充分调动专业资源、极限利用司法程序压迫对方，拖延、拒绝支付许可费，压低许可费标准。

如此种种，都给维权可操作性和成功率增添了不确定性。

6.4.8　专利许可的价值与专利的价值

专利和专利许可为具有共同属性的无形资产。

专利许可也可以按照收益法利用专利的估值公式来估值。

当一项专利许可不是普通许可时，例如附加了期限、地域等限制条件，或者授予了在一定条件下给予分许可的权利，对该项专利许可的价值应在估值原理的指导下相应加以调整。

按照收益法原理，当一件专利对外给出许可之后，该专利作为资产的价值将有贬损，即出现资产减值，减值幅度与给出的专利许可价值相当。当专利权人收回某项专利许可时，收回的许可当时的价值应回卷到专利之中，即出现专利资产的增值，增值幅度与收回的专利许可的价值相当。

尽管许可将导致专利减值，但在现实中，因为绝大多数专利最初并不存在实际商业价值，故而估值很低。但是，当某些专利出现实质性许可机会时，无论是作为技术项目的一部分许可，还是单纯的专利许可，都意味着对相关专利实质商业价值的发现。专利权人就会重新评估该专利的价值，新的估值通常大幅高于原估值，甚至在完成专利许可并计入减值之后，仍大大高于该专利商业价值发现之前的原估值。

因此，专利转让和许可是相当敏感的商业机密。对某几件关键专利有兴趣的买家为了避免专利权人重新认识其价值而导致交易价格上升，常会采用各种保密和伪装措施，例如秘密委托他方出面交易，提出向专利权人批量采购专利或专利许可，将关键专利混杂其中。

按照惯例，专利许可的效力高于转让，即转让不破许可。该原则类似于房产交易时的买卖不破租赁。通过转让获得专利的权利人仍应当尊重原权利人之前对外给出的专利许可。

由于专利许可使专利减值，在专利转让、许可时，买方的尽职调查应覆盖专利运营历史。

6.4.9 专利估值的特殊情形

进行专利估值时，即使是专业人员也可能因为认知局限而僵化地运用估值原理，以致得出片面、错误的结果，例如对问题的复杂度、实际影响缺少认知，对相关方博弈的现实发展过于想当然。

高价值专利，除许可费收入外，常还存在难以评估的隐性收入支撑其价值，例如，因为专利的阻吓作用，竞争者让出市场份额，使同时也是实施者的专利权人额外获利。

另外，对权利稳定性与专利价值关系的僵化理解导致了最常见的估值误区，认为专利稳定性与专利价值简单呈正相关，甚至认为不具备稳定性、可以被轻易无效的专利不具备现实商业价值。实际上，专利稳定性与专利价值的关系绝非如此简单，稳定性不好的专利也可能具有高价值。

【案例6-8】

某国跨江大桥部件侵权风险排查[8]

A公司是生产拉索锚具的中国公司。拉索锚具是建筑领域用于固定缆绳端部的专用产品。A公司经过不懈努力，在与作为传统供应商的某法国公司竞争中胜出，将其产品成功地打入某国市场，用于该国某跨江大桥工程。

施工期间，施工方收到专利侵权警告。按照该国法律，专利故意侵权可能构成刑事犯罪。因此施工方不敢冒进，大桥建设一度停工。停工给当事人带来了巨大的经济损失，A 公司压力极大，于是紧急委托顾问机构提供法律支持。顾问机构通过检索锁定了相关专利，做了侵权分析和有效性分析。

美国专利 US6578329B1 是保护拉索锚具的涉案关键专利之一的同族专利（可参考附件 6-1）。该专利令人费解之处在于：对比文件 EP0323285A1 可使该专利的权利要求 1 丧失新颖性而无效，而该对比文件已由申请人主动、高调地在该专利背景技术部分中做了披露，却没有妨碍该专利在美国、欧洲、韩国等地直接获得授权。

附件 6-1

专利 US6578329B1 的撰写水平很高，其中将业内广泛应用的现有技术翻新成权利要求 1，并且经受住了专利实质审查，获得了授权。详细的实务分析见［案例 12-5］。

因此不难知道，专利 US6578329B1 的权利要求 1 稳定性很差，但是其将行业内广泛应用的成熟产品纳入了字面保护范围，形成了对竞争者具有极大威胁的表象。

A 公司在专业分析的基础上委托涉外律师展开交涉，包括正告对方其权利稳定性的问题，最终取得了理想的结果，排除了风险，稳住了国际市场。

A 公司就顾问服务付出的直接成本为数十万元，且内部成本、因工程停工等原因带来的损失未考虑在内。

化解了风险后，A 公司并未针对相关专利发起专利无效宣告请求，尽管成功概率应当很高。专利权人依然可以利用这些稳定性不好的专利威胁其他公司从而继续实现该专利的价值，只是不可能再来威胁 A 公司了。

A 公司在没有继续受到威胁的情况下，不对相关专利发起无效宣告请求是标准应对方式。该专利在多个国家有布局。仅在一个国家发起专利无效宣告请求，成本即可能有几十万元甚至百万元以上，倘若专利权人认真应对，进入后续救济程序，成本还会再上升一个数量级。而且除了直接经济成本，提起专利无效还会使当事人之间的对抗升级，扩散至其他专利、其他方面，可能得不偿失。

有很多公司未能像 A 公司这样取得不错的结局，而是：丧失市场和下游渠道，同时商誉受损；向专利权人屈服并缴纳原本并不需要缴纳的许可费。如此，专利权人有效性差的专利反而实现了更大的价值。

可见，博弈的不同发展走向，也会影响专利的价值。

6.4.10　从分析成本看稻草人专利、看门狗专利的价值

专利分析的成本对专利价值有直接影响。分析一件专利的成本可能高于一件专利的价值和申请成本，会直接影响当事人的行为方式、博弈结果、专利价值。

收到专利侵权威胁时，企业要做侵权分析，以确定自己的实施行为是否落入专利的保护范围。对一件专利的一项侵权分析，基础成本为数万元，如果侵权分析比较复杂，成本可能高至数十万元。

倘若企业可以认定己方行为不落入对方专利保护范围，则该专利属于稻草人专利，还是

初级稻草人专利。在战争中起到疑兵的作用：林中虚插旌旗，或一座空营垒。

倘若企业发现其行为可能落入对方专利保护范围，则需要对该专利做稳定性分析，以确定侵权风险的大小。专利稳定性分析的起始成本为每件数万元，较为复杂的则可能高至数十万元。

倘若发现对方专利稳定性很低，可以通过专利无效消除威胁，则该专利属于高级稻草人专利。在战争中也起到疑兵的作用，但是在插了旌旗的林中或营垒里放了些老弱残兵鼓噪。

倘若发现专利稳定性很高且难以规避侵权，则该专利属于有战斗力的看门狗专利，就像战争中把守着关键位置的精兵强将。

稻草人专利和看门狗专利的价值支撑见表6-2。

表6-2　稻草人专利和看门狗专利的价值支撑

专利类型		特征		价值支撑		
		侵权是否成立	稳定性	竞争者支出的成本		许可费
				侵权分析	稳定性分析	
稻草人专利	初级	不成立	—	√	×	×
	高级	成立	低	√	√	×
看门狗专利		成立	高	√	√	√

综上所述，稻草人专利的价值支撑主要在于使竞争者多支出成本。与初级稻草人专利相比，高级稻草人专利通常会使被控侵权人支出更多的专业分析成本才可能排除风险，相应价值更高。

对于初级稻草人专利，为慎重起见，被控侵权人也可能选择做稳定性分析。当然，分析深度不同，成本差别很大。

参考［案例6-8］可知，被控侵权方多付出的代价远不止专利分析成本。倘若应对不当，专利权人仅凭借稻草人专利就可能取得许可费收益，超额实现专利价值。这种案例屡见不鲜。

看门狗专利也会使竞争者付出分析成本，但其主要的价值支撑来自许可费。

6.5　专利挖掘时的价值考虑

本节提供一种发明人在做出专利技术提案时可以使用的、具有可操作性的简易估值方法，为专利挖掘提供商业价值维度的指引。

专利技术提案的估值由专利部门负责，为作为发明人的研发者提供有效指导、基础数据、工具。估值以专利部门最终确认的结果为准。关于估值的完成和基础数据的采集，专利部门只有依赖各有关部门的有效配合方能完成，例如技术、业务、成本核算、财务等相关部门。

发明人在专利部门的指导和支持下，应能了解估值理念、基本方法，从而以价值原理指导高价值专利的产出。

6.5.1　基础公式

以简化式（6-7）作为基础，得出专利估值的基础公式为

$$V_P = \frac{\sum K_i \cdot S_i \cdot r_{PIi}}{4} \tag{6-8}$$

式中：V_P 为专利价值（元）；K_i 为第 i 项专利折让系数；S_i 为第 i 项专利产品销售额（元）；r_{PIi} 为第 i 项专利技术的利润贡献率。

专利挖掘处于专利申请的源头，所面对的情况最简单，可将未来多项预期收入合并考虑。仅需在企业内部就申请提案的价值度做出横向比对，就相对价值的高低幅度做内部权衡，不必估出具体金额，所以估值公式可以进一步简化为

$$V_{挖} = K_e \cdot S \cdot r_{PI} = K_e \cdot M \cdot r_M \cdot r_{PI} \tag{6-9}$$

式中：$V_{挖}$ 为专利挖掘时对专利价值的预估（元）；K_e 为维权成功概率；S 为专利产品销售额（元），$S=M \cdot r_M$；r_{PI} 为专利技术的利润贡献率；M 为专利产品同类产品的市场销售总额（元）；r_M 为专利产品销售额在同类产品市场销售总额中的占比。

专利折让系数 K 计算方式为

$$K=K_s \cdot K_e$$

式中：K_s 为权利稳定性；K_e 为维权成功概率。

1/4 作为常数，在此可以忽略。由于可以忽略权利稳定性 K_s，则可以直接以维权成功概率 K_e 替代专利折让系数 K。这是因为此时专利申请尚未成形，专利撰写质量、创造性等尚无讨论基础。因而，可以假定企业所有专利申请具有相当的撰写质量和专利稳定性。从而，权利稳定性 K_s 的影响可以不计。

6.5.2　维权成功概率

进行专利挖掘时，维权成功概率 K_e 还可简化。其中，应重点考虑的因素有取证可操作性及其他影响维权成功概率的普遍性显著因素。维权成功概率的计算公式为

$$K_e = K_E \cdot K_f$$

式中：K_e 为维权成功概率；K_E 为涉及维权成功率的技术性折让系数；K_f 为涉及维权成功率的非技术性折让系数。

技术性折让系数 K_E 是发明人须重点理解并考虑的因素。K_E 覆盖技术方案的技术特性对维权成功可能造成的普遍性影响，例如举证的技术难度、多行为人共同实施模式给侵权认定带来的难度。

非技术性折让系数 K_f 应由企业专利人员把关。K_f 主要覆盖技术性折让系数 K_E 之外的重大影响因素，例如不同国家营商环境、司法保护环境的差别造成的个性化影响。

6.5.3　用于专利挖掘的最简估值公式[9]

进行专利挖掘时，可以不考虑发明专利与实用新型专利之别，按统一方法估值。

最简估值公式中忽略了诸多次要影响因素。这是因为，在面向未来的专利尚未诞生时，这些因素的不确定性极大，即使引入也无法提高估值的参考价值，不能带来积极效果；而且，引入过多因素的消极作用很突出，会大大增加操作复杂性而丧失可操作性和经济性，难以为研发者快捷地掌握、运用。

基于本章 6.5.1 节和 6.5.2 节内容，专利挖掘时对价值的考量可以剔除非技术性折让系数 K_f，于是有

$$V_挖 = K_E \cdot M \cdot r_M \cdot r_{PI} \tag{6-10}$$

式中：$V_挖$ 为专利挖掘时对专利价值的预估（元）；K_E 为涉及维权成功率的技术性折让系数；M 为专利产品同类产品的市场销售总额（元）；r_M 为专利产品销售额在同类产品市场销售总额中的占比；r_{PI} 为专利技术的利润贡献率。

为便于操作，在最简公式中引入表 6-3 所示代称。

表 6-3 代称释义

代 称	符 号	释 义
价值指数	V（原 $V_挖$）	专利挖掘时对专利价值的预估
技术维权系数	E（原 K_E）	涉及维权成功率的技术性折让系数
市场系数	M	专利产品同类产品的市场销售总额
规避难度	A（原 r_M）	专利产品销售额在同类产品市场销售总额中的占比；同时可以表征规避该专利的难度，即同类产品不使用该专利技术的难度；$1-A$ 为不使用该专利同类产品的占比
利润系数	R（原 r_{PI}）	技术的利润贡献率

相应得到专利挖掘时做最简估值的 VEMAR 公式：

$$V = E \cdot M \cdot A \cdot R \tag{6-11}$$

式中：V 为专利技术提案的价值指数；E 为专利技术提案的技术维权系数；M 为专利技术提案的市场系数；A 为专利技术提案的规避难度；R 为专利技术提案的利润系数。

在 VEMAR 公式中，价值指数 V 表示专利技术提案的商业价值，有四个影响因数：技术维权系数 E、市场系数 M、规避难度 A、利润系数 R。四个因数均与价值正相关，即因数值越高，专利技术提案的价值越高。

当研发者做出专利技术提案后，只要能够掌握 E、M、A、R 四个因数，即可方便地估出该提案的商业价值。

E、M、A、R 因数的核定由专利部门负责，在各相关部门的实质配合下完成，例如技术、财务、业务等部门。专利部门应提前系统性地核定出典型参考因数，提供给研发者在专利挖掘中使用。专利部门还应当向研发者提供系统支持，使研发者了解其原理，并能够使用，即以之为价值指引，做好专利挖掘。

专利挖掘、布局、撰写得成功与否对 E、M、A、R 因数均有重大影响，最终决定价值指数 V。在专利挖掘、布局、撰写的各环节中，均应在把握技术商业实施方式和侵权原理的基础上优化这四个因数。

6.5.4 技术维权系数

技术维权系数 E 是涉及维权成功率的技术性折让系数。使用时，主要应考虑取证可操作性、技术方案实施模式对侵权认定的影响。

1. 取证可操作性

取证可操作性指对疑似侵权行为以合法方式完成技术调查、侵权判定，并形成充分侵权证据的可操作性。广义而言，取证还应包括对侵权行为规模、侵权收入的查证，即调查和取证。

取证所需的必要时间和成本应纳入考虑。时间或经济成本越高，可操作性越低。

2. 技术方案实施模式对侵权认定的影响

技术方案实施模式对侵权认定造成影响的典型情况有：因技术方案的特性，实施技术的行为人不构成单独完整实施，例如涉及多个行为人的配合、跨国配合，从而增加侵权认定的难度；实施技术的行为以非商业实施、小规模零散实施、个人行为为主，也会增加维权难度。

可以以 $0\sim1$ 为 E 的取值范围，值越大表示维权的可行性越好。表 6-4 给出了 E 取值示例。

表 6-4　技术维权系数 E 的取值示例

E	典型示例
0.9~1.0	某日用消费品的外观； 某日用消费品显著的机械结构
0.7~0.9（含）	某已注册的化学药品成分； 某涉及 3G 移动通信 LTE 调制解调技术标准的标准必要专利
0.5~0.7（含）	某运行于普通家用计算机上的单机版电子游戏
0.3~0.5（含）	某涉及服务器与终端多边动作的电子游戏
0.1~0.3（含）	某公司保密车间内对日用消费品实施的新方法，该方法不能通过检测产品而推知
0~0.1（含）	某高度保密的军工车间内对高度保密的军用产品实施的新方法，该方法不能通过检测产品而推知

表 6-4 中的示例值不宜由企业直接套用。例如，同样是运行于普通家用计算机上的单机版电子游戏软件，完成侵权比对的技术难度和可行性因软件和专利不同可能千差万别。在不同行业、技术领域内，技术维权系数 E 的个体差别很大。专利部门须针对本领域技术和业务特点，就各种不同情形核定出一系列典型的 E 值，供研发者参考。

6.5.5 市场系数

市场系数 M 依据专利产品同类产品的市场销售总额核定。

对专利方法的实施，可以按收益法原理折算出无形产品销售额，从而核算相应市场系数 M。就一项技术提案而言，可选取体现该技术方案的最小产品，即最小可销售单元，以体现技术价值的公允裸产品出厂价为 M 值核算基础。

还应注意专利保护的地域性和时间性，应在专利保护可覆盖的范围内核算。对于企业，为简化操作，可以仅核算保护期内相关技术最主要的目标区域，例如，对于以国内为主要市场的专利产品，仅核算保护期内针对国内市场的市场系数。

在权衡技术提案的商业价值时，倘若多个提案涉及相同的专利产品，则市场系数 M 可以被省略。但考虑到发明人、专利部门在做此项权衡时，一项技术成果常涉及不同产品，有从系统到零件的不同产品层级，所以通常保留市场系数 M。

就可能产出专利的各个技术项目而言，专利部门应进行统筹，提前系统性地核算 M 值。专利部门可以以技术项目为单位，将其逐层分解成专利可能涉及的各级产品，然后对这些产品核算出一系列典型的 M 值，供研发者参考。

6.5.6 规避难度

规避难度 A 表征专利产品销售额在同类产品市场销售总额中的占比，也表征规避该专利的难度，即同类产品不使用该专利技术的难度。

进行专利挖掘时，主要依靠行业经验针对具体技术提案来估算 A 值。规避难度 A 可分为四档：近乎不可能、很高、较高、一般。

1. 近乎不可能

近乎不可能，即技术提案几乎不可能被规避，A 值可以达到 90% 以上，专利产品几乎达成全面垄断。

就一种新产品提出的基础性、概念性设计形成的技术提案，如果可以转化成核心基础专利，就可能达到极高的同类产品市场占有率而近乎无法被规避。

例如，实用新型专利"一种一体式自拍装置"（专利号：ZL201420522729.0，参见附件 6-2），权利要求 1 如下：

附件 6-2

1. 一种一体式自拍装置，包括伸缩杆及用于夹持拍摄设备的夹持装置，所述夹持装置包括载物台及设于载物台上方的可拉伸夹紧机构，其特征在于：所述夹持装置一体式转动连接于所述伸缩杆的顶端。

该权利要求实际为自拍杆的基础创意，所以该权利要求或相应提案几乎不可能被规避。因自拍杆创意已更早被人提出并为公众所知，所以该权利要求因不具备创造性而被宣告无效。

就强制标准形成标准必要专利的技术提案也无法被规避，例如某涉及 3G 移动通信 LTE 调制解调技术标准的标准必要专利。

2. 很高

技术提案规避难度很高，意味着 A 值可以达到 50% 左右。

A 值达到 50%，意味着尽管技术提案不构成基础性技术，仍可以规避，但其带来极为显著的竞争优势，例如大大降低成本、提高性能，因此专利产品仍能达到如此高的市场占有率。

例如，实用新型专利"一种一体式自拍装置"权利要求 2 与基础权利要求合并后为：

2. 一种一体式自拍装置，包括伸缩杆及用于夹持拍摄设备的夹持装置，所述夹持装置包括载物台及设于载物台上方的可拉伸夹紧机构，其特征在于：所述夹持装置一体式转动连接于所述伸缩杆的顶端；所述载物台上设有一缺口，所述夹紧机构设有一与所述缺口位置相对应的折弯部，所述伸缩杆折叠后可容置于所述缺口及折弯部。

该实用新型专利的专利附图中（参见附件 6-2）清楚示出了所保护的关键特征：缺口 211 和折弯部 221。缺口 211 和折弯部 221 均位于自拍杆头部，其作用是在自拍杆用毕折起时，可以实现最小化的折叠，即缺口 211 和折弯部 221 卡在自拍杆收起的杆上。

技术方案达成的压缩折叠效果对于自拍杆这种旅行携带的产品很重要。竞品可以规避这一技术方案，但势必牺牲产品体积或其他性能，产品的竞争力和市场份额都被压缩。

这一技术提案规避难度很高，其专利产品 A 值达到了"很高"的水平。

3. 较高

技术提案规避难度较高，意味着专利产品的 A 值可以达到 20%～40%。

A 值较高，意味着技术提案可以带来较为明显的竞争优势。

4. 一般

技术提案规避难度一般，意味着专利产品的 A 值大大低于 20%，但仍占据一定市场份额。

此外，A 值与专利产品销售额 S、市场系数 M 存在以下关系。

$$S = M \cdot A \tag{6-12}$$

式中：S 为专利产品销售额（元）；M 为同类产品的市场销售总额（元）；A 为规避难度。

在已知 S 值和 M 值的情况下，可以用式（6-12）推算或校验 A 值。

6.5.7　利润系数

利润系数可表示为

$$R = \frac{P_I}{S}$$

式中：R 为利润系数；P_I 为因使用该技术导致的利润增加额（元）；S 为专利产品销售额（元）。

S 值与 M 值等关联系数应采用统一的核算方式，例如，均基于最小产品单元和公允的裸产品出厂价。

利润系数 R 因具体技术提案而异，对其难以像市场系数 M 那样提前计算出系列典型值提供给发明人。但是，企业对各技术项目、产品的销售额、成本、利润有不同程度的预估和分析，可以为 R 值核算提供基础。专利部门应从企业相关部门取得这些基础数据，并对这些数据做必要的修正、简化，为研发者提供系统性参考。

6.5.8　专利布局带来的价值调整

专利布局情况会对专利的预期价值产生影响。因此，在进行专利挖掘时，有必要从专利布局的角度来修正估值。

↘【案例 6-9】

把大象放进冰箱

假设虚拟专利 1 的权利要求：

1. 把大象放进冰箱的方法，其特征在于，打开冰箱门，将大象正着放进冰箱。

假设虚拟专利 2 的权利要求：

1. 把大象放进冰箱的方法，其特征在于，打开冰箱门，将大象斜着放进冰箱。

可知，如果权利人只获得了两件专利之一，他方可以容易地采用另一件专利的技术方案将大象放入冰箱来规避专利侵权，使权利人无法获得收益。如果权利人同时获得了这两件专利，他方无论怎样将大象放入冰箱均无法规避侵权，则权利人必将获得收益。此案例中，两件专利形成了很好的呼应，使专利的收益能力，即预期价值，显著提升。

可见，研发者进行专利挖掘，选取价值较高的技术方案形成专利技术提案时，还应力所能及地对专利布局加以考虑。

专利部门应就专利布局做出更加全面的考虑，例如将企业已经申请的专利、他方申请的专利、关键专利的稳定性等均纳入考虑，对专利申请提案做出权衡和修正，以达成最优效果。

将专利布局的影响纳入考虑后，最简估值公式 VEMAR 仍然适用，基于收益法原理调整相关参数即可，也可以单独加乘调整系数。

6.5.9　估值注意事项

专利挖掘由研发者在专利部门的指导、支持下完成。在专利尚未成形时所做的价值估计，不确定性极大。因此，在估值的操作层面应特别注意以下事项。

1. 简化

专利估值适宜采用最简方式，如此，既不有损估值结果的参考价值，也有可操作性。

在进行专利挖掘和布局时，大多数企业仅以 VEMAR 公式的价值指导原则为指引就已经足够，可以免去实际使用 VEMAR 公式的烦琐；对于少数要求较高的企业，VEMAR 公式足矣，没有必要再加以复杂化。

使用 VEMAR 公式时，可以尽量简化 E、M、A、R 参数。

2. 统一口径

在企业内部，至少在同一技术项目内部，专利估值涉及的参数核算口径应基本统一，否则不能为专利挖掘提供有效参考。

企业专利申请应有预算规划，对一个技术项目在一定时期内应产出的专利数量有控制。价值评估的目的是，指引企业在该技术项目计划期内产出的可选技术提案中，按照计划数量筛选出商业价值较高的技术提案，去申请专利。

因此，至少在设有专利申请计划的一个技术项目内，E、M、A、R 参数的核算口径应基本统一，从而能对技术提案的商业价值进行有效的横向比较。

3. 模糊估值

参照收益法、估值公式原理，发明人对技术成果中诸多技术方案的潜在价值仅做模糊估值，就足以完成横向比较，定性判断其价值优劣，从而筛选出适当数量的技术方案形成专利技术提案，便可满足要求。具体的绝对估值数据可能不会更具有参考价值，反而使工作过于烦琐。专利部门做好把关即可。

4. 留有裕量

专利部门对研发者产出的技术提案应再做评估、调整、筛选，从中确定最适合的去申请专利。研发者产出的技术提案数应高于专利申请计划数量，即具有裕量，以利于优化质量。通常，裕量可以为 10%～20%。

第7章
新颖性和创造性判断思路

阅读提示

对于研发者，本章 7.1 节、7.3 节、7.4 节、7.5.1 节至 7.5.4 节属于重要内容，其余属于提高内容。

专利新颖性和创造性的判断，不同于日常人们对新颖性和创造性的认知。只有了解专利新颖性和创造性的判断思路，研发者在相关工作中才能事半功倍。

专利新颖性和创造性的判断思路体现了新颖性、创造性实质审查的原理和方法。

7.1 新颖性和创造性的关系

创造性是专利授权、维持专利有效最主要的障碍，需要权利人、发明人有深入了解。可以将专利创造性理解为在新颖性基础上构建的提高要求。

新颖性，指申请人提出专利申请时，要求保护的技术方案是新的，即不属于现有技术、不为公众所知。

创造性，指申请人提出专利申请时，要求保护的技术方案对照现有技术和公众所知不是显而易见的，是不容易想到的。

可以理解为：当技术方案与某项现有技术构成相同或等同时，其不具备新颖性；当技术方案与某项现有技术间不存在不容易想到的显著区别，则其不具备创造性。

可见，不具备新颖性的技术方案不可能具备创造性，具备创造性的技术方案必然具备新颖性。

专利实质审查的焦点通常在创造性上。经验丰富的审查员即使找到足以破坏新颖性的对比文件，也常常选择越过新颖性而直接使用该对比文件来降维打击权利要求的创造性。这样做，可以在审查中省去就新颖性再费笔墨，从而提高审查效率。

7.2　优先权成立的判定

7.2.1　优先权判定规则[10]

在有些情形下，评价新颖性和创造性时须先判定专利技术方案的优先权状况，即核定优先权日，以确立现有技术的时间基准，从而确定现有技术证据的范围。

据前面章节已知，倘若主张优先权的在后申请中引入了作为优先权基础的在先申请中未包含的新内容，则新内容不能享有优先权，即新内容的优先权日只能是在后申请的申请日。

问题在于，是否引入新内容、哪些是新内容，其判断非常复杂。仅当在先申请与在后申请的内容完全一致时，可以明确地认定在后申请中没有引入新内容，其中的所有技术方案的优先权必然成立。

如果在后申请的内容有所变化，则须针对在后申请中的特定技术方案做具体分析判断。有一种情况应注意，尽管在后申请相对于在先申请的变化仅仅是内容机械性地减少，仍然可能因引入新内容而使优先权不能成立。

优先权成立判断所针对的客体是权利要求中的技术方案。由于一项权利要求中可能并列存在多个技术方案，有可能出现权利要求中的不同技术方案享有不同的优先权日的情形。

判断优先权是否成立的标准是：就特定技术方案，如果将其分别基于在先申请和在后申请进行解释，可以确定相同的保护范围，则优先权成立；否则，优先权不成立。具体判断步骤如下：

（1）优先权文件（在先申请）从整体上看是否明确包含该技术方案所包含的全部技术特征。如果否，优先权不成立；如果是，进入下一步骤。

（2）以在后申请文件为基础，在其支持的范围内，对该技术方案覆盖的范围进行解释。

（3）以优先权文件（在先申请）为基础，在其支持的范围内，对该技术方案覆盖的范围进行解释。

（4）将步骤（2）和步骤（3）所得到的两个范围加以对比，如果两者相同，优先权成立；否则，优先权不成立。

↘【案例 7-1】

在后申请中减少技术特征而优先权不成立

作为优先权基础的在先申请，说明书、权利要求中只包含一个技术方案，该技术方案有 A、B、C、D 四项技术特征。依照说明书，该技术方案可以解决某技术问题。权利要求书如下：

1. 某产品，包括 A、B、C 和 D。

申请人将在先申请中的技术特征 D 去除，未做其他修改，提出了在后申请并主张优先权。而在后申请的说明书、权利要求中也只包含一个技术方案，其有 A、B、C 三项技术特征，技术方案所解决的技术问题不变。权利要求书如下：

1. 某产品，包括 A、B 和 C。

在后申请优先权不成立。

【案例 7-2】

在后申请中减少技术特征而优先权成立

作为优先权基础的在先申请，说明书中介绍了可以解决某技术问题的技术方案：某产品，包括 A、B、C 和 D。此外，说明书还指出，当该产品中只包括 A、B 和 C，而不包括 D 时，也能解决该技术问题。权利要求书只有以下一项权利要求：

1. 某产品，包括 A、B、C 和 D。

申请人将在先申请中的技术特征 D 去除，然后提出了在后申请并主张在先申请之优先权。在后申请说明书、权利要求中均只包含一个技术方案，其有 A、B、C 三项技术特征，技术方案所解决的技术问题不变。权利要求书如下：

1. 某产品，包括 A、B 和 C。

在后申请优先权成立。

对比［案例 7-1］和［案例 7-2］可知，在先申请的权利要求和在后申请的权利要求是两个不同的技术方案，并且后者的保护范围大于前者的保护范围。

对于［案例 7-1］，在后申请的技术方案（A+B+C）并没有体现于在先申请中。在先申请中只有（A+B+C+D）这一个技术方案，当然不能为后者提供支持，因而优先权不成立。

对于［案例 7-2］，尽管在先申请只要求保护（A+B+C+D）这一技术方案，但是说明书实际上介绍了（A+B+C+D）、（A+B+C）两个技术方案。因此，在先申请可以为在后申请的权利要求（A+B+C）提供支持，优先权成立。在后申请中不再包含（A+B+C+D），但并不妨碍要求保护（A+B+C）并享有优先权。

【案例 7-3】

在后申请中增加技术内容致优先权受到损害

申请人提出了中国发明专利申请，说明书中披露了可以解决某技术问题的技术方案：某产品，其特征在于，参数 $f \geq 10$。说明书中还披露了 $f=20$ 的实施例。权利要求书如下：

1. 某产品，其特征在于参数 $f \geq 10$。
2. 如权利要求 1 所述某产品，其特征在于参数 $f \leq 20$。
3. 如权利要求 1 所述某产品，其特征在于参数 $f \geq 20$。

后来，申请人的研发又有进展，补充技术内容后形成了在后申请，并主张在先申请的优先权。按照程序要求，申请人放弃了在先申请。在先申请要求了提前公开，申请人提交在后申请时，在先申请已经公开。

在后申请中，申请人补充的内容是：仅当参数 $f \leq 30$ 时，该产品才能解决该技术问题。在后申请补充了权利要求 4，新的权利要求书如下：

1. 某产品，其特征在于参数 $f \geq 10$。
2. 如权利要求 1 所述某产品，其特征在于参数 $f \leq 20$。

3. 如权利要求 1 所述某产品，其特征在于参数 $f \geqslant 20$。

4. 如权利要求 3 所述某产品，其特征在于参数 $f \leqslant 30$。

在后申请的权利要求 4 因为引入了新的技术特征，优先权明显不能成立；而权利要求 1 和权利要求 3 因为撰写失误，即使在先申请中存在字面内容完全一样的技术方案，优先权依然不能成立。

原因在于，在后申请中增加了内容"仅当参数 $f \leqslant 30$ 时，该产品才能解决该技术问题"。尽管其未直接出现在权利要求 1 至权利要求 3 中，但基于说明书对权利要求的解释作用，如此明确强调性、周延性的叙述对在后申请权利要求的保护范围当然产生限制。

参见表 7-1，在后申请中，仅权利要求 2 优先权成立，优先权日为在先申请的申请日；而权利要求 1、权利要求 3 不能享有优先权，优先权日为在后申请的申请日。

表 7-1　参数 f 在不同权利要求中的限定范围

权利要求	在先申请	在后申请	保护范围/技术方案是否相同	优先权是否成立
权利要求 1	$f \geqslant 10$	$10 \leqslant f \leqslant 30$	否	否
权利要求 2	$10 \leqslant f \leqslant 20$	$10 \leqslant f \leqslant 20$	是	是
权利要求 3	$f \geqslant 20$	$20 \leqslant f \leqslant 30$	否	否

由于在先申请已经于在后申请的申请日前公开，在先申请构成在后申请权利要求 1、权利要求 3、权利要求 4 的现有技术，可以作为对比文件评价其新颖性和创造性。由于在先申请中披露了 $f=10$、$f=20$ 的实施例，作为现有技术，被在后申请的权利要求 1、权利要求 3、权利要求 4 纳入了保护范围，使这些权利要求不具备新颖性而不能获得授权。

仅余权利要求 2，对应 $10 \leqslant f \leqslant 20$ 的参数范围，仍有可能获得专利保护。而在 $20 \leqslant f \leqslant 30$ 的参数范围内，公众可以绕过专利保护范围而自由实施。

申请人的损失主要由以下两项原因叠加造成：

（1）在后申请撰写失误。在后申请补充的内容"仅当参数 $f < 30$ 时，该产品才能解决该技术问题"是逻辑周延的绝对性限定，使申请文件中全部技术方案均受其限制，使绝大多数技术方案因此改变而成为新内容，从而无法享有优先权。

只要在后申请补充的内容不采用逻辑周延的绝对性限定，而采用相对有弹性的描述方式，例如"当参数 $f < 30$ 时，该产品解决该技术问题的效果较好"，则不会使原有技术方案受到干扰，使权利要求 1、权利要求 3 的优先权仍能成立，仍可能获得授权，从而使专利获得理想保护范围。

（2）在先申请提前公开。如无特别原因，专利申请晚公开对申请人有利。在后申请的权利要求即使不能享有优先权，如果在先申请未提前公开，就不会成为破坏其新颖性的对比文件，在后申请的权利要求 1、权利要求 3、权利要求 4 仍有可能获得授权，从而使专利获得理想的保护范围。

7.2.2 避免优先权损失

应将一件专利申请视为有机体，局部内容增减可能带来全局变化，形成全局性新内容引入，使在后申请应得的优先权受到损失。

因此，主张优先权提交在后申请，且在后申请中需要引入新内容时，为避免优先权损失，应尽量做到以下几方面。

1. 不减只增

确保在先申请的物理内容没有减少、丢失。原申请的权利要求书、发明名称也应当完整加入说明书。倘若在后申请的权利要求书确实不宜保留在先申请的全部权利要求，至少应保留骨干权利要求。

2. 新旧申请内容不交叉

在后申请中新加入的内容不宜被分散混合于在先申请的原始内容中，新旧两部分内容宜为独立的两部分。另外，对新旧内容进行筛查，确保按照对权利要求进行解释的原则，一部分的内容不会对源自另一部分的权利要求产生限制性解释，即两部分内容不存在交叉影响。其中，应重点排查强调性、周延性、绝对性措辞。可参考 7.2.2 节［案例 7-3］。

7.3 新颖性和创造性的证伪逻辑

7.3.1 证伪逻辑推导

新颖性、创造性审查的基础逻辑是，新颖性、创造性只能被证伪，不能被证真。

如要逻辑严谨地证明一项发明技术方案具备新颖性，只有将所有现有技术罗列出来与该发明技术方案一一加以比对，确定该发明技术方案与现有技术中全部技术方案都不相同也不等同，具备新颖性的结论方可成立。然而，这样证真不可行。

因此，专利的新颖性审查采用证伪的方式：倘若找到与发明技术方案相同或等同的现有技术，则发明技术方案不具备新颖性。在破坏新颖性的现有技术被发现之前，认可发明技术方案的新颖性。

同理，专利的创造性审查也采用证伪的方式：倘若找到现有技术证据，可认定发明技术方案相对这些证据是显而易见的，则发明技术方案不具备创造性。在破坏创造性的现有技术被发现之前，认可发明技术方案的创造性。

7.3.2 证伪优于证真

由前述可知，在新颖性、创造性审查中，正确达成证伪才可得到决定性结果。

依照逻辑原理，证伪的效力高于证真，达成新颖性或创造性证伪后，提供再多其他正面例证、说理以说明发明技术方案具备新颖性、创造性，均不能对抗证伪的效力。

因此，当权利要求被审查员认定不具备新颖性、创造性，即达成了证伪时，在不修改或不限缩性解释权利要求的情形下，只有指出审查员证伪的依据或过程存在错误从而导致证伪不能成立，才可能从法理上推翻审查员的结论，使专利的新颖性、创造性受到维持。

但是实务中，也会出现仅以其他证据、说理从正面支持权利要求的新颖性、创造性而说服审查员，使新颖性、创造性获得维持的案例。在这些案例中，运气等偶然因素可能起了作用。

7.4 新颖性判断思路

7.4.1 方法论

新颖性评价的原理是：不应将现有技术纳入专利保护范围。也就是说，倘若现有技术方案落入权利要求的保护范围，则权利要求不具备新颖性。

对于不具备新颖性的权利要求，可以通过修改或限缩性解释使其保护范围收缩至不再包含现有技术，即可使其新颖性得以维持。

判断新颖性的方法，即判断现有技术方案是否落入权利要求保护范围的方法，与侵权判定的方法，即考查被控侵权技术方案是否落入专利保护范围的方法，实质相同，适用相同的权利要求解释原则和全面覆盖的比对原则。二者的主要形式区别是，新颖性审查中作为证据的现有技术，即对比文件，成为比对的标的，替代了侵权判定中被控侵权技术方案的位置。

区别特征，指权利要求中有而标的技术方案中没有的技术特征。按照全面覆盖原则，倘若存在区别特征，则表明权利要求未将该技术方案纳入保护范围。

《技术特征分解表》可以作为新颖性审查的工具，但因其使用烦琐，通常不用于专利审查。

此外，新颖性审查用的对比文件与侵权判定时的被控侵权技术方案相比较，较为上位而不能无限具体，且常常省略诸多技术特征。因此，倘若存在区别特征，对比文件中未直接描述且不能无疑义地推定出来，则无法达成新颖性证伪。但是，该对比文件在创造性审查中仍可能有价值。

7.4.2 单独比对原则

单独比对原则，指在新颖性审查中，作为标的的现有技术方案应是对比文件中的完整技术方案，不能由两个或多个技术方案组合而成，即便该组合技术方案出自同一份对比文件。

单独比对原则是新颖性审查中对全面覆盖原则的诠释。

7.4.3 下位概念和上位概念的处理

参考 4.5.5 节，在新颖性审查中，情形相同，当标的技术特征是下位概念，而权利要求相应技术特征为上位概念时，才有可能支持新颖性证伪。新颖性审查中的这一规则常被称为"下可破上，上不破下"。

虽然"上不破下"的对比文件不能达成新颖性证伪，但在创造性审查中可能很有价值。

7.4.4　数值与数值范围的处理

权利要求中的某些技术特征可能以数值范围来限定；对比文件中的相应特征可能涉及数值范围，也可能涉及一个或多个数值。此时，对于对比文件中的相应特征，可以仅考虑数值范围的端点值和其他具体数值。倘若这些值中的任一个落入权利要求相应特征所限定的数值范围，则构成下位概念，"下可破上"即成立，两特征构成相同。

7.4.5　基础权利要求与从属权利要求的关系

基础权利要求具备新颖性时，其从属权利要求必然具备新颖性。

因为基础权利要求的保护范围包含从属权利要求的保护范围，前者是后者的上位。基础权利要求具备新颖性，表明其保护范围内未包含现有技术，从而可推出从属权利要求的保护范围中必然未包含现有技术，从属权利要求具有新颖性。

7.5　创造性判断思路

实际专利申请中，研发者可能都有过这样的疑惑：付出极大努力得到的发明成果没有创造性，不起眼的简单发明反而有创造性。因此，研发者应当对专利创造性判定的原则、方法有所了解，方能在专利工作中事半功倍。

7.5.1　方法论

专利创造性评价的原理是：找到一条从现有技术出发得到发明技术方案的显而易见的发明路径。倘若从理论上可以找到这一路径，说明不必付出创造性劳动即可由现有技术得到发明技术方案，发明技术方案不具备创造性。

按照创造性评价规则，从形式上看，技术方案是技术特征的组合。对发明技术方案做适当分解，如果其全部技术特征在现有技术中能够找到，只是散布于不同的现有技术方案中，那么只要将包含这些技术特征的现有技术方案组合起来，必然能够在一个技术方案中凑齐全部技术特征，即得到发明技术方案。组合过程中，可以只取需要的技术特征，忽略多余的技术特征。

每一种选取和组合现有技术方案从而得到发明技术方案的方式即构成一条发明路径。就特定发明技术方案而言，存在不计其数的理论发明路径。在这些发明路径中，只要找到一条从现有技术出发显而易见的路径，就达成了对发明技术方案创造性的证伪。

7.5.2　三步法[11]

三步法是评价创造性的方法，其因包括三个步骤而得名。三步法被各国普遍应用，但具体应用方式因国家而异。

三步法意在模拟经由一条发明路径来完成发明的过程，对该发明路径是否显而易见加以判断，如果该发明路径显而易见，就达成了对发明技术方案创造性的证伪。

三个步骤为：

（1）明确起点，确定最相关现有技术。

（2）发现问题，确定发明解决的技术问题。

（3）解决问题，将区别特征、区别手段引入最相关现有技术，使技术问题得以解决，从而得到发明技术方案。

区别手段，指发明技术方案中具有而最相关现有技术中不具有的技术手段。

倘若能够找到一条发明路径，其中"发现问题"和"解决问题"这两个步骤均不需要付出创造性劳动，即"问题明显"且"启示明确"，则该发明路径是显而易见的，即可认定发明技术方案没有创造性。其中，"问题明显"指现有技术中发明技术方案要解决的技术问题显而易见；"启示明确"指在现有技术中存在如何解决该技术问题之强势的积极启示，该启示指向着将区别特征、区别手段引入最相关现有技术而得到发明技术方案，从而使发明的完成不必付出创造性劳动。将解决技术问题之发明指向其他方向的消极启示较为薄弱。

1. 明确起点

最相关现有技术是最适宜作为发明起点的现有技术方案，以其为起点，最利于找到显而易见的发明路径，即以显而易见的技术思路得到发明技术方案。因此，审查员能否锁定恰当的最相关现有技术，对创造性证伪的成败有决定性影响。

最相关现有技术有时是发明人完成发明的实际起点，也常常是最接近现有技术。最接近现有技术，指现有技术中与发明技术方案相比较，区别特征最少的技术方案。

许多国家直接要求审查员以最接近现有技术为创造性评价的起点。

2. 发现问题

准确确立发明需要解决的技术问题是评价创造性的必需步骤。

面对最相关现有技术时，因其某些技术效果不能满足人的特定需要，相应形成了人需要解决的技术问题、人对现有技术做出发明改进之动机。动机，指人有意愿会去这样行事。

就创造性判断，技术问题、未被满足的需要、发明动机可视为同一概念。

中国的《专利审查指南》将发明实际解决的技术问题指为"为获得更好的技术效果而需对最接近的现有技术进行改进的技术任务"。[12]其中，"需"指人主观感受到的未被满足的需要，相应形成发明动机。"更好"也指需要：其含义，或好之标准，即为有助于满足该需要。因此，发明是从最相关现有技术出发，以技术问题为根本指引而完成的，技术问题是牵动技术发明和创造性评价的"牛鼻子"。

考查创造性时，对技术问题常常需要脱离说明书中阐述的问题，参考现有技术的状况重新认定。对于显而易见的发明路径，其要解决的技术问题必须显而易见，即"问题明显"。否则，技术问题的确定需要付出创造性劳动，则不能借此达成创造性证伪。

问题明显，意味着未被满足的需要、发明动机须同样明显。关于发现问题对创造性的决定性影响，各国认可度不一。

美国以判例法的形式明确支持了"问题明显"的要求，该判例成为美国专利商标局编制《专利审查指南》的法理依据之一：一件可获权的发明可能就在于问题来源的发现，一旦问题来源是明确的，其解决方法就可能是显而易见的。在确定 35 U.S.C. §103 规定的创造性时，

应坚持考虑如下一点：其（问题来源的发现）是"完整主题"的一部分。❶

以中国三步法为例，第二步的表述为"确定发明的区别特征和发明实际解决的技术问题"，并进一步明确了"根据该区别特征在要求保护的发明中所能达到的技术效果确定发明实际解决的技术问题"。[13]其中，并没有要求技术问题应显而易见。因此，对发明过程中"发现问题"阶段的创造性贡献似乎可以不予认可。

对于技术问题，中国和欧洲的《专利审查指南》采用了相近的策略：淡化或抹杀技术问题的主观性。此主观性体现于人的需要和感受。人的需要是人能够感受到的，天然蕴含了技术问题应当显而易见的含义，即对"问题明显"的要求。所以，当技术问题的主观性，也就是人的需要和感受，被淡化或抹杀了，"问题明显"的要求就被部分地忽略了。专利审查实务常常沿这个方向走得更远。其影响将在三步法的第三步中充分体现。

被割去主观需要的"技术问题"不是真正的、适格的技术问题。

但是，倘若将"发现问题"阶段的创造性贡献纳入考虑，遵从"问题明显"的要求，也并不违背中国或欧洲法规对创造性的规定，并且符合创造性原理和创造性审查的精神。因此，在中国、欧洲专利审查实践中，也存在"发现问题"阶段的创造性贡献获得认可的很多案例。

3. 解决问题

三步法的第三步是解决问题，指在技术问题的指引下，将最相关现有技术与其他现有技术方案相组合，从而为最相关现有技术方案补齐区别特征，得到发明技术方案。组合过程中，应忽略不相关的技术特征。

倘若依照现有技术中的常规认识，相同、相近技术领域中的某些技术特征、技术手段有助于解决需要解决的技术问题，发明人即得到将这些技术特征、技术手段引入最相关现有技术的启示，尝试向这一方向改进最相关现有技术。

相应，此种启示也被称为"结合启示"。结合启示是外在的，对应内在的"结合动机"。就创造性判断，可忽视内外之别，将两者视为同一概念。

在完成发明的过程中，启示是顺承技术问题这一根本指引而延伸出来的枝末指引。

就技术方案的创造性或非显而易见性做出判断，必须以是否存在启示为基础；对是否存在启示做出判断，必须以需要解决的技术问题为基础。

倘若从最相关现有技术出发尝试解决技术问题时，现有技术清楚给出的启示方向恰恰指向发明技术方案，即在现有技术中解决发明技术方案需要解决的技术问题之技术手段、技术特征恰为区别技术手段、区别技术特征，则现有技术给出了应当向最相关现有技术引入区别手段、区别特征的清楚的积极启示，相应构成"启示明确"。倘若不存在明确启示，则发明人须付出创造性劳动才能得到发明技术方案，不能由此路径达成创造性证伪。

结合启示明确，意味着结合动机须同样明确。结合动机明确，强调不仅仅"能"，更应当"会"。"能"，指将区别特征、区别手段引入最相关现有技术并与之相结合，使技术问题得以解决，从而得到发明技术方案，从技术角度是可能、可行的。仅仅"能"启示或动机还不能成立，还更应当"会"，指本领域技术人员还会去这样做，指面对最相关现有技术时，有明确启示让发明人去这样做，而不是排除或看不到这一改进路径而去选择其他改进路径。

其他动机，例如，对应于技术问题和未被满足之需要的发明动机也同样有不仅仅"能"，

---

❶ In re Sponnoble, 405 F.2d 578, 585, 160 USPQ 237, 243 (CCPA1969).

更应当"会"的要求。

尽管现有技术中有一定的积极启示，指出区别特征、区别手段可能对技术问题之解决有所帮助，但是倘若存在以下情形，仍不应认为存在明确启示、不能达成创造性证伪：

● 现有技术启示矛盾、混乱、不清晰，因为也存在较强的消极启示，使本领域普通人员认为引入区别特征、区别手段不会取得理想效果或仅为明显应当放弃的较劣选择，应向其他方向做现有技术改进；或者

● 在引入区别特征、区别手段而得到发明技术方案的过程中，须付出创造性劳动以克服其他技术困难才能解决技术问题，或者这种结合在技术上不可行。

在一些国家的专利审查实务中，有这种倾向：将主观需要从"技术问题"中割去，以贬低发明的创造性。例如，将判定具备启示的基础"解决相同技术问题"，换成"具备相同技术效果"，甚至进一步换成具备相同的技术手段、技术特征。

当被割的"技术问题"只残留下客观的部分，就可以被泛化混同于客观属性的技术效果。如此，只要就区别特征在现有技术和发明技术方案中任意找到某些相同的技术效果，就可方便地认定区别特征在现有技术和发明技术方案中解决了相同的"技术问题"，从而构建出完成发明的启示，即使该所谓的相同技术问题、相同技术效果与发明技术方案真正需要解决的技术问题并不相关。

这就是盗果为因。此处，果指发明之成果，即区别技术特征、区别技术手段，及其必然产生的技术效果；因指发明之动因，即引导发明的技术问题、发明启示。

那些区别特征，在现有技术中和在发明技术方案中，就算产生了诸多不同的技术效果，但总还存留了些不变的共性，因而总能方便地找到与需要解决的技术问题不相关的相同技术效果。如此，以不具备创造性为由驳回专利申请就很方便了。但是如果明白其中关节，把人的主观需要和"问题明显"的要求捡回来，就知道很多专利申请被驳回的原因了。

7.5.3 预料不到的技术效果

预料不到的技术效果常意味着发明技术方案是非显而易见的，是具备创造性的。

基于预料不到的技术效果来支持创造性，属于证真，不具备决定性意义。倘若另外存在有效证伪，则证真就不再成立。

预料不到的技术效果，指依照现有技术中的常规认识不能明确得出区别特征、区别手段会使需要解决的技术问题得到有效解决，而在最相关现有技术中引入区别特征、区别手段后很好地解决了技术问题，则其技术效果超出现有技术的常规认识，是预料不到的。

7.5.4 公知常识和惯用技术手段

公知常识、惯用技术手段可被视为特殊的现有技术，可以与其他对比文件相结合用来评价专利技术方案的创造性。

区别于普通的现有技术，公知常识所涉及的技术方案，以及该技术方案解决的技术问题，均必须为本领域技术人员普遍知晓、广泛认同。

也可以这样理解：公知常识，是特定技术方案及其解决的特定技术问题这两者的结合体，自带解决该技术问题的明确启示。

因而，当最相关现有技术与公知常识之技术方案相结合可以得到发明技术方案，并且公知常识所解决的技术问题与发明技术方案需要解决的技术问题相同，则认为这种结合满足"启示明确"的要求，可以破坏发明技术方案的创造性。

但是，当现有技术与公知常识之技术方案相结合可以得到发明技术方案，而公知常识所解决的技术问题与发明技术方案需要解决的技术问题并不相同，则认为这种结合在现有技术中没有启示。相应，发明技术方案的创造性不被破坏。

也可以这样理解：公知常识并不能涵盖其技术方案能解决的所有技术问题，因为其中某些技术问题之解决常常并不为本领域技术人员普遍知晓、广泛认同，这部分不属于公知常识。

通常，教科书、工具书中记载的内容方能够被无疑议地认定为公知常识。

惯用技术手段可被视为一种公知常识。

7.5.5 结合多篇对比文件的创造性评价

最相关现有技术与其他现有技术相结合而引入区别特征可以分步多次进行，可以以结合一篇对比文件为一步，在每一步中引入部分区别特征，从而结合多篇对比文件将全部区别特征引入，得到发明技术方案。

多步结合中的每一步均可视为一件独立的创造性评价。当每一步均不需要付出创造性劳动时，才能完成发明技术方案的创造性证伪。

当需要结合多篇对比文件来评价创造性时，说明发明技术方案与现有技术差别很大，挑战其创造性的难度较大。

7.5.6 基础权利要求与从属权利要求的关系

当基础权利要求具备创造性时，其从属权利要求必然具备创造性。权利要求具备创造性表明其保护范围内未包含显而易见的技术方案。其余推理同新颖性。

7.5.7 创造性判断案例

↘【案例 7-4】

格列卫二次用途发明的创造性

甲磺酸伊马替尼片，商品名称为格列卫，由瑞士诺华公司研发，是治疗费城染色体阳性的慢性髓性白血病（Ph+CML）的药物，于 2001 年获得美国食品药品监督管理局批准上市。2013 年 4 月，瑞士诺华公司保护格列卫化合物的中国专利 CN93103566.X 届满过期。之后，两家中国药企的格列卫仿制药获批上市。

瑞士诺华公司进一步研究发现，格列卫对胃肠基质肿瘤（GIST）疗效显著，于 2000 年 10 月就格列卫针对胃肠基质肿瘤的应用申请了药物二次用途发明专利，获得中国专利 CN1276754C。瑞士诺华公司依托该专利向生产仿制药的豪森药业发起专利侵权诉讼。豪森药业针对该专利提起无效。专利复审委员会认定专利 CN1276754C 不具备创造性，宣告其无效，决定号为 27371。

专利 CN1276754C 仅有一项权利要求（见 4.4.3 节图 4-11）。

权利要求中涉及的化合物即为格列卫，以其为现有技术 1；胃肠基质肿瘤的药物治疗作为现有技术 2。于是有：专利技术方案，格列卫是可用于治疗胃肠基质肿瘤的药物；现有技术 1，药物格列卫；现有技术 2，胃肠基质肿瘤的药物治疗。

不难看出，将现有技术 1 与现有技术 2 相结合即可得到专利技术方案。其中，任一件现有技术均可作为三步法中的最相关现有技术：以现有技术 1 为最相关现有技术，则区别技术特征为现有技术 2，技术问题为格列卫的应用范围有限，需要寻找新的用途；以现有技术 2 为最相关现有技术，则区别技术特征为现有技术 1，技术问题为胃肠基质肿瘤的治疗手段有限，需要寻找新的治疗手段。

专利的创造性能否被维持，关键在于现有技术中是否存在明确启示，启发发明人在技术问题的指引下，将两项现有技术结合起来。

提起无效的请求人提供了涉及明确启示的证据。《柳叶刀·肿瘤学》是影响因子达到 25.117 的高水平学术期刊，该期刊于 2000 年 10 月刊发表了一篇综述性文章，题目为《软组织肉瘤的治疗：综述和更新》。在该文献中，"化疗在转移性或不能手术切除的肉瘤中的作用"小标题下记载了"只要有可能，就应该使用临床试验中有前景的新药治疗这些患者。这类对初始化疗耐药的肉瘤包括，例如，胃肠基质肿瘤（GIST）……"；"新的系统性治疗途径"小标题下，记载了"考虑到传统的采用细胞毒类化学疗法治疗软组织肉瘤的局限性，新的治疗途径应该会受到医生的欢迎，也会受到患者及其家人的欢迎。幸运的是，研究使人们对这类肿瘤的生物学和病理生理学有了全新的理解，而这可以应用于新的治疗策略。一个更有前景的例子是……其他的新疗法包括合理的靶点，如组成性激活的 c-kit 受体酪氨酸激酶，它表征众所周知的化疗耐药的胃肠基质肿瘤。在本文写作之时，一项选择性酪氨酸激酶抑制剂 STI571 针对 GIST 的试验已经刚刚在达纳-法伯癌症研究公司开始（与全球其他的研究中心合作），非常早期的结果看起来令人兴奋"。其中，"STI571"即为格列卫的有效成分。

上述文献提供了将现有技术 1 和现有技术 2 相结合的明确、可信的启示，不管是以哪项现有技术为发明起点。

构成启示的这篇文献源自专利发明人的自行披露。

【案例 7-5】

自拍杆专利的创造性

实用新型专利"一种一体式自拍装置"（专利号：ZL201420522729.0，可参考附件 6-2）于 2015 年 1 月 21 日获得授权，专利权人是源德盛塑胶电子（深圳）有限公司。此后，该公司掀起了维权风潮，提起的侵权诉讼以四位数计。该专利被提起无效 20 次以上，除权利要求 1，其余各项权利要求被维持有效。2018 年底，该专利获得第二十届中国专利金奖。根据 2019 年底的报道，该自拍杆产品全球市场占有率第一，高端产品的市场占有率为 80%。

附件 6-2

本案例主要研究权利要求 2 的创造性。

权利要求 2 引用了权利要求 1，合并后为：

2. 一种一体式自拍装置，包括伸缩杆及用于夹持拍摄设备的夹持装置，所述夹持装置包括载物台及设于载物台上方的可拉伸夹紧机构，其特征在于：所述夹持装置一体式转动连接于所述伸缩杆的顶端；所述载物台上设有一缺口，所述夹紧机构设有一与所述缺口位置相对应的折弯部，所述伸缩杆折叠后可容置于所述缺口及折弯部。

在第一次专利无效中，权利要求 1 因不具备创造性而被宣告无效。权利要求 1 是自拍杆产品的基本创意，主张的保护范围极大。并且，存在与权利要求 1 极为相近的现有技术对比文件。

权利要求 2 体现了该专利的核心价值。可将权利要求 2 的附加技术特征视为该专利对现有技术的贡献："所述载物台上设有一缺口，所述夹紧机构设有一与所述缺口位置相对应的折弯部，所述伸缩杆折叠后可容置于所述缺口及折弯部。"

该专利附图中图 3、图 5（参见附件 6-2）展示了上述技术特征及其技术效果。要点在于图 3、图 5 的缺口和折弯部，两者均位于自拍杆头部，作用是：自拍杆被用毕折起时，缺口和折弯部卡在自拍杆收起的杆上，实现了最小化折叠。

专利复审委员会 2017 年 9 月 18 日的第 33398 号决定维持专利有效。

该案中，无效请求人主张权利要求 2 相对于对比文件 1 和对比文件 2 以及本领域公知常识的结合不具备创造性。

对比文件 1 为中国实用新型专利 CN203797307U，作为最相关现有技术；对比文件 2 为美国专利 US5566915A。

第 33398 号决定中指出："权利要求 2 与对比文件 1 的区别在于：（1）权利要求 2 保护的自拍装置是一体式的，夹持装置与伸缩杆为一体式连接；（2）权利要求 2 中的所述载物台上设有一缺口，所述夹紧机构设有一与所述缺口位置相对应的折弯部，所述伸缩杆折叠后可容置于所述缺口及弯折部。"

创造性评价中，需要分两步结合两次对比文件进行分析。根据三步法，为区别特征（1）和区别特征（2）分别确定了不同的技术问题，技术问题（1）为如何避免使用时临时组装自拍装置，技术问题（2）为如何更好地收纳自拍杆以方便携带。

1. 第一步

第 33398 号决定中指出："对于区别特征（1），对于本领域技术人员来说，可拆卸连接和不可拆卸的一体连接都是机械结构中的常用连接方式，属于本领域的惯用手段，二者各自的优缺点也是本领域所公知的，因而本领域技术人员为了避免临时组装的繁琐，将自拍装置设置成一体式的，即将夹持装置与伸缩杆设置为一体式连接属于本领域的惯用手段。"

区别特征（1）被认定为惯用技术手段，所以，从最相关的现有技术和技术问题（1）出发，将区别特征（1）引入现有技术而与对比文件 1 相结合是显而易见的过程。该认定也正是权利要求 1 被宣告无效的过程。可知，权利要求 2 不能因为区别特征（1）而具备创造性，其创造性只能依赖区别特征（2）。

2. 第二步

对比文件 2 涉及一种支撑摄影设备的独脚架。如图 7-1 所示，标记 32～37 之间是一个脚踏部件。使用时，操作者可以脚踏标记 45 示出的平台，使支架更为稳固；收纳时，脚踏部件可以折叠收起，使标记 38 示出的 U 形口卡在标记 20 所示的支架腿上。因此，标记 38 示出的 U 形口对应本专利的折弯部 221；标记 20b 所示的支架腿下端部所伸入的缺口对应本专利的缺口 211。

对比文件以相近的特征、手段，实现了相近的功能、效果，解决了相近的技术问题。而根据第 33398 号无效决定，本专利和对比文件的技术领域、应用领域存在较大差距：本专利是用于夹持拍摄设备的手持自拍杆，而对比文件是支持摄像机的脚踏支架。差距足够大，所以不存在将对比文件 2 与对比文件 1 相结合的明确启示。

第 33398 号无效决定指出："对比文件 2 与本专利的技术方案在实际应用场景、应用方式上有较大差别，二者技术方案所直接应用的具体技术领域并不相同。""对比文件 2 的底板与本专利的包括载物台和夹紧机构的夹持装置的具体用途、功能以及应用方式均不相同，存在明显差异，因而二者并不属于相同的技术领域。""现有证据也不足以证明上述区别特征（2）属于本领域的公知常识，且采用了上述区别特征（2）所限定的结构，实现了更好并更节省空间的收纳自拍杆，方便携带的有益效果。"

典型评价是：本专利权利要求 2 的创造性得以获得维持，与本专利是实用新型有关。中国专利法对实用新型的创造性降低了要求，具体表现之一是对跨应用领域、应用场景而构成明确启示的情形给予了更严格的限制。倘若本专利为发明专利，其创造性很可能难以被维持。

区别特征（2）的设计思路可以表述为：欲将物体折叠以压缩体积时，将有冲突的部分通过开槽、开口、绕行等方式加以避让来解决冲突，可达成目的。该思路实是匠人自古以来的公知常识、惯用技术手段。倘若这样认定，权利要求 2 的创造性将无法被维持。但是，在专利无效程序中，证明某种技术手段属于公知常识、惯用技术手段常常存在举证困难。

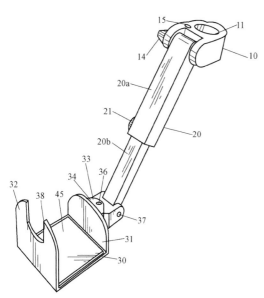

图 7-1　美国专利 US5566915A 附图 1

7.6　抵触申请

对一件专利做新颖性或创造性评价时，可能涉及一种特殊类型的对比文件：抵触申请。

7.6.1　一般特点

通常，对一件被评价的专利构成抵触申请的，应满足以下条件：

（1）抵触申请与被评价的专利均为向同一个专利局提交的专利申请，倘能通过专利审查即可获得授权。

（2）抵触申请中包含与被评价专利的新颖性或创造性相关的技术方案，且抵触申请中相关技术方案的优先权日早于被评价技术方案的优先权日；在被评价技术方案的优先权日，抵触申请尚未公开；在被评价技术方案的优先权日之后，抵触申请被公开。

抵触申请的特点常被简化为"申请在先，公开在后"。

7.6.2　主要变化

抵触申请的规定因国家而异，尤其是涉及国际专利申请时。最关键的区别在于：

（1）是否给予同一申请人豁免。

（2）是否可以用于评价被评价专利的创造性。

1. 同一申请人豁免

按照中国、欧洲的规定，同一申请人的在先专利申请，也能构成其在后申请的抵触申请。而按照美国、日本的规定，同一申请人的在先申请不构成其在后申请的抵触申请，即给予同一申请人豁免。

2. 创造性评价

按照中国、欧洲、日本的规定，抵触申请仅可以用于评价新颖性，而不能用于评价创造性。而按照美国的规定，抵触申请属于现有技术，既可以用于评价新颖性，也可以用于评价创造性。

7.7 对比文件的类型

专利申请实质审查的核心是新颖性、创造性评价，需要使用对比文件。专利审查员由检索获得对比文件，并将其通过检索报告、审查意见通报给申请人，作为申请人调整申请策略、进行审查答辩的参考依据。

专利局通常将对比文件分成若干个类型，每个类型由代码表示。以 PCT 国际申请和中国专利申请为例，主要类型如表 7-2 所示。

表 7-2　对比文件类型

类　型	说　明
X	具有特别相关性，单一文件便可否定权利要求新颖性或创造性的文献。文献公开日早于专利申请优先权日
Y	具有特别相关性，与其他类似文献结合，可否定权利要求创造性的文献。文献公开日早于专利申请优先权日
PX	具有特别相关性，单一文件便可否定权利要求的新颖性或创造性的文献。文献公开日介于专利申请优先权日与申请日之间，因而使用时需要核实权利要求中技术方案的优先权是否成立
PY	具有特别相关性，与其他类似文献结合，可否定权利要求创造性的文献。文献公开日介于专利申请优先权日与申请日之间，因而使用时需要核实权利要求中技术方案的优先权是否成立
A	仅涉及一般性背景技术的文献，没有特别相关性，不用于评价权利要求的新颖性、创造性

对于 X 类型或 PX 类型的对比文件，一篇文献即可否定技术方案的创造性，具体应用时是使用该对比文件中的多个技术方案相结合来评价创造性的。

第 8 章
专利及科技情报检索*

阅读提示

对于研发者，本章属于重要内容。

本章涉及如何全面而准确地检索需要的专利文献，获取相关科技、商业信息。立足于研发者、企业的现实情报需求，本章也简单涉及其他信息来源的检索及分析，例如其他科技文献、工商数据和诉讼信息的收集、检索及综合分析。

8.1 专利检索概述

专利申请是将技术信息转化为法律文件的过程，专利情报分析则是相反的过程，从专利文献这一法律文件获取技术、法律和经济情报。

在各种文献数据库中，专利数据库的结构化和索引较为完善，利于情报精准检索。专利文献除了为研发提供重要技术资料，对于研发者就专利侵权风险做出规避设计、就研发成果做好专利挖掘布局等也很有意义。

应注意，专利文献仅为科技、商业情报来源之一。企业和研发者不要局限于此，应尽可能地从广泛的来源获取情报，融会贯通地分析，如此收效更好。

8.1.1 检索能力

1. 研发者

研发工作要求研发者必须有能力获取和解读技术参考资料，即具有科技情报查找、检索和分析的基本能力。

相对于其他人员，研发者对本领域技术的掌握更深入，对行业技术动态更为敏感，这是研发者进行科技情报检索具有的先天性优势。同时，专利部门和企业也应有专门的情报检索和分析力量，为研发者提供支持。就情报检索分析而言，研发者自力结合专业支持的收效会更好。

要求研发者具备专业水准的情报检索、分析能力并不现实。但是，有兴趣的研发者若能

---

* 本章根据书后参考文献［14］编写。

力所能及地利用优势，提升自己的情报检索分析能力，工作将如虎添翼。

这里的专门知识指专利及专利检索工具的基本知识，尤其是文献编排索引规则，例如，著录项、技术分类；专门技能指融会贯通地运用上述知识完成检索的能力。

2. 专利部门和企业

从专利部门的支撑作用角度看，具备条件的企业应当建立面向专利活动的情报检索、分析专门团队。站在企业经营、研发的全局高度，企业应具备商业和科技情报的收集、检索和综合分析能力，专利活动的情报需求应当统筹于其中。

企业内部的情报收集、检索和分析专门部门，其工作应与业务、研发、专利等具体工作深入切合，否则只会隔靴搔痒，耗费大量资源而实效不佳。

必要时，企业还需要从外部采购情报收集、检索和分析服务。

8.1.2　检索工具

工欲善其事，必先利其器。优质的专利检索网站、工具和系统可使专利检索工作收到事半功倍的效果。尽管收费的商业数据库，数据覆盖和结构化更好，检索功能更强大，但是从数据服务发展趋势来看，线上免费数据资源足以满足研发者的大部分检索需求，例如，主要国家专利局的官方网站提供的免费数据。

专利检索中，不应仅将眼光局限于专利本身，其他信息也能提供有力帮助。

8.2　检索类型

专利检索涉及要检索什么、何时检索、怎么检索的问题。下面以寻找符合某些特征的人为例进行展开。

技术方案检索力求查准，指检索要找得准，类似于精准找寻最符合多方面特征（如性别、年龄、民族、身高等）要求的某一个人。

技术主题检索力求查全，指检索要找得全，类似于需要囊括所有符合特征要求的某一类人（如年龄不超过 40 岁、民族为汉族、身高不低于 170 厘米的男士）。

针对相关人的检索，需查全、查准兼顾，即全面而准确地找到符合特征要求的某一类人。

其他类型的检索中，法律状态检索好比核实某些人的户籍状况，确认其状况是否真实准确；同族专利检索，好比调查某个人的家族构成，查清上三代、下三代的直系、旁系亲属。

8.2.1　技术方案检索

1. 定义

技术方案检索，指以特定技术方案为靶标，通常指权利要求、发明技术方案，找出可破坏其专利性的对比文件的检索。其中，技术方案检索力求查准；对比文件不限于专利文献，且不限定国家，即各国的各类文献均可。

因专利所在阶段、发起人及其目的不同，技术方案检索常可分为以下几类：

（1）查新检索。专利申请前，就专利技术提案、技术交底书、申请文件中的发明技术方案而言，申请人、发明人、代理机构为评估其新颖性、创造性而做的技术方案检索。

（2）专利性检索。在实质审查中，审查员为评价专利申请的专利性而做的技术方案检索；就专利申请向专利局提交的第三方意见中通常包括质疑专利申请专利性的对比文件，为获得这些对比文件而做的检索，因性质相同，也属于专利性检索。

（3）无效检索。专利授权后，以专利无效为目的而做的技术方案检索。

2. 流程

（1）确定检索主题。检索前需明确检索主题，即检索的对象，应明确希望通过检索发现的文献。

在检索的起始阶段，检索主题是被评价新颖性、创造性的发明技术方案，通过检索找到与之相同、相近的现有技术。因此，检索前需解读发明技术方案。

通过阅读相关技术资料和初步检索，结合相关专利文献和非专利文献（期刊、书籍），了解发明技术方案的背景技术、技术构思、改进点，以及其必不可少的关键技术特征。

如果检索未发现可破坏新颖性的对比文件，但发现了可威胁创造性的对比文件，即与发明技术方案接近但存在区别技术特征的对比文件，此时，可能需要将检索主题，调整成具备区别技术特征的技术方案。检索得到的新对比文件与旧对比文件相结合，即可能破坏发明技术方案的创造性。

（2）分解检索要素。根据检索主题提炼出实现检索所需的可检索的要素，即检索要素。典型的检索要素包括关键词、分类号。

（3）制作检索要素表。根据检索要素确定相关的关键词、分类号，制作成表。

检索要素表是检索中使用的基础工具。在检索要素表中，可以系统地排列检索要素，有条理地整理出与检索要素对应的检索项目值，例如具体的关键词、分类号，为形成检索策略打好基础。

对于关键词，应总结其同义词、近义词、缩写等不同的表达方式。

（4）形成检索策略。参照检索主题，分析检索要素之间的逻辑关系，用 AND、OR、NOT 等运算符对检索要素所涉及的关键词和分类号等项目做组配，表达出检索主题；可以在数据库中按照该表达式检出相应文献。

这种以检索项目组配表达检索主题的设计，即检索策略。

以分类号为例，用 AND 连接两个分类号，表示检索主题应同时包含这两个分类号；以 OR 连接两个分类号，表示检索主题包含这两个分类号之一即可；以 NOT 引导一个分类号，表示应将包含该分类号的文献排除，即检索主题不包含该分类号。

AND、OR 可以连接不同性质的检索项目，例如分类号和关键词。

通常，在专利性检索、无效检索中，检索策略应确保检出的文献可能构成现有技术，必要时可在检索策略中加入限定"检索主题的公开日早于发明技术方案的优先权日"。对于查新检索，因为专利申请尚未提交，不必做此要求。

（5）初步浏览。快速浏览初步检得文献的名称和摘要，筛查出与检索主题相关的专利文献。

（6）阅读全文。阅读相关专利文献全文，筛查出与检索主题密切相关的文献，即可破坏发明技术方案新颖性、创造性的对比文件。

（7）终止检索。在成功找到所需对比文件或经充分检索后仍未找到这种对比文件时，终止检索。

3. 成果

获得破坏发明技术方案新颖性、创造性的对比文件。

8.2.2　技术主题检索

1. 定义

技术主题检索，指以找出与特定技术主题相关的全部专利文献为目的的检索。

技术主题检索应在查全的基础上争取查准，不损失高相关文献且"杂质"较少。

技术主题检索可以为企业很多商业活动提供情报，例如研发、产品规划、技术收购、风险排查等。

防侵权检索，简称为侵权检索，是一种技术主题检索，其目的是就计划研发的、研发中的、应用中的技术或产品做专利侵权风险排查，找出相关专利。通常在技术主题检索的基础上，侵权检索还需要以竞争者检索、涉诉专利检索、法律状态核实等为补充的检索。

通常，防侵权检索针对相关国家的专利、专利申请。

2. 流程

（1）检索主题分析。确定待检索技术主题的特性，例如是软件还是硬件，是材料、设备还是工艺。

（2）初步检索。利用检索主题已知的关键词做初步检索，获得比较相关的文献，阅读这些文献的著录项，选定确实与检索主题相关的文献。

（3）确定检索要素。确定检索要素主要指获取专利分类号和关键词。进行防侵权检索时，相关人也很重要，包括竞争者方面的申请人、专利权人、受让人等。

通过阅读相关文献的著录项确定分类号，通过查询分类号表示的技术分类确定与检索主题最为相关的分类号。

通过阅读著录项及这些相关文献，获取与检索主题相关的关键词，总结这些关键词的同义词、近义词、缩写等不同的表达方式。

（4）构建检索表达式。借助检索要素表，将分类号以及关键词等进行组合，以确定检索表达式，进行检索。

（5）检索效果评价。评估检索结果，根据偏差对关键词、分类号、检索表达式进行调整，必要时增减关键词、分类号等，直到获得满意的结果。

得到满意的结果后，对检得的文献做细览和标引。

标引指对文献按照不同的特性及使用需要加以不同的标记，以便使用时能够根据标记方便地找到符合要求的文献。

标引是为了达成数据有效利用而实现数据结构化的手段，通常基于数据表或数据库实现。

3. 成果

获得较为全面、准确的满足需要的一系列专利文献。文献经过标引，便于利用。

8.2.3　相关人检索

相关人检索，指为获得与某个相关人有关的专利文献信息而做的检索，例如申请人、专利权人、发明人、受让人、转让人等。

相关人检索重在查全。例如，检索某企业的专利，并不是简单地用企业名称在"专利申请人"字段做检索即可，而是至少应考虑企业的历史变迁、名称更改、分/子公司、译名等复杂情况。

字段，指数据库、数据表中的数据项目。例如，"专利申请人"是一个重要的著录项，是专利数据库中的必备字段。

相关人检索可用于竞争者跟踪、侵权风险排查等。

8.2.4 其他检索类型

其他检索类型包括同族专利检索、法律状态检索等。

1. 同族专利检索

同族专利检索，指以某一专利文献为起点，查找与其同属于一个专利族的所有专利文献的检索。

专利数据库多设有同族专利字段。例如，在欧洲专利局的 Espacenet 专利数据库中可以查询一个专利的 INPADOC 同族。

INPADOC 为国际专利文献中心（International Patent Documentation Center）的简称，INPADOC 同族指按国际专利文献中心的同族定义所确定的专利同族。

2. 专利法律状态检索

专利的法律状态主要指专利的权利在各个维度的状态。例如，中国发明专利的法律状态包括实质审查的生效、驳回、撤回、视为撤回、视为放弃、无效宣告、终止、主动放弃以及专利权的转移、实施许可等。

专利法律状态检索指为获得专利或专利申请的法律状态信息所做的检索。

8.3 检索的典型场景

企业需要专利检索提供情报支持的场景非常丰富，不局限于专利工作。以下仅做举例说明。

8.3.1 新产品、新技术研发参考

专利作为科技文献，是宝贵的研发参考资料，可以利用技术主题检索来获取，有助于研发者了解技术前沿发展，提高研发起点，避免重复研发。

有一种典型的认识误区：专利披露的技术普遍滞后于前沿。而实际上，专利中包括大量前瞻性的超前申请，诸多技术理念甚至尘封数十年才落地实现、开花结果。

8.3.2 专利技术提案挖掘

对就技术成果做专利挖掘时，研发者应先自主进行查新检索，以确定哪些技术方案从专利性的角度适合申请专利。必要时，请专利部门提供支持。

提案提出后，专利部门在评审过程中还应再补充进行查新检索。

8.3.3 竞争者动态跟踪

在商业竞争中，动态跟踪竞争者的专利可获得高价值情报，也是企业必做的功课。

竞争者的专利会揭示其技术实力、产品和技术路线发展方向、海外市场开拓计划等。

此外，研发新产品时的专利检索也会聚焦分析竞争者的专利。如果竞争者业务单一，简单做相关人检索即可；如果竞争者的业务比较丰富，己方仅关注其中的一部分，则需要通过技术主题检索排除"杂质"。

完成首次竞争者跟踪检索后，在后续较长时期内可以利用已有检索策略，付出较小的工作量即可完成跟踪刷新，持续为辅助研发、防范风险、自身布局做参考。当竞争者的主体、业务、产品、技术路线等产生变动时，应及时修正检索策略。

8.3.4　产品上市或出口风险控制

1. 专利防侵权检索

产品上市或出口之前，应做专利防侵权检索。根据触发防侵权检索的时机，可将其分为以下两种。

（1）产品尚无确定的技术方案，做预警分析。通过技术主题检索得到的专利文献，除可以为研发提供技术参考，也可揭示侵权风险。这样的预警分析宜尽量前置，以利于降低风险控制成本。因此，自研发开始即应有风险控制考虑，该工作应伴随研发和产品化的全过程。

风险预警式的侵权检索可以指引研发者、企业做规避风险的技术和商业模式设计，并为后续的专利布局提供参考，实现"辅助研发+风险预警+专利布局"的递进融合。

同时，应跟踪行业内专利诉讼的情报信息。涉诉专利对行业的威胁最为现实、显著。

（2）产品已经有确定的技术方案，做自由实施分析。企业下游客户可能主动要求上游企业对其产品的知识产权风险状况做出说明，保证不存在侵权风险，从而触发自由实施（Free to Operate，FTO）检索分析。对已经有确定技术方案的有形、无形产品，一些企业也会主动做FTO检索分析。

FTO检索分析指通过专利检索发现对企业产品或行动可能构成侵权威胁的相关专利，分析相关风险，以确定企业是否可以自由实施相关活动而免受专利侵权的实质威胁。进一步地，还包括就控制侵权风险、实现更大程度上的自由实施，设计应对策略、行动预案。

FTO检索分析的时机通常为产品上市或出口之前的关键节点，相对于研发期间、产品设计前期的风险预警分析，此时的不确定性大为减少，更切实地关系企业现实商业行动和利益，因此风险分析需要更为专业、深入。FTO检索分析的主要步骤以及研发者的角色如下。

1）技术事实调查。研发者应确保分析人员充分了解产品技术状况，配合分析人员梳理产品中需做FTO分析的技术方案。

2）获得相关专利列表。分析人员通过"技术主题检索+竞争者补充检索+涉诉专利检索"，获得相关专利列表。

在分析人员设计检索策略的过程中，研发者须提供充分的技术支持，确保分析人员对技术的把握正确、完善，提供并确认关键词、竞争者名单、行业专利诉讼信息等，从技术角度确保检索策略正确、完善。

3）高相关专利筛选。研发者与分析人员共同完成从相关专利列表中筛选出高相关专利的工作。研发者应确保工作结果从技术角度考查是准确的、完善的。

4）侵权比对。分析人员参照本书第4章的原理和方法，运用"技术特征分解表"，就高相关专利完成侵权比对，揭示侵权风险。

研发者应提供充分的技术支持，确保工作结果从技术角度考查是准确的、完善的。

5）应对策略。分析人员在侵权比对的基础上，设计风险应对策略。

研发者应提供充分的技术支持，确保工作结果从技术角度考查是准确的、完善的。

2. 涉诉专利检索

预警分析、FTO 检索分析可能都需要补充检索涉诉专利，主要途径有以下两方面：

（1）从技术主题或竞争者检索切入，获取相关专利列表，利用包含诉讼信息的专利数据库等工具筛选出涉诉专利。

（2）从专利诉讼案切入，利用诉讼数据库等工具检索相关领域竞争者涉及的诉讼，进而获得涉诉专利列表。

8.3.5　专利无效

受到专利侵权指控或威胁时，企业应为提起专利无效请求做准备，评估目标专利的稳定性。因此，需要做无效检索，找到破坏目标专利新颖性、创造性的对比文件。

无效检索通常由专业检索人员完成，研发者须提供充分的技术支持。

基于技术优势、对相关技术情报及产业应用状况的了解，研发者应积极向检索人员提供线索，例如可能的使用公开，行业内常用的在线论坛、网站等信息源；目标专利发明人、申请人披露或发表的相关专利、论文及其他科技文献，以及这些文献引用的在先文献；本领域教科书、技术词典等资料中涉及的相关技术，尤其是公知常识、惯用技术手段。

研发者也应力所能及地自主查找、检索相关情报。

8.4　检索技巧

本节内容宜结合 8.6 节的案例加以领会。实践积累是提升检索技能的关键。

8.4.1　检索要素表的利用

关键词和分类号是最主要的检索要素。专利的各个著录项都是专利数据库的字段，可以作为检索要素，较常用的有权利人、公开日等。检索人应熟悉各个字段的含义并加以充分利用。

利用检索要素表可以有序地呈现、组织专利检索要素，如表 8-1 所示。

表 8-1　专利检索要素表

检索项目		基本检索要素		
		基本检索要素 1	基本检索要素 2	基本检索要素 3
关键词	中文			
	英文			
分类号	IPC			
	CPC			

应对检索要素表中列出的检索项目做搭配组合，以有效表达检索主题，例如：

检索式一：基本检索要素 1 的关键词 AND 基本检索要素 2 的关键词 AND 基本检索要素 3 的关键词

检索式二：基本检索要素 1 的分类号 AND 基本检索要素 2 的分类号 AND 基本检索要素 3 的分类号

检索式三：基本检索要素 1 的分类号 AND 基本检索要素 2 的分类号 AND 基本检索要素 3 的关键词

……

然后将上述检索结果进行组合：检索式一或检索式二或检索式三……最终获得比较全面的检索结果。

8.4.2 关键词的选取和扩展

与科技文献检索一样，善用关键词将给检索带来极大的便利。选取关键词注意事项如下：以全面、准确理解技术方案、检索主题为基础；关键词选取的起点是对技术方案、检索主题的初步认定和理解；准确和全面地选取关键词一般需经历反复斟酌、提炼总结才能达成，无法一蹴而就。

关键词应多角度、分层次选取，涉及：关键技术手段、问题、效果；本领域的技术词典、技术手册、标准库；需要充分考虑关键词的同义词、近义词、反义词、上下位概念、等同特征等；不同词性、单复数、英美不同拼写形式、常见的错误等，可以运用截词符以实现关键词的形式完整；利用关联词查询工具。

截词符（通配符）是针对关键词的各种变形方便地实现一次性检索而设置的检索工具。例如，用"comput*"检出以"comput"开头的单词，其包括 computer、computers、computing、computed、computation 等。其中，"*"即为截词符或通配符。

截词符工具因检索系统而异。

8.4.3 专利分类的利用

仅使用关键词检索，查全和查准均会有问题。关键词和分类号各有优势和局限，两者配合可以取长补短。

关键词的局限包括：不同形式的近似表达方式过多，造成使用烦琐；难以完善表达图形和技术手段；有时难以区分技术领域；存在语言鸿沟。例如，在机械领域有很多复杂的特征、结构难以用关键词表达，还有很多常见特征的表达方式又过多，关键词难以穷尽。

专利分类的优势在于：不受语种干扰；充分体现技术相关性；与检索过程一一互逆对应；以专业标引为基础，系统性好。

最常用的专利分类有 IPC 分类和 CPC 分类。其中，IPC 分类为国际通用专利分类体系，包括 7 万多个分类条目，使用范围涵盖 100 多个国家、95%以上的专利文献。

联合专利分类（Cooperative Patent Classification，CPC），是由欧洲专利局和美国专利商标局共同开发的分类体系，在 IPC 分类的基础上进一步细分，包括 25 万个分类条目，其加强了某些新技术领域和跨技术领域的分类设置。CPC 分类使用范围涵盖 40 多个国家。

2016 年，中国国家知识产权局开始同时使用 IPC 分类和 CPC 分类。

8.4.4　竞争者调查

竞争者专利的实际状况常超出企业相关人员的认知。除了客观成因导致，这种局面也常是竞争者刻意促成的。

1. 企业名称的不同表述和变更

在大部分国家，企业工商注册信息是公开的。在我国，可以用工商注册查询工具查看企业曾用名以及历史变迁。例如，股权分置改革常使企业名称中增加"股份"字样。如果对"××有限公司""××股份有限公司"只检其一，则会遗漏另一个。

跨国专利涉及申请人名称翻译，检索情形更为复杂，除了不同版本的译名、全称、缩写等，一个标点、空格的差别都能成为障碍，例如公司名称 ABC Co.，Ltd 和 ABC Co.Ltd，两者之间仅有一个"，"之差，而以其中一个为检索关键词时，另一个则检索不到。有时，申请人会放任多版本名称的存在，从而增加他方检索的难度。

2. 企业的子公司和关联公司

很多企业的专利由子公司或关联公司持有，这种情况在互联网领域尤其突出。公司并购时，有的会做专利权属转移；有的不会，专利仍在原公司名下。有的公司被收购后，继续以原公司名义申请专利，有的则以母公司名义。

3. 企业购买专利

企业作为受让人通过转让取得专利时，专利数据中申请人或专利权人字段常常不反映该权属变化，情况常因国家而异，因此而需要检索受让人。

企业通过专利许可能够取得与专利权人相当的权利。但专利许可信息非常隐蔽，难以查询。

8.4.5　技术方案、技术主题检索中对相关人检索的利用

在技术方案、技术主题检索中，特定相关人一般与检索主题非常相关，因此有必要针对该相关人做强化检索。

例如，对于专利性检索，很多发明人、申请人在申请专利之前曾披露、发表过涉及相同、相近技术成果的专利、论文或其他文献，这些文献中引用的文献也值得注意，它们均有可能成为高相关对比文件。

8.4.6　检索策略的修正

复杂检索的检索策略不可能一蹴而就，例如，技术方案检索、技术主题检索，必须反复排查检索结果，逐步修正检索策略。

修正关键词的检索范围是其中一种重要手段，例如，将其限定为专利名称、摘要，或是将权利要求书、说明书也纳入检索范围。

修正检索策略时，查证修正效果最有效的手段是核查修正检索策略给检索结果带来的变化是否为良性、可接受的：检得的文献增加时，先将增加的部分单独列出，核查这些文献是

否以需要的相关文献为主，是否混杂了过多的"杂质"；相反，检得的文献减少时，先将减少的部分单独列出，核查这些文献是否以应当排除的"杂质"为主，是否混有特别相关的文献。

8.4.7　三种检索的融合

专利检索与科技文献检索、商业信息检索的方法和技巧共通。

专利申请是成本高昂的商业行为，其与企业研发、生产、销售等行为相关联。无论出于何种目的，面向行业市场或是某一竞争者，多种检索融合进行，多种情报融合分析，互为促进，效果最好。

8.5　常用检索资源

本节重点介绍免费的检索资源。

研发者和企业不应忽视通用搜索引擎（例如必应、谷歌、百度），以及各国行政、司法机关的官网（例如专利局、法院、执法机关）。

必要时，企业应采购商业检索资源和情报服务。

8.5.1　专利检索官方资源

通常，各个国家或地区专利局的官方网站提供免费的数据服务，就其所辖的专利所公布的信息无疑最具权威性、时效性。

1. 中国专利公布公告系统

中国专利公布公告系统（网址：http://epub.cnipa.gov.cn/）提供中国的专利公布公告数据查询，支持高级查询、IPC 分类查询、洛迦诺分类（LOC）查询等。

洛迦诺分类（LOC）是一种工业品外观设计注册用国际分类，其依照《建立工业品外观设计国际分类洛迦诺协定》（*Locarno Agreement on Establishing an International Classification for Industrial Design*）而确立。

2. CNIPR 专利信息服务平台

CNIPR 专利信息服务平台主要提供针对中国、美国、日本、英国、德国、法国、加拿大、瑞士、EPO、WIPO 等国家或地区及相关组织的专利检索。

3. 美国专利商标局网站

美国专利商标局网站向公众提供全方位的专利信息服务，涵盖 1790 年以来的美国专利公开文献、数据。

4. 欧洲专利局 Espacenet 网站

Espacenet 是欧洲专利局数据服务官方网站，提供 90 余个国家的、超过 1 亿条专利信息。

8.5.2　专利检索非官方资源

1. 谷歌专利

谷歌专利（Google Patents）是谷歌旗下的专利检索、分析、下载平台。

2. 专利大王

专利大王是一款移动端产品，支持在手机上用中文检索 120 个国家的 1.3 亿条专利数据，免费下载专利全文。

3. RPX 专利诉讼检索

RPX 网站提供了美国专利诉讼、涉诉产品、美国专利无效和"337 调查"等信息。

8.5.3 技术、商业信息资源

1. 天眼查、企查查等工具

天眼查、企查查等工具基于政府公开的工商注册等数据，在线提供全国社会实体的信息，可以借助此类工具查询品牌背后的企业主体、子公司、关联公司等。

2. 维基百科

借助维基百科可以查询技术发展历史脉络、企业分/子公司与收/并购、重要行业事件等。

8.6 案例

8.6.1 查新检索案例

【案例 8-1】

图片扫码技术方案查新检索案例

待查新方案是某二维码扫码技术方案，可实现"码—App 自动对应"：用手机上的特殊扫码 App 扫描二维码时，先将二维码图片拍照保存；之后，通过算法确定二维码图片对应的目标应用程序，进而利用该目标应用程序扫描保存的二维码图片，实现扫码。

使用某商业专利数据库检索，涉及以下两个命令：① "TIABC=" 指专利名称、摘要、权利要求中包含 "=" 之后的内容。② "DES=" 指专利说明书中包含 "=" 之后的内容。

1. 初始检索时确定的关键点

（1）拍摄二维码并保存图片。

（2）涉及二维码的应用程序间调用。

检索表达式①：TIABC=（应用间 OR 程序间…）AND（二维码）AND（扫描…）

检索结果：检得大量与二维码支付相关的专利。

检索表达式②：（TIABC=（应用程序）AND（二维码）AND（拍摄…）AND（保存…））AND（DES=（多）AND（扫码）AND（相册））

检索结果：专利很少且不相关。

2. 调整后确定的关键点

（1）用第一应用程序扫描二维码时保存二维码图片至相册。

（2）调用第二应用程序从相册中获取二维码图像进行扫码。

检索表达式①：（TIABC=（第一应用程序）AND（第二应用程序）AND（二维码））AND

DES=（相册）

检索结果：高相关对比文件 CN107844728A 在检索结果中排第 1 位。

检索表达式②：（TIABC=（应用程序）AND（二维码））AND（DES=（扫码）AND（相册）））

检索结果：高相关对比文件 CN112257478A 在检索结果中排第 1 位。

8.6.2　辅助研发检索案例

【案例 8-2】

"愤怒的小鸟"所涉技术方案检索

2013 年 6 月，某趟高铁列车中途被飞鸟撞裂挡风玻璃，被网友称为真实版"愤怒的小鸟"。为就飞鸟撞击列车的技术问题开发解决方案，从专利文献中寻找启示。

检索中，仅通过关键词检索，找到的专利文献数量大、"杂质"多、不系统；辅以专利分类号检索后，收效良好。

附图 8-1

以 IPC 分类号"A01M29/00"和"惊吓或驱逐装置，例如：惊鸟设备"为检索入口，可获得最相关的现有技术（可参见附图 8-1）。

A01M29/00 下设多个下位的一点组分类号如下：

（1）A01M29/06（*用可见的方式，例如：稻草人、活动元件、特定形状、图案或类似物），分类号下包括众多技术方案，例如 CN201110056646.8 涉及一种稻草人驱鸟装置。

（2）A01M29/06，该一点组下设两个两点组，即下位技术分类。

A01M29/08（**用带有特定透明度或反射系数的反射物、颜色或薄膜），分类号下包括众多技术方案，例如 CN201120558912.2 涉及一种反光镜驱鸟装置。

A01M29/10（**用光源，例如：激光或闪光灯），分类号下包括众多技术方案，例如 CN201210336721.0 涉及一种激光器驱鸟装置。

（3）A01M29/12（*用散发气味的物质，例如：香味、信息素或化学药剂），分类号下包括众多技术方案，例如 CN201320174118.7 涉及一种智能气味驱鸟装置。

（4）A01M29/14（*用热效应），分类号下包括众多技术方案，例如 CN201720956510.5 涉及一种电热式驱鸟装置。

（5）A01M29/16（*用声波），该一点组下设两个两点组。

A01M29/18（**用超声波信号），分类号下包括众多技术方案，例如 CN201220700044.1 涉及一种超声波驱鸟装置。

A01M29/20（**带产生周期爆炸声的），分类号下包括众多技术方案，例如 CN202010178020.3 涉及一种鞭炮驱鸟装置。

（6）A01M29/22（*用振动），分类号下包括众多技术方案，例如 CN201320566260.6 涉及一种振动蜂鸣驱鸟器装置。

（7）A01M29/24（*用电效应或磁效应，例如：电击、磁场或微波），分类号下包括众多技术方案，例如 CN201420188302.1 涉及一种微波驱鸟装置。

（8）A01M29/30（*防止或阻隔通路或通道，例如：通过屏障、钉状物、绳索、阻碍物或洒水的方式），分类号下包括众多技术方案，例如 CN201120473206.8 涉及一种防鸟栅。

利用关键词，可以进一步筛选出更相关的文献，例如涉及列车的文献，如下：

CN201020608850.7 公开了一种带驱鸟装置的火车，包括火车本体、带有蓄电池的太阳能板和带雷达探测器与发声装置的驱鸟器，所述驱鸟器安装在火车本体头部的外壳上，所述太阳能板固定于火车顶部，所述蓄电池、太阳能板、驱鸟器电连接。

CN201110155588.4 涉及一种高速铁路驱鸟系统，所述高速铁路驱鸟系统由安装在高速铁路上的驱鸟器和安装在高速列车上的控制台组成。高速列车上的控制台能找出车头到达时间小于规定值的所有驱鸟器，并启动数字信号发射器反复向这些驱鸟器发射特定数字信号，启动这些驱鸟器驱赶鸟类。

上述两篇文献提供了如下启示：

一是在整条铁路沿线设置驱鸟装置，在高速列车将要到达的路段启动多个驱鸟器，成本较高，但给了鸟类充足的反应时间；二是可在高速列车上设置驱鸟装置，但飞鸟来不及躲避，难以杜绝事故。

8.6.3　竞争者跟踪案例

【案例 8-3】

二手车平台竞争者跟踪案例

从随处可见的广告即可感知二手车线上交易平台竞争激烈。分析"大搜车"二手车线上交易平台的专利，除了可以了解其技术实力，还能透过技术方案解读其交易模式的发展趋向。这些情报对同行竞争者有重大价值。

实现检索需要天眼查等这类工商信息检索工具的支持。用天眼查搜索"大搜车"，可查知对应的主体是"北京搜车网科技有限公司"，在其知识产权项目下，可以发现大量商标、著作权，但没有专利。此时断定"大搜车"没有专利为时过早。

逐个核查其子公司，发现其 100% 控股的"北京车行一六八信息技术有限公司"、持股 30%的"武汉太和巽捷数字商务有限公司"、持股 20%的"金蝶汽车网络科技有限公司"都拥有专利。进一步清查其 100% 控制的二级子公司，未发现专利。此时，仍不能确定已经全面掌握"大搜车"的专利情况。

工商信息披露的"大搜车"创始人姚先生在 42 家企业任职，为多家企业的法定代表人。逐个核查其担任法人代表的企业后，发现"浙江大搜车融资租赁有限公司""杭州大搜车汽车服务有限公司""杭州搜车数据科技有限公司""杭州搜车网科技有限公司"等公司也持有专利，这些与"大搜车"有关联的主体很可能会一致行动，即因利害相关，会共同进退。

此外，姚先生名下还有另外一个二手车交易品牌"车易拍"，与之关联的"车易拍（北京）汽车技术服务有限公司""北京巅峰科技有限公司"等公司也拥有专利。这些公司也可能会与"大搜车"一致行动。

就姚先生担任股东的公司，核查情况不再赘述。

至此，通过工商信息掌握了大量与"大搜车"相关联的专利权人。此时，再通过专利数据库做相关人检索，就可以较为全面地掌握相关专利信息。

8.6.4　外观防侵权检索案例

↘【案例 8-4】

跨境电商爆品外观防侵权检索案例

附图 8-2

　　某厂商计划生产用于宠物驯养的亚马逊爆款产品[15]（可参见附图 8-2）的类似产品，并在亚马逊平台上经销。该厂商准备先排查外观设计侵权风险。

　　外观设计侵权的特点通常是：生产和销售构成侵权，购买和使用不构成侵权。综合亚马逊跨境销售流程、相关国家司法保护环境等因素，得出的结论是：考虑到影响大、赔偿额高等方面，权利人在美国展开维权最有可操作性。

　　该厂商决定先排查美国外观设计侵权风险。

　　对外观设计不能基于技术特征提炼关键词来排除文献"杂质"，只能利用分类号、相关人、外观设计名称等有限字段。之后只能进行人工比对筛选。

　　基于外观设计侵权的特点，在不考虑局部外观等特别情形时，某一产品通常只落入与其最相近的外观设计的保护范围，不会同时侵犯多件外观设计权。因此，外观设计的防侵权检索重在查准。

　　因此，上述厂商应首先排查产品生产商 "Shenzhen Dogcare Innovation & Technology Co., Ltd."。在美国专利商标局官网检索发现，该生产商拥有 8 件美国外观设计。进一步检索发现，其中的 D884994（Pet Training Receiver）、D884995（Pet Training Controller）与该厂商产品高度相关。

第9章

从专利挖掘到专利授权的工作步骤

阅读提示

对于研发者，本章属于一般内容。

本章针对的是首先在特定国家，例如中国，就技术成果申请专利的典型情形。其他情形下可能涉及技术管制的特别要求，可参考第 18 章相关内容。

9.1　宏观工作阶段

根据两个关键时间点可以将专利挖掘到专利授权的全过程划分为三个阶段，如图 9-1 所示。

图 9-1　专利挖掘到专利授权的工作阶段

由图 9-1 可以看出，两个关键时间点是专利技术提案获批日和提交专利申请日。三个阶段分别为：

（1）提案阶段，主要实体工作是专利挖掘和专利布局。

（2）专利申请准备阶段，主要实体工作是专利撰写。

（3）专利审查阶段，主要实体工作是专利审查答辩。

在这三个阶段之外，还存在两个工作分支：淘汰案件管理、分案管理。

9.2　提案阶段

提案阶段始于发明人挖掘专利技术提案；止于提案获得申请人认可，决定就该提案提交专利申请，或者提案终止。

提案阶段的主要实体工作是专利挖掘与专利布局，实体成果输出是专利技术提案。

提案阶段的程序控制关键点在于提案的审核批准，确保只能是适合的提案才可以申请专利。而企业的专利活动以获利为目的，所以最适合的技术提案一定是具有给企业带来最大商业利益前景的提案。

9.2.1 提案的提出

专利技术提案由发明人依程序向专利部门提出。

发明人、专利部门应特别注意提案的时限控制。例如，倘若企业产品上市或参展等商业活动可能导致相关技术在特定时间向公众公开，则须确保在该时间之前完成专利申请的提交。而从提出技术提案到专利撰写完成达到提交要求，通常需要数月。

技术提案主要包括《技术提案说明书》和《提案评价表》。

1.《技术提案说明书》

《技术提案说明书》由发明人填写，用于说明发明人挖掘出的技术方案。

企业可以以面向专利撰写的《技术交底书》替代《技术提案说明书》。一方面，《技术交底书》包含的内容比《技术提案说明书》更为详尽；另一方面，直接使用《技术交底书》可以避免日后的重复劳动。

在提案提出阶段，发明人按照提案审核的最低要求填写《技术交底书》中必要的部分即可，提案通过后再将《技术交底书》填写完整，以免浪费工时。

以《技术交底书》（见附录 2）为例，可以要求发明人必须填写的问题，例如问题 1—问题 7、问题 12。在满足审核要求的前提下内容可以从简。例如，对"注意事项"中有关英语词汇须给出中文翻译的要求、提供术语解释的要求、提供技术背景的要求、对任何附图均必须提供详尽文字说明的要求，可以适当放宽。但是，"注意事项"中禁止一词多义、多词一意义类似的要求须严格遵守，否则将给后续工作造成麻烦。

2.《提案评价表》

《提案评价表》（见附录 3）是提案评审管理工具。其中就流程控制而言，时限、保密、公开的相关要求最为关键。

《提案评价表》由发明人完成初始填写。发明人应力所能及地提供初步参考信息，主要包括发明人对提案的估值、对专利布局的考虑。就填写的完整度而言，可不对发明人设硬性要求。后续工作中，《提案评价表》应由专利部门填写完整，由发明人提供技术支持。

《提案评价表》中应包括对提案新颖性、创造性的评估，可以附《查新检索报告》。

9.2.2 提案的完善

专利部门应对提案加以系统管理，分配案号并存档。这是专利全生命周期管理的正式起点。

专利部门收到提案后，应先核实处理时限，例如，是否由于企业商业活动，要求就提案技术在特定时间前完成专利申请的提交，据此判断是否需要设定特别时限和加急处理要求。关于处理时限，可将发明人已经填写的内容作为线索，但注意不应认为发明人已经提供了全部线索，应依程序向各相关部门做全面核查。

专利部门应在发明人的配合下对提案做好审核准备。工作主要包括：完成《提案评价表》，做必要的查新检索、创造性评估。查新检索应覆盖企业准备提交和已经提交的专利申请。

完善提案的目标是使之适合申请专利，能使其商业价值最大化。该过程中，提案的技术方案可能经历反复修正，因此对创造性和价值的评估也应做必要修正。并且，专利部门应做好对文件版本和更新的管理。

专利布局对专利价值的影响应考虑在内。

专利部门应将专利申请的总量控制在最符合企业商业利益的尺度之内。依据该尺度，在技术提案中择优选拔进入审核。被淘汰的提案纳入淘汰案件管理工作。

9.2.3 提案的审核

经由提案审核，企业确定是否就一件技术提案付诸专利申请。

提案审核由专利部门组织完成。具备条件的企业大多会组织相关部门做提案评审，专利部门参考评审意见做最后决定。

参考《技术提案说明书》和《提案评价表》，依法律属性和价值属性两条线索展开提案审核。专利的三个基本属性中，技术属性已经隐性地融合在法律和价值两个维度中，不必单独设置技术评价维度。

法律维度的评价较为单纯，宜首先进行：先排除不属于专利保护客体的提案，进而排除明显不具备创造性的提案。也就是说，在法律维度，仅对提案做出是否通过评估的结论，不必对创造性高低做出更细化的评价，不必评出优、良、中、差，或者评定分数。就专利保护客体而言，因各国的规定并不统一，不应只按照某一国家的标准做出判断，相关国家的标准均应被纳入考虑。

价值维度的评价应更为细致，在诸多提案中就预期价值的高低做出横向比较，选出适当数量的预期价值较高的提案去申请专利。

对一件技术提案应申请专利实现保护还是作为技术秘密实现保护，是价值维度的评价内容。但是，鉴于该项评价较容易完成，应提前至创造性评价前进行。

由于企业在主营业务领域之外实现专利价值的难度很大，不涉及主营业务的提案通常不应考虑，除非提案确有可能以其他方式带来实质收益。例如，某些提案并不涉及主营业务的技术领域，但是倘若其形成的专利可能对企业重要的竞争者、合作商有制约作用，从而可以成为企业就主营业务与其进行利益博弈的重要筹码，也应认为该提案与企业主营业务存在实质关联。

依照程序，专利部门应负责对通过审核的提案核定其所申请的专利类型，将其转入相应的申请准备流程，落实代理机构委托、发明人完善《技术交底书》等事项；将未通过审核的提案纳入淘汰案件管理工作。

9.2.4 发明专利和实用新型专利的申请选择

本节仅讨论就技术提案申请中国专利时，如何在发明专利和实用新型专利之间做选择。

就实现专利保护而言，发明专利和实用新型专利各有长短，不存在价值高下之别。例如，2007 年 9 月，浙江省温州市中级人民法院就侵犯实用新型 CN2322256Y 专利权之诉下达（2006）温民三初字第 135 号判决，判赔额为 3.348 亿元，创下了中国专利侵权判赔额最高纪录，详见［案例 11-4］。此外，也可参考［案例 7-5］。

就发明专利和实用新型专利之间的选择，应做如下考虑。

首先，应确定提案技术方案是否属于实用新型专利所保护的客体，是否属于机电结构类技术方案，若不属于，只能申请发明专利。

其次，应当预估该技术的价值寿命，即具备专利保护商业价值的年限。倘若可确定相关技术在远小于 10 年的时间内即会被淘汰，则应优先申请实用新型专利以节约成本。

再次，倘若技术方案在创造性方面令人担忧，应优先申请实用新型专利以提升权利稳定性。

最后，做综合考虑。尤其当技术提案中同时包括适于申请实用新型与不适于申请实用新型的技术方案时，应权衡各项因素，决定是申请实用新型专利还是发明专利，或是两者同时申请。

9.3 专利申请准备阶段

专利申请准备阶段始于提案通过审核并启动专利申请的准备，止于专利申请的提交。

专利申请准备阶段的实体输入是专利技术提案，成果输出是专利申请文件。

专利申请准备阶段的程序控制关键点在于是否给出提交专利申请的最终指示。企业应通过这一控制确保提交的专利申请是适宜的。在中间过程中，倘若发现技术提案确实不适宜申请专利，应及时终止该案件，将其纳入淘汰案件管理工作。

通常，企业将案件委托给代理机构之后，代理机构会对案件设立流程管理，包括提醒企业按照合理节奏配合完成各项工作、在合理时限内就案件处理给出必要指示。当某些行动直接影响企业的利益时，例如，可能产生费用，代理机构应要求企业给出授权或指示，并且确认后方可行事。企业作为委托人，应参考代理机构的建议做出决策，指示代理机构完成相应工作，对工作给予配合。

9.3.1 代理机构委托

企业应委托代理机构处理专利事务，以兼顾经济性和专业性。

1. 建立委托

委托之前，企业需先确定使用哪家代理机构或者曾有合作但已经中断的代理机构，先确认不存在利益冲突，再谈判议价、签订委托协议。

利益冲突也称代理冲突，指代理委托人行事的专利代理或法律服务机构为存在利益冲突的两个或多个当事人提供服务。这种存在利益冲突的代理行为受法律严格禁止。例如，在一桩诉讼中，一名律师不得同时代理原告和被告。

尽管专利代理不直接涉及正面冲突，但诸多较为谨慎的委托人仍会严格防范可能发生的利益冲突。

2. 代理工作方式

自提交专利申请至专利授权，最终到专利失效，代理机构就形式程序控制负全面责任，专利局与申请人通过代理机构互动。这主要体现在以下几方面：

（1）协助申请人准备合乎形式要求的各式程序性和实体性文件。

（2）在规定的时限内将所需文件、费用提交至专利局，提醒申请人做好配合。

（3）将专利局的通知等官方文件转达给申请人，提供必要的专业解释和建议，协助申请人做出处理。

其中，上述程序性文件也常被称为形式文件包括，专利申请的请求书、证明申请人及发明人身份的证明文件、证明代理关系的委托书、证明申请人取得权利的证明文件、完善证据形式的公证认证文件等；实体性文件指专利文件，包括说明书、权利要求书等，其中包含实质性技术内容。

就专利局下达的官方文件，应对工作通常包括在规定的期限内向专利局提交特定文件、答辩意见及缴纳费用。代理机构应按申请人的意图协助完成上述工作。如果是复杂工作，可能要在申请人与代理机构之间经多轮互动方能完成。

3. 案件委托

对于在本国提交专利申请，涉及申请文件撰写而不涉及申请文件翻译的，申请人应提前3 个月以上完成委托并提供《技术交底书》。

申请人确需加急时，处理时间可以压缩，但这不利于保证实体文件的质量，并可能导致额外成本。

如果时限紧张，代理机构不能完成全部文件时，可先提交必需的文件，随后补交其余文件。注意，补交文件可能产生额外的官费和代理费。

委托代理机构时，代理机构通常会与企业主动确认专利申请的提交时限。

9.3.2 专利撰写

专利撰写在代理机构的流程控制下，由专利代理师以企业提供的《技术交底书》为基础，在企业相关人员和部门的配合下完成。

撰写完成的申请文件应通过企业核准。

企业方面的工作由专利部门总负责。作为发明人的研发者在专利部门的协调下提供技术支持，通常包括应专利代理师的要求完善《技术交底书》、补充技术资料、澄清技术问题。发明人还应力所能及地向专利代理师介绍专利保护的意图、希望达成的保护效果。最终，发明人要对撰写完成的专利申请文件给出技术角度的审核意见。

专利部门对撰写完成的专利申请文件做最终的全面审核，其中发明人的意见具有重大参考价值。

通常，撰写完成的专利申请文件，其保护范围将与原提案的预期有出入。专利部门认为差别过大时，可能需要重新做价值评估、创造性评估等。具体操作与技术提案审核类似。

对于审核通过的申请文件，应确认申请文件定稿，撰写工作完成后，进入提交准备阶段。

在中间过程中，倘若发现技术提案确实不适宜进行专利申请，应及时终止案件，将其纳入淘汰案件管理工作。

9.3.3 其他准备工作

其他准备工作主要涉及形式文件及其他程序性准备工作。该工作可以与专利撰写并行。

代理机构会对需要准备和提供的事项提前向企业做出具体、完善的说明。专利部门负责配合代理机构完成这些准备工作。

9.3.4　专利提交

一般情况下，企业可以将提交专利申请的指示与申请文件的定稿确认合并，即一旦做出申请文件定稿确认，视为代理机构也获得了提交指示，即可提交专利申请。

企业也可以要求在申请文件定稿之后，代理机构再行等待至企业给出提交专利申请的单独指示。代理机构得到指示后再提交专利申请。

如无特别原因，企业不宜要求提早公开专利申请，不宜要求加快专利审查以提早授权。通常，推迟专利公开，专利申请经由正常程序、受到充分审查后获得授权，对权利人较为有利。

企业就中国境内完成的发明和实用新型，完成撰写并提交中国专利申请的，应一律主动提出保密审查请求。此操作不产生费用，并且利于企业随后以合乎国家技术管制要求的方式顺畅实现在其他国家的专利布局。外观设计不涉及保密审查。

不同国家的技术管制要求各异，企业应咨询代理机构，确保以合规的方式处理专利申请，以避免重大法律风险。

9.3.5　他国专利申请

在完成专利文件撰写并在本国完成首次专利申请后，申请人可以以该首次申请为基础，通过 PCT 国际申请，或者主张优先权的国家申请，实现在其他国家的专利地理布局。首次申请也可以是 PCT 国际申请。

就在国内完成的技术成果向国外申请专利之前，申请人应当先通过保密审查的核准。代理机构应帮助申请人确定相关事项，确保操作合规。

在其他国家申请专利时，应委托本国代理机构处理，本国代理机构再行委托目标国的代理机构。这种双重代理方式可实现工作质量、可靠性、经济性的最大平衡，是普遍采用的成熟方式。在功能上，可将国外代理机构视为本国代理机构向海外的延伸，企业作为委托人只需要面对本国代理机构，免去了面对国外代理机构的诸多不便。

跨国申请非常复杂，语言、法规、制度、操作多因国家而异，确有双重代理的必要。这也是为了顺应不同国家司法管辖上的要求。

委托外国代理机构时也有利益冲突问题，通常由本国代理机构依惯例解决而不给申请人带来影响。

相较于在本国提交专利申请，跨国提交专利申请呈现诸多不同之处。

首先是申请文件的准备。尽管已经有本国申请文件，但一般还需要将其翻译成目标国的官方语言。有时，申请文件需要经历两次翻译。例如，中国申请人准备在伊朗提交专利申请，由于伊朗的官方语言为波斯文，而中国代理机构不具备波斯文的翻译能力，伊朗代理机构不具备中文翻译能力，只能将中文申请文件翻译成英文，再由伊朗代理机构依据英文完成波斯文翻译。中国代理机构只需要做一次英文翻译，可以将同一英文文本提供给各国外代理机构，用于在该国提交专利申请。

其次，因各国专利制度在操作层面存在差别，对用于各国的申请文件常需要做适应性修改。当申请文件的修改需要由申请人确认时，则需要由国外代理机构发给国内代理机构，再由国内代理机构转给申请人确认，申请人确认之后按原路径返回指示。注意，有些工作可能需要多轮沟通方能完成，周期较长，所以应为跨国申请工作预留充足的时间。

另外，形式文件办理也需要较长的周期，规定因国家而异且可能不定期更新。因此，尤其对于申请频率不高的国家，在办理形式文件前，需要先请外国代理机构提供最新版本的形式文件。另外，一些国家对于跨国形成的证明文件有领事认证要求，即要求通过外交渠道对域外证据追加认证，这需要额外时间。如果两国之间不存在外交关系，可能还需要通过与两国共同存在外交关系的第三国做认证，则时间更长、成本更高。

有时，甚至会出现由第二国代理机构再中转委托第三国代理机构在第三国办理业务的情形。例如，某中国企业需要在尼泊尔处理专利事务，但是国内代理机构并不掌握尼泊尔的可靠专业资源，且存在语言文化差异等多重沟通障碍。此时，国内代理机构可以委托合作较多的印度代理机构，由其再委托熟悉的尼泊尔代理机构来办理。

因此，申请人计划在其他国家申请专利时，应在咨询代理机构的基础上，及早决定，并确定目标国家。对于发明专利，以提前 4 个月向代理机构发出指示为宜；对于外观设计，以提前 2 个月为宜。

通过不同的专利申请渠道，例如，经由 PCT 国际申请或主张优先权提出国家申请，可以覆盖的国家以及提交申请的时限存在复杂变化，申请人应提前咨询代理机构。

9.4　专利审查阶段

专利审查阶段始于专利申请提交，止于专利授权或专利申请被放弃。其中，放弃包括主动放弃和被迫放弃。

在专利审查阶段，对答辩的质量控制是企业管控的关键点。

专利审查阶段的实体输入是专利申请文件；倘专利获得授权，成果输出是专利。

专利审查阶段的中间过程中，倘若发现该专利申请确实不适宜继续下去，应及时终止，将终止的案件纳入淘汰案件管理工作。

9.4.1　形式问题

专利申请满足基本形式要求的，专利局予以受理。

专利申请存在形式或程序性缺陷且可以补救的，专利局会下达补正通知书等文件，要求申请人在一定期限内加以弥补，例如缺少委托书等形式文件、缺少发明人信息等。

代理机构应协助申请人解决这些问题。

9.4.2　实体问题

在实质审查中，审查员会就专利申请的实体问题下达审查意见。其中，最典型、最常见的实体问题是创造性问题。申请人应在规定期限内对审查意见加以答复，为专利授权扫除障碍。

企业作为申请人、委托人，具体工作由专利部门负责。

收到由代理机构转达的审查意见后，企业的专利部门应先参考代理机构的建议做初步评估，以确定是否答辩。放弃答辩意味着放弃该专利申请。当认为专利申请具备一定授权前景、商业前景时，则不应放弃，可以指示代理机构拟出答辩意见。

确定答辩策略时，还应综合考虑审查轮次和历史，评估剩余的答辩机会和驳回可能性。代理机构拟出的答辩意见经企业审核认可后，提交专利局。

与专利申请文件撰写的审核相似，涉及技术的工作，由作为发明人的研发者在专利部门的协调下完成，包括应专利代理师的要求澄清技术疑问、补充技术资料。此外，发明人还应发挥技术特长，力所能及地结合专利保护意图、希望达成的保护效果，向专利代理师提出优化建议，例如创造性问题的答辩思路、权利要求的修改方式。发明人应对代理师的答辩意见从技术角度给出审核意见。

专利部门对答辩意见做最终的全面审核，发明人的意见有重大参考意义。除了审核答辩意见是否恰当，尤其当预期的保护范围变动时，专利部门还应核查原保护意图是否仍能实现，是否仍能够达成预期保护效果。当产生实质变动时，专利部门需要对权利要求重新做价值评估，评估方式与技术提案审核类似。

倘若在中间过程中认识到专利申请确实不适宜继续，专利部门应果断终止案件，将其纳入淘汰案件管理工作。

9.4.3 主动修改

通常，各国专利局允许申请人对专利文件做出主动修改，但是对修改的时机、方式存在不同限制。

企业认为有必要做出主动修改的，应咨询代理机构，确认是否可行、是否有利。代理机构认为有必要做出主动修改时，应提出建议。

企业应对主动修改的方案进行审核，方式与对审查答辩意见、专利申请文件撰写的审核类似。

9.4.4 驳回复审及司法救济

当审查员认为专利申请不满足授权要求，且程序允许时，可能驳回专利申请。申请人可以提起复审以进行救济，倘若复审不成功，后续还有司法救济。

对于是否运用复审、诉讼等救济手段来挽回专利申请，企业申请人应参考代理机构的意见，做全面评估，具体由专利部门负责。

作为救济手段，复审、诉讼的成功率低、成本高。专利部门应将这些因素纳入考虑，审慎决策。因为诉讼成本极高，就专利驳回提起诉讼的案例很少。

以专利驳回为例，从实体角度，驳回决定与审查意见实质相同。最常见和最典型的驳回理由是创造性缺陷。相应地，从技术和实体问题的角度，专利部门和发明人所做工作与审查答辩的实质相同。

从程序角度看，操作层面的工作主要由代理机构负责，对于企业，其与审查答辩的处理类似：对驳回决定做初步评估，当确定有必要动用后续救济手段时，指示代理机构启动相应工作；在正式提起复审请求之前，企业对代理机构拟出的复审请求应做全面审核。

9.5 淘汰案件的管理

自专利挖掘至专利授权的过程中，会有一定比例的提案或专利申请由于各种原因被淘汰而纳入淘汰案件管理工作。

对淘汰案件实现系统性管理并不意味着对淘汰案件单独设置专门管理系统。淘汰案件的系统性管理应当与企业对技术、知识产权、知识的总体管理体系有机融合，包括其中的流程、资料数据库，配合实现总体功能。

淘汰案件管理工作由专利部门负责，必要时协调技术、业务等部门提供支持。

9.5.1 系统管理

专利技术提案提交至专利部门后，应当将其纳入管理体系，作为技术资料以统一的形式存入资料数据库，依照程序流转。技术提案顺利完成专利申请并获得专利，或者其在某一环节被归入淘汰案件，意味着案件在总的管理体系中流转进入了不同的流程分支。

案件被淘汰仅意味着相关技术不适宜申请专利，未必意味着其不具备价值或不能为企业做出贡献。因此，对于淘汰案件应当做甄别，区别处置。

可将淘汰案件归为四类：待处理案件、技术秘密案件、积极公开类案件、放任类案件。

9.5.2 待处理案件

对进入淘汰案件管理流程的案件，统一归入待处理类别，按技术秘密采取保密措施。

专利部门应对待处理类的技术方案及时甄别，将案件转入适当类别加以处置。

甄别工作涉及对案件技术信息的公开状况做出评估。

对于暂时无法归类的、有可能重新用于申请专利的案件，可保留在待处理类别中，并且定期刷新甄别，直至可以将其归入其他类别或者返回专利申请程序。

9.5.3 技术秘密案件

待处理类的案件，经甄别应当成为技术秘密的，转入技术秘密管理程序。

已经公开的，包括已经申请发明专利且经过申请公开才被淘汰的，不能构成技术秘密。

9.5.4 积极公开类案件

对于待处理类的案件，经甄别，既不适合申请专利又不应作为技术秘密加以保护，而且他人可能就此获得专利并对本企业造成不利影响的，应归入积极公开类案件，安排做出有效公开，使其成为公知技术。

对相同或相关技术，企业仍在做专利申请的，不应归入积极公开类案件。

归入积极公开类案件并已经公开的，应系统存档，除相应技术资料外，还应包括公开的时间、方式、查证方式。存档的内容和形式应当确保未来在解决相关争议的司法或行政程序中能够实现充分举证。

完成上述工作后，不再为其耗费额外的管理资源。

9.5.5 放任类案件

对于待处理类别中的案件，经甄别，既不适合申请专利又不应作为技术秘密加以保护，而且他人不可能就其获得专利，或者即使获得专利也不会对本企业不利的，应归入放任类案件，仅做存档，不再为其耗费额外的管理资源。

原则上，对放任类技术方案，不加保密管理，但也不提倡积极公开。

对于已经申请了专利，且经过专利申请公开后方被淘汰的技术，应归入放任类案件。倘若企业还申请了相关同族专利，应在该项存档记录中加入相关信息，并设标记。

对于获得或曾经获得专利权，被宣告无效或因其他原因失效的专利，应在专利管理系统中管理，而不应将其归入放任类案件。

9.6 分案管理

9.6.1 提前分案策划

有经验的企业出于专利布局策略，对于具备条件和价值的关联技术提案，可能自提案审核开始即主动做出分案的策略安排。

提前规划分案时，还应研究相关国家的分案规定，应在规定允许的范围内做规划。企业应从代理机构取得必要的专业支持。

提前规划分案的主要目的和优点在于，可以根据专利申请实质审查的进展和市场形势，有弹性地适时提出储备的权利要求，争取最理想的保护范围。

为此，应在原始专利说明书中充分预埋权利要求和支持性内容。否则，不足以完善地支持分案，难以达成目的。

对于这种分案策划，可以视为将应当形成布局的多件相关联的专利申请合并撰写成一件专利申请来提交。

从程序控制的角度，应对这种专利申请施加特别标记、特别追踪，以捕捉时机启动分案。

9.6.2 临时分案策划

临时分案策划，指专利申请提交前没有分案策划，但后来因故需要提交分案的情形。

在程序允许的范围内，申请人认为有可能通过分案再获得有价值的保护范围，则应当提出分案。相应的评估和操作应当依靠代理机构提供专业支持。

典型情况有：专利申请被认定存在单一性问题，只能保留部分权利要求；专利申请被驳回或授权范围不理想，例如申请人出于尽快获得授权的需要，在实质审查中暂时先放弃了一些保护范围。

对专利提交后可能出现的分案需要，应通过制度和程序加以监控。捕捉到这种需要时，应启动分案评估，然后做出决策、落实执行。

分案必要性的评估可参照技术提案的评估进行。

第 10 章

专利挖掘

阅读提示

对于研发者，本章属于重要内容。

10.1 原则和策略

专利挖掘，指为了申请专利，将技术成果中适宜申请专利的技术方案抽离出来形成专利技术提案。

10.1.1 保密划界

保密划界是确定哪些内容可以公开、哪些内容不能公开的原则。

应注意，对公众可以正当获得的有形、无形产品进行拆解、研究、反向工程即可获知的技术，也属于公开技术。

专利申请的内容会被公开，所以不希望公开的内容不应被写入专利文件。

研发者、专利部门在专利挖掘、布局、撰写的全过程中，应始终注意规避保密内容。

对于保密内容的范围，有必要在发掘出的现有技术（例如，通过检索等手段）、公开信息的基础上做出修正，以防将已经公开的信息错误认定为保密内容，使专利挖掘、布局、撰写受到不恰当的限制。修正是否恰当，应由专利部门组织认定。

保密划界分为被动、主动两种情形。

1. 被动情形

企业掌握的某些技术内容尽管当前仍处于保密状态，但其可能被公开或被他人申请专利。此时，倘若适宜申请专利，企业将不得不因此而被动将之申请专利。

倘若将被公开的信息与企业掌握的保密技术并不相同，但将前者结合现有技术可以显而易见地推知后者，也会使后者的保密状态受到破坏，这也属于应当申请专利的情形。

例如，企业秘密开发的新产品，计划于某日向代工厂交付技术资料以便由其生产。由于交付技术资料之后，泄密风险大幅上升，因此对通过研究技术资料，或对产品加以拆解、研究、反向工程可以获知、推知的技术，并适宜申请专利的，宜在交付日之前完成专利申请提交。

又如，企业掌握着某技术秘密，但由行业动态推知他人可能很快会掌握该技术，并且可能申请专利或加以公开，如此将对己方非常不利；如果己方先申请专利，则于己方有利。此时，企业应考虑及时申请专利。

2. 主动情形

倘若企业认为基于自己掌握的技术秘密申请专利更为有利，则可以主动将其申请成专利。

企业认定某竞争者将要利用某项技术秘密开展商业活动，相关活动不导致技术秘密公开。倘若己方基于该技术秘密获得专利，能够有效地制约该竞争者，则可以考虑如此行事。

10.1.2　价值筛选

"适宜申请专利"的判断宜从法律和价值两个维度来理解。

（1）法律维度。此为基础条件，要求技术提案是技术方案，属于专利保护的客体，并且具备基本的创造性。

（2）价值维度。此为筛选条件，要求技术提案具有为企业带来最大价值回报的前景。

专利的技术属性隐性地融合于法律和价值两个维度之中。

对一项技术成果做专利挖掘时，满足法律维度基础条件的技术方案很多，对应于大量提案。而申请专利的成本很高，企业只能进一步按价值维度的筛选条件筛选出少数最优技术方案去申请专利。

保密划界是价值维度的问题，出于操作可行性的原因，宜最先加以考虑。

本章后续部分重点介绍法律维度。关于价值维度方面，可重点参考 6.5 节相关内容。

10.1.3　主业关联

技术提案应具有潜在商业价值，其价值实现应与企业当前或未来主营业务有实质关联。企业运营与主业不相关的专利而实现利益的可能性很低。

某些技术提案并不涉及主营业务的技术领域，但是倘若其形成的专利可能对企业重要的竞争者、合作商有制约作用，从而可以成为企业就主营业务与其进行利益博弈的重要筹码，也应认为该提案与企业主营业务有实质关联。

当研发者对主业关联的认定存疑时，应向专利部门求助。

另外，尽管一些技术方案与企业主营业务没有实质关联，但确实具有取得极高收益的前景，此时也可以考虑提出技术提案。

10.1.4　操作方便

操作方便，指专利挖掘也应考虑侵权举证、专利维权的可操作性，利于权利人维权、获利。

从不同角度提炼的技术成果中的技术方案，可能均能获得专利授权，但其存在举证、维权可操作性的差别，保护效果、专利价值相应存在区别。

例如，某种已知物质的新生产工艺，最直接反映技术成果的技术方案是该生产工艺。然而，生产工艺形成的方法专利，维权可操作性较差，保护效果不及产品专利。对产品专利的

保护可以向下游产品传导；而对方法专利的保护通常仅止于方法的实施，对产品生产方法的保护可以延及直接获得的产品，但不向下游传导。所以，如能就新生产工艺增加对应的产品权利要求，即由该生产工艺获得的产品，则通过产品专利保护向下游传导的特性扩展了维权可针对对象的范围，提升了维权可操作性，利于专利的价值实现。

但是，上述生产工艺权利要求和相应的产品权利要求还存在取证可操作性差的缺陷。视具体情况而定，有可能存在特别的专利挖掘思路：尽管该物质是已知的，但是当采用新生产工艺生成该物质时，有可能在产出物上形成独特印记，例如特定含量的特定残留物，呈现特定微观结构、晶形、纹理、颗粒度、色泽、透明度、外观，就特定检测方式，可能呈现特定结果。充分挖掘这些独特印记，则有可能使新生产工艺生成的物质获得更牢固的产品专利保护，同时提升举证、维权的可操作性。

10.1.5 攻防兼顾

专利可分为防守型和进攻型两种，其中部分专利可能兼具攻防两种特性。

防守型专利也称保护型专利，用于对己方技术构筑专利壁垒以形成保护，阻吓他方实施己方技术，或者防止被他方抢占后限制己方。

进攻型专利也称扼制型专利，通过控制他方可能实施的技术，扼制他方行动。扼制型专利的挖掘依赖对他方或行业技术动向的跟踪，针对可能的技术发展方向迅速基于二次研发形成专利布局。

企业的专利挖掘、专利申请应攻防兼顾：保护型专利应占总量的七八成，其余为扼制型专利。较为激进的企业，可能上调扼制型专利的占比。

绪论中的［案例0-1］是典型的扼制型专利布局案例。

10.1.6 宁滥勿缺

对于研发者，建立专利挖掘的基本概念后，在大方向正确的前提下，宜坚持宁滥勿缺的原则，确保有良好前景的技术提案不被错过。专利部门进行筛选，做好专利申请总量控制即可。

10.1.7 基础查新

专利申请之创造性的支撑，以发明人对创造性的基本认识、对现有技术和技术提案的了解为基础，依靠专利代理师以权利要求书的层次布局而构建。技术提案评估过程中，倘若做查新检索，可以查漏补缺。

查新检索时，应将申请人还未提交专利申请的在先提案和已经提交的在先专利申请也纳入考虑。

针对该查新检索，不应对检索深度、范围、质量做过高要求，不应耗费过多人工，否则将给企业带来过重的负担。

查新检索的有效工时应控制在2小时至4小时。

10.2 专利能力要求

10.2.1 研发者

研发者应了解技术方案的概念，对保密划界、创造性、专利价值有原理性了解，能够在专利部门的指导和支持下完成专利挖掘。

就法律维度而言，重点和难点在于创造性，对研发者的最低要求可以降至仅掌握 10.6 节相关内容，不必掌握创造性的概念及审查原理。

就价值维度而言，最低要求在于，研发者对 6.5 节，尤其是 VEMAR 公式及其中的 E、M、A、R 因数有概念性了解，能够在专利部门的帮助下以其原理指导专利挖掘，不强求按公式展开实际计算。

倘若研发者主动取得更高的专利能力，将使专利工作事半功倍。

10.2.2 专利部门

专利部门应从法律和价值维度对专利挖掘等事项深入掌握，对技术的掌握足以支持专利工作的完成。

专利部门应能从各相关部门获得充分支持，例如技术、业务、财务部门。

10.3 挖掘的实体抓手

专利挖掘的实体对象是技术方案。技术问题是技术方案的题眼、提案挖掘的抓手、引导技术发明和创造性评价的"牛鼻子"。

发明的目的是解决特定技术问题。对解决技术问题所依赖的技术手段、技术特征加以梳理，即可勾勒出技术方案，从而完成挖掘。

发明的过程和特点各异，以技术问题为抓手时，有正抓、反抓之别，还有牵连变化。

专利保护的客体是技术方案。但是在技术提案阶段，可将技术方案、技术手段混同，不加严格区分。在专利撰写阶段，专利代理师可以在发明人的配合下将技术手段完善成适于专利申请的技术方案。

专利挖掘和技术发明这两个过程也会混同。本章述及的一些思想、方法、原理对两者都适用。通常，专利挖掘在后，但也存在其与技术发明同步、融合进行的情形。专利挖掘会启发发明人，推动发明趋向深入、完善，产出新的技术方案，使发明成果的维度、层次更丰富。

诸多成功的发明和专利挖掘并不归因于本节介绍的抓手效应。本节仅向研发者提供启示，而非束缚。

10.3.1 正向抓手

以技术问题为正向抓手，是技术发明、专利挖掘的主流思路。技术问题提炼得好，可以为挖掘好的技术提案、做出好的发明提供理想的起点。

技术问题对技术发明的引导作用已经在 7.5.2 节中有所阐释。

专利挖掘的相应思路是，面向技术成果，从系统性地梳理其解决的技术问题出发，尤其是研发项目所针对的技术问题。技术问题与未被满足的需要、技术困难均有实质关联，可以以这些概念为辅助，一并梳理。

特定技术问题的解决对应于特定技术效果的达成。所以，还可以将技术问题与技术效果对应着一并梳理。

技术问题常常是分层次的系统：从总的技术问题可以分解出不同层次的技术问题，这些不同层次的技术问题之间常常有逻辑关联。从不同的角度做系统性梳理，常可以确定多个、多组技术问题。

围绕解决特定技术问题、达成特定技术效果提炼出相关技术特征、技术手段及技术方案。技术提案需完整地对技术方案及其达成的效果、解决的问题做清楚说明，本领域内的普通技术人员能够参照该说明成功实施。

还可以扩展思考维度来引导研发或专利挖掘，例如就特定技术问题而言是否还有不同路径的解决方案，其他场景、领域中是否存在类似的技术问题也可以用发明技术方案的思路来解决。

10.3.2　反向抓手

技术发明、专利挖掘并非总是从提炼技术问题入手。发明人也可以从技术方案、技术手段或技术条件出发寻找技术问题，为它们找到合适的用途。如此，技术问题就成为完成技术发明或专利挖掘的反向抓手。

例如，发明人掌握了某种不为公众所知的新颖技术方案、技术手段，了解其特性后，为其找寻用途，即可以解决的技术问题。

又如，尽管面对的是已经为公众所知的技术方案、技术手段，但发明人认为它们的功能尚未得到充分的认识和开发，于是通过探索找到其新的功能和所解决的技术问题，从而完成了新发明，例如已知药品的二次用途发明。

再如，发明人并没有刻意以技术问题为引导，例如，仅通过偶然发现完成了发明。

在发明过程中，当技术问题尚不明确时，可作为反向抓手起作用；技术问题逐渐明确后即成为正向抓手。

10.3.3　牵连抓手

事物是普遍联系而非孤立的。解决特定技术问题的过程中，尤其在技术改进的动态过程中，也会从不同维度引出其他技术问题。以技术问题为抓手引导研发或专利挖掘时，这种效应即为牵连抓手。

牵连技术问题的成因在于事物的普遍联系，某一部分的改进或变化将影响到各关联部分乃至整个系统的表现，产生各种维度的关联变化：一种是产生正面效果，使系统某些性能有所改善；另一种是产生负面效果，使系统某些性能变劣；还有一种可能是效果难以评价。这些影响还可能波及下游和上游。

追踪这些变化、影响、效果，由此挖掘出的技术问题即可成为新的技术发明和专利挖掘的抓手。

10.4　专利挖掘的形式指引

本节列出几种典型的发明形式，以为技术方案挖掘提供指引。需要说明的是，并非所有技术发明或提案均能归入以下类型。

典型的发明形式有：组合发明、选择发明、转用发明、新用途发明、要素变更发明、开拓性发明。

10.4.1　组合发明

组合发明，指通过将现有技术中不同的技术方案、技术手段加以组合，形成新技术方案，以解决特定的技术问题。

例如，某人的工作涉及做大量笔记，且时常需要记录时间，觉得每次记录时间时看表很麻烦。于是，其需要解决的技术问题是：在做笔记时获知时间比较麻烦。为解决此问题，他将现有技术中实现书写和获知时间的两个独立产品技术方案组合起来，即将笔和电子表组合，得到在尾端集成电子表的笔。该发明以直观的方式通过简单组合完成，在组合过程中无须付出创造性劳动，且并未产生预料不到的技术效果，所解决的技术问题也显而易见。因此，该发明不具有创造性。

当组合发明存在以下情形之一时，有可能具备创造性：技术问题非显而易见；组合方式不容易想到，即不存在启示；组合过程中存在困难，须付出创造性劳动方能克服；产生预料不到的技术效果。

尽管从形式上，可以将所有发明成果归结为不同现有技术方案、现有技术手段的组合，因为再新颖的技术方案也不可能包含现有技术中未曾有过的技术特征。但是，大多数新发明都不是经由技术方案组合的路径发明出来的。

10.4.2　选择发明

选择发明，指在现有技术已知的范围内，优选出具有特别良好效果的技术方案，以解决特定的技术问题。

例如，对于瓷器烧制工艺，总体温度和时间控制范围是现有技术，是已知的。某瓷窑摸索出了一套特别的温度控制工艺，在不同的时间段内将窑内温度控制在各特定优选范围内，烧制出的瓷器色彩特别鲜亮，釉质特别有光泽且硬度高。

上述瓷器烧制温度控制工艺，倘若其产生的良好效果是根据现有技术难以预见的，则该工艺应备创造性。但是，该工艺有可能更适宜作为技术秘密来保留。

10.4.3　转用发明

转用发明，指将某一领域的现有技术方案、现有技术手段通过与另一技术领域中的现有技术相结合而实现在该另一技术领域的转用，以解决特定的技术问题，为一个技术手段寻找新的跨领域应用场景。

例如，将飞机水平主副翼、垂直主副翼的设计转用到潜水艇上，形成潜水艇的水平和垂直舵及舵面结构，以改善潜水艇的运动性能。

转用发明也可以视为特殊的跨技术领域组合发明。与组合发明相类似，当存在以下情形之一时，则转用发明有可能具备创造性：技术问题非显而易见；组合方式不容易想到，即不存在启示；组合过程中存在困难，须付出创造性劳动方能克服；产生预料不到的技术效果。

转用发明相较于一般的组合发明，更不容易想到或实现，因而更容易具备创造性。

10.4.4　新用途发明

新用途发明，指就现有技术方案发现了新用途，可以解决特定的技术问题。

例如，［案例7-4］格列卫二次用途发明的创造性。新用途发明的思路除了适用于产品技术方案，也适用于方法技术方案。

倘若发现的新用途是容易想到的，解决的技术问题是显而易见的，则发明可能不具备创造性。

10.4.5　要素变更发明

要素变更发明，指通过对现有技术方案中的技术要素加以变更而实现新的技术效果，可以解决特定技术问题的发明。要素变更主要包括要素关系改变、要素替代、要素省略，或者三者的组合。

可以将技术要素理解为技术手段、技术特征及其组合。

要素关系改变指调整不同要素间的关系，例如相对位置、作用方式等。［案例4-4］中，实用新型专利CN2819822Y的技术方案与现有揉面机技术相比，其核心改进在于将向揉面斗投送面团的送料口从揉面斗顶部移至揉面斗底部，将从面斗顶部入料的传统方式改为从底部入料，从而使揉出的面团更均匀。

要素替代指利用与技术方案中的要素在不同程度上类似的其他要素替代之，例如以链条传动替代齿轮传动。

要素省略指去除技术方案中的某些要素。例如，省去自拍杆的连杆，只保留夹持拍照手机的底座，在底座上方便的位置设置拍照按钮或采用无线遥控拍照按钮。

就要素变更发明而言，倘若这种变更是容易想到的，其技术效果的变化和解决的技术问题是显而易见的，则发明可能不具备创造性。

10.4.6　开拓性发明

开拓性发明，指突破现有技术的通常思路，开辟新路径、新领域的发明。通常，开拓性发明在现有技术中无迹可寻，与现有技术没有可比性，难以总结出可供参考的规律。

开拓性发明通常具备创造性。

10.5 专利挖掘中的典型误区

研发者在专利挖掘中的典型误区多数涉及创造性。专利创造性是一个专业概念，有专业的认定标准，其认定结论常常与人们的朴素感受不一致，研发者应加以注意。不过，典型误区也为研发者进行专利挖掘提供了清晰的指引。规避典型误区，可以形成高质量的专利挖掘。

10.5.1 误区一：低端技术不能形成高价值专利

专利的价值取决于市场，与技术是否高端、前沿、复杂等因素没有必然联系。很多并不属于硬核技术的技术方案，甚至一些不具有实质性技术含量的小创意，也能够成为高价值专利，为专利权人带来巨大收入。

这给我们的启示在于，专利挖掘中，切勿忽视实用的小技巧、小创意。

例如，[案例 1-3] 中，美国专利曲别针（专利号：US742893A）保护的技术方案是对传统曲别针结构的小改进：使曲别针内舌尖外翘，在内舌尖部与曲别针主平面间形成导角，导角的导引作用使纸张更容易插入两舌之间。专利技术方案简单实用，具有很高的商业价值，至今仍被广泛应用。

又如，苹果公司智能手机等终端设备的"滑动解锁"技术获得了美国专利 US8046721。2014 年，美国法院就该专利判三星公司赔偿苹果公司约 2000 万美元。后三星公司上诉失败，前述判决获得维持。然而，判赔额仅涉及三星公司部分产品型号，苹果公司还可以基于此专利向三星公司其他相关产品以及其他厂商的相关产品收取专利费。事实上，"滑动解锁"技术并非硬核技术，而是产品操作创意。

10.5.2 误区二：付出努力研发出的高端技术必然能形成高价值专利

产业界或科研机构付出巨大努力和高昂成本而取得的诸多技术成果，其中不乏优秀的前沿技术和高端技术，却因不能取得成功的商业应用而被市场抛弃，个中原因往往是技术之外的商业原因，而非技术本身的缺陷。而专利的价值依托于其保护的技术成果可以取得的商业成功。

例如，显像管电视机行将换代时，出现了两条主要技术路线间的竞争：液晶电视、等离子电视。最终，液晶电视成为主流；等离子电视尽管未被完全放弃，但市场占有率极低。最终，两个技术路线所涉的专利在商业价值上具有天壤之别。等离子电视的落败主要是商业博弈的结果，而非技术本身的问题。

这给我们的启示在于，专利挖掘应注意价值导向，切勿仅仅执着于高端技术的光环。

10.5.3 误区三：克服困难发明出的技术方案必然具备创造性

专利创造性的判定规则异于人们的朴素直观感受。发明人感觉很复杂、很高端、很难完成的发明，依照专利创造性的判定规则，有可能是显而易见的；而发明人感觉很直观、很容易的发明，却可能具备创造性，例如 [案例 1-3] 中的美国曲别针专利（专利号：US742893A）

和［案例 7-5］中的自拍杆专利（专利号：ZL201420522729.0）。

克服巨大困难发明出的高端技术，尤其具备一定规模和复杂度的技术成果，其中必然包括诸多具备创造性的技术方案，可以申请专利，但并非全部。关键在于，研发者要了解专利创造性的判定规则，以之为指引，提炼出这些技术方案。

这给我们的启示在于，应注意按专利审查规则而不是直观感受评价创造性，只有这样才能少走弯路。

10.5.4　误区四：原理尚未探明的技术不能申请专利

专利保护具有创造性的技术方案，并不要求相关技术原理已经被探明。所以，即使当时无法给出原理解释的技术也可申请专利。例如专利药品，很多只是经过临床试验严谨地实证其对某些病症有疗效并且具备安全性，而其治病的实际原理未必清楚。

10.5.5　误区五：不成熟的技术不能申请专利

尽管专利对技术方案有"可实现"或"可实施"的要求，但这一要求远低于科研学术标准。因此，很多技术按照科研学术标准衡量尚不成熟，但已经适宜申请专利。商业规律和专利制度的先申请原则的共同作用，必然驱使申请人早在技术成果成熟之前便积极申请专利、抢占保护范围。

按照科研学术标准，以不成熟的成果发表学术论文会被认为治学不严谨，甚至学术不端，有损声誉。但就专利申请而言，尽管不成熟的成果可能存在未知问题，但只要具备基本的科学合理性，就可以申请专利，不会产生道德风险。有经验的申请人甚至会在专利申请中伴随有技术效果不理想的技术方案，这种虚虚实实、兵不厌诈式的商战策略除了利于保护范围层层设防，还可以掩护核心技术。

这给我们的启示在于，对不成熟的技术成果，只要其具备基本条件，就可以考虑申请专利。

10.5.6　误区六：有缺陷的技术不能申请专利

尽管专利对技术方案有"可实现"或"可实施"的要求，但这一要求同样远低于产业应用标准。有很多技术按照产业应用的标准判断存在明显缺陷而难以甚至无法实现产业应用，但已经适宜申请专利。这样的专利申请策略，反而是业内倡导的。

例如，按照产业应用的标准，某些技术成本极高、工艺上难以实现，不可能投入现实的产业、商业应用，甚至在可预见的较长时期内仍将如此，似乎完全没有申请专利的必要。但是，以面向未来的态度反其道而行之，将这样的技术申请成专利，有很多成功的先例。

例如，10.5.1 节述及的"滑动解锁"技术专利——美国专利 US8046721，苹果公司在提出专利申请时，基于当时触摸屏技术的水平和对手机的认知，许多业内人士认为滑动解锁操作实如天方夜谭，不具备产业应用可能。然而，触摸屏技术在短时期内取得了令人叹为观止的突破，使滑动解锁很快成为智能手机的标准操作。

这给我们的启示在于：超脱当前难以克服的缺陷障碍，恰是行之有效的专利挖掘思路，这样形成的技术方案在现有技术的立场上常被认为难以实现、难以想到，从而容易具备创造性；这些专利的商业前景常受制于能否克服相关缺陷障碍取得技术突破，而企业和研发者可以就这些障碍展开研发，将相关成果申请专利，形成良好的专利布局。

10.5.7　误区七：用技术效果替代技术手段

在阐释技术提案时，作为发明人的研发者常常过于强调优越的技术效果。例如，研发者常常强调技术提案在某些方面达到了很高的性能指标，而忽视介绍取得该效果依赖的技术特征、技术手段，使得负责专利撰写的专利代理师受"无米之炊"的折磨。尽管发明技术方案绕不过达成特定技术效果、解决特定技术问题，但是，技术特征、技术手段的组合才是构成发明技术方案的基础材料。

发明人应当介绍技术效果、技术问题，但更须清楚说明二者所涉及的技术特征、技术手段。

10.5.8　误区八：可以通过补充技术差别、技术细节解决创造性不足的问题

技术提案的创造性不足时，发明人常常以为通过补充额外技术特征，包括现有技术的某个、某些技术方案中不存在的技术特征，就可以解决问题。

但是，倘若了解创造性的判定规则就应清楚，常规的技术特征、技术细节，即使堆砌得再多也不会使提案的创造性得到加强。只有技术提案可达成难以预料的技术效果时，技术特征、技术手段方可能对提案的创造性有所支撑。

10.5.9　误区九：不能用最宽泛的方式解释概念

在专利领域，通常以最宽泛的方式界定概念。因此，处理专利问题时，研发者应注意适应和使用最宽泛解释的方式，提高沟通效率。

最宽泛的解释方式指 4.3.1 节所述最宽合理解释。

10.5.10　误区十：研发未完成就不能挖掘和申请专利

专利挖掘和申请并非必须等到研发完成才能开始，但也不应过于仓促。

项目研发成果覆盖的可供申请专利的技术方案很多，它们大多在研发项目完成之前就被陆续发明出来了。因此，相应的专利挖掘和申请在项目完成前就可以开始。

尽早申请专利的有利之处在于，避免相同、相似技术随后被公开而不能再申请专利，或者被他人申请了专利。倘若这种可能性极低，则推后申请专利更有利，因为发明人对技术方案的认识将更成熟，并且专利保护期能够更晚结束，更利于保护己方经济利益。当然，推迟的时间越长，技术被公开或被他人申请专利的风险越大。

10.6　技术方案的创造性支撑

专利技术方案应当有创造性。对创造性及其审查原理了解不足的发明人，在掌握简化的"三个有没有"原理后，即可依照指引提炼出具备创造性支撑的技术提案。专利代理师撰写专

利时，就可以利用这些创造性支撑构建出具有创造性的专利技术方案。

创造性支撑有三种，对应"三个有没有"原理中的三个检查项目。只要专利技术提案通过了其中的任何一个，则该提案的创造性可以过关。这三个检查项目并不互斥，即一个技术提案可以同时通过三个中的多个。

三个检查项目为：① 有没有反向启示；② 有没有预料不到的技术效果；③ 有没有组合困难。

"三个有没有"仅涉及"启示明确"，未涉及"问题明显"。因此，即使技术提案未能通过"三个有没有"的检验，倘若其技术问题不是显而易见的，仍可能具备创造性。

10.6.1　有没有反向启示

倘若按照现有技术中的常规认识，相近技术领域中的某些技术特征、手段有助于解决发明需要解决的技术问题，则发明人会得到将这些技术特征、手段与最相关现有技术相结合的启示，尝试沿这一方向改造现有技术。

倘若从最相关现有技术出发尝试解决技术问题时，现有技术给出的启示方向恰恰与发明技术方案的方向相反，即指出应当引入的技术特征、手段恰恰与区别特征、区别手段相反，使改进与发明技术方案的方向背道而驰，则称现有技术中有反向启示。反向启示是极强的消极启示。

例如，最相关现有技术为某型号导弹，技术问题是射程不足。现有技术启示指向的技术手段是增加导弹携带的燃料。然而，设计师引入了与启示方向相反的技术手段——减少燃料，反而增大了射程、解决了技术问题，则现有技术中有反向启示。

反向启示的成因是：区别特征、区别手段与最相关现有技术中的技术特征、手段形成了特定配合，产生了与通常效果相反的技术效果。

10.6.2　有没有预料不到的技术效果

发明技术方案有预料不到的技术效果，指按照现有技术中的常规认识不能明确得出区别特征、区别手段会有效推动技术问题的解决，现有技术中没有在最相关现有技术中引入这些技术特征、手段而向发明技术方案的方向做改进的启示。引入区别特征、区别手段后，恰恰有效解决了技术问题，则其技术效果超出现有技术中的常规认识，是预料不到的。

例如，发明人偶然发现现有技术中用作绝缘材料的某化合物可以成为很好的肥料，现有技术中没有将该化合物或类似化合物用作肥料的提示或成功先例。则应认为，发明人将该化合物用作肥料取得了预料不到的技术效果，且发明人不能从现有技术中得到启示，将现有技术中该化合物的产业应用与作物施肥联系到一起而得到发明技术方案。

在此特别说明一点，前述"现有技术有反向启示"也可以理解为发明技术方案有极其预料不到的效果。

尽管现有技术中有一定启示，但是倘若根据这些启示预计区别特征、区别手段可能仅对技术问题的解决产生有限帮助，而实际发明技术方案在引入这些技术特征、手段后在解决技术问题上实现了非常好的效果，即技术效果的良好程度大大超出现有技术启示给出的合理预期，这种也属于有预料不到的技术效果。

还有一种情形，尽管现有技术中有一定启示，但存在诸多矛盾、混乱的启示，即积极启示较弱，消极启示较强，例如面对最相关现有技术时，掌握现有技术的普通技术人员明显会基于其他更强的现有技术启示选择其他改进方向而非向着发明技术方案的方向做技术改进，这种情况下倘若发明技术方案达成了非常好的效果，也属于有预料不到的技术效果。

预料不到的技术效果之成因是：引入的区别特征、区别手段与最相关现有技术中原有的技术特征、手段形成了特别配合，产生了与通常效果差别很大的技术效果。

根据创造性审查原理，预料不到的技术效果对创造性的支持属于证真，效力弱于证伪。但是在技术提案阶段，预料不到的技术效果通常足以说明技术提案有较好的创造性潜质，只要在撰写中处理得当，很大程度上可以产出创造性较好的专利文件。

10.6.3　有没有组合困难

不同的现有技术方案能够有效组合，将区别特征、区别手段成功引入最相关现有技术，方能完成发明。而这种组合有时存在实质性技术困难：仅将其他现有技术中的技术特征、手段简单直接地挪用、拼凑到最相关现有技术中，常常难以奏效，必须对某些技术特征加以实质性调整，方可使发明技术方案实现功能，解决技术问题。此时，称发明过程中有技术特征、手段、方案的组合困难。

实质性调整，指这种调整依赖创造性工作方能完成，而不是以显而易见的方式，例如以简单原理、惯用手段，通过有限的简单调试、尝试完成。

例如，发明技术方案为用于远程中医诊疗系统面部图像处理的某数学算法。现有技术中，该算法也被用于门禁人脸识别和移动支付人脸识别的面部图像处理，并且两套人脸识别系统中各自采用的某些参数配置与发明技术方案中的部分参数配置相同。仅就该数学算法而言，难以无疑义地确定将其组合到远程中医诊疗系统中有组合困难。但是，普通技术人员依照科学常理即可得出，两项现有技术方案中的具体参数配置不能直接挪用、拼凑到发明技术方案中，至少就这些参数配置而言，存在技术特征、手段组合困难，即使客观上某些参数配置相同。尤其当发明技术方案用于中医诊疗时，有"察颜观色"的独特技术要求，完全不同于人脸识别现有技术。其中的具体参数配置只有根据具体技术要求做理论测算并经系统调试、测试验证方可得到。

10.7　套路性改进

当技术提案是实质性创新的成果时，其包含对现有技术的实质性改进，则易于具备较强的创造性支撑。

当技术提案中的实质性改进不足时，有可能借由套路性改进使技术提案具备足够的创造性支撑，使相应专利申请获得授权并实现商业价值。

实质性改进易使专利具备更好的权利稳定性，套路性改进易使专利获得更有利的保护范围。

10.7.1　套路性改进的积极意义及其实现

套路性改进，指充分利用专利创造性的审查规则，通过调整技术方案的形式，使之更利于通过专利创造性审查。

套路性改进是经验丰富的权利人惯用的策略，能够带来巨大商业利益。

如果将商场竞争比作球队比赛，实质性改进有如球队技术和体能的提升，套路性改进则是充分利用规则做合理冲撞、战术犯规。倘若企业不能用好套路性改进，在竞争中有可能处于不利境地。

运用好套路性改进，企业要在专利源头上下功夫，即作为发明人的研发者。优质的套路性改进源自专业技术与专利套路的深度融合，只有研发者了解专利的基本套路，与资深专利代理师形成深度配合，方能取得最佳效果。套路性改进的总体设计和实现依靠资深专利代理师，但是研发者需充分发挥技术优势，为专利代理师发掘各种设计可能，与其一起推敲完善，使之最为精妙。自专利挖掘起，研发者即可积极考虑套路性改进可资利用的技术内容，将其结合具体场景呈现给专利代理师，为其提供素材和空间。

套路性改进的目的是使权利人获得价值更高的专利，能够通过这些专利获得竞争优势、利益回报，而不是简单追求专利授权。对权利人而言，有的提案有可能凭借套路性改进获得授权，但倘若其缺少为权利人取得利益回报的前景，则应当放弃。

10.7.2　算法套路

算法套路是一种常见的改进套路，可以普遍地用于涉及数值参数的各领域技术方案，并非只适用于算法技术。

算法类技术方案容易借助"组合困难"获得创造性支撑，例如，10.6.3 节中用于远程中医诊疗系统面部图像处理的某算法例子。

对于非算法类的技术方案，如若其涉及数字参数，则有可能通过算法套路，即算法化处理，强化其创造性支撑。

要使算法套路取得较好效果，技术方案应涉及两个以上的数字参数，且这些参数之间存在特定关联：这些数字参数之间满足特定关系时，技术方案可以达到较好的技术效果，较好地解决技术问题。将这种关联表达出来，就完成了算法化处理。

即使技术方案不直接包括这样的数字参数，通常也可以发掘、设计出此类数字参数，以达成目的。

【案例 10-1】

基于指静脉特征的身份认证

该案例示出了从一项现有技术出发，综合利用反向、正向抓手，找出技术缺陷、技术问题，设计出改进技术方案从而挖掘出技术提案的过程，其中涉及利用算法套路加强创造性支撑。

就该技术提案而言，未从价值角度做出是否适宜申请专利的评估；不排除技术效果存在瑕疵的可能，不排除技术提案不足以直接支持商业或产业应用的可能。但该提案满足专利申请的通常法律要求。

发明人了解到一篇已经公开的论文，希望对其披露的技术加以改进，形成技术提案。

该现有技术涉及利用手指静脉图像进行身份识别：每个人都有独特的手指静脉分布，如同每个人都有独特的指纹，相应地可以利用手指静脉图像实现身份识别。

该现有技术的技术思路是：

（1）将采集到的手指静脉图像转化成拓扑结构图，如图 10-1 所示。

（2）选取图中手指静脉的交叉点，将各交叉点两两相连，从而得到交叉点连线图，如图 10-1 中居于下方的两幅图所示。

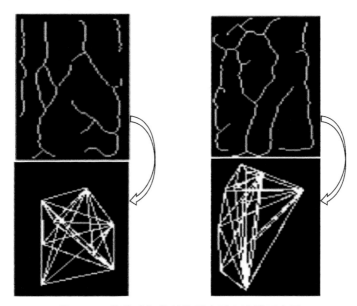

图 10-1　指静脉拓扑结构及交叉点连线示意图

（3）量取各线段之间的夹角角度和线段长度，将这些值作为基础数据通过特定算法得出指静脉特征值。

（4）比较两个指静脉特征值，可以得出两个指静脉图像是否采自一个人，从而实现身份认证。

发明人注意到：该现有技术只选取了指静脉拓扑结构中的交叉点作为计算特征值的基础数据，而该拓扑结构中至少还有指静脉端点可以利用；交叉点两两连线，再基于所得线段做特征值计算，其中显然存在重复计算，因为只需要部分线段就可以体现全部基础数据，即各交叉点。

从以上两点出发，可以顺利地锁定以下技术问题、效果、手段，进而构建改进技术方案，如表 10-1 所示。

表 10-1　改进方案梳理

项　　目	改进方案 1	改进方案 2
需要解决的技术问题	识别精准度不够	对计算资源消耗过大
需要达成的技术效果	达到更高的精准度	节约计算资源
主要技术手段	增加基础数据：将指静脉拓扑结构中的端点也作为基础数据，与交叉点一起加入身份识别计算	优化算法：设计连线规则，仅选取部分线段而不是全部线段加入身份识别计算，前提是所选取之线段的端点覆盖了所有基础数据

表 10-1 指出的技术问题、要达到的技术效果未经严谨的科学或工程验证，不能确保其达到产业应用的要求。例如，就改进方案 1 而言，引入指静脉端点数据，有可能难以提高识别精度，甚至可能因为指静脉端点存在较大定位误差而拉低识别精度。但是，上述技术问题、效果已经满足申请专利的基本要求。发明人和申请人可以做出评估，必要时可以将引入指静脉端点数据可能造成的负面影响作为技术问题，找到解决方案并就其申请新的专利。

仅表 10-1 示出的主要技术手段，可能不足以提供坚实的创造性支撑。但是，可以再引入算法套路，即使补充的算法、规则、参数显得较为常规，但倘若在该领域没有相似的现有实施例，就能因引入组合困难而加强创造性支撑。

该案例算法、规则、参数的设计空间极大，以下仅为部分示例。

（1）将从指静脉拓扑结构中提取的总点数以 N 表示，总点数指端点数与交叉点数之和。

（2）每个点仅和与之距离最近的和最远的 n 个点连线，根据处理速度和精度要求 n 取小于 $N/2$ 的自然数。

（3）取 $n<aN$，a 为小于 0.5 的正数，一般取 0.15～0.3 时效果较好；N 较大时，a 可以取小一些，但一般不小于 0.05；当 N 在 10～20 的范围内时，a 可以取 0.225～0.35……

（4）每个点仅和与之距离最近的 n 个点和与之最远的 m 个点连线；其中，对于 n、m 可以按照不同规则加以定义；在不同的实施例中，n 与 m 可以分别取值为 0；通常，当 $n<m$ 时，效能更好；可以进一步将 n 与 m 的差定义为 b，并设计和定义 b 与 N 之间的关系。

（5）也可以设计成将端点与交叉点分成两组，对两组以不同的算法和规则计算出各组的静脉特征值，用于身份识别。

依照算法套路的设计精神，该案例引入、定义了参数 N、n、a、m、b，配合技术效果给出了取值范围，并将这些参数以特定规则建立关联，以实现创造性支撑。

【案例 10-2】

安全元件空间管理

该案例示出了从现有技术的缺陷出发，利用正向抓手，提炼技术问题、设计改进方案从而形成技术提案的过程。技术提案利用了算法套路，利用组合困难加强了创造性支撑，使其更适宜申请专利。

手机的用户识别卡，即 SIM 卡，与唯一的手机号和账户绑定。手机插入 SIM 卡才能接入移动通信网络，实现通信功能。

SIM 卡设有专门的安全措施以防止恶意数据破解，是一种安全元件（Secure Element, SE），可以提供安全存储空间。

SWP-SIM 卡可以支持近场通信（Near Field Communication, NFC）。使用 SWP-SIM 卡的 NFC 手机与特定应用程序配合，用户就可以如同刷公交卡一样通过刷手机实现交易。

发明人注意到现有 SWP-SIM 卡手机的技术问题：一些用户希望同时使用多项 NFC 功能，但该需要无法得到满足。原因是安全空间不足：SWP-SIM 卡为 NFC 应用程序提供的安全空间仅为 300 KB，而用户常用的应用程序有 180 余种，且每个应用程序所占空间平均为 40 KB，SWP-SIM 提供的安全空间远远不足，从而迫使一些用户不得不频繁卸载、安装应用程序。

发明人发明了可以应用于双卡手机的解决方案：利用第二个卡提供的安全存储空间扩展存储容量，在兼顾安全性和使用效率的前提下，对安全存储空间进行优化管理，从而提高了用户可同时使用的 NFC 功能的数量以及便捷性。

技术思路是：双卡手机以 SWP-SIM 卡为主卡，另一个卡为副卡。副卡可以是第二 SIM 卡，也可以是 SD 存储卡。尽管副卡提供了额外的安全存储空间，但是，副卡存储空间在数据安全和运行速度方面逊于主卡存储空间。因此，需要优化存储策略以获得安全性和使用效率的最好平衡：将常用的应用程序完整安装于主卡；对于相对不常用的应用程序，将其数据区分为个人化数据和逻辑数据，仅将安全性要求高而数据量较小的个人化数据存储于主卡，将安全性要求较低而数据量较大的逻辑数据存储于副卡。

仅基于上述思路，技术方案的创造性支撑仍可能并不充分。因此，引入算法套路加强创造性支撑，例如：

（1）一定时期内对应用程序的使用次数，即频度做出统计，设定频度阈值。频度高于该阈值的，定为常用应用程序；反之，定为不常用应用程序。

（2）测算主卡剩余空间，当主卡剩余空间变得较小时，调高频度阈值；当主卡剩余空间变得较大时，调低频度阈值。

依照算法套路的设计精神，上述算法策略中至少可以引入和定义频度统计周期、频度阈值、主卡剩余空间这几个参数，并在这些参数之间建立特定关联规则。

设计关联规则时，还可以进一步引入、定义新的参数。倘若要在主卡剩余空间和频度阈值间建立线性关联，应引入相应线性系数；倘若要在两者间建立非线性关联，可以引入更复杂的非线性系数和公式。例如，就主卡剩余空间设定若干阈值，当剩余空间达到不同阈值时，引发不同强度的频度阈值调整；还可以将副卡剩余空间也纳入考虑，以优化应用程序可安装数量。

配合技术效果，应就这些参数给出优化取值范围。

10.7.3　惯用手段套路

惯用手段套路是一种常见的改进套路。

根据创造性审查原理，倘若利用公知常识或惯用技术手段对现有技术加以改进，且并未产生预料不到的技术效果，则这种改进难以具备创造性。

但是，倘若利用公知常识或惯用技术手段的精神对较新颖的技术方案加以改进，或者对具有新颖性但不具有创造性的技术方案加以改进，即使并未产生预料不到的技术效果，也可能使改进后的技术方案具有较好的创造性。这种操作即惯用手段套路。

惯用手段套路的成功关键在于，改进基础是较新颖的技术方案，即使改进是利用公知常识或惯用技术手段的精神达成的，也可能因为在现有技术中极难发现相似的具体实施方式，即难以找到特别相关的证据或对比文件，以合乎专利无效举证要求的方式，使改进技术方案的创造性被证伪。

其案例可参考［案例 7-5］。

10.8 《技术交底书》的填写[16]

《技术交底书》的式样可以按申请人的要求确定。申请人没有特别要求的，可采用合作代理机构提供的《技术交底书》。

本节参照附录 2 介绍《技术交底书》的填写，其要求相对而言较为精细、深入、复杂。日常普遍使用的《技术交底书》通常是其不同程度上的简化版本，因此填写交底书的发明人和撰写专利文件的专利代理师的工作量会大大减少，但是申请文件的撰写品质也会存在不同程度的下降。

附录 2 所列的《技术交底书》在设计上存在就相同内容从不同角度重复提问的情形，可能会导致发明人重复提供信息。实际上，发明人对专利概念的了解常有专业性欠缺，从不同角度重复提问，有助于启发发明人从不同思路加以思考，利于减小片面性和错误认识的影响；并且，多角度提供的信息可以相互印证，降低遗漏重要信息、提高发现错误的可能性。

建议企业相关人员在掌握本节内容的基础上，对《技术交底书》进行符合自身情况和定位的简化，再加以使用。

10.8.1 特别说明与保密要求

《技术交底书》在基本著录项目后列出了涉及保密的"特别说明"。

商业秘密、技术秘密涉及企业的重大利益，应审慎处理。

专利代理行业日常会接触客户的重大秘密。因而，除了要求从业者应具备高度的行业自律性，各国一般都会对专利代理行业就保密事项设立特别规制，专利代理机构、专利代理师依照法律规定为客户的商业秘密、技术秘密承担保密责任，倘若出现保密事故，应依法承担责任、受到行业特别惩戒，包括吊销执业资质。

客户或潜在客户与专利代理机构发生业务或业务咨询时，即使不签署保密协议，也不必存在顾虑。企业遵从内部管理要求，在对专利代理机构展开业务接触之前要求对方签署保密协议以额外增加保险系数，也并无不可。

申请人向专利代理师做出充分披露，有利于专利代理师完成高质量的专利撰写。有些技术内容，申请人尽管不希望向公众披露，但仍有必要作为参考资料披露给专利代理师。

申请人有权最后审定专利申请文件。申请人应以最后审定为保密控制底线，确定申请文件中不包含保密内容。申请文件之外的内容，凡是由申请人提供给代理机构且不为公众所知的，代理机构负有保密责任。

按照"特别要求"，认为不应经由专利申请披露但对于专利撰写有参考价值的保密资料，申请人不应通过《技术交底书》提供，而应当另行专门提供，以便实现保密管理。

10.8.2 注意事项

"注意事项"中列出了应注意的全局性要求。

专利代理师主要是法律工作者，对技术只有一般了解，技术能力远不及发明人。专利文件面向的不是技术专家，而是行业一般从业人员和公众。因此，发明人填写《技术交底书》时，填写方式应以让一般从业人员理解、掌握为准则，详细、充分至他们可以参照实施。

附图对技术的说明有不可替代的作用，提供适应专利文件要求的附图是申请人的责任。代理机构承担的专利申请文件的撰写不包括制图，仅包括对附图做基本的形式处理。

专利对"一词一义"有严格要求，否则难以保证专利保护范围清楚。另外，应充分利用术语自定义这一行之有效的方式。

对于中国专利申请，专利文件中的内容以中文为准，对任何非中文内容均应提供准确的中文。各国对本国专利申请普遍有这样的要求。

"几字形""工字形""T 形"等措辞在中国专利申请中可能并不存在问题。但是，倘若申请人还希望在其他国家申请相同的专利，则这种用词可能面临既无法准确翻译又不能修改的窘境，使后续的他国专利申请面临极大风险。翻译时对词语进行修改很可能引入新内容而使优先权甚至专利申请受到损失。尽管将"T 形"翻译成英语，在英语国家没有问题，但某些非英语国家可能不接受在申请文件中出现英语字母。

10.8.3　问题 1：公开状态

技术提案应具备新颖性。因此，设置问题 1 加以核实，提醒发明人、申请人、专利代理师避免在已经公开的不具备新颖性的提案上浪费时间。

但是，即使某些技术方案已经被公开，出于特别考虑，申请人仍希望取得一定保护，则有必要将其作为特别案件特别处理。例如，通过技术方案翻新、微改进来尝试申请专利。

10.8.4　问题 2：技术问题

发明人应理解技术问题在专利中的含意（具体参照 1.5.1 节），尽量准确、简洁地给出回答，说明技术问题即可，不应涉及技术方案的具体内容，例如技术手段。

10.8.5　问题 3：术语解释

参考 10.8.2 节。

10.8.6　问题 4：背景介绍

背景介绍涉及对相关现有技术状况的介绍，是专利代理师理解技术提案的基础。背景介绍中不应包括发明技术方案，有利于专利代理师把握现有技术和发明技术方案之间的边界。

在一般背景介绍的基础上，提出两个涉及技术问题的问题。

这两个问题的答案可以让专利代理师对发明过程和思路有直观了解，尤其从"问题明显"的角度对技术提案的创造性支撑有更清楚的认识，利于专利代理师从维护创造性的角度优化权利要求、说明书的设计。

应注意提供详细说明和必要附图。

10.8.7　问题 5：发明技术方案

就提供发明技术方案，对发明人提出了要求。

发明技术方案应以普通技术人员能够理解、实施的方式做出详细介绍。介绍应当有条理，仅介绍技术方案，而不说明技术效果、原理。

附图仅起帮助理解、增强可读性的作用，不应依靠附图贡献有效技术信息。否则，会使技术特征含义模糊、保护范围无法清楚界定。

各项要求的意义在于，利于专利代理师高效、准确地把握技术方案，撰写出高质量的专利申请文件，也为申请人节约专利申请成本。宏观而言，代理机构的全部工作成本必然回溯到由专利申请人来承担。

10.8.8　问题 6：技术原理和技术效果

就提供发明的技术原理、效果，对发明人提出了要求。

关键在于，对技术原理、效果的说明不应笼统泛泛，应对应于技术特征、手段。技术原理、效果直接关联提案的创造性，这种说明方式利于专利代理师对提案涉及的创造性关键点有更清楚的认识，从强化创造性的角度优化权利要求的设计。

10.8.9　问题 7：最接近现有技术

就提供最接近现有技术，对发明人提出了要求。

充分展现最接近现有技术，使专利代理师对发明技术方案与现有技术的差别有鲜明的认识，利于其从强化创造性的角度优化权利要求的设计。

10.8.10　问题 8：商业或产业实现模式

就介绍商业或产业实现模式，对发明人提出了要求。

结合侵权原理，这些信息将帮助专利代理师基于对侵权场景的考虑，有针对性地优化专利保护方案覆盖的范围，使专利价值最大化。

10.8.11　问题 9：最相关现有技术

就提供最相关现有技术而言，对发明人的要求与问题 7 一致。

最相关现有技术与最接近现有技术仅有细微差别，前者更强调顺应发明思路。

10.8.12　问题 10：关键参考资料

就提供关键参考资料，对发明人提出了要求。

问题 10 是问题 9 的延伸。在发明的过程中，最相关现有技术和关键参考资料一起发挥作用。本项工作利于专利代理师从"启示明确"的角度对发明技术方案的创造性有更精准的把握，利于就维护创造性做出最优设计。

10.8.13　问题 11：差异化技术方案

就提供差异化技术方案的参考信息，对发明人提出了要求。

差异化技术方案主要指与发明技术方案在技术手段上存在一定差别、但可以解决相同技术问题的替代技术方案。了解差异化技术方案，专利代理师会对现有技术状况更加了解，对发明技术方案的创造性有更好的认识，从而设计周密的专利保护范围。

10.8.14 问题 12：创造性支撑

问题 12 涉及技术提案的创造性支撑，可参考 10.6 节。

专利代理师掌握相关信息利于就维护创造性做出最优设计。

10.8.15 问题 13：绕道或改进设计

就提供绕道或改进设计的参考信息，对发明人提出了要求。

了解可能的绕道和改进设计，专利代理师将在完善专利保护范围和专利布局时更有针对性。

10.8.16 问题 14：保护意图

问题 14 的目的是让代理师了解申请人、发明人的专利保护意图。

申请人、发明人的专利保护意图可能并未完整、准确地体现于《技术交底书》的其他部分。在保护意图中，可能还包含其他商业和策略考虑。代理师了解上述内容之后，能够尽量优化专利保护范围，以达成申请人、发明人的预期。

10.8.17 问题 15：保护范围预期

本问题从技术方案层面请发明人对预期的专利保护范围再加明确。

代理师了解上述内容之后，能够尽量优化专利保护范围，以达成申请人、发明人的预期。

10.8.18 问题 16：开放性补充

本问题提示发明人开放性地补充资料。

第11章
专利布局

阅读提示

对于研发者，本章中除11.5节属于一般内容外，其余属于重要内容。对于非医药行业的人员，11.4.2节可作为一般内容。

11.1 专利布局与专利挖掘、专利撰写的关系[17]

出于特定的商业目的和利益，在对实现相应目的、利益最为有利的要点布置专利，尤其当所布置的多件专利之间可以达成有效呼应并取得优化的效果时，即形成了专利布局。

专利布局与专利挖掘、专利撰写是融合关联的，无法割裂。

11.1.1 专利布局与专利挖掘

发明人做专利挖掘，在寻找、选择适当的技术方案形成技术提案的筛选过程中，专利布局的思想应当已经在起作用。否则会降低专利挖掘效率、增加成本。

专利布局与专利挖掘深度相融，不能割裂。首先，两者有共同的目标，即确定最适合申请专利的技术提案；其次，从专利挖掘和专利布局的角度看，对技术提案做评价、筛选、加工的指导思想也高度重合。

尽管发明人难以普遍、全面地掌握专利布局的技能，但是至少应对之具备基础了解，在专利挖掘时，力所能及地将布局考虑在内，为专利部门接力打好基础，以达成最佳效率。

11.1.2 专利布局与专利撰写

专利布局与专利撰写的融合关联更加清晰。专利撰写中的权利要求布局是专利布局的向下延伸。

权利要求是专利权的基本单位，每项权利要求即是一项独立的专利权。倘若可以忽略专利申请成本的影响，便可以将专利布局视为权利要求布局。由于专利申请单一性原则的要求，可以将符合单一性要求的权利要求归并在一件专利申请之中。归并完成之后形成的若干件专利，即为完成了布局的专利。

11.2 布局角度

专利布局有五个角度：强化重点、占据空白、防止规避、技术演进、链条延伸。这五个角度也可用于指导专利挖掘和撰写，体现了专利挖掘、布局、撰写相融合的特点。五个角度并不必然相互排斥，即一项权利要求可能同时具有多个角度的专利布局意义，这种多个角度的组合有助于为技术研发、专利布局拓展思路。

11.2.1 强化重点

强化重点指对技术成果中具有重要意义的关键点，酌情以较大密度布局多件专利加以保护，甚至可能对同一个技术方案尝试从不同角度申请多件专利，形成冗余保护。

高密度冗余保护对代理机构的专业能力要求很高。对于这类专利申请，应尽量同日做首次提交。

11.2.2 占据空白

占据空白指对技术成果未获保护的空白点布置专利保护，加强总体布局薄弱的方面。

一件专利一般只保护一个技术点，而一项技术成果包含若干技术点。当诸多专利就一项技术成果形成良好布局时，专利所保护的技术点应在各个维度、层次上较为均匀地分布，不应留有较大的不设防空白。通常，一项技术成果可能在某些方面聚集了较多的关键点，确有必要用大量专利高密度设防，但在其他方面不宜留有较大的空白。

其中，维度、层次可以是产品、方法；方法又可能分为生产方法、使用方法、测试方法等；而且对于产品或方法，还可以从最大全局系统拆分到最小局部细节。

11.2.3 防止规避

为规避专利侵权，行为人可能尝试对专利技术方案做绕道设计，从而使其技术实施行为不落入专利保护范围。

防止规避，指预先分析他人针对己方专利可能采取用的绕道方案，针对这些绕道方案先行申请专利，卡住规避通路。

11.2.4 技术演进

所有技术均在发展演进。任何专利申请当中均包含技术进步的因素，带有技术演进的属性。因此，申请人、发明人需要特别关注可能的技术演进，对其中有价值的技术积极进行专利布局。

针对他方的扼制型专利，通常从取得商业竞争优势、扼制竞争者的商业目的出发，采用技术演进布局的方式获得。例如，诸多企业会针对可能引起多方激烈竞争、有重大商业前景的技术成果，基于简单的二次研发改进、微创新、套路性改进，迅速产出可以实现专利申请之目的的技术方案，以完成技术演进式的专利挖掘布局，确保在该领域的一席之地。

11.2.5 链条延伸

链条延伸，指将专利布局延伸至该技术产业链或商业实现链条上下游各环节。

以链条延伸为指引时，尤其需要发明人、专利部门互补配合，对该技术的商业实施方式和侵权原理有良好把握，实现两者最优匹配，即，锁定最适宜认定专利侵权并取得高额收益的场景，以在复杂的产业链、商业链上有效挖掘布局专利的最有利点位。

因为产业链或商业链通常很复杂，用链条延伸的思想指导专利挖掘和专利布局最易产出丰硕成果，但也最有挑战性。这就要求发明人不仅精于本岗位涉及的技术，而且对完整的产业链、商业链有所了解；同时要求专利部门具备开阔的视野和跨部门协调资源的能力。

无论对于有形产品还是无形产品，将产品实现的产业活动之完整过程视为前后顺序相扣的一个个环节，即产业链。通常，上游、下游完整的产业链存在很多环节和分支，一家企业仅位于链条中的某个或某几个环节。例如，某企业处于产品生产这一环节，顺产业链向上游追溯，是所需零部件及其他材料的生产和供应，以及生产设备、检测设备和技术的供应；向下游延伸，是对该产品的应用，如可能将之装入不同的上级产品或系统。

产业链在企业内部的延伸和细分而形成的分支链条，习惯上被称为内部的产品链条或生产流程。多数发明人仅了解企业内部本岗位涉及的环节。例如，当发明人的岗位在某产品电路系统的一级子系统时，则电路系统是直接下游，二级电路子系统是直接上游。另外，该产品可能还存在并行的结构系统或其他系统，电路系统、结构系统及其他系统必然在某些环节产生交集，从而并入一个完整的产品链。

商业实现链条的概念与产业链类似，不同点在于，商业实现链条聚焦于某一产品商业价值实现的完整商业活动过程，将这一完整过程视为前后顺序相扣的一个个环节，如从产品设计，经由原材料获得、组织生产、销售、提供售后服务，至产品回收、销毁，还可能涉及物流仓储。某些产品甚至可能对诸如物流仓储、售后维护、回收销毁等环节存在特殊技术要求，相应地存在布局专利的价值。

无论是产业链条还是商业链条，均对专利挖掘、布局意义重大。因为当中某一环节的新技术，其应用、效果、影响均可能向上游、下游、旁支传导，对链条内的其他环节，甚至不相邻的环节产生作用，从而使得针对那些环节布局专利有可能、有价值。不同行业、技术领域的差异极大，表现极为不同。

发明人依照链条延伸的思想进行专利挖掘、布局时，可能会让竞争者寸步难行，有可能将布局延伸出本岗位但止步于企业之内。例如，从完整系统到若干子系统再到诸多部件、设备，形成有层次的专利布局，或者从完整流程到其中诸多不同工艺环节形成有层次的专利布局；有时还可能深入上、下游不同类型合作商的业务范围，获得诸多对合作商具有牵制力的专利。

链条延伸着眼于某一环节的新技术方案对上、下游的影响，与牵连抓手的思想相通。

参考案例：[案例 0-1]，涉及通过产业链上、中、下游进行专利布局，扼制竞争者业务。

11.3   专利布局案例

自拍杆专利布局

源德盛塑胶电子（深圳）有限公司（以下简称源德盛）是一家外资企业，自拍杆是其主营产品。源德盛积极地利用专利构建壁垒，自 2015 年起的数年间，其利用其专利组合提起的侵权诉讼以四位数计。其中，发挥最核心作用的是 2018 年获得第二十届中国专利金奖的实用新型专利"一种一体式自拍装置"（专利号：ZL201420522729.0，见附件 6-2）。图 11-1 所示为自拍杆立体结构。依照 2019 年底的报道，源德盛的自拍杆产品已经达到全球市场占有率第一，高端产品市场的占有率高达 80%。

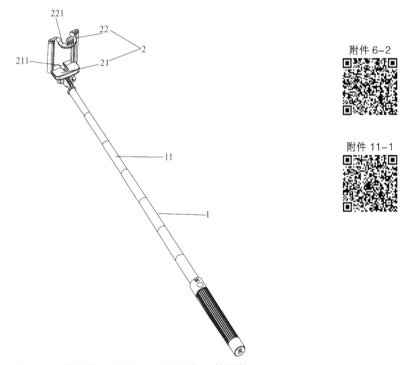

附件 6-2

附件 11-1

图 11-1   自拍杆（CN204119349U）立体结构

本节案例将从不同的角度解读源德盛的专利布局，对专利挖掘也有指导意义。

11.3.1   专利清单及说明

2021 年 6 月之前公开的源德盛涉及自拍杆的中国专利共计 71 件。这些专利纳入分析的专利清单（参见附件 11-1）。

因为自拍杆产品和源德盛自身的特点，专利以实用新型为主，技术方案主要涉及自拍杆的结构。为简化分析，将自拍杆按表 11-1 进行结构划分。

表 11-1　自拍杆按结构划分

项　目	说　明
夹持部	夹持部，指位于自拍杆顶端用于固定手机等拍摄设备的结构。装配于夹持机构之上或内部、与之相连接的部分，例如，辅助照明灯、电源、电机，也归入夹持部。但是，与夹持部装配在一起，以实现与自拍杆其他部分相连接之功能的连接部件不归入夹持部。 图 11-1 中以"2"起始的附图标记示出的部分属于夹持部
杆	杆，包括手柄及通常可伸缩的杆体，以及与之安装在一起的零件、装置。这些零件、装置通常安装于手柄的表面或内部，例如，电源、控制器、支撑脚等。但是，与杆装配在一起，以实现与自拍杆其他部分相连接之功能的连接部件不归入杆。 图 11-1 中附图标记 1、11 示出的部分属于杆
连接部	连接部，指以实现夹持部和杆之间的连接为主要功能的部分。通常，这种连接是非固定的，使夹持部和杆可以在一定范围内实现不同维度的相对旋转、位移，从而使两者可以处于诸多相对位置或相对姿态
整体	整体，指包括夹持部、杆、连接部在内的自拍杆整体
扩展设备	扩展设备，指结构上不属于自拍杆的外部设备，其通过有形或无形接口与自拍杆临时连接协同工作，例如，扩展连接装置、外挂照明设备

　　一件专利包括诸多权利要求，涉及诸多技术效果。附件 11-1 所示自拍杆专利清单中仅列出核心权利要求最主要的效果。

　　当一件专利的权利要求涉及自拍杆多个部分时，倘若核心发明点主要在于其中一个部分，则将该部分确定为专利主要涉及的部分；倘若核心发明点涉及多个部分的配合，尽管可能并不涉及自拍杆的所有部分，也将该专利涉及的部位定为"整体"。

　　表 11-2 示出了专利的主要效果归类。

表 11-2　自拍杆专利涉及的主要效果

项　目	说　明
功能扩展	功能扩展，指使自拍杆增加了原来不具有的新功能。 例如第 43 号专利披露了在连接部加设旋转及相应控制机构的技术方案，使自拍杆能够支持全景拍摄，增加了原来不具有的新功能，属于功能扩展
功能提升	功能提升，指使自拍杆的功能指标或表现有所提升。 例如，第 66 号、第 71 号专利披露了通过不同技术手段，扩大拍摄角度的技术方案。拍摄角度的扩大属于功能提升
折叠压缩	折叠压缩，指通过结构调整等技术手段，将自拍杆折叠得更加紧凑，使体积变小、突兀部变少，从而更便于使用或收纳
提高便捷性	提高便捷性，指使自拍杆的使用操作更加便捷，例如，省时、省力。折叠压缩带来的便捷不归入本类
提高可靠性	提高可靠性，指使自拍杆工作更为可靠，例如，提升强度、更加耐用；锁定、锁紧更可靠，使相关部件不易出现不利移位、转动；结构稳定性提升，使相关部件不易出现不利抖动
提供新体验	—

11.3.2　强化重点、防止规避子案例

第 1 号至第 8 号专利是权利人涉及遥控器收纳的一组专利（参见附件 11-1）。布局的引导思路至少包括强化重点、防止规避。其中，第 1 号至第 4 号专利同时提交于 2014 年 1 月 24 日，其余 4 件专利分别提交于 2018 年和 2019 年。

1. 首批专利

首批同日提交的 4 件专利申请所保护的技术方案采用了不同的措辞而无显著差别，布局意图在于强化重点，即对重要技术方案通过多件专利实现强化保护。重点保护的核心技术手段是利用容纳腔收纳遥控器。

参见表 11-3，4 件专利的不同仅在于对容纳腔开口位置的限定和是否覆盖有线遥控。这两项变化均属显而易见的常规变化。

表 11-3　第 1 号至第 4 号专利的权利要求比对分析

序号	权利要求 1	对第 1 号专利权利要求 1 的分析/ 与第 1 号专利权利要求 1 的比对
1	一种手柄式的拍摄遥控装置，其特征在于：包括手柄底壳、手柄面壳、用于实现功能扩展的第一连接头、遥控组件以及电池，所述遥控组件、电池设于所述手柄底壳与手柄面壳之间，所述第一连接头设置于手柄底壳前端	遥控器必备电池，因而遥控组件加电池与遥控器无实质区别；手柄"底壳""面壳"是对完整外壳上部、下部分开形容的措辞变化；底壳与面壳之间用于容纳遥控器的空间即为容纳腔。 本专利未明确限定容纳腔开口位置。 除了覆盖无线遥控器，本专利还覆盖了有线遥控器
2	一种手柄式的拍摄遥控装置，包括手柄外壳和无线遥控器，其特征在于：所述手柄外壳包含一个容纳腔，该手柄外壳的前端设有第一连接头，后端设有用于无线遥控器进出的开口，所述无线遥控器设于该容纳腔内	与第 1 号专利的权利要求 1 相比，本专利：额外限定了容纳腔开口于后端，未将有线遥控器纳入保护范围
3	一种手持式的拍摄遥控装置，包括无线遥控组件、遥控手柄，该遥控手柄包含一中空结构，其特征在于：所述遥控手柄的上端设置有用于实现功能扩展的第一连接头，以及用于无线遥控组件进出的开口，所述无线遥控组件设于所述中空结构内	本专利所述手柄的中空结构即为容纳腔。 与第 1 号专利的权利要求 1 相比，本专利：额外限定了容纳腔开口于上端，即前端；未将有线遥控器纳入保护范围
4	一种手柄式的拍摄遥控装置，包括遥控手柄主体和无线遥控器，其特征在于：所述遥控手柄主体的侧壁设置有一个用于卡装所述无线遥控器的容置凹槽，该遥控手柄主体前端设有用于实现功能扩展的第一连接头，所述无线遥控器设于该容置凹槽内	本专利所述凹槽即为容纳腔。 与第 1 号专利的权利要求 1 相比，本专利：额外限定了容纳腔开口于手柄主体侧壁，未将有线遥控器纳入保护范围

权利人对相近的技术方案通过异化措辞，加大表面差别，就相同技术方案变相加以重复保护的意图明显。

倘申请人于不同日期提交 4 件专利申请，以在先申请为证据，可容易地使在后申请被无效：第 2 号至第 4 号专利可以破坏第 1 号专利的新颖性，4 件专利可以相互破坏创造性。

此外，第 2 号专利是权利人进行海关备案的少数专利之一，可见权利人对该专利的重视。手柄中部为手持部分，前端需要设置扩展连接头，开口设于后端明显是最优选择，即为第 2 号专利保护的技术方案。

另外，权利人就容纳腔开口可选位置分别申请了专利保护，体现了防止规避绕道的布局意图。

2. 后续专利

后续 4 件专利中，前 3 件，即第 5 号至第 7 号专利，保护自拍杆产品，将伸缩杆等自拍杆的常规结构写入了权利要求，主要创新点在于遥控器安置位置和方式；第 4 件，即第 8 号专利，保护遥控器的一种安置结构，优点在于使遥控器便于从容纳腔中取出。

第 5 号至第 7 号专利体现了防范规避绕道的布局思路，尽量覆盖了容纳腔收纳遥控器这一技术手段的各种实现方式；第 8 号专利是对容纳腔收纳遥控器这一技术手段的改进（见表 11-4）。

表 11-4 第 5 号至第 8 号专利解读

序 号	申请日	权利要求 1	说 明
5	2018-03-13	一种自拍装置，包括伸缩杆、用于夹持拍摄设备的夹持装置、套设在伸缩杆外的手柄以及无线遥控器，所述夹持装置转动安装在伸缩杆顶端，其特征在于，所述无线遥控器可拆卸地安装在手柄的底面	遥控器可拆卸地安装在手柄的底面，既可以如第 1 号、第 2 号专利那样收纳入容纳腔，也可以设在手柄表面
6	2019-01-08	一种自拍装置，包括伸缩杆、用于收纳伸缩杆的三脚架手柄、上夹持部、与上夹持部对应设置的下夹持部、连接上夹持部和下夹持部的夹持臂，以及无线遥控器，所述夹持臂转动连接于伸缩杆顶端，其特征在于，所述无线遥控器可拆卸地安装在上夹持部和下夹持部之间	遥控器安置在夹持部中部，即上夹持部和下夹持部之间，既可以收纳入容纳腔，也可以设在表面
7	2019-05-21	一种自拍装置，包括夹持手机的夹持机构、伸缩杆、套设在伸缩杆外的手柄以及无线遥控器，所述夹持机构包括上夹持部、下夹持部以及为上夹持部提供回复力的弹性拉伸部，所述弹性拉伸部分别连接上夹持部、下夹持部，所述下夹持部设置在伸缩杆顶端，其特征在于，所述手柄内设有用于容纳无线遥控器的容置腔，所述无线遥控器可拆卸地容置于上夹持部和下夹持部之间，通过收缩伸缩杆，使所述下夹持部、弹性拉伸部以及无线遥控器均容置于容置腔内	遥控器安置在夹持部中部，即上夹持部和下夹持部之间，收纳时，遥控器及夹持部特定部分一同收纳入手柄上的容纳腔内
8	2019-11-28	一种遥控器的安装结构，包括基体和遥控器，所述基体上开设有用于容纳遥控器的卡槽，其特征在于，所述遥控器至少一端的背面与所述卡槽底面之间设有活动空间，通过按压所述遥控器位于所述活动空间上方的一端，使所述遥控器的另一端翘起	遥控器安置在容纳腔内，该容纳腔特别的结构设计使遥控器便于取出。未限定容纳腔在自拍杆上的位置

11.3.3 占据空白子案例

第 9 号至第 11 号专利涉及自拍杆的控制和通信技术（见附件 11-1）。这 3 件专利起到了填补权利人布局空白的作用，即占据空白。

结合专利清单（见附件 11-1）可知，权利人的专长主要在于自拍杆及外围产品的机械结构。相应地，其 71 件专利构成的专利组合中，68 件涉及产品机械结构。第 9 号至第 11 号专利在技术领域方面是仅有的例外，起到占据空白的作用。

表 11-5 列示了第 9 号至第 11 号专利摘要。

表 11-5 第 9 号至第 11 号专利摘要

序 号	申请日	摘 要	领 域
9	2020-01-15	本发明涉及拍摄控制领域，具体涉及一种拍摄控制系统及其控制方法和自拍杆。一种控制方法的步骤包括：控制装置发送控制指令至与其已通信连接的拍摄装置，其中，所述拍摄装置包括触摸屏，所述触摸屏在拍摄装置的拍摄模式下设有拍摄界面，所述控制指令包括界面位置和触控方式；拍摄装置根据界面位置选择拍摄界面中的操作位置，以及在操作位置上进行触控操作。本发明的有益效果在于，与现有技术相比，本发明通过设计一种拍摄控制系统及其控制方法和自拍杆，使拍摄装置根据控制指令实现在拍摄界面中的对应操作位置，进行触控操作，以控制拍摄装置的相关功能，从而具有较好的兼容性，能够适应市场上主流拍摄装置的拍照/摄像功能	控制
10	2020-01-21	本发明涉及自拍设备技术领域，具体涉及一种终端设备和通信系统及通信连接方法。一种终端设备的通信连接方法，所述终端设备设有显示屏，所述通信连接方法的步骤包括：搜索可配对的通信连接信号；在搜索到后检测其信号强度 RSSI 值，若信号强度 RSSI 值符合第一预设要求，在所述显示屏上显示连接界面或连接窗口；通过连接界面或连接窗口确认连接，并与发送通信连接信号的控制设备建立通信连接。本发明的有益效果在于，与现有技术相比，本发明通过一种终端设备和通信系统及通信连接方法，控制设备靠近终端设备自动显示连接界面或连接窗口，通过主界面确定建立连接，不需要用户手动进入后台进行连接，方便快捷	通信
11	2020-01-21	本发明涉及通信领域，具体涉及一种终端装置和通信系统及控制方法。所述终端装置包括显示屏，所述控制方法的步骤包括：与外部的控制装置建立通信连接；若接收到触发信号，进入拍摄模式，且控制显示屏显示拍摄界面。本发明的有益效果在于，与现有技术相比，本发明通过设计一种终端装置和通信系统及控制方法，提高终端装置的控制便捷性，提高用户体验，解决终端装置等待期间，处于待机（黑屏、锁屏）状态、主界面状态、其他软件界面状态等，需要手动进入拍照模式的问题，操作更简单	通信

11.3.4 防止规避子案例

第 12 号、第 13 号专利是权利人获得的一体式自拍杆专利（见附件 11-1）。在第 12 号专利申请提交 4 个多月后，权利人提交了第 13 号专利申请，就第 12 号专利而言，第 13 号专利成功起到了通过布局防止规避绕道的作用。

第 12 号专利参见附件 6-2，为权利人赢得了中国专利金奖，并被积极用于维权。

出于对第 12 号专利潜在价值的认识，权利人进一步在防止规避这一思路的引导下，追加了第 13 号专利。两件专利相呼应，使保护效果大大加强，为权利人取得了更大的利益。

第 12 号、第 13 号专利核心权利要求见表 11-6，其技术方案对比如图 11-2 所示。

表 11-6　第 12 号、第 13 号专利的核心权利要求

序　号	申请日	核心权利要求
12	2014-09-11	一种一体式自拍装置，包括伸缩杆及用于夹持拍摄设备的夹持装置，所述夹持装置包括载物台及设于载物台上方的可拉伸夹紧机构，其特征在于：所述夹持装置一体式转动连接于所述伸缩杆的顶端；所述载物台上设有一缺口，所述夹紧机构设有一与所述缺口位置相对应的折弯部，所述伸缩杆折叠后可容置于所述缺口及折弯部
13	2015-01-30	一种一体式自拍装置，包括伸缩杆及用于夹持拍摄设备的夹持装置，所述夹持装置包括载物台及设于载物台上方的可拉伸的夹紧机构，所述夹持装置一体式转动连接于所述伸缩杆的顶端，其特征在于：所述伸缩杆的上端设有一凹陷部，所述夹紧机构包括一位于载物台正上方的夹持部，所述夹持部上设有一缺口；所述伸缩杆折叠后可容置于所述缺口，此时所述载物台容置于所述凹陷部

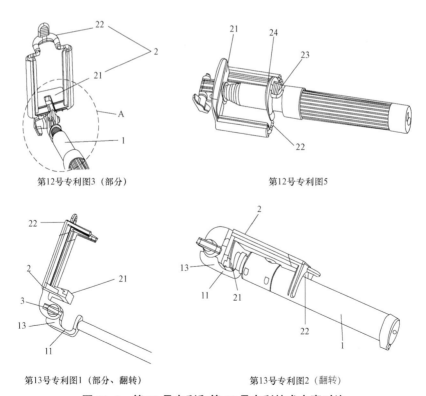

第12号专利图3（部分）　　　第12号专利图5

第13号专利图1（部分、翻转）　　　第13号专利图2（翻转）

图 11-2　第 12 号专利和第 13 号专利技术方案对比

参见图 11-2 中第 12 号专利的图 3 和图 5。第 12 号专利的核心技术手段体现于图 3 和图 5 示出的缺口和折弯部。缺口位于下夹持部,折弯部位于上夹持部。其作用是,当自拍杆用毕折起时,可以实现最小化的折叠,即缺口和折弯部卡在自拍杆收起的杆上。

参见图 11-2 中第 13 号专利的图 1 和图 2。可见,第 13 号专利之技术方案与第 12 号专利之技术方案的不同主要在于缺口的设置:第 13 号专利之技术方案将原本设置于下夹持部的缺口移至杆体端部对应位置,下夹持部不再设置缺口。如此,第 13 号专利之技术方案也可近似实现最小化折叠。细微区别在于,因为杆体端部对应位置加设缺口,不得不使同等收缩后的杆体略有加长,所以折叠压缩的效果稍劣于第 12 号专利。

第 13 号专利仍不失为规避第 12 号专利的良好绕道方案。此外,很难有其他绕道设计。

后续发展证明,第 13 号专利很成功:权利人利用第 12 号专利开展大规模维权时,出现了他方利用第 13 号专利之技术方案生产自拍杆、可以规避第 12 号专利的情形,权利人遂利用第 13 号专利开展了诉讼维权。

11.3.5 链条延伸子案例

第 14 号至第 21 号专利是在链条延伸思想指引下围绕自拍杆的功能扩展而获得的专利(见附件 11-1),主要功能见表 11-7。

表 11-7　第 14 号至第 21 号专利的主要功能

序　号	名　　称	申请日	主要功能
14	拍摄辅助装置	2020-04-23	提供了一种可以夹持两部拍摄设备的夹持支架,其可以装配到普通自拍杆上,从而实现一根自拍杆支持,例如,两部手机从不同角度拍摄
15	扩展接头及拍摄辅助装置	2020-04-29	提供了一种可以装配到普通自拍杆上的扩展接口,从而实现一根自拍杆支持多部设备,例如,额外的拍摄设备、麦克风、照明灯
16	一种折叠补光灯	2020-07-01	提供了一种适宜自拍辅助照明的补光灯
17	一种折叠补光灯及补光装置	2020-07-29	提供了一种适宜自拍辅助照明的补光灯及与自拍杆实现扩展连接的装置
18	一种折叠补光灯	2020-07-29	提供了一种适宜自拍辅助照明的补光灯
19	一种夹持装置及自拍杆	2020-08-11	提供了一种设有扩展接口的自拍杆。通过扩展接口,自拍杆上可以配置多件设备,例如,额外的拍摄设备、麦克风、照明灯
20	一种夹持装置及自拍杆	2020-08-11	提供了一种设有扩展接口的自拍杆。通过扩展接口,自拍杆上可以配置多件设备,例如,额外的拍摄设备、麦克风、照明灯
21	一种拍摄辅助装置及支架	2020-09-08	提供了一种配置了扩展接口的外接辅助照明灯,可以与自拍杆或其他支架适配

结合表 11-7 和图 11-3，可以了解权利人依照产业或产品链条布局专利的思路。图中箭头发出的环节为链条上游，指向的环节为链条下游。

一件专利的不同权利要求可以覆盖产业或产品链条上的不同环节。对于第 14 号至第 21 号专利可以覆盖的环节，首先，依据权利要求确定；其次，基于说明书及附图，以及其对权利要求的解释作用，做了合理扩展。

可见，对于看似简单的小产品，做链条展开时也会呈现复杂、丰富的网状链条分支。图 11-3 示出的链条已经经过简化。

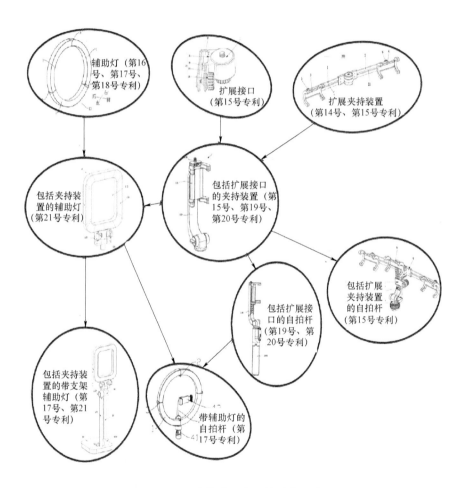

图 11-3　功能扩展布局的链条示意

假定权利人的生产经营范围仅限于自拍杆及基本扩展件，而不涉及辅助灯，权利人企业的发明人仍能够在专利部门的配合下，在链条延伸思想的指引下，基于对产品链、产业链的认识，从本企业业务覆盖的任一环节推及图 11-3 中示出的任一其他环节，包括本企业业务之外的环节。而这些环节通常属于合作商或竞争者之业务范围，权利人的这些专利将对他们有牵制作用。

11.4　其他专利布局案例

11.4.1　技术演进案例

↘【案例 11-2】

位置应用的技术演进布局

2007 年 7 月 12 日，一件诺基亚的美国专利申请 US20070162942A1 被公开（见附图 11-1）。该专利名称为"基于地理位置在移动设备中显示网络对象"，涉及移动互联网环境下位置信息在手机上的应用。该专利是较早提出此理念的基础专利。

附图 11-1

商业数据库的检索结果揭示（见附图 11-2），诸多公司积极跟进展开二次研发，然后迅速布局专利。截至 2014 年 4 月，基于该专利，各公司在不足 7 年的时间内跟进申请专利至七代，即该专利已经被引用了七层，而发明专利申请的正常公开周期为 18 个月，可见该领域凭借技术演进的专利布局手段所做的技术领地争夺已经极度白热化。

附图 11-2

各国通信、互联网、智能终端行业的头部公司均投入了这场专利布局大战，除了诺基亚，还包括微软、LG、谷歌、苹果、高通、三星、雅虎、英特尔、阿尔卡特朗讯、卡西欧、日立、索尼、Research In Motion（RIM）等。

利用专利等情报实时跟进最新技术动向，敏锐捕捉机会，积极利用技术演进手段跟进专利布局，是诸多公司的惯常操作，也是其保持技术领先、维持竞争优势的重要手段。

11.4.2　药物专利布局、反向抓手案例

本案例示出了药物这一特别领域的一些典型专利问题：药物专利布局、专利断崖。格列卫专利也涉及利用反向抓手完成药物二次用途发明。

1. 药物专利布局

无论对于生物药还是化学药，各国均设有严格的行政监管，药物的开发、获批耗时以年计，导致药物获批时专利保护期可能已经时日无多。因而，诸多国家允许延长药物专利的保护期。

药物专利布局因其领域的特殊性，相对单纯。

首先，药物有效成分是一定的，既因为该领域的技术特点，也因为严格的行政管制，没有变化余地。相应地，药物专利无法规避。即使有幸规避成功，发现了专利保护范围之外的有效药物成分，这也更像是发现了一种新药，对这种新药可能还需要按照行政管制规定花费多年时间进行试验、审批。

其次，出于人道原因，包括使用药物在内的各种治疗手段在中国等一些国家不能获得专利。药物专利保护的规则因国而异，申请人应注意咨询代理机构。

药物专利布局角度主要有：有效成分、药物制备方法、治疗或给药方法、非治疗的使用方法。其中，对有效成分的保护力度最强、效果最好。

此外，依照通常的专利挖掘和布局思路，可以将药物专利的布局延伸至制备药物所需的中间体、组合物、制剂、药物检测方法等。视个案情况，这些举措有时有一定效果。

2. 原研药、仿制药与专利断崖

原研药指原创新药。若原研药生产商持有的原研药专利过期，其他厂商将能自由地以仿制药瓜分市场。此时，原研药的市场份额、专利收入势必急剧下跌。这一现象被称为专利断崖。

受制于药物领域的根本特点，专利断崖无法从根本上避免。有时，原研药厂商可以利用二次研发与专利布局相配合，获得药物二次用途专利，取得有限效果。

药物二次用途专利是面向新用途对药物有效成分或其制备加以保护的专利，但不可能延长药品的整体保护期。药物原始保护期过期后，即使二次用途专利仍有效，仿制药仍可以自由上市，当然条件是仿制药并未将二次用途专利所针对的新适应证列入其用途。仿制药如此规避二次用途专利的方式被形象地称为缩减说明书或缩表。二次用途专利失效之后，仿制药可以恢复说明书或扩表。

【案例 11-3】

格列卫专利布局

甲磺酸伊马替尼片（即格列卫）是一种化学药，由瑞士诺华开发，于 2001 年获得美国食品药品监督管理局批准，作为治疗费城染色体阳性的慢性髓性白血病（Ph+CML）的药物上市。

2013 年 4 月，瑞士诺华保护格列卫化合物的中国专利 CN93103566.X 届满过期。随即，两家中国药企的两种格列卫仿制药获准上市。

瑞士诺华于 2000 年 10 月就格列卫针对胃肠基质肿瘤的应用申请了专利，相应获得了中国专利 CN1276754C。该专利属于典型的药物二次用途发明，是以反向抓手为指引，为已知药物探寻新用途而取得的成果。但是，专利 CN1276754C 因权利人方面自身失误而致专利失效，最终未能对仿制药起到牵制作用。

通常，化学药的专利保护首先在于保护基础化合物的通式结构，将具有相同功效的同类衍生物纳入保护范围；进而，还应保护较为理想的若干种具体化合物；此外，对化合物晶型加以保护，有时也有效果。

截至 2021 年 6 月，瑞士诺华以诺瓦提斯公司、诺华股份有限公司的名义至少在中国布局了 21 件专利，参见附件 11-2 格列卫原研方专利布局。

附件 11-2

其中的第 13 号和第 14 号专利、第 15 号和第 16 号专利、第 19 号和第 20 号专利是三组通过不同申请渠道重复进入中国的专利申请。

瑞士诺华的核心专利为保护化合物的第 1 号专利、保护晶型的第 2 号专利、保护药物二次用途的第 4 号专利（参见附件 11-2）。瑞士诺华就格列卫涉及的专利侵权诉讼、专利无效均围绕这三件核心专利展开。

三件核心专利以外的 18 件专利，涉及晶型、组合物、药物二次用途、制剂、中间体等。

它们或者因创新性不足等原因而被驳回，或者被提前主动放弃。可以推知，这些专利基本上不具备实质性商业价值。

第 18 号专利是唯一例外。而该专利未被放弃，有可能仅因为其共同权利人不愿意放弃，而不是出于商业价值的考虑。

原研药及其最早的核心专利公开前，是原研方充分利用保密信息的绝对优势进行专利布局的黄金期，原研方必然充分利用之。原研方的专利申请倘能一次性同时提交最为有利。

在原研药及其最早的核心专利被公开而成为现有技术后，无论原研方还是包括仿制药厂商在内的跟随者，基本再无可能通过新的专利布局对其商业应用做出有效扼制，最多仅能在次要方面提出技术改进，而这些技术改进常常可以被规避。有时可以取得重大突破，获得高价值成果，例如附件 11-2 中保护药物二次用途的第 4 号专利，但即便如此，也只能针对新开辟的领域，不可能对现有成果、现有应用再施加限制。

就格列卫及其应用，跟随者跟进申请了大量专利。至 2021 年，已经公开的中国专利超过 200 件，涉及化合物衍生物、晶型、组合物、制剂、试剂，及其用途、制备、检测方法等。从实际效果看，这种布局对商业活动的影响有限，并且，大量专利申请或被主动放弃，或因创新性不足而被驳回。

11.4.3　扼制型专利布局、技术演进案例

本案例是扼制型专利布局发挥重大作用的经典案例。

↘【案例 11-4】

正泰诉施耐德专利侵权[18]

施耐德公司，总部位于法国，是电力、电气、自动化领域全球领先的大型跨国公司。正泰公司成立于 1984 年，逐步成长为中国低压电气行业的龙头，全球业务迅速增长。

1994—2004 年，施耐德数次提出收购正泰 80%、51%、50% 等份额股份，希望将正泰纳入麾下，但未成功。随后，施耐德凭借技术和专利优势，向正泰发起了全球专利战，双方在欧洲涉及的专利诉讼约为 15 起，在美国、中国及其他地区约 10 起。

2006 年，正泰在浙江省温州市中级人民法院起诉施耐德侵犯其名为"一种高分断小型断路器"的实用新型专利 CN2322256Y，专利申请日为 1997 年 11 月 11 日。

2007 年 9 月，法院下达（2006）温民三初字第 135 号判决，正泰胜诉，判赔额为 3.348 亿元。该判赔额创下了中国专利侵权判赔额纪录。

随后，双方达成全球和解，施耐德另外赔偿正泰 1.575 亿元，正泰放弃执行判决。

据分析，实用新型专利 CN2322256Y 为正泰公司在学习包括施耐德在内的诸多公司的领先技术之基础上，通过二次研发和改进而获得的成果。正泰就现有技术可能的技术演进方向进行了专利布局，极为有效地起到扼制竞争者的作用。

11.4.4　链条延伸案例

热交换芯布局

实用新型专利热交换件的说明书附图 1 可参见附图 11-3。

附图 11-3

本案例涉及利用链条延伸的思想,对产品生产过程,即各环节加工工艺形成的链条,实现系统性专利保护。

尽管布局的专利均为实用新型,保护范围仅涉及产品结构而不涉及方法或工艺,但是就本案例而言,由保护的产品结构可推及加工工艺,相应地也有延伸的保护作用。倘若采用发明专利的形式,则产品、设备结构及加工工艺可以同等获得较为直接、充分的保护。

案例专利涉及的产品为用于导热、散热的热交换芯,主体结构由两层导热铝箔叠压而成,叠压之前在铝箔之间点胶。

专利申请人源德盛塑胶电子(深圳)有限公司于 2013 年 4 月 10 日同日提交了 5 件专利申请。这 5 件专利在链条延伸的思想指导下形成了一组专利布局,除了对产品和相关加工设备的基本结构形成保护,对产品生产过程,即各环节加工工艺形成的链条,也有系统性保护作用。

表 11-8 列示了热交换芯专利清单。

表 11-8　热交换芯专利清单

序号	公开号	名称	摘　　要
1	CN203231682U	一种高效传热交换芯结构	本实用新型涉及一种高效传热交换芯结构,该结构由若干尺寸相同的铝箔板相互叠压构成,该铝箔为矩形板状结构,该每片铝箔的板面冲有若干凸包和与之相对应形成的凹坑,该铝箔板的板面上还冲有波纹状结构。上述高效传热交换芯结构,可减少风道中一半的凸包数量,可以使风道更顺畅,降低了风阻,提高了风速,同时通过铝箔板的板面上冲有的波纹状结构增大了散热面积,提高了产品的换热性能
2	CN203176350U	一种热交换芯边角密封结构	本实用新型涉及一种热交换芯边角密封结构,包括第一铝箔片、第二铝箔片,该第一铝箔片相邻两侧边上均设有折边,该铝箔片另相邻两侧边的连接端上开有倒角,该第二铝箔片相邻两侧边上均设有折边,该铝箔片另相邻两侧边的连接端上开有倒角;该第二铝箔片相对于第一铝箔片旋转 180° 相互叠压,该第一铝箔片与该第二铝箔片叠压后,其四角均用密封胶密封。上述热交换芯边角密封结构倒角尺寸小,减少了用胶量,可以降低成本;同时切口小了,密封性能提高,减少漏水情况的发生,这样可以大大提高产品品质
3	CN203170520U	一种铝箔热交换芯点胶装置工装	本实用新型涉及一种铝箔热交换芯点胶装置工装,其包括机架、点胶台、电机、胶罐、控制箱和点胶装置,该点胶台安装于该机架上方,该电机和控制箱通过安装板固定安装在该机架上,该控制箱与该电机电性连接,该控制箱控制该电机运转,该胶罐固定在该机架上,该机架上设有直线轴承,该点胶装置包括连接杆,和安装在该连接杆上的点胶头,该连接杆一端设于该下线轴承上,该连接杆还通过皮带与该电机连接,在该电机的驱动下,该连接杆可沿直线轴承方向直线运动。上述点胶工装代替了手工打胶,大大提高生产效率和产品质量,产品质量也从 40%～50% 的合格率提高到 90% 以上,具有很好的经济效益

序号	公开号	名称	摘 要
4	CN203141985U	一种铝箔热交换芯叠压工装	本实用新型涉及一种铝箔热交换芯叠压工装，包括工装机架、托板、叠压台、叠压装置、中央气缸和压边气缸，该叠压台固定设于该工装机架上方，该工装机架内设有一隔板，该隔板将该工装机架分为上层机架和下层机架，该上层机架上固定设有导向杆，该托板设于该导向杆上；该叠压台上设有固定柱，该固定柱上方设有固定板，该叠压装置包括固定块、活动块和压条，固定块固定于该叠压台上，该固定板上设有该中央气缸和该压边气缸，该中央气缸下端连接该活动块，该压边气缸下端连接该压条。上述铝箔热交换芯叠压工装具有提高生产效率、保证叠压质量的优点
5	CN203140556U	一种铝箔翻边自动压合结构	本实用新型涉及一种铝箔翻边自动压合结构，包括压边气缸、导向杆、凹凸活块、压块和托板，该导向杆固定于该压块上，该压边气缸活塞设于该导向杆上，该压块侧边设有限位块，该限位块设有滑动槽，该凹凸活块与该限位块通过轴销铰接，该轴销设于该滑动槽内，该压块下方设有压条，该压条与该托板之间设有弹簧。上述铝箔翻边自动压合结构，可以让压边条在下压过程的同时横向移动一段距离，这样就可以将铝箔折边往一个方向压下，很好地解决压合时产生的皱褶问题；代替人工手动压合，大大提高工作效率，解决了下压过程中铝箔折边皱褶的问题，产品质量也从 10%～20%合格率提高到 99%以上

从 5 件专利披露的内容可知，热交换芯加工链条主要涉及的步骤和对应的专利见表 11-9。

表 11-9　热交换芯加工链条主要涉及的步骤和对应专利

步骤	名 称	说 明	对应专利
1	冲压成形	对铝箔冲压成形，使铝箔在一个面上形成按一定密度布局的凸包或凹坑	第 1 号
2	折边、做倒角	按特定规格将铝箔折出边，做出倒角	第 2 号
3	点 胶	第二铝箔片相对于第一铝箔片旋转 180°对齐位置	第 2 号
		在两片铝箔之间点胶	第 2 号、第 3 号
4	叠 压	铝箔片主体部分叠压	第 4 号
		折边部分实现翻边压合	第 5 号

［案例 11-6］涉及链条延伸策略，针对通信方法技术方案，提炼出商业链条下可能构成侵权的商业实施场景。

【案例 11-6】

WAPI 标准必要专利侵权场景

在进行专利挖掘和布局时，倘若发明人和专利部门能够基于对产业运营和专利侵权原理的了解，对技术方案可能实施并构成侵权的场景前瞻性地加以梳理，将使专利挖掘、布局、维权等行动更有针对性和效率。

例如［案例 5-6］西电捷通诉索尼标准必要专利侵权案，权利人的专利"一种无线局域网移动设备安全接入及数据保密通信的方法"（专利号：ZL02139508.X），是通信标准必要专利。

专利技术方案保护一种接入局域网的 WAPI 安全认证方法，由手机、无线接入点、认证服务器三种设备相互配合执行。尽管本案仅涉及专利权人与手机生产商之间的纠纷，从法理上，由于手机、无线接入点、认证服务器三种设备均构成实施专利方法的专用设备，对手机生产商的侵权认定结论也会同等适用于无线接入设备生产商、认证服务器生产商，以及上游 WAPI 关键、专用零件/组件生产商。

就该专利技术而言，行为人至少在表 11-10 示出的场景下存在专利侵权。需要注意的是，表 11-10 对商业链条下的侵权场景仅做了简化的不完全梳理，例如，未纳入进口商、经销商。

表 11-10　侵权场景梳理

行为人	说　明	侵权场景
产品生产商	生产下列任意产品之一：手机、无线接入点、认证服务器，或上游 WAPI 关键、专用零件/组件	设计、生产产品时的 WAPI 测试；各类用户商业使用产品时的 WAPI 认证；自行或委托他方维修产品时的 WAPI 测试
产品服务商	为下列任意产品之一提供维修服务：手机、无线接入点、认证服务器，或上游 WAPI 关键、专用零件/组件	产品维修时的 WAPI 测试
系统运营商	控制 WAPI 系统，提供开放给手机用户的 WAPI 接入服务	委托他方搭建和维护 WAPI 系统时的 WAPI 测试；用户接入 WAPI 系统时的 WAPI 认证
手机商业用户	—	手机接入 WAPI 系统时的 WAPI 认证；委托他方维修手机时的 WAPI 测试
系统商业用户	自己拥有 WAPI 系统和手机，自行商业使用	自行或委托他方搭建和维护 WAPI 系统时的 WAPI 测试；手机接入 WAPI 系统时的 WAPI 认证；委托他方维修手机时的 WAPI 测试
系统搭建商	搭建 WAPI 系统	搭建 WAPI 系统时的 WAPI 测试；自行或委托他方维护 WAPI 系统时的 WAPI 测试
系统维护商	提供 WAPI 系统维护服务	维护 WAPI 系统时的 WAPI 测试

方法专利实施模式和侵权认定的特殊性，会给保护效果带来极大不确定性，尤其在跨国背景下。因此，企业在专利挖掘、布局、维权等环节均须注意。

11.4.5　链条延伸、牵连抓手案例

[案例 11-7] 涉及链条延伸策略，即发掘商业实现链条下有特别技术要求的操作环节，有针对地实现专利布局。

↘【案例 11-7】

风力发电叶片形状的延伸保护

就风力发电机叶片而言，其形状无疑是关键技术内容，叶片形状的专利保护当然不容忽视。

当以链条延伸的思想加以梳理时，会发现因为行业特性，可以将叶片形状之技术特征运用于物流储运环节，例如，针对配合叶片形状的夹具、卡具、支架等各种固定、包装材料，做形状适应的专门设计，形成有价值的专利布局。

叶片规格区别很大，包装、运输方式变化丰富，存在较大的设计空间。例如，叶片长度范围在 1～100m；运输方式至少包括航空、水路、铁路、公路；搬运移动时可能利用吊车、机动叉车、无动力人工推车；包装方式有可能是装箱，也可能没有使用完整的硬质外包装，仅利用特别卡具、支架稳定放置。

本案例中，也能以牵连抓手为指引，达到相同的延伸挖掘、布局效果。例如，为了提升叶片性能，解决叶片性能不够理想的问题，做出改变叶片形状的设计；改变形状之后，可能使原有的夹具、卡具、支架与新叶片的形状不再匹配，由此产生储运过程中导致叶片受损的新技术问题，故需对与叶片形状相关联的夹具、卡具、支架做相应调整。

11.5　布局管理中的典型问题

11.5.1　跨部门协调

例如，依照链条延伸的思想做专利挖掘和布局时，可能需要不同环节的发明人，即企业不同部门的研发者顺畅、有效地合作沟通。甚至，还需要市场、业务等部门提供输出，尤其当链条延伸到企业之外时。

上述跨部门合作，须依赖专利部门协调全局，能够调动各部门人员。

11.5.2　技术和商业情报的综合利用

例如，依照链条延伸、技术演进、扼制布局的思想做专利挖掘和布局时，需要发明人、专利部门及时获得最广泛的技术和商业情报。

因此，在专利部门的协调下，应就情报获取和应用做系统性能力建设和规划。例如，提供适当的情报检索工具，建设并维护情报获取、流通渠道，培养相关人员情报检索和分析的能力。

在企业内部，不同部门出于不同需要，均需要利用技术和商业情报，应在企业内统筹形成有效的获取、分析、共享机制，使得情报获得充分利用，避免不同部门的重复劳动。

11.5.3　前后专利申请的协调

前后专利申请的协调，主要指避免使在先申请危及在后申请的新颖性、创造性。企业因为失误而遭受此类损失的案例经常出现。

做好这种协调，首先要靠制度、程序的保障。例如，在提案查新检索中排查企业在先提案和在先专利申请。发现相关在先提案时，可优先考虑合并专利申请。发现相关在先申请时，除了对在后申请做避让，也可以考虑利用优先权。前提是，在后申请能够在主张优先权的时限内提交、在先申请未提前公开。所以，不要求提前公开、不要求提前授权应为默认专利策略。

例如，荣获国家专利金奖的实用新型专利"一种一体式自拍装置"（专利号：ZL201420522729.0，参见附件6-2），根据国家知识产权局专利复审委员会（现为国家知识产权局专利局复审和无效审理部）决定日为2016年3月23日的第28758号无效决定，权利要求1因权利人自己的在先申请（为决定性对比文件）被无效。

附件6-2

该对比文件为权利人的另一件实用新型专利CN203797307U，申请日为2014年2月20日，授权公告日为2014年8月27日。而本专利的申请日为2014年9月11日，未主张优先权。因此，倘若权利人注意到该问题，只要挤出两周时间，甚至不必利用优先权制度，即可避免前述不利局面。例如，适当拖延CN203797307U授权费缴纳的时间而使之延后公开；对在后申请进行加急处理和提交。

第 12 章
专利撰写的质量控制*

阅读提示

　　对于研发者，本章 12.2 节、12.3.1 节、12.4.1 节至 12.4.3 节、12.5.1 节、12.5.2 节、12.5.4 节、12.5.5 节属于重要内容；12.6 节属于提高内容；其余属于一般内容。

12.1　质量控制总述

　　本章和第 13 章仅列出了质量控制涉及的典型问题、重点问题，专利部门的实际质量控制工作应更为全面。

　　诸多企业的专利质量存在问题，主要内因在于申请人的认知不足，甚至在专利代理师主动提高质量要求时，因产生了额外的工作量，反而得不到申请人的理解和支持。放弃质量要求，可能申请人、专利代理师都会省去不少时间，但有可能出现专利保护范围失准的情形。要想从根本上解决这些问题，需要从内因和外因两个方面出发，提升申请人内在认知，营造良性的知识产权保护环境。

12.1.1　目标

　　企业申请专利以获利为最终目标，专利撰写、审查答辩的质量控制须服从于该目标。

　　专利申请应争取获得合理的专利权，对于不具备授权前景的专利申请应予以放弃。但也有例外，例如，尽管专利申请已经不具有授权前景，但是有必要利用程序和技术手段维持专利申请处于审查中的活性状态，以牵制他方，或者谋取其他商业利益。

　　本章及第 13 章仅适用于争取获得合理专利权的通常情形下，以对权利人最有利的方式做好质量控制，不涉及其他情形。

12.1.2　质量、经济、速度的平衡

　　从管理的角度理解，应当使专利申请的质量、经济、速度这三个元素达成最佳平衡。其中，经济，即经济性好，指直接成本低。例如，专利申请案件产生的代理费少、发明人和专

---

　　* 本章参考王宝筠《专利申请文件撰写实战教程：逻辑、态度、实践》（北京：知识产权出版社，2021）撰写。

利部门的工时成本低。

可近似地将质量、经济、速度三者之积视为工作效能：

$$工作效能=质量×经济×速度$$

通过优化管理等手段有可能提升工作效能，但在特定情形下，工作效能有"天花板"。当工作效能为定值或不能再提升时，质量、经济、速度三者之间就是相互制约的关系，其中任一项提升的必然的代价是其余两项同时降低，或其余两项之一有所降低。

例如，当工作效能不变时，想提升速度，要么牺牲质量，要么牺牲经济性，或者两者皆被牺牲。当然，两者皆被牺牲时，质量的牺牲程度比单纯牺牲质量时的牺牲程度要低些；对经济性的牺牲亦是如此。对经济性的牺牲，是指为提升速度给代理机构更高的费用、给发明人和专利部门更高的工作补偿等。

应当注意，上述公式仅为近似，当超过一定程度，质量、经济、速度三个元素的关系会失效。例如，牺牲经济性以换取质量或速度的提升时，当费用付出超出一定程度后，对质量或速度的提升作用将会急剧钝化，所起的促进、激励作用迅速下降，甚至不再有效。

12.1.3 专利的质量与价值

由于企业以获利为目标，因此对于企业而言，专利的价值和质量是统一的。因为站位不同，企业的专利质量标准与专利局面向专利审查的质量标准存在较大差异，但企业仍应努力研习专利局的质量标准和质量控制经验、技巧，以之服务于自己面向专利价值的质量管理。

专利的价值难以预估，但是其衡量标准很清晰，即专利可实现的收益。

专利质量的标准常显得混乱，根源在于质量标准常取决于评价者的目标，而以企业为代表的诸多评价者因认识局限和其他干扰，没能明确好自己的目标——获利。

1. 专利局的专利质量与价值

作为专利审查机构，专利局的目标是做好专利审查、合理确定专利保护范围；相应地，专利局的专利质量标准是利于专利审查和合理确定专利保护范围，具体为创造性好、保护范围合理、内容披露尽可能详细，等等。

从主观方面讲，专利价值不在专利审查的考虑范围之内。从客观方面讲，专利审查似乎与专利价值相悖：若提高专利质量，意味着提高创造性，保护范围缩小，使专利的价值下降。然而，应当辩证地看待该问题，高质量的专利审查，是从专利价值的对立面促进专利价值的提升，让涉及专利的各项生产经营活动形成更良性的生态。

2. 企业的专利质量与价值

企业当然希望专利获得授权。但是，授权不是真正的目标，企业的真正目标只有获利。相应地，企业专利质量的标准是利于获利。

就企业专利而言，质量与价值的标准是统一的。企业的专利质量标准着眼于创造性与保护范围之间的最佳平衡。按照这种平衡，专利分为看门狗式和稻草人式两种：看门狗式专利，指专利具有较好的创造性、稳定性，同时具有较大的保护范围。其中，创造性不应过高，否则必然有损于保护范围和专利价值。稻草人式专利，指专利创造性不过硬，但足以通过审查而获得授权；而其保护范围较大，覆盖大量商业活动，例如［案例 6-8］所涉专利。

专利权以权利要求为单位，而不以专利为单位。通常，一件专利中可以同时存在看门狗式和稻草人式的权利要求。

专利申请能够通过审查而获得授权，与专利具有较好的创造性存在一定的区别。专利能够经受无效考验，可以较充分地说明该专利具有较好的创造性。毕竟在专利审查时，能够投入的审查资源有限。

企业应努力研习专利局的质量标准和质量控制经验、技巧，以之服务于自己的质量管理，以利于获得高价值专利。此外，还有专利审查不涉及的专利价值实现方面的考虑，企业必须给予根本重视。

12.1.4 角色定位

专利撰写和审查答辩的质量控制由企业的专利部门负责，技能要求的重心在法律方面。而研发者的优势在于技术，作为发明人的研发者应当为专利撰写和审查答辩的质量控制提供技术支持。倘若研发者对专利的认识较深，将使质量控制事半功倍。

对于发明人因技术优势而重点配合做审核的项目，专利部门应全面负责、审核把关，尤其从法律和实务角度使审核整体完善。

例如，就"权利要求书和说明书清楚、准确、无硬伤"而言，发明人基于技术优势，对技术内容是否准确、是否存在硬伤较为敏感，而专利部门应全面复核，以防纰漏；而对于说明书是否清楚的要求，发明人可能难以准确领会，需要专利部门重点审核。

12.1.5 指导原则

1. 合规
专利撰写、审查答辩必须合乎专利法规的要求，这是质量控制的基本点。

2. 不迎合
专利撰写、审查答辩应在法规的框架下、合规的基础上以坚持维护申请人权益为导向，不应迎合专利审查中不具备法理正当性且与申请人利益冲突的操作方向。

"不迎合"原则主要针对一国专利审查指南或审查实践中的立场指向性内容。专利局站在代表公众的立场，导向是有利于经由专利审查压缩专利保护范围。

例如，各国专利局及其专利审查指南会鼓励申请人在申请文件中尽量细致、全面地提供背景技术信息、现有技术缺陷、发明解决的技术问题等。而在申请人的立场上，在满足法定授权要求的基础上，恰当地减少披露更利于争取理想的保护范围。

3. 警惕"暗坑"
"暗坑"指专利审查焦点之外的不利事项。申请人应当对"暗坑"高度警惕。

以通过审查、获得授权为焦点，忽视焦点之外的内容，是专利撰写、审查答辩的质量控制中常见的疏漏，可能损害申请人的利益。

例如，专利审查员在审查过程中并不介意独立权利要求中存在多余的技术特征，其只认真核查是否缺少必要技术特征。但是，多余的技术特征会使专利保护范围收缩。

例如，专利审查员也不介意过度披露。但是，超出必要范围的过度披露，尤其对技术秘密的不必要披露，对权利人极为不利。

例如，专利审查不涉及"捐献原则"。但是，申请人、专利代理师须确保未将应得的保护范围捐献给公众。

例如，创造性审查仅聚焦于独立权利要求，独立权利要求审核通过后，其从属权利要求自动通过审查。但是，申请人应对从属权利要求有额外要求：附加技术特征应当为从属权利要求带来创造性高度，使从属权利要求对于其基础权利要求是非显而易见的。否则，基础权利要求一旦因新颖性或创造性缺陷被无效，其从属权利要求也会因创造性缺陷被无效，达不到保护范围层层设防的目的。

4. 转移责任

对于在专利审查中会显露的、可以经由补正或修改解决的、不会给专利权带来实质损失的事项，例如，摘要字数过多，申请人可以减轻质量控制要求，仅就发现的明显问题进行处理，不必做专门深入核查，以节约人工。

这些事项的质量控制可主要由代理机构承担，由专利审查员把关，由申请人事后监控。当发现某些代理机构经常出现此类问题时，申请人可以考虑以更可靠的代理机构替换之。

申请人应将质量控制的人工重点投入到一经提交就无从补救且会对申请人利益造成实质损害的事项，例如，申请文件中的必要内容缺失、披露不充分、包含无法修改的错误。

12.2 对发明人的基本能力要求

专利撰写质量控制方面，发明人应在专利部门的指导下主要就以下项目提供重要的辅助技术支持，并建设相应能力：① 权利要求书和说明书未泄露保密内容；② 权利要求书和说明书清楚、准确、无硬伤；③ 权利要求引用关系合理；④ 说明书体现了全部交底技术方案及相关技术特征、技术手段；⑤ 权利要求书体现了全部重要技术手段、技术特征；⑥ 权利要求书体现了各主要实施例；⑦ 专利翻新。

同时，鼓励发明人就其他项目提供力所能及的支持。

12.2.1 保密划界

发明人应掌握保密划界的原则和可公开的范围，能够完成对"权利要求书和说明书未泄露保密内容"之核查。

12.2.2 适应专利表达

发明人能够适应专利文件的行文表达，理解其含义，能够完成对"权利要求书和说明书清楚、准确、无硬伤"之核查。

12.2.3 理解若干基本概念

发明人能够进一步理解技术方案、技术特征、技术手段、实施例及保护范围的基本概念，能够完成下列核查：说明书体现了全部交底技术方案及相关技术特征、技术手段；权利要求书体现了全部重要技术手段、技术特征；权利要求书体现了各主要实施例；权利要求引用关系合理。

12.2.4　专利翻新

专利翻新，要求发明人自专利撰写开始，即在专利部门的指导下提供关键支持。

专利翻新对专利能力的要求较高：首先要求发明人对专利有基础认识；其次要理解创造性的标准、专利审查原理及专利审查思路；最后能以之为引导对专利技术方案的构建提出建设性意见，与专利代理师顺畅沟通，从而配合完成专利翻新。

12.3　独立权利要求的质量控制

独立权利要求确定专利申请可能获得的最大保护范围，是构建其他权利要求的基础。因此，对独立权利要求的核查至关重要。

12.3.1　独立权利要求的质量控制清单

（1）不包含不必要的限定。
- 例如，不包含不必要的孤立技术特征。
- 例如，不包含不必要的动作式限定。
- 例如，动作不包含不必要的动作主体。
- 例如，不包含对应用领域的不必要限定。

（2）保护范围覆盖全部实施例。

（3）保护范围不保守。

（4）权利要求类型齐套。
- 例如，对应各层次、维度的产品、系统、各类方法。

（5）权利要求有布局延伸。

（6）扩大侵权标的。

（7）发明划界标志前置。

（8）不存在明显的创造性缺陷。

（9）单侧撰写。

12.3.2　不包含不必要的限定

权利要求中的限定越多，其限定的保护范围越小。因为独立权项决定了最大保护范围，必须就此进行最严格的审核。对独立权利要求应切实进行逐字分析，排除任何不必要的限定。

需要注意的是，权利要求中的某些内容，尽管尚不构成技术特征，但具有限定作用，对于其中不必要的也应排除。

满足以下要求的内容才可能成为独立权项中的必要限定：

（1）清楚说明技术方案的内容必不可少。

（2）对独立权项具备基本创造性的内容必不可少。

可将消除不必要限定的过程视为使权利要求尽量上位的过程。倘若权利要求上位、保护范围扩大后，其仍满足清楚和具备基本创造性的要求，则原权利要求包含不必要限定。

权利要求上位的方式至少包括：

（1）删除某一限定；

（2）对某一限定加以上位，即以更上位的概念代替之；或者

（3）并入并列技术方案，即并入多数技术特征相同、少数技术特征不同的技术方案。

对于被排除掉的限定，如果确实具备利用价值，可以将其移入适当的从属权项。

● **例如，不包含不必要的孤立技术特征。**

孤立技术特征常是不必要的限定，应重点核查。孤立技术特征与其他技术特征没有实质关联。实质关联，指为达成特定技术效果、解决特定技术问题，相关技术特征在整体上相互配合、相互作用。

例如，专利撰写时，假定将实用新型专利"一种一体式自拍装置"（专利号：ZL201420522729.0，见附件6-2）的权利要求3拟定为独立权利要求，将其与基础权利要求合并为：

附件6-2

3. 一种一体式自拍装置，包括伸缩杆及用于夹持拍摄设备的夹持装置，所述夹持装置包括载物台及设于载物台上方的可拉伸夹紧机构，其特征在于：所述夹持装置一体式转动连接于所述伸缩杆的顶端；所述载物台上设有一缺口，所述夹紧机构设有一与所述缺口位置相对应的折弯部，所述伸缩杆折叠后可容置于所述缺口及折弯部，所述伸缩杆包括若干伸缩节。

根据专利附图（见附件6-2），尤其是图3和图5，该实用新型的核心发明点在于：位于自拍杆头部的缺口211和折弯部221相配合，使得自拍杆用毕被折起时，可以实现体积最小化。

而最后一个技术特征"所述伸缩杆包括若干伸缩节"，明显与涉及核心发明点的其他技术特征、与核心发明点没有实质关联，是不必要的孤立技术特征。

● **例如，不包含不必要的动作式限定。**

动作式限定常形成隐蔽的不必要限定，应重点核查。

例如以下权利要求：

1. 一种永磁电机，包括设于定子外周的转子磁轭，所述转子磁轭沿轴向错开布设多个永磁体；所述转子磁轭上还设有替代件，用于取代与定子径向风道对齐且夹于两个相邻所述永磁体之间的所述永磁体。

权利要求1涉及永磁电机技术方案，关键点在于以替代件替代特定位置上的一部分永磁体。替代后，产品性能不受实质影响，而价格高昂的永磁体的用量减少，节约了成本。

权利要求1的问题在于以"取代"这一非必要动作来限定产品。严格依照权利要求的表述，该永磁电机先按现有技术安装了全部永磁体，再将一部分永磁体拆下以替代件"取代"之。一旦发生侵权诉讼，被控侵权方即可主张其产品并不涉及"取代"动作。这种限定对保护范围和确权有不利影响。

【案例 12-1】

螺旋桨桨叶表面加工方法

发明专利申请 CN110026613A 涉及螺旋桨桨叶表面加工方法（见附图 12-1）。
专利申请的权利要求 1 如下。

附图 12-1

1. 一种螺旋桨的桨叶表面加工方法，所述桨叶长 100～200mm、厚 0.2～
1mm，相邻两桨叶形成有重合的部分，其特征在于，包括以下加工步骤：

S1. 固定螺旋桨，在桨叶的待加工表面用百分表打表，并记录读数；

S2. 在相邻两桨叶之间的空间内填充柔性胶粘材料，直至桨叶在柔性胶粘材料的力的作
用下向外撑开，并在桨叶的待加工表面用百分表打表，保证桨叶撑开的幅度在其能够回弹的
范围内；

S3. 采用硬质合金球刀依次对该组桨叶的外表面进行加工至完成；

S4. 拆卸柔性胶粘材料，并选取另一组桨叶，重复 S1～S3 步骤，直至所有桨叶的表面皆
加工完成。

参见附图 12-1，依照发明技术方案，对较薄的零件，如螺旋桨桨叶，进行表面加工时，
在相邻两桨叶重叠部分形成的空间内填充柔性胶粘材料，从而使被加工面获得一定的支撑，
利于表面加工的实现，尤其避免因加工力度过大使零件产生不可恢复的变形、损坏。

就"不包含不必要的限定"之要求，权利要求 1 至少存在以下问题。

1. "百分表"

百分表打表是用来精准测量零件形变量或位移量的常用技术手段，用百分表打表并记录
读数的目的是监控好螺旋桨的变形。

现有技术中还存在其他技术手段可以实现同样的功能，如千分表。相应地，采用以下任
何一种修改方式均可以扩展权利要求的保护范围，又不对权利要求的创造性和清楚造成实质
影响：

（1）将千分表打表或其他监测手段与百分表打表并列，形成一组并列技术方案。

（2）将百分表打表和其他可替换的技术手段加以上位概括，以之替换"用百分表打表"。

（3）将"用百分表打表，并记录读数"从权利要求中去除，这是因为在步骤 S2 中包括
了"保证桨叶撑开的幅度在其能够回弹的范围内"，隐含了使用常规技术手段监测形变的要求。
此外，在说明书中还有具体实施方式的说明。因此，去除"用百分表打表，并记录读数"是
可行的。

综上，"用百分表打表，并记录读数"是不必要限定。

2. 步骤 S1 和 S2 的时序

S1～S4 的步骤至少暗示了存在顺序要求。而"用百分表打表，并记录读数"的动作实际
上可以后移至步骤 S2 中开始填充柔性胶粘材料之后、柔性胶粘材料的填充使桨叶开始变形之前。

倘若将上述实施方式作为并列技术方案并入权利要求，则既可以扩大权利要求的保护范
围，又不会对权利要求的创造性和清楚造成实质影响。

因此，"用百分表打表，并记录读数"的时序安排是不必要限定。

3. 步骤 S3 中的"硬质合金球刀"

采用硬质合金球刀进行表面加工为诸多加工手段之一。将其他适用的加工手段并入权利要求保护范围，既可以扩大权利要求的保护范围，又不会对权利要求的创造性和清楚造成实质影响。

因此，该技术特征是不必要限定。

4. 步骤 S3 中的"依次""该组""外""至完成"

去除这些限定后不会对权利要求的创造性和清楚造成实质影响。

因此，这些限定是不必要限定。

5. 步骤 S4 中的"并选取另一组桨叶，重复 S1～S3 步骤，直至所有桨叶的表面皆加工完成"

去除这些限定后不会对权利要求的创造性和清楚造成实质影响。

因此，这些限定是不必要限定。

- **例如，动作不包含不必要的动作主体。**

本要求除了适用于方法权项，也适用于产品权项中出现的必要动作。动作主体可以指动作执行者或发起者。

- **例如，不包含对应用领域的不必要限定。**

12.3.3 保护范围覆盖全部实施例

本条清单内容的审核目的是排除涉及"捐献原则"的失误，即避免将应得的保护范围捐献给公众。

由于独立权利要求限定了最大保护范围，当确定全部实施例均在独立权利要求的保护范围之内时，即通过了本项核查。

12.3.4 保护范围不保守

保护范围不保守，指独立权利要求的保护范围应适当大于实际可获得的保护范围，即应当适度降低独立权利的创造性要求。

保护范围不保守，是为专利代理师与审查员就合理保护范围进行的争夺预留退让空间。倘若经由专利审查后，权利要求的保护范围未经压缩即获授权，则基本可以确定专利申请所主张的保护范围过于保守，权利人本可能获得更大的保护范围。

压缩专利保护范围是各国专利局对审查员的普遍要求，是对审查员之审查工作进行质量核查的重点。因此，在独立权利要求的撰写中预留"退让的战略空间"，不失为一种促进审查的积极策略。

12.3.5 权利要求类型齐套

权利要求类型齐套，是对专利撰写的通常要求。

类型齐套是指，例如，在技术方案的上下级层次上均布设权利要求，产品技术方案向上可能涉及不同层级的产品系统，向下可能涉及不同层级的组件、元件，方法技术方案亦复如是；产品技术方案有时存在对应的产品技术方案，例如，插头与插座、发送装置与接收装置，方法技术方案亦复如是；产品技术方案有时可能存在与之对应各道工序的生产设备、测试设备，相应地，还可能存在使用方法、制造方法、测试方法等技术方案。

- **例如，对应各层次、维度的产品、系统、各类方法。**

12.3.6　权利要求有布局延伸

在可行的范围内，权利要求有布局延伸是指在专利布局的指导思想下进行必要的延伸挖掘，例如，利用 11.2.5 节阐释的链条延伸思想，基于所得的技术方案设计独立权利要求。

12.3.7　扩大侵权标的

扩大侵权标的，目的是增加维权的可操作性或提升权利人可能获得的补偿。

例如某种橡胶的新生产方法，专利申请中除了方法权利要求，还就以下主题设置了权利要求：用该方法生产的橡胶，使用了该橡胶的轮胎，使用了该轮胎的汽车。如此，既增加了维权的可操作性，还可能增加权利人获得的赔偿额。尽管依照法理，权利人所获赔偿额应与其技术贡献相匹配，权利人的技术贡献并不能因专利中存在涉及汽车的权利要求而有实质增加，但是汽车作为产品，单位价值相对于轮胎、橡胶更高，只要在核定许可费率时稍加调整，就可能使权利人获得额外的高额补偿。这些权利要求使侵权行为人范围扩大，权利人可以选择可操作性好及获得高额赔偿概率大的对象展开维权，以增加收益。

12.3.8　发明划界标志前置

发明划界标志是指类似于"其特征在于"这样的标志性术语，用以在权利要求表述的技术方案中区分现有技术和发明点。划界标志之前的内容体现现有技术，之后的内容体现发明点。

淡化发明划界标志或将之尽量前置，使体现发明点的技术特征更多，对申请人更有利，通常也更合理。这是因为在诸多发明技术方案中，常常无法生硬地对现有技术与发明点进行切割，产生特定技术效果、解决特定技术问题常常是各技术特征整体配合的结果。

12.3.9　不存在明显的创造性缺陷

独立权利要求不应明显不具备创造性。倘若独立权利要求主张了过大的保护范围而明显不具备创造性，容易使人对专利申请的质量产生极为负面的感受，不利于审查。

12.3.10　单侧撰写

单侧撰写问题在各个领域均可能涉及，但高发于通信领域，尤其是该领域的方法权利要求撰写。

单侧撰写也称单边撰写，指在撰写权利要求时，对于涉及多个动作主体的系统级技术方案，即多侧或多边技术方案，在形式上选取其中一个主体为主侧或主边，涉及其他主体的部分，以关联、输入、输出等形式来体现。

当权利要求仅涉及一个动作主体时，最利于侵权判定，对权利人有利。但是，涉及多主体动作的系统级技术方案已经不可避免地涌现出来。例如，［案例5-6］西电捷通诉索尼标准必要专利侵权中的涉案专利"一种无线局域网移动设备安全接入及数据保密通信的方法"（专利号：ZL02139508.X），将权利要求1以移动终端为主做形式单边撰写会得到：

1. 一种无线局域网移动设备安全接入及数据保密通信的方法，其特征在于，接入认证过程包括如下步骤：

步骤一，移动终端MT将移动终端MT的证书发往无线接入点AP提出接入认证请求，所述接入认证请求用于触发无线接入点AP将移动终端MT证书与无线接入点AP证书发往认证服务器AS提出证书认证请求；

步骤二，在认证服务器AS对无线接入点AP以及移动终端MT的证书进行认证，并将对无线接入点AP的认证结果以及将对移动终端MT的认证结果通过证书认证响应发给无线接入点AP后，移动终端MT接收无线接入点AP发送的携带有无线接入点AP证书认证结果以及移动终端MT证书认证结果的接入认证响应；其中，若对移动终端MT的认证未通过，则移动终端MT被所述无线接入点AP拒绝接入；

步骤三，移动终端MT对接收到的无线接入点AP证书认证结果进行判断，若无线接入点AP认证通过，执行步骤四；否则，移动终端MT拒绝登录至无线接入点AP；

步骤四，移动终端MT与无线接入点AP之间的接入认证过程完成，双方开始进行通信。

以上单边形式的权利要求中，仅直接描述了移动终端MT的动作，而其他两个主体——无线接入点AP和认证服务器AS的动作变形成了对移动终端MT的输入和输出的限定。实质上，其他两个主体的动作仍然包含在权利要求中，仍然是对权利要求的有效限定。

依照间接式直接侵权的指导与控制原理，多侧技术方案是否采用单侧撰写的形式，并不会对侵权判定的结果构成实质影响，即单侧撰写在法理上并无实质必要。

但是，在一些国家的司法实践中，出于历史或现实原因，有可能单侧撰写的形式更利于权利人争取更有利的结果。有时，可能需要就同一多侧技术方案分别撰写以不同侧为主的单侧形式的权利要求，便于根据具体情况适度调整技术方案，则可获得更有利的效果。

因此，就单侧、多侧撰写的形式做出何种要求，必要时，企业应参考代理机构的建议进行安排。

12.4 权利要求书的质量控制

权利要求书由独立权利要求、从属权利要求构成。重要的从属权利要求，其重要性不亚于某些独立权利要求。对于精于策略的权利人、专利代理师，重要的从属权利要求更能体现保护意图，更需要精密设计。通常，在一项独立权利要求统领的一组权利要求中，重要的从属权利要求排序较为靠前；引用基础权利要求数量和引用层次越少的从属权利要求越重要。

12.4.1 权利要求书的质量控制清单

通常，权利要求数量不少于15项。

（1）体现全部重要技术手段、技术特征。

（2）体现各主要实施例。

（3）附加技术特征可适度提升权利要求创造性高度，从属权利要求有适当层次。

（4）附加技术特征与发明点形成呼应。

（5）权利要求不包含不必要的限定。

（6）防规避。

（7）技术特征合理扩展和上位。

（8）具有维权可操作性。

● 例如，用方法限定产品，以获得延伸保护。

● 例如，以外部特征限定技术方案，以保护技术主题的特定实施方式。

（9） 权利要求引用关系合理。

（10）权利要求引用关系丰富。

（11）保护维度丰富。

12.4.2　体现全部重要技术手段、技术特征

本项目要求发明人提供重要支持。

权利要求书整体上应当体现全部重要技术手段、技术特征。

全部重要技术手段、技术特征可以散布于不特定权利要求中，但均应直接反映在权利要求中，没有遗漏。此时，尚不强调技术手段、技术特征的特定组合是否体现于同一项权利要求中。

重要技术手段、技术特征是构建发明技术方案的素材，素材在权利要求中没有缺失，是确保发明在保护范围中得到完整体现的物质基础。

专利申请或专利处于不同阶段时，对权利要求的修改有不同的严格限制。因此，自始即确保重要技术手段、技术特征在权利要求中没有遗漏，并且加以保持，至关重要。

重要技术手段、技术特征的源头是技术交底书。通常，应将它们全部纳入专利说明书，而且尽可能在说明书中进一步丰富，扩展出新的重要技术手段、技术特征。

12.4.3　体现各主要实施例

本项目要求发明人提供重要支持。

主要实施例指体现本发明精神的重要的具体实施方式。

主要实施例的形式是重要技术手段、技术特征的特定组合。当这种技术手段、技术特征的特定组合未被割裂，整体性地体现在某项或某几项关联的权利要求中时，则权利要求书体现了该实施例。

对各主要实施例应逐一核查。当各主要实施例均分别体现于权利要求书的特定权利要求中，没有遗漏时，则称权利要求书体现了各主要实施例，这样才能确保发明精神得到充分保护。

当一项权利要求体现了某一实施例时，并不意味着该实施例中的全部技术特征均包括在该权利要求之中。通常，出于保护策略需要，权利要求仅需体现实施例中某些重要的技术特征；必要时，再由下位权利要求体现更多的技术特征。如此，形成对实施例的多层次保护。

主要实施例的源头是技术交底书。通常，应当将它们全部纳入专利说明书，而且尽可能

在说明书中进一步丰富，扩展出新的主要实施例。当然，这些主要实施例均应体现于权利要求书中。

12.4.4 附加技术特征可适度提升权利要求的创造性高度，从属权利要求有适当层次

从属权利要求的附加技术特征可适度提升权利要求的创造性高度，既不应过于复杂，也不应过于简单和显而易见。相应地，使从属权利要求形成适当的保护层次。

附加技术特征应带来创造性提升。否则，倘若其基础权利要求因不具备新颖性或创造性而被无效，从属权利要求也会因为不具备创造性而随之被无效，不能形成保护层次。

附加技术特征过于简单易产生前述稳定性问题，除此之外还导致权利要求过多、成本过高、保护层次无梯度；附加技术特征过于复杂、各层权利要求之间的保护范围收缩过快，则保护层次梯度过大。

实操中，确保每项从属权利要求的附加技术特征均带来实质性创造性高度有现实难度且成本极高。但是，至少应当确保重要从属权利要求的附加技术特征切实如此，其他从属权利要求的附加技术特征不过于简单和显而易见。

【案例 12-2】

自拍杆专利的从属权利要求设置

实用新型专利"一种一体式自拍装置"（专利号：ZL201420522729.0，见附件 6-2）的权利要求 1 已经失效，权利要求 3 至权利要求 12 均为权利要求 2 不同层级的从属权利要求。

权利要求 2 与权利要求 1 合并后为：

2. 一种一体式自拍装置，包括伸缩杆及用于夹持拍摄设备的夹持装置，所述夹持装置包括载物台及设于载物台上方的可拉伸夹紧机构，其特征在于：所述夹持装置一体式转动连接于所述伸缩杆的顶端；所述载物台上设有一缺口，所述夹紧机构设有一与所述缺口位置相对应的折弯部，所述伸缩杆折叠后可容置于所述缺口及折弯部。

附件 6-2

参见专利附图（见附件 6-2），尤其是图 3 和图 5，可见其核心发明点在于，位于自拍杆头部的缺口 211 和折弯部 221 相配合，使得自拍杆被用毕折起时，可以实现体积最小化。

权利要求 2 的绝大多数从属权利要求，其附加技术特征与上述发明点无关，且属于显而易见的现有技术特征、手段的简单罗列、堆砌。相应地，倘若权利要求 2 因为不具备新颖性或创造性被无效，这些从属权利要求也会因不具备创造性而能够被轻易地无效。

例如：权利要求 3 的附加技术特征为，伸缩杆包括若干伸缩节；权利要求 6 的附加技术特征为，伸缩杆的下端设有手持部，该手持部上设有拍摄按钮；权利要求 7 的附加技术特征为，手持部包括防滑区，防滑区设有防滑纹；权利要求 8 的附加技术特征为，手持部的底端设有电源开关；权利要求 9 的附加技术特征为，所述手持部的底端设有 USB 接口；权利要求 13 的附加技术特征为，提手上设有防滑纹。

而权利要求 10 和权利要求 11 的附加技术特征与权利要求 2 的发明点有所呼应，尤其使权利要求 11 的创造性高度得到有效提升，可以较好地达成对发明技术方案的梯次设防、多层次保护。

10. 根据权利要求 2 所述的自拍装置，其特征在于：所述载物台的上表面为前端高后端低的曲面。

11. 根据权利要求 10 所述的自拍装置，其特征在于：所述夹紧机构设置于所述载物台的上表面的后端，所述折弯部沿所述载物台的上表面的前端方向凸起。

参考专利附图（见附件 6-2），尤其是图 3，折弯部 221 是手机夹紧机构的一部分，通过支撑臂 212 设置于载物台 21 上。在权利要求 2 的保护范围内，夹紧机构至少有两个优选位置：载物台 21 上表面的前端长边或后端长边。权利要求 11 通过限定采纳了后者，排除了前者。

权利要求 11 与发明点的呼应还在于，其隐含了对载物台 21 与伸缩杆之间的旋转连接机构的技术要求。因为夹紧机构设置的位置不同，使得自拍杆从工作状态变到实现体积最小化的收纳状态时，载物台 21 及其上连带的夹紧机构等必须旋转的角度、维度有所不同，从而对旋转连接机构有不同的要求。正是与发明点相呼应的协同作用所产生的丰富技术效果为其创造性构建了更强有力的支撑。

反观以上列举的其他从属权利要求，因为缺少与发明点的实质呼应，并不能产生特别的技术效果，从而难以构建创造性高度，不是理想的从属权利要求。

12.4.5　附加技术特征与发明点形成呼应

通常，较为理想的重要从属权利要求，其附加技术特征应当与其基础权利要求中涉及发明点的技术特征有所呼应，利于提升从属权利要求的创造性高度，对创新点构成理想的保护层次。

参考 12.4.4 节［案例 12-2］。

12.4.6　权利要求不包含不必要的限定

该要求与 12.3.2 节中针对独立权利要求的相应要求类似。实际操作中，对于重要从属权利要求的创造性要求可适度从严，对于其他从属权利要求可适度放宽。

12.4.7　防规避

防规避，指在设计权利要求时，充分考虑替代技术方案、绕道技术方案，尽量将这些规避方式纳入本专利保护范围。应尤其注意显而易见的相近技术特征、技术手段做替代后形成的技术方案，将之纳入保护范围。

例如，11.3.4 节的自拍杆防止规避之专利布局，申请了第 12 号专利后，申请人为防止他方规避第 12 号专利，又申请了第 13 号专利。倘若申请人在提交第 12 号专利之前就考虑到这种可能，可将两件专利合并撰写成一件，即实现了本节所述的防规避。

12.4.8　技术特征合理扩展和上位

技术特征合理扩展和上位，是获得有层次的合理保护范围之基础。

原则上，权利要求中不应出现过于具体的技术特征，尤其不应对连续数值变化量以具体数值来限定。例如，在权利要求中包含"零件长度为 12.1mm"的限定，此类技术特征限定极易被绕过，如将零件长度改为 12.15mm，从而导致专利难以获得充分保护，申请人利益可能遭受损害。

对重要技术特征的扩展和上位须适度，并设置层次。

技术特征可分为非数值特征和数值特征两类。对于非数值特征，典型的上位，如将手机等上位成移动终端设备，还可再上位成终端设备，以覆盖固定式终端设备（台式电脑）。对于数值特征，典型的上位，如将某零件的长度 12.1mm 先扩展成 11.5～12.5mm，再进一步扩展至 10～15mm；或者扩展成大于 11mm，同时补充若干具体实施例，以丰富保护范围的层次。

12.4.9 具有维权可操作性

"具有维权可操作性"与 10.1.4 节中适用于专利挖掘的"操作方便"原则相呼应，确保专利权限定方式最便于权利人维权、获利。

要想对维权可操作性做出最优设计，须对技术方案实施的场景、专利侵权成立的法理等均有深入把握。

● **例如，用方法限定产品，以获得延伸保护。**

如已述及，方法专利维权的可操作性较差，可行时，可以对方法技术方案增加对应的产品权利要求。相关内容可参考 12.3.7 节。

● **例如，用外部特征限定技术方案，以保护技术主题的特定实施方式。**

通过外部特征限定技术方案，可以变相地突破技术主题的限制，达成对诸如包含技术主题的系统、技术主题特定实施方式等技术方案的保护，从而实现特别保护效果。

↘【案例 12-3】

德国专利申请 DE102019204449A1 的权利要求

德国专利申请 DE102019204449A1 共计 14 项权利要求：

1. 一种用于驱动卡车搅拌机的搅拌筒的电动机，其中电动机具有转子，齿轮机构可通过所述转子驱动，其特征在于，冷却液流经所述电动机。

2. 如权利要求 1 所述的电动机，其特征在于，所述电动机具有与所述转子连接的风扇叶轮，由此空气流过所述电动机以用于冷却。

3. 如权利要求 2 所述的电动机，其特征在于，所述电动机的壳体具有至少一个凸起，所述凸起具有内部区域，在所述内部区域中布置有冷却肋，空气能够通过所述冷却肋流动。

4. 如权利要求 3 所述的电动机，其特征在于，所述壳体具有两个彼此相对的带有冷却肋的凸起。

5. 如权利要求 1 所述的电动机，其特征在于，所述电动机的壳体具有螺旋通道，所述电动机内的冷却液通过该螺旋通道在密封套中围绕电动机的绕组螺旋地运行。

6. 如权利要求 1 所述的电动机，其特征在于，所述电动机的壳体具有两个用于冷却液的接头，其中所述接头沿所述转子的旋转轴线间隔开地布置。

7. 如权利要求 1 所述的电动机，其特征在于，其中所述转子在其一端的区域中具有轴承，设置在第一壳体壁中；在其另一端的区域中具有另一轴承，设置在第二壳体壁中。

8. 如权利要求 7 所述的电动机，其特征在于，所述第一壳体壁具有用于连接到齿轮机构的连接装置。

9. 如权利要求 7 所述的电动机，其特征在于，所述第二壳体壁容纳转速传感器。

10. 如权利要求 1 所述的电动机，其特征在于，所述电动机为异步电动机。

11. 如权利要求 1 所述的电动机，其特征在于，所述电动机具有温度传感器，通过所述温度传感器检测温度，并且当温度过高时，以减小所述电动机的功率的方式运行逆变器。

12. 如权利要求 1 所述的电动机，其特征在于，所述电动机与逆变器相互作用，使得冷却液首先流过所述逆变器，然后流过所述电动机。

13. 如权利要求 1 所述的电动机，其特征在于，所述电动机的壳体具有用于传导高压电的电连接件，其中所述连接件是插塞连接的形式。

14. 卡车，具有搅拌筒和驱动所述搅拌筒的电动机，冷却液和气流均流过所述电动机。

权利要求 1～13 为一组，保护的主题是用于驱动搅拌卡车搅拌筒的电动机。权利要求 14 为使用前述电动机的卡车。其中，权利要求 11 和权利要求 12 采用了"用外部特征限定技术方案，以保护技术主题的特定实施方式"这一技巧。

权利要求 11 和权利要求 12 在形式上均以电动机为主题。通常，权利要求中的技术特征应当限定电动机的产品结构。然而，两项权利要求均引入了电动机之外的技术特征，变相地改变了权利要求真正保护的技术主题，通过保护电动机的特定使用方式，实现了特别的保护效果。

权利要求 11 实际上保护的是一种温度过高时通过控制逆变器减小电动机功率的技术方案。

权利要求 12 实际上保护的是实现电动机和逆变器冷却的系统，其中至少涉及冷却液管路连接方式和冷却液流经的顺序。

依照法理，权利要求 11 和权利要求 12 作为权利要求 1 的从属权项，其保护范围必然小于权利要求 1。但是，可能出现行为人的行为对权利要求 1 不构成侵权，但对权利要求 11 和权利要求 12 构成侵权的情形：当行为人从专利权人处购买了电动机，且双方未另行达成明示专利许可时，倘若行为人以权利要求 11 和权利要求 12 的方式使用该电动机，构成对权利要求 11 和权利要求 12 的侵权，但对权利要求 1 不构成侵权。因为依照权利用尽的法理，权利要求 1 的全部技术特征已经体现于行为人从权利人那里所购买的电动机上，权利要求 1 的权利已经用尽；而显然，权利要求 11 和权利要求 12 并没有，权利用尽不成立。

权利人本可以更直观地撰写权利要求 11 和权利要求 12，即分别以电动机控制方法、冷却系统为技术主题。但是，权利要求 11 和权利要求 12 的形式更为隐蔽，易使他方疏于防范，从而增加了维权机会和可操作性。

12.4.10　权利要求引用关系合理

权利要求引用关系合理，要求发明人提供重要支持。

例如，在［案例 12-2］中，权利要求 11 引用了权利要求 10，该引用关系有欠合理。参考附件 6-2 中的专利附图，尤其是图 3，如已述及，在基础权利要求 2 的保护范围内，夹紧机构至少有两个优选位置：载物台 21 上表面的前端长边或其后端长边。权利要求 10 的附加技术特征"所述载物台的上表面为前端高后端低的曲面"，明显适合于夹紧机构位于载物台 21 后端长边的情形。因为被夹持的手机会倾向于靠向较低的后端，夹紧机构位于后端则正好抵紧手机，从而稳固夹持。

当权利要求 11 引用了权利要求 10，则使得载物台的上表面未采用前高后低设置的自拍杆，例如，载物台的上表面前后端平齐的自拍杆从权利要求 11 的保护范围内被排除了。而被排除的这部分保护范围有一定的价值，本应保留。

该损失的原因是引用关系不合理。如果改由权利要求 10 引用权利要求 11，就会解决问题，引用关系更合理，更符合技术规律。

改由权利要求 11 直接引用权利要求 2 也有合理性。

12.4.11　权利要求引用关系丰富

应尽量丰富权利要求的引用关系，以扩大实际权利要求数，这通常对权利人有利。丰富权利要求引用关系的设计仅应在可行、有利时进行。

参考图 12-1 所示两个示例，每个示例均示出 5 项权利要求：权利要求 1 为独立权利要求，权利要求 2~5 为权利要求 1 的从属权利要求。

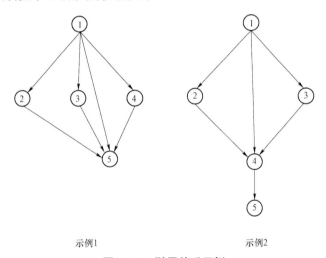

示例1　　　　　　　　　　　　示例2

图 12-1　引用关系示例

示例 1 示出了一种常见的引用关系：权利要求 2~4 单独引用权利要求 1，权利要求 5 引用权利要求 1~4。相应地，做了多项引用的权利要求 5 可被拆解成 4 项权利要求。其他权利要求各为一项。那么，该组 5 项权利要求相当于 8 项权利要求。

示例 2 示出了一种更丰富的引用关系：权利要求 2、权利要求 3 单独引用权利要求 1，权利要求 4 引用权利要求 1~3，权利要求 5 引用权利要求 4。相应地，做了多项引用的权利要求 4 可被拆解成 3 项权利要求，引用权利要求 4 的权利要求 5 亦可被拆解成 3 项权利要求，其他权利要求各为一项。那么，该组 5 项权利要求相当于 9 项权利要求。

可见，引用关系更丰富，可以使实际权利要求数上升。当一组权利要求数量较多时，效应更显著。

12.4.12　保护维度丰富

保护维度丰富，是对 12.3.5 节、12.3.6 节、12.4.7 节在权利要求书整体层面做的统筹和延伸。

维度丰富，意味着权利要求类型齐套，并且按照专利布局的思路在可能的范围内进行延伸。这种延伸也应当延及从属权利要求。例如，在 12.4.9 节［案例 12-3］中，德国专利申请 DE102019204449A1 的权利要求 11 和权利要求 12 体现了链条延伸的思想。

未考虑防规避也是保护维度上的缺陷。

12.5　权利要求书和说明书的质量控制

12.5.1　权利要求书和说明书的质量控制清单

通常，权利要求书、说明书总计不少于 15 页。各项权利要求不应是在适应性修改后对《技术交底书》提案中技术方案的简单复述。说明书不应是在适应性修改后对《技术交底书》的简单复述，其中对发明及其实施例的说明也不应是对权利要求在适应性修改后的简单复述。

（1）未泄露保密内容。

（2）规避敏感主题。

（3）清楚、准确、无硬伤。

● 做到一词一义。

● 技术特征含义的边界清晰，无歧义。

● 对于方法技术方案，无论是权利要求还是说明书，对其中步骤时序的限定应清楚、完整、必要。

● 对于元素组合技术方案，无论是权利要求还是说明书，对元素组合的限定是封闭式的还是开放式的，应清楚、准确。

● 从属权利要求未出现技术方案错配。

● 对技术方案和实施例的描述达到可实施的程度。

● 不存在妨碍理解的错误、笔误等。

（4）说明书体现全部交底技术方案及相关技术特征、技术手段。

（5）附图充足。

（6）附图中的有关内容均有充分的文字说明。

（7）对技术特征、技术手段、实施例做了有层次的丰富扩展和上位。

（8）说明书为权利要求提供了良好支撑。

● 说明书实质重复了权利要求书。

● 权利要求、发明技术方案及相关技术特征全面、充分地对应实施例。

● 上位概念有充足的实施例支持。

（9）背景技术、技术领域中的说明简洁，不涉及技术问题、技术效果、发明点、发明技术原理等。

（10）避免周延性、绝对性、强调性限定。

● 建议使用，例如，"本发明实施例""一些""可以"。

● 避免使用，例如，"本发明""所有""必须"。

（11）技术问题、技术原理披露适当，未过度披露。

● 对技术问题及其关联内容的披露尽量采用非周延方式。

● 尤其是创造性审查中需要重新确定的技术问题，对相应技术问题及关联内容应在可行范围内尽量模糊化处理。

● 明确"现有技术解决方案过于单一" 是发明需要解决的技术问题。

（12）对专利保护的主题做了适应性处理。

● 例如，发明、实用新型、国外申请。

● 例如，软件、商业方法、疾病的诊断治疗方法。

（13）所有外文配有中文翻译。

（14）无特色表达。

（15）做了隐蔽式撰写。

● 埋藏优选技术方案。

● 隐藏关键技术信息。

● 避免通常表述方式。

12.5.2 未泄露保密内容

本项目须由发明人提供重要支持。

本项目要求对申请人的利益有特别重大的影响，应重点核查。

专利部门、发明人应核查专利申请文件并确保其中不包括保密内容。此外，自向代理机构提供交底材料起的工作全程中均应有保密控制。

某些技术内容，其本身并不属于保密信息。但是，倘若得知这些技术内容，结合公开信息则可能较为容易地推出应当保密的信息，则这些技术内容也属于不应公开的保密信息。

通常，申请人、发明人不应将不希望通过专利申请披露的保密内容提供给代理机构，但是有时也会向专利代理师透露保密信息，以利于其理解技术方案、优化专利撰写。此时，专利部门、发明人尤其应做好保密控制，在工作全程中时不时向专利代理师重申保密范围和要求。

即使确信从未提供过保密信息，也应对专利撰写的终稿做全面的保密筛查。这是因为专利代理师在撰写过程中可能有所发挥，偶然导致成稿中出现保密内容。

12.5.3 规避敏感主题

在申请文件中，对不受保护的敏感主题或客体应做淡化、规避，使授权前景不受妨害。

例如，申请人取材于国外传统神话中的邪神，做出一种玩偶外观设计，提交外观设计申请时，使用了该邪神的名字作为外观设计名称，而没有用类如人偶的名称。现实是，基于该邪神已经发展出跨多国的邪教组织。因此，该外观设计申请被驳回。

另外，对于外观设计中过于鲜明的细节，往往可以通过模糊化手段，甚至包括可以调整背景、采光，淡化其效果，以利于授权，又不实质性地影响保护范围。

12.5.4　清楚、准确、无硬伤

本项目须由发明人提供重要支持。

- 做到一词一义。
- 技术特征含义的边界清晰，无歧义。
- 对技术方案和实施例的描述达到可实施的程度。
- 不存在妨碍理解的错误、笔误等。

以上四项请参考 10.8.2 节、3.1.3 节相关内容。

- 对于方法技术方案，无论是权利要求还是说明书，对其中步骤时序的限定应清楚、完整、必要。

对于多步骤方法技术方案，时序关系限定不清楚、不完整或不必要是高发问题。

- 对于元素组合技术方案，无论是权利要求还是说明书，对元素组合的限定是封闭式的还是开放式的，应清楚、准确。

对于元素组合技术方案，其元素组合是开放式的还是封闭式的，限定不必要或不清楚也是高发问题。

- 从属权利要求未出现技术方案错配。

从属权利要求未出现技术方案错配，指一项独立权利要求引导的一组权利要求中，不同从属权利要求的附加技术特征可能相互矛盾或排斥，并不总能组合成一个技术方案，强行组合将生成不可行的错误技术方案。从属权利要求引用不慎，尤其是多项引用时，容易出现这种错误。

12.5.5　说明书体现全部交底技术方案及相关技术特征、技术手段

本项目须由发明人提供重要支持。

本项目特别关键。

说明书应体现全部交底技术方案及相关技术特征、技术手段。倘若缺失关键信息，在专利申请提交后将无法补救。

12.5.6　附图充足

附图对形象地说明技术方案尤其重要。专利申请中的附图应当充足。

12.5.7　附图中的有关内容均有充分的文字说明

所有附图应配有相应的文字描述，达到即使没有附图也可完整地说明发明技术方案的水平。附图不贡献涉及发明技术方案的有效技术信息，仅起帮助理解、增强可读性的作用。

12.5.8　对技术特征、技术手段、实施例做了有层次的丰富扩展和上位

本项目要求是对 12.4.8 节在权利要求书、说明书的完整范围内的扩展。

说明书中对技术特征、技术手段、实施例做了有层次的丰富扩展和上位，才使权利要求

中对技术特征的扩展和上位得到支持；也为专利申请提交后权利要求的修改预留弹性空间，奠定坚实基础。

可在说明书中自行定义上位概念，以使表述精准，利于界定保护范围。

12.5.9　说明书为权利要求提供了良好支撑

- **说明书实质重复了权利要求书。**

说明书中应实质性地重复权利要求书。对于预计以后可能通过修改、分案形成的新权利要求，也应按此办理，即在说明书中预埋这些权利要求。

如此，可确保说明书对权利要求有最直接的支持。

仅依靠在说明书中重复权利要求，仍不足以提供充分支持。

- **权利要求、发明技术方案及相关技术特征全面、充分对应实施例。**

各项权利要求、发明技术方案及相关技术特征全面、充分对应实施例以及必要的下位实施例。

各项权利要求、发明技术方案中的各个技术特征，在实施例中存在与之对应的技术特征以及必要的下位技术特征。

不同形式的权利要求保护实质相同之技术方案的，应为各项权利要求提供相应形式的充足实施例。例如，若同一技术方案既可用硬件形式实现，也可用软件形式实现，即既有产品权项也有方法权项，说明书中应既提供充足的产品实施例，也提供充足的方法实施例。

- **上位概念有充足的实施例支持。**

视具体领域和场景，对于上位技术方案、上位概念，应有充分的下位支持，指存在适当数量的多个充分反映典型变化的下位实施例、下位概念。

12.5.10　背景技术、技术领域中的说明简洁，不涉及技术问题、技术效果、发明点、发明技术原理等

倘若背景技术、技术领域中的说明涉及技术问题、技术效果、发明点、发明技术原理等内容，按照美国等国家的法规其可能被认定成现有技术，从而使权利要求的创造性受到损害。相关内容宜写入发明内容部分，也可以在说明书中明确指出技术问题是发明人在进行发明的过程中经探索而认识到的。

12.5.11　避免周延性、绝对性、强调性限定

- **建议使用**，例如，"本发明实施例""一些""可以"。
- **避免使用**，例如，"本发明""所有""必须"。

以上两项请参阅 4.4.1 节、4.4.2 节相关内容。

12.5.12　技术问题、技术原理披露适当，未过度披露

参阅 4.4.3 节可知，技术问题、现有技术缺陷、发明目的、技术原理等相关内容的过度披露可能使专利保护范围受到损害。而恰当的披露，可以弱化技术问题等对发明方向的指引作用，利于强化权项的创造性。例如，美国发明专利 US6578329B1 涉及一种拉索锚具（见附件

6–1），依照说明书披露，发明所达成的技术效果是泛泛地使产品拆装更为便捷，该披露实质上无法对创造性的审查、评价提供帮助，具有弱化发明方向指引的作用。

此外，涉及现有技术缺陷、技术问题的不当披露还可能使申请人遭受其他损害。例如，申请人也生产、经营相关产品或从事相关业务时，相关披露可能成为申请人明知存在这些缺陷的证据。倘若这些缺陷曾经给他方利益造成严重损害，则对申请人极为不利。

- **对技术问题及其关联内容的披露尽量采用非周延方式。**

参阅第 4.4.1 节、4.4.2 节。

宜就具体权项及相应某个、某些实施例阐明相应的技术问题及关联内容。

- **尤其是创造性审查中需要重新确定的技术问题，对相应技术问题及关联内容应在可行范围内尽量模糊化处理。**

技术问题及关联内容不应过度披露，但是对于一些发明技术方案，如药物二次用途发明，技术问题同时也是核心发明点，必须披露到位。而其他诸多技术方案，尤其是在创造性审查中需要重新确定技术问题的，常常有更大的模糊化处理空间。

- **明确"现有技术解决方案过于单一"是发明需要解决的技术问题。**

如前述及，专利说明书中如果包含类似表述，利于获得有利的保护范围：

本发明技术方案针对现有技术解决方案过于单一的技术问题，提供了显著不同于现有技术的解决方案。

如此，利于减小所谓"必要技术特征"对独立权利要求保护范围的负面影响，减小可实施要求对权利有效性的负面影响，也具有弱化发明方向指引的作用。

发明的某些优选技术方案还可以解决的其他具体技术问题也应恰当地在说明书中予以披露。各技术问题可以共同出现在说明书中，不会产生冲突。

例如，附件 4–2 涉及揉面机的实用新型专利（CN2819822Y），其说明书中可以这样表述：本实用新型技术方案针对现有揉面机过于单一的技术问题，提供了显著不同于现有技术的揉面机解决方案。此外，本实用新型的一些实施例可以解决现有揉面机加工面团质量不稳定、面团不够均匀、硬度不一的问题。

12.5.13　对专利保护的主题做了适应性处理

对于相同的技术方案，可能需要在不同国家、采用不同形式提交专利申请，由于存在不同的形式要求，可能须对权利要求等内容进行调整。

相应地，在首次申请的申请文件中就应将上述各种情形考虑在内，例如，预埋满足不同形式要求的权利要求和说明书的支持性内容。如此，方能保证申请人基于首次申请在各国提交的专利申请能够充分适应当地要求，不会在面临审查时出现修改超范围的风险，避免权利受损。

- **例如，发明、实用新型、国外申请。**

一些实用新型可能会向其他国家提出专利申请并转为发明专利，必要时，也应在实用新型说明书中预埋方法权利要求，并在说明书中提供充分的支持性说明。

- **例如，软件、商业方法、疾病的诊断治疗方法。**

当涉及特别的主题时，例如，软件、商业方法、疾病的诊断治疗方法，不同国家可能存在显著不同的形式要求，应予以特别注意。

↘【案例 12-4】

格列卫二次用途发明的适应性处理

［案例 7-4］中，专利获得授权的权利要求仅有 1 项，其形式为：物质 X 在制备用于治疗 Y 疾病的药物中的应用。此种形式的权利要求被称为瑞士型权利要求。未授权的权利要求涉及治疗应用、给药方法，在中国属于不给予专利权保护的客体。

然而，根据该专利（CN1622808A）的申请公开，原申请文件包括 8 项权利要求，与其对应的国际申请 WO0234727A2 一致。

该国际申请进入加拿大国家阶段后，获得授权的加拿大专利 CA2424470C 有 32 项权利要求，权利要求类型有瑞士型权利要求、治疗或给药方法，以及适用于新病症的药物，例如，药用化合物、盐、组分。

该国际申请进入欧洲国家阶段后，获得授权的欧洲专利 EP1332137B1 有 6 项权利要求，权利要求类型有瑞士型权利要求，以及引用瑞士型权利要求的给药方法。后来，欧洲专利规则有所调整，开始对适用于新病症的药物予以保护，不再对瑞士型权利要求予以保护。

该国际申请进入日本国家阶段后，获得授权的日本专利 JP4386635B2 有 6 项权利要求，权利要求类型有适用于新病症的药物、治疗或给药方法。

该国际申请进入美国国家阶段后，获得授权的美国专利 US6958335B2 有 6 项权利要求，权利要求类型均为治疗或给药方法。

12.5.14　所有外文配有中文翻译

参阅 10.8.2 节。

12.5.15　无特色表达

参阅 10.8.2 节。

12.5.16　做了隐蔽式撰写

通常，隐蔽式撰写的目的是减小以下可能性：① 专利被竞争者发现；② 专利中的高价值技术方案被竞争者发现；③ 发现审查、无效对比文件。

隐蔽手段因技术领域不同而各异，典型的有以下三种。

● **埋藏优选技术方案。**

将优选技术方案埋藏在大量并列技术方案之中，例如，保护药用化合物的专利。

● **隐藏关键技术信息。**

在满足专利授权法定要求的基础上，将某些关键技术信息加以隐藏或模糊化，使他方难以依靠专利文件和公开信息实现商业实施。该手段与专利布局、技术秘密保护相配合时，收效最好。

● **避免通常表述方式。**

例如，将宠物洗澡机称为对家庭娱乐性或陪伴性饲养的动物或其他小动物进行清洗的装置。

例如，用外部特征限定技术方案，以保护技术主题的特定实施方式，而不是用系统技术方案的通常形式，参见 12.4.9 节［案例 12-3］。

12.6 专利翻新

本清单要求的达成须由发明人提供重要支持。

12.6.1 专利翻新的概念和目的

专利翻新指对新颖性、创造性不足的技术方案，甚至行业广为使用的技术方案，加以翻新，以申请专利，获得授权。

专利翻新常为经验丰富的权利人使用，广有实效。例如，权利人常通过专利翻新干扰他方竞争活动而实现额外商业利益。翻新的专利，尽管权利稳定性有瑕疵，但竞争者的大量产品会落入该专利的字面保护范围，从而使竞争者及其合作商深受困扰，让权利人从中渔利。只要权利人进退有度，即可确保对方出于对引发激烈对抗的顾虑和成本压力而不会发起专利无效。从而，权利人可长期利用翻新专利制约不同的竞争对手，而专利的效力不受破坏。

12.6.2 典型的专利翻新手法

按照是否利用了技术水平优势，可将专利翻新手法分为割裂阴阳和故弄玄虚。

需要强调的是，本书仅剖析利用真实信息误导他人的操作，不涉及制造、利用虚假信息。

1. 割裂阴阳

割裂阴阳是一种呈现技术方案及相关信息的巧妙方法，仅依靠真实但片面割裂的信息误导他人，不借助技术水平优势。

阴阳，指技术方案等各种事物中普遍存在的对立统一的两方面。习惯上，将趋于阳刚、动、主动、生发、上升、完整等的方面，称为阳；将趋于阴柔、静、被动、收敛、下降、破碎等的方面，称为阴。

包括技术方案在内，事物是阴阳合一的矛盾对立统一体。割裂阴阳，是指在呈现时取其阳而舍其阴，或相反，由此扭曲本来面目，甚至还可颠倒阴阳。误导的关键在于，精心设定割裂呈现技术方案的场景、方式，使受众不易发觉所接收的信息是经过了精心取舍的片面信息。

专利申请中的翻新技术方案本来与相关现有技术方案实质相同，但采用割裂阴阳的方法，会让人觉得两者根本不同，甚至特性相反。如此，方利于翻新技术方案获得授权。

例如，现有技术中存在变形金刚，其有机器人和汽车两种形态。以机器人为阳，汽车为阴。申请人将相同的技术方案称为变形汽车来申请专利，并在专利说明书中采用割裂阴阳的翻新方法，在现有技术部分详细介绍了变形金刚，但取阳舍阴，只讲其为可变形机器人，并认真解读了由机器人发起变形的若干起始步骤，其中看不出与汽车有任何关联。在说明变形汽车的翻新技术方案时，则取阴舍阳，只披露相反的信息，即其为可变形汽车，并介绍由汽车发起变形的若干起始步骤。最后，再对照总结两者的区别，令人信服地得出两者根本不同的结论。倘若变形金刚并不闻名遐迩，技术方案并不浅显易懂，这割裂阴阳的翻新就可能成功；倘若审查员没有再通过其他材料仔细检查申请人对变形金刚的描述是否全面，则很可能在专利性检索中排除涉及变形金刚的对比文件，向其他方向努力。

2. 故弄玄虚

采用故弄玄虚的方法须凭借技术水平优势来误导他人。

申请人借助技术水平优势，来翻新与现有技术无实质差别的技术方案，在其中施以极复杂、高深的技术手段，并配合同样复杂、高深的原理剖析，使翻新技术方案显得包含独特技术特征、呈现独特技术效果，让人误以为其具有创造性。其实，那些复杂高深仅只是玄虚，并没有实质影响或独特效果。

例如10.1.4节提及的一种专利挖掘思路：利用特定检测方式加强技术方案的创造性。若将该手段发挥到极致，即为故弄玄虚。

12.6.3　割裂阴阳案例

【案例 12-5】

拉索锚具专利割裂阴阳案例

参考［案例6-8］某国跨江大桥部件侵权风险排查，涉案专利即是采用割裂阴阳的方法做了翻新的专利。因专利侵权的风险，跨江大桥工程一度停工，给当事人带来了巨大的压力和损失。当事人在专业分析的基础上，通过律师交涉化解了风险。权利人知难而退后，当事人未对涉案专利发起无效。

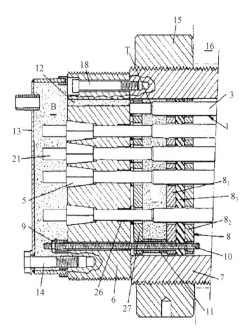

图 12-2　对比文件 EP0323285A1 附图 2

美国专利 US6578329B1（即本专利）保护一种拉索锚具，主动披露了现有技术 EP0323285A1（即对比文件）。申请人在本专利说明书中就技术特征、手段、效果，阐释了其专利技术与对比文件的区别。

然而，对比文件足以破坏本专利权利要求1的新颖性。

申请人充分运用割裂阴阳的专利翻新方法，在专利技术与对比文件的区别内容中，充斥着极具误导性的片面的真实的描述。虽然与权利要求1高度吻合的对比文件近在眼前，审查员由于受到误导却视而不见。权利要求1体现的翻新技术方案在美国、欧洲、韩国等地直接获得了专利授权。

本案例中，阴指静，阳指动。图12-2所示为对比文件附图2。

本专利中对对比文件的介绍原文如下："In the known embodiments of the packing boxes encountered in the anchoring devices of the kind in question, the inner plate of the packing box is stationary while the outer plate can move and is driven toward the stationary plate by means of threaded rods passing through the perforated block and placed under tension."

如图 12-2 所示，关键点涉及内板（8_1）、外板（8_2）及驱动外板（8_2）的螺杆（10）。内板（8_1）、外板（8_2）都是穿孔板，可使多条钢索穿过；内板（8_1）、外板（8_2）之间填充弹性填料（8_3）；内板（8_1）静止；外板（8_2）受螺杆（10）驱动，可向内板（8_1）方向移动，即在图中左向移动。

对比文件中现有技术方案的关键特征如表 12-1 所示。

表 12-1　现有技术关键特征

零　件	特　征	感　受
外　板	受螺杆（10）驱动，可向内板（8_1）方向移动	动/阳
内　板	静止	静/阴

图 12-3 所示为本专利的附图 1。

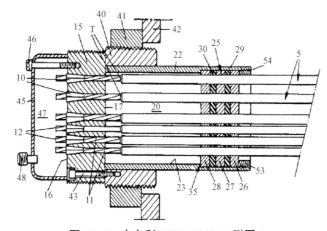

图 12-3　本专利 US6578329B1 附图 1

本专利权利要求 1 涉及的内板（28）、施压装置（35）、外板（26）的结尾部分最为关键，其他部分属于常规技术。

1. 一种固定装置，……

外板（26）相对于腔室（20）是静止的，以及用于向内板（28）施压的施压装置（35）。

可将权利要求 1 体现的翻新技术方案与对比文件现有技术方案加以对照（见表 12-2）。

表 12-2　关键特征比对

零件	翻新技术方案		现有技术方案	
	说　明	感　受	说　明	感　受
外板	静止	静/阴	受螺杆驱动，可向内板方向移动	动/阳
内板	受施压装置施压	动/阳	静止	静/阴

表 12-2 直观地反映了本专利说明书给人的感受：翻新技术方案与现有技术方案相比较，涉及内板和外板的技术特征截然相反，形成了鲜明的阴阳对立，两者根本不同。然而，两者实质相同，现有技术方案可以破坏翻新技术方案的新颖性。

表 12-3 同时适用于翻新技术方案与现有技术方案，说明两者实质相同。

表 12-3 技术方案共同点说明

零件	外板安装过程中的工作状态		使用状态	
	说　明	状态	说　明	状态
外板	受驱动向内板方向运动	动/阳	静止	静/阴
内板	静止，尽管受施压装置施加的向外板方向的压力	静/阴	静止，尽管受施压装置施加的向外板方向的压力	静/阴

参照表 12-3，翻新技术方案和现有技术方案在相同状态下，表现相同：

（1）在外板的安装过程中，其均在驱动下向内板方向运动，压缩外板与内板之间的弹性填料。具体而言：

● 对于现有技术方案，驱动装置是螺杆（10），通过上紧螺母（9）实现驱动。

● 对于翻新技术方案，驱动装置是内螺母（53）。外板安装时，上紧内螺母（53）推动外板（26）向左（图中方向），也就是向内板（28）的方向移动，内螺母（53）在本专利的文字中没有交代，但可以从附图中无疑义地解读出来。

（2）在使用状态下，两者的外板均保持静止。

（3）无论在外板的安装过程中还是在使用状态下，两者的内板都静止。在这两种状态下，内板承受内板与外板之间的弹性填料施加的左向压力，同时，内板受到由施压装置施加的右向反作用压力，左向、右向压力相平衡，内板静止。其中，施压装置实为机械限位装置，作用是卡住内板使其不能向左移动，具体而言：

● 对于现有技术方案，施压装置为没有明文交代的套管（11），其套在螺杆（10）之外，左端顶在固定零件（27）上，右端支着内板（8₁），使其不能向左运动，从而达成限位；

● 对于翻新技术方案，施压装置为内壁上的小台阶（35）。

综上，本专利翻新技术方案和对比文件现有技术方案实质相同。

申请人从三个维度运用了割裂阴阳的翻新方法（见表 12-4）。

表 12-4 状态及关键特征比对解析

项　目	本专利		对比文件	
	说　明	感受	说　明	感受
第一维度：场景状态	使用状态	静/阴	安装外板的工作状态	动/阳
第二维度：外板	静　止	静/阴	受螺杆驱动	动/阳
第三维度：内板	受施压装置施压	动/阳	静　止	静/阴

第一维度：场景状态

割裂阴阳的第一个维度是技术方案披露场景的错配：对本专利的披露是在日常使用的静态下，取阴舍阳；而对对比文件的披露是在安装外板的工作动态下，取阳舍阴。

本专利对两个场景的差别淡化掩饰、不做提示，使移花接木得以瞒天过海。

第二维度：外板

割裂阴阳的第二个维度是对外板的选择性披露。本专利的外板静，取阴舍阳；对比文件的外板动，取阳舍阴。

在第一维度的基础上，第二维度可以顺利达成。

第三维度：内板

割裂阴阳的第三个维度是对内板的选择性披露。本专利的内板动，取阳舍阴；对比文件的内板静，取阴舍阳。

内板本就静止，天然满足对比文件的取阴舍阳。难点在本专利的取阳舍阴，须颠倒阴阳，将静的内板说成动的。内板本静，但阴阳合一，静中有动，关键是如何发掘、割裂出其中的动。

具体而言，内板之静并非因为没有动因，只是动因达成平衡才会静止：动因是受力，弹性填料向内板施加左向压力，施压装置在反作用下向内板施加右向压力，二力平衡。所以，从平衡的受力中割出一部分，打破平衡，能让静中生动：在说明书中，只选择性地披露内板受施压装置施加的右向压力，而不提其他；此外，在措辞上，选用颇具动态色彩的"施压装置"，而不用更准确却不会误导人的"限位装置"。"限位"给人止动入静之感。

此外，作为割裂阴阳的选择性披露的一部分，如前所述，对一些技术特征或细节，例如，翻新技术方案中用于驱动的内螺母（53）、现有技术方案中用于施压的套管（11），淡化掩饰、不加提示，以更好地误导他人。

12.6.4 故弄玄虚案例

【案例 12-6】

铸造件专利故弄玄虚案例

经过努力发展，A 企业生产的某种汽车配件在国际市场上占据了显著的份额。后来，传出 A 企业的产品有专利侵权风险的消息，使 A 企业及其客户深受困扰。A 企业就产品做了防侵权检索，锁定相关专利，通过自由实施 FTO 分析，最终打消了客户的顾虑。

发明专利 CN200910132267.5 是高相关专利之一。该专利采用了故弄玄虚的专利翻新方法。以下分析基于该专利的申请公开文本 CN101571079A。

权利要求 1 为：

1. 一种封入铸造结构，其包括汽缸套，该汽缸套由铸铁制成并通过封入铸造被封入铝合金中，并且在该汽缸套的外周表面上具有多个凸起，其特征在于：将铸铁部分至凸起的基部的厚度设为 L_1，将由铸铁部分和铝合金部分形成的整体件的厚度设为 L_2，当在 $L_1/L_2=0.45$ 的条件下进行测量时，热传导率为 35～80W/（m·K）。

关键技术特征涉及在产品特定位置按一定规格切下一块金属试件，再按特定方法测出试件的热传导率，看其是否在 35～80W/（m·K）。

图 12-4 所示为要切下的金属试件的位置。图 12-5

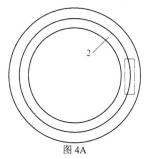

图4A

图 12-4 专利申请 CN101571079A 图 4A

所示为试件的规格和检测方法。从其中图 4C 可见，试件由两部分拼合而成。这两部分分别是铝合金和铸铁。

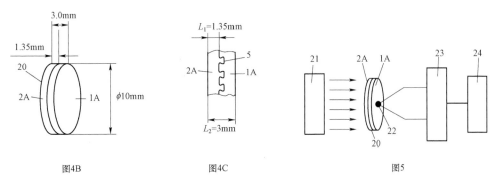

图4B   图4C   图5

图 12-5　专利申请 CN101571079A 图 4B、图 4C、图 5

产品用在汽车发动机汽缸上，产品品质确实与热传导率高相关；产品特殊的结构有可能对热传导率有影响。该专利申请中，申请人大费周章地限定了特别复杂的热传导率测定方式，到底确实出于真实技术需要，还是仅为故弄玄虚的翻新手段，便是对审查员专业水准的考验。倘若确实出于真实技术需要，则权利要求的创造性很难被攻破。

依照专利说明书，试件涉及的铝合金应符合日本标准（JIS）ADC10 和（JIS）ADC12，热传导率为 96W/（m·K）；铸铁的热传导率一般为 48W/（m·K）。依照本领域专业人员的意见，权利要求所给出的 35～80W/（m·K）的范围很宽泛，必然覆盖相关产品的热传导率。因此，该复杂的热传导率检测方式是没有实质技术意义的故弄玄虚。

专利 CN200910132267.5 的同族至少还进入了欧洲、美国、日本、韩国。各国审查员多未直接接受权利要求 1，在其保护范围被压缩后方给予授权。

12.6.5　典型申请方式

通常，不必为翻新专利提交专门的专利申请，在正常的专利申请中加入翻新的权利要求即可。例如，仅以少量独立权利要求作为翻新专利，以要保护的技术成果作为从属权利要求。由于翻新专利主张的保护范围极宽，以之作为基础权利要求，不会对后续权利要求的保护范围和商业价值产生实质损害。

这种操作方式很经济，只是"搭便车"，不耗费额外的直接成本。

12.7　主张优先权的二次撰写

提交专利申请后，因诸种原因，可能需要主张在先申请的优先权而提交新的专利申请。对主张优先权的新申请进行的专利撰写即为二次撰写。对二次撰写的质量控制，应在本章的基础上，参考 7.2 节，尤其是 7.2.2 节的要求。

第 13 章

审查答辩的质量控制[*]

阅读提示

对于研发者，本章 13.2 节、13.3.1 节至 13.3.5 节、13.3.7 节、13.3.8 节、13.4.1 节至 13.4.3 节、13.5.1 节、13.5.2 节属于重要内容，其余属于一般内容。

13.1 总述

审查答辩质量控制的总体目标、定位、原则参考 12.1 节相关内容。

审查答辩质量控制涵盖驳回复审、专利无效答辩及相关的行政、司法救济程序。在这些程序里，所面对的实体问题实质相同。需要注意的是，在专利无效相关程序中，企业可能处在无效请求人的相对立场，因此可以从相对的角度以本章为参考。

依照审查答辩质量控制的特点及转移责任原则，企业的审查答辩质量控制重点通常在于创造性。同时，审查答辩质量更依赖于法律维度的能力，专利部门的作用更突出。发明人的支持作用主要体现在就专利代理师提出的技术问题给予澄清，可能涉及寻找、提供额外技术情报资料。发明人专利能力较强时，往往会产生事半功倍的效果。

13.2 对发明人的能力要求

审查答辩质量控制方面，研发者作为发明人应在专利部门的指导下主要就以下各项提供重要支持，并建设相应能力。此外，发明人可提供力所能及的支持。

13.2.1 基本要求

对发明人的基本要求在于，确保为以下事项提供重要的辅助技术支持：① 审查意见中对发明技术方案技术事实的理解是否存在硬伤；② 审查意见中引入的证据是否充分、可靠；③ 审查意见中对证据涉及技术方案技术事实的理解是否存在硬伤；④ 审查意见中就创造性审查对区别和相同特征的认定是否恰当；⑤ 审查意见中就创造性审查对技术启示的认定是否

---

* 本章参考王宝筠《专利审查意见答复实战教程：规范、态度、实践》（北京：知识产权出版社，2022）撰写。

恰当；⑥ 审查意见中就公知常识、惯用技术手段的认定、评述及举证是否恰当；⑦ 答辩意见中是否未泄露保密内容；⑧ 答辩意见中是否存在技术硬伤；⑨ 权利要求中是否存在硬伤。

与第 12 章中的要求有所重合，发明人在专利部门的指导下，应对保密划界的原则和可公开的范围有所掌握；能够适应专利文件的行文表达方式，理解其含义；能够理解技术方案、技术特征和技术手段，以及实施例、公知常识、惯用技术手段、保护范围等基本概念。

13.2.2　提高要求

审查答辩质量控制的重点在于创造性。倘若发明人对创造性的概念及审查原理，尤其是对技术启示的概念有所把握，则能够与其技术优势相结合，做出更积极的贡献。具体在于协助专利代理师高效发现、锁定审查意见中法律分析和推理逻辑等方面的相关漏洞，找到有力技术证据。

13.3　审查意见诊断的质量控制

审查意见诊断很关键。如 7.3 节所指出，基于创造性审查的证伪逻辑，倘若不能指出审查意见中的实质错误，就不能有效维护权利要求的创造性。

作为制作答辩意见、完成本项质量控制的基础，申请人可要求代理机构就审查意见出具诊断意见。诊断发现的问题应当被明确反映到答辩意见中。

13.3.1　审查意见诊断的质量控制清单

（1）对发明技术方案中技术事实的理解是否存在硬伤。
● 技术特征、技术原理、技术效果。
（2）证据是否充分、可靠。
（3）对证据中相关技术事实的理解是否存在硬伤。
● 技术特征、技术原理、技术效果。
（4）创造性审查中对区别特征和相同特征的认定是否恰当。
（5）创造性审查中对技术问题的认定是否恰当。
（6）创造性审查中对技术启示的认定是否恰当。
● 例如，是否存在反向技术启示，尤其是在对比文件中。
（7）对公知常识、惯用技术手段的认定、评述及举证是否恰当。
（8）是否存在其他明显问题。

13.3.2　对发明技术方案中技术事实的理解是否存在硬伤

本项目须由发明人提供重要支持。

对发明技术方案之技术事实的理解是否存在硬伤，指通过研读审查意见，确定审查员是否正确理解了发明技术方案。

● **技术特征、技术原理、技术效果。**
配合创造性评价，除了整体理解技术方案，还应在技术特征层面进行解析，审视对技术特征及各技术特征相互作用关系的认识，以及对技术原理和所达成的技术效果的认识，是否准确，是否存在实质错误。

通常，从技术特征到技术方案，涉及运用诸多技术原理达成丰富的技术效果。但是，不应让次要的技术效果、技术问题喧宾夺主。讨论创造性时，应围绕主要技术效果，针对需要解决的技术问题。主要技术效果、需要解决的技术问题常需要基于对现有技术的认识而重新界定，并非一成不变，并非完全受限于专利说明书宣称的内容。

13.3.3　证据是否充分、可靠

本项目须由发明人提供重要支持。

对于审查意见中引用证据的充分、可靠，应从两个层面理解：从法定证据规则的角度判断证据的真实性、有效性；从技术角度判断其中的技术信息是否充分、相关、可靠、令人信服，不存在重大争议。前者由专利部门核查，后者应由发明人提供支持。

13.3.4　对证据中相关技术事实的理解是否存在硬伤

本项目须由发明人提供重要支持。

对证据中相关技术事实的理解是否存在硬伤，指通过研读审查意见，确定审查员是否正确理解了证据中涉及发明技术方案的内容。

具体要求参考 13.3.2 节相关内容。

- 技术特征、技术原理、技术效果。

13.3.5　创造性审查中对区别特征和相同特征的认定是否恰当

本项目须由发明人提供重要支持。

对区别特征和相同特征的认定，是对权利要求与现有技术之异同的认定。区别特征认定错误，创造性判定必然有误，具体参考 7.5.1 节、7.5.2 节相关内容。

13.3.6　创造性审查中对技术问题的认定是否恰当

审查员认定技术问题时，常见问题包括：

- 不涉及发明所要解决的主要技术问题，常导致将技术方案中存在有机关联的技术手段、技术特征被割裂地评价。
- 加以回避，不明确认定技术问题。
- 所明确的技术问题过于含糊、上位，使得区别技术特征在发明技术方案中、在现有技术对比文件中实际解决的技术问题看似相同而实则不同。
- 技术问题并不显而易见。
- 技术问题不能对应未被满足的需要，因而不适格，例如，以技术效果、技术手段、技术特征换技术问题，部分地忽略技术问题人之感受和需要所体现的主观性。

技术问题的准确认定对创造性判定的结果有决定性影响，具体参考 7.5.2 节相关内容。

【案例 13-1】

家用无线设备对码专利申请驳回复审

中国专利 CN103138883B 的发明名称为"一种避免家庭无线设备误对码的方法、系统和装置"。附图 13-1 为该发明的摘要截图。

附图 13-1

审查员下达 3 次审查意见后驳回了专利申请，认为全部权利要求不具备创造性。申请人通过答辩意见做了解释，未做修改。

申请人提起复审时，对权利要求做了修改，包括在独立权利要求中增加少量技术特征，以增大胜率。依照程序，原审查员做了前置审查，仍认定全部权利要求不具备创造性。

2017 年 3 月 2 日，复审委做出第 120459 号复审请求审查决定，认定对比文件不能破坏权利要求的创造性，撤销了驳回决定。

专利技术方案需要解决的是家用无线设备误对码的问题。例如，家用物联网场景下，各种电子设备，包括家庭成员的手机等终端，在首次连接时，常常需要进行设备间的无线"对码"，以实现设备识别并建立安全、可信的无线连接。误对码指家里的电子设备误与隔壁或附近其他正在对码的设备建立连接，带来操作麻烦和安全隐患。

专利技术方案解决该技术问题的思路是：对码时，对码信号的发射方在对码信号，即对码报文中加入信号的发射功率；接收方接收对码报文时测量接收功率，在解读出信号发射功率后，即可计算出信号衰减程度，倘若衰减超过一定水平，即可断定发射方是隔有墙壁的邻家设备或距离很远的设备，则拒绝对码，以避免误对码。

依照驳回决定，权利要求与最相关现有技术的区别在于："该对码报文中携带有该对码报文的发射功率；无线设备读取该对码报文的发射功率；根据发射功率和接收功率计算功率损耗，判断该功率损耗是否在预定阈值范围内，从而判断配对设备是否为可信设备。"

基于上述区别特征，驳回决定认定权利要求实际解决的技术问题是：无线设备如何获取发射功率及确定可信设备。将"无线设备如何获取发射功率"确定为技术问题之后，如何解决该技术问题便是显而易见的常规技术手段了，本领域技术人员将顺其自然地想到只有由发射方将发射功率作为报文内容发送给接收方，接收方的无线设备才能获取发射功率。驳回决定如此认定后，自然将破掉权利要求的创造性。而这恰是本发明的核心创新点。

然而，驳回决定所认定的技术问题并不显而易见，且不能对应未被满足的需要，因而不适格。这是因为"无线设备如何获取发射功率"无论如何都不会成为对码操作者感受到的问题或未被满足的需要，完全没有动机并且不会使之成为"为获得更好的技术效果而需对最接近的现有技术进行改进的技术任务"，尽管这样做是可能或可行的，即"能"而不"会"。

被指为技术问题的"无线设备如何获取发射功率"实际上是"使无线设备获取发射功率"这一技术手段或技术特征的变身。典型地，审查员在审查中的问题是将技术问题换成了技术手段、技术特征，去掉了技术问题中的感觉、需要所体现的主观方面，以压低创造性。

还应注意不应以前述技术手段之技术效果替代发明技术方案的主要的技术效果来评价创造性：依照发明意图，该技术手段与其他技术特征和手段相配合，达成了减少误对码这一主要技术效果，解决了相应技术问题。评价创造性时，将"无线设备如何获取发射功率"确定为技术问题的背后，还意味着背离发明需要解决的主要技术问题、达成的主要技术效果，仅以片面、局部的技术问题、技术效果为基础来评价创造性，则割裂了技术方案中全部技术手段、技术特征之间的有机关联和配合，使创造性被贬低。因为全部技术手段、技术特征之间的有机关联和配合，通常体现着对现有技术的核心创造性贡献，将之抹杀后，创造性就被抹杀了。

纠正问题后，权利要求的创造性获得认可。

关于本案例示出的问题，在面对不同国家的专利局时，因各国法规和实务上的差别，可能需要采用不同的答辩方式。

面对中国的专利局时，答辩方式可以是：本领域技术人员面对现有技术中的无线设备对码操作时，可以发现对码错误，即与不可信设备完成对码的技术问题，而根本不会想到"无线设备如何获取发射功率"是一个技术问题。相应地，面对最接近的现有技术，本领域技术人员不会想到向本发明权利要求的方向去改进技术方案而得到本发明的技术方案，现有技术中没有相应启示。因此，本发明权利要求具有创造性。

面对欧洲专利局时，答辩方式可以是：将"无线设备如何获取发射功率"认定为技术问题是不妥的，因为技术问题本身直接包含了对区别技术特征的指向，属于欧洲专利审查指南定义的事后诸葛亮式的典型错误。[21]

依照欧洲专利局《专利审查指南》的精神，倘将区别技术特征或其关键技术效果之全部或部分化身代入技术问题，而这些内容，并非本领域普通技术人员面对最接近现有技术时能够感受到的需要，则这些内容，实质上已经包含了对造成技术问题之原因的分析、对改进方向的指向、对区别技术特征和相应技术效果的指向，这样认定技术问题实际已经盗取了发明过程中的部分创造性工作，属于事后诸葛亮。

2024 年初，中国《专利审查指南》引入了要求："重新确定的技术问题应当与区别特征在发明中所能达到的技术效果相匹配，不应当被确定为区别特征本身，也不应当包含对区别特征的指引或者暗示。"其与欧洲专利局专利审查指南的精神类似，中国专利的申请人也将可以更便捷地据此做出类似答辩。

面对美国专利局时，答辩方式可以是："无线设备如何获取发射功率"不是本领域技术人员面对现有技术中无线设备出现误对码时可以感受到的显而易见的问题。依据美国专利审查指南，当技术问题不显而易见时，不能认定发明没有创造性，因而审查员的结论不妥。

13.3.7　创造性审查中对技术启示的认定是否恰当

本项目须由发明人提供重要支持。

在适当的基础上，创造性问题会转化成现有技术中是否存在明确启示的问题，即就技术问题之解决，现有技术是否明确地为最相关现有技术给出向发明技术方案的方向做改进的指向。

就启示而言，对现有技术最了解的发明人常能提供有力帮助，在了解启示的概念后，查找、提供有利技术证据和线索。

首先，应当查证审查员认定的启示是否准确、充分。具体参考 7.5.2 节相关内容。

应注意，在创造性判定中，对启示的认定不可回避，即不可能跳过对启示的分析而直接得出显而易见、容易想到、不具备创造性的结论；对启示的判定必须以需要解决之技术问题的准确认定为基础，区别技术特征在发明技术方案和现有技术对比文件中须解决该相同的技术问题。

还应注意，研判结合启示时，相关技术问题、技术效果应聚焦于发明的主要方面，尤其应警惕以下情形：仅从片面、局部的技术问题、技术效果入手来评价创造性，从而割裂了技术方案中全部技术手段、技术特征之间的有机关联和配合，使创造性被贬低。因为这些技术手段、技术特征之间的有机关联和配合才产生的新的技术效果，经常就是发明技术方案创造性之所在、对现有技术的贡献之所在。

当审查员认定的技术问题过于上位、泛泛时，除了其与实际解决的技术问题实则不同，现有技术中还必然存在诸多可以解决该"上位、泛泛"技术问题的技术手段、技术特征，使区别手段、区别特征作为较劣选择而被淹没于其间，"启示明确"根本无从谈起。

有时，一些改进似乎是显而易见、容易想到的，但因为存在实质性困难，例如，改进无法与最相关现有技术相结合，无法以显而易见的方式实现，则仍不能认为存在明确启示，仍不能实现发明技术方案创造性的证伪。有时，一些看似显而易见、容易想到的改进却一直未被采纳，则应认为存在实质性困难而难以实现，尽管尚不能明确实际的具体困难是什么。

其次，现有技术中经常存在自相矛盾、混乱的技术启示，当审查员认定存在启示时，倘若可以找到可靠的技术证据，证明现有技术中也充分存在与审查员认定的启示相反或指向其他方向的启示，则可能证明现有技术中的启示并不明确，利于维护权利要求的创造性。

- **例如，是否存在反向技术启示，尤其在对比文件中。**

审查员的对比文件中有可能存在反向启示或较强的消极启示。这一情形发生的实际概率高于人们的一般印象。该情形可以被申请人充分利用，作为现有技术存在反向启示或启示不明确的有力证据。即使审查员更换对比文件，反向启示或启示不明确也已经是既成事实。除非审查员改由全新路径、利用不同的启示完成创造性证伪。

13.3.8　对公知常识、惯用技术手段的认定、评述及举证是否恰当

本项目须由发明人提供重要支持。

创造性审查中，公知常识、惯用技术手段常被用于弥补现有技术中的启示及对比文件的细微不足。对公知常识、惯用技术手段的不当认定将使权利要求的创造性被不恰当地拉低，导致不能获得授权。

惯用技术手段还有诸多措辞变化，例如，常用配置、惯常选择、常见变换等。可让对现有技术最了解的发明人，在初步掌握公知常识和惯用技术手段概念的基础上，查找有利证据和线索。

如果认为审查员对公知常识、惯用技术手段认定不当，还应注意审查员是否提供了充分的支持性证据。

实践中最高发的问题是，由于公知常识、惯用技术手段与发明要解决的技术问题没有实质关联，所以并不能在技术问题的引导下提供公知常识、惯用技术手段与最相关现有技术相结合，从而使发明人向着发明技术方案的方向做改进的明确启示，审查员却认定创造性受到破坏。

此外，现有技术方案中的某些配置的常见调整才可被称为惯常选择等。而审查员常将特定配置从现有技术中不存在、具备新创性的技术方案中分离出来后，将之认定为惯常选择，从而压低发明技术方案的创造性。

除某些被认定为惯常配置的区别特征外，还存在丰富的其他惯常配置，倘若现有技术中没有清楚地启示指向该区别特征而排除其他惯常配置，则不能以这种惯常配置之泛泛认定而否定发明技术方案的创造性。

13.3.9　是否存在其他明显问题

发明人应力所能及地指出所发现的其他问题。

13.4　审查答辩的质量控制

13.4.1　审查答辩的质量控制清单

（1）答辩意见未泄露保密内容。
（2）答辩意见中不存在技术硬伤。
（3）答辩策略应适应审查进程和失败风险。
（4）答辩意见突出针对审查意见的硬伤。
（5）对技术特征的解释仅对保护范围造成必要的收缩。
（6）行文未对保护范围产生不利影响。
（7）不做不利自认。
（8）做出有利声明。
● 明示不认同审查意见。
● 对往次答辩意见声明作废。
● 声明附加技术特征具备创造性高度。
（9）答辩意见说理充分、可读性好。

13.4.2　答辩意见未泄露保密内容

关于本项目的质量控制，可参考 12.5.2 节相关内容。

13.4.3　答辩意见中不存在技术硬伤

不存在技术硬伤，指不存在技术方面的错误。

13.4.4　答辩策略应适应审查进程和失败风险

依照各国专利审查实践，审查员通常至少给予申请人两次答辩机会。依照听证原则，审查员不应以未曾出现的新理由驳回专利申请，此前至少应当给予申请人一次答辩机会。因此，下达审查意见的轮次、审查意见中是否出现新理由，与提交答辩意见之后专利申请被驳回的可能性直接相关。

进行审查意见的答辩，应充分评估可能的发展，对答辩策略、激进程度做好评估，在争取保护范围和面对驳回风险之间做好权衡。当驳回的风险较低时，可以采用较为激进的答辩方式，多辩解，少退让，积极争取理想的保护范围；当驳回的风险较高时，宜选择相对保守的答辩方式。

13.4.5　答辩意见突出针对审查意见的硬伤

基于创造性审查的证伪逻辑，倘若不能指出审查意见中的实质错误，就不能有效维护权利要求的创造性。审查答辩应当集中针对审查意见中的硬伤。

13.4.6　对技术特征的解释仅对保护范围造成必要的收缩

审查答辩常涉及对技术特征的解释，故而对专利保护范围有直接影响。对此可重点参考4.3.3 节和［案例 4-1］的相关内容。

对技术特征的解释可能使保护范围收缩时，应确保该保护范围的收缩仅在于使专利申请获得授权且保证权利稳定性的必要范围之内。

13.4.7　行文未对保护范围产生不利影响

答辩意见作为审查历史文件，对保护范围有解释作用，可视为延伸的说明书。因此，12.5节的质量控制要求，只要适用，也可应用于答辩意见。

其中，应特别注意 12.5.11 节、12.5.12 节的要求，尤其是在涉及重新确定技术问题的创造性答辩中。重新确定的技术问题可能会对保护范围构成影响。

13.4.8　不做不利自认

参考 4.3.5 节相关内容，审查答辩意见中倘若做出不利自认，将使权利人应得的权利受到损害，应予充分注意。

↘【案例 13-2】

构成不利自认的审查答辩

尊敬的审查员，您好！

感谢您对本申请的审查付出的辛苦工作！针对审查员在某日发出的第一次审查意见通知书，申请人经过认真研究，答复如下：

一、申请人对原权利要求书做了如下修改：

......

申请人所做的修改是为了克服审查员所指出的全部权利要求不具备创造性的问题而进行的。申请人相信独立权利要求经过修改，已经具备了创造性。原从属权利要求的创造性缺陷也因修改后的独立权利要求具备了创造性而受到弥补。

相应地,第一次审查意见通知书指出的问题均获得解决,申请人认为专利申请已经符合授权条件。恳请审查员在本次意见陈述和修改的基础上,对申请文件继续审查。如有任何问题,希望审查员能再给申请人进一步陈述意见或会晤的机会。

谢谢!

上述答辩意见中的致命问题有:"原从属权利要求的创造性缺陷也因修改后的独立权利要求具备了创造性而受到弥补""申请人所做的修改是为了克服审查员所指出的全部权利要求不具备创造性的问题而进行的",类似陈述可能被理解成自认修改前的全部从属权利要求不具备创造性,即各从属权利要求的附加技术特征均是显而易见的。潜在的理论意义上的恶果是,即使专利获得授权,倘若后来独立权利要求因创造性缺陷被无效,基于上述自认,全体从属权利要求可能因为不具备创造性而直接被无效。

类似不利陈述多处出现时,还有相互印证、加强的作用。

总之,答辩意见中不应包括可能做出不利自认的表述。

13.4.9　做出有利声明

- **明示不认同审查意见。**

通过明示不认同审查意见,利于防范不利自认的恶果。

除了总体不认同,申请人应视情况从多个维度表示不认同。

- **对往次答辩意见声明作废。**

专利申请可能经历多轮审查答辩才获得授权。随着审查进程,以前答辩轮次中申请人的部分陈述可能已经不再必要,而其中可能潜藏有损保护范围、申请人利益的内容。因此,将往次答辩内容全盘否定、推倒重来更为有利、简洁。

尤其当审查员调整了创造性审查的对比文件,变更了,例如,实际解决的技术问题时,之前答辩意见中的相关论述有可能增加对保护范围的限制。

审查历史只可能限制保护范围、使权利人受损,而不可能使保护范围扩展、让权利人额外获利。因此,将审查历史清理得越干净对申请人越有利。

因而,自第二次审查意见答复起,在确保作为审查对象的文本明确、清楚的前提下,应考虑在答辩意见中包含,例如,"基于审查进展,以往历次答复中的意见陈述均作废,请审查员以本次答复为准"之字样。

将以往答复意见声明作废后,以往答辩意见中承袭的内容应当在本次答辩中重述,以使本次答辩意见完整。

- **声明附加技术特征具备创造性高度。**

答辩意见中应明确声明从属权项的附加技术特征带来创造性高度,以对抗潜在的不利自认。

建议的答辩模板如下。

尊敬的审查员，您好！

感谢您对本申请的审查付出的辛苦工作！针对审查员在某日发出的第三次审查意见通知书，经过认真研究，申请人不认同审查员的意见。

基于审查进展，以往历次答复中的意见陈述均作废，请审查员以本次答复意见为准，继续审查。

申请人答复如下：

一、申请人对原权利要求书……

此外，申请人认为，各项从属权利要求的附加技术特征均不是公知常识、惯用技术手段的简单组合，其与权利要求中的其他技术特征形成了整体配合，产生了预料不到的技术效果，即使基础权利要求不具备新颖性或创造性，各项从属权利要求也具备创造性。

申请人认为专利申请已经符合授权条件。恳请审查员在本次意见陈述的基础上，对该申请文件继续审查。如有任何问题，希望审查员能再给申请人进一步陈述意见或会晤的机会。

谢谢！

其中，"申请人不认同审查员的意见"，可以改成总述性地陈述己方与审查员不同的观点。例如，审查意见指出全部权项不具备创造性，答辩意见中可写成"申请人认为全部权项具备创造性"。如此，利于减弱答辩意见对审查员的刺激。

13.4.10　答辩意见说理充分、可读性好

答辩意见说理充分、可读性好，为对答辩意见的兜底要求。

13.5　涉及权利要求修改的质量控制

13.5.1　涉及权利要求修改的质量控制清单

（1）权利要求中不存在硬伤。

（2）修改仅对保护范围造成必要的收缩。

（3）尽量按照优先顺序修改。优先顺序：从说明书中提取备用特征；从从属权利要求中提取部分附加技术特征；删除原独立权利要求、基础权利要求，将某从属权利要求提升为独立权项。

13.5.2　权利要求中不存在硬伤

本项目须由发明人提供重要支持。

参考 12.5.4 节相关内容。应注意权利要求修改可能导致的技术方案错配。

13.5.3　修改仅对保护范围造成必要的收缩

实质审查中，为克服创造性缺陷，对权利要求进行修改的主要形式是在独立权利要求中

增加技术特征，以加强其创造性。相应地，权利要求的保护范围收缩。此时，应确保所造成的保护范围收缩仅在使专利申请获得授权且保证权利稳定性的必要范围之内。

13.5.4 尽量按照优先顺序修改

实质审查中，要为独立权利要求补充技术特征时，首先最优选的方式是从说明书中提取少量备用特征。其突出的优势在于，理论上将迫使审查员做补充检索，应对难度较高，因为审查员已经完成的专利性检索通常只覆盖权利要求，而不会顾及仅出现在说明书中的技术特征。这一操作应以说明书中存在适当的技术特征储备为前提，而实际上较难做到，因为较相关的技术特征通常已经包含在权利要求书中。

其次是从从属权利要求中提取部分附加技术特征，而不是全部附加技术特征。仅提取部分附加技术特征，意味着对权利要求修改的幅度做出更精细的控制，以争取更有利的保护范围。

最后是删除原独立权利要求、基础权利要求，将某从属权利要求提升为独立权利要求。这相当于将相关从属权利要求的全部附加技术特征加入原独立权利要求中。

第14章
专利与标准等公共规制工具

阅读提示

　　对于研发者，工作涉及标准的，本章 14.2.1 节、14.4 节、14.5 节属于重要内容；其他内容属于一般内容。

14.1　标准、公共规制工具及其作用

　　技术标准具有规范行业和市场公共秩序的公权属性，同时具有垄断权利潜质。特定情况下，技术标准公权与专利私权的结合可以产生极大威力，左右难以估量的巨大商业利益。

　　研发者常会涉入正式、非正式技术标准的编制、技术标准的专利保护，例如，企业内部技术标准、协调上下游合作商业务的技术标准。有实力的企业会更积极地涉入行业标准、国家标准乃至国际标准的制定。

　　就对企业经营的影响而言，其他公共规制工具与技术标准异曲同工。本章主要涉及技术标准，但其精神也适用于其他公共规制工具。

　　标准是一种人为建立的规范，用于在涉及多方的特定范围内建立秩序，以协调各方行为、获得期望的效果。技术标准是用来规范技术项目的标准。

　　标准要达成作用，须获得相关方的认可。因此，标准通常由广受认可的组织编制、发布。

　　按照适用范围，标准可分为国际标准、国家标准、行业标准、地方标准、团体标准、企业标准等；按照强制力，标准分可为强制性标准和非强制性标准。一些强制性标准的强制力来自国家的强制要求。也有一些标准在特定行业、市场内得到相关方普遍认可和遵守，不遵从这些标准的行为、事物难以赢得显著市场空间，则这些标准为事实强制性标准，也属于强制性标准。

　　除了对一般行业、市场的通常规制，特定行业、市场还受到不同类型的特别规制，尤其是涉及公共利益和安全的行业，例如，医药、传媒均受特别行政许可管制。这些规制手段即为公共规制工具。

　　公共规制工具具有公权属性和垄断权利潜质。一些技术标准、证明商标、地理标志等，也具有对特定行业、市场的规制能力，属于广义的公共规制工具。

　　公共规制工具及其面向的特定行业、市场千差万别。但是，这些公共规制工具均有空间

与专利等知识产权形成配合,产生超额利益,或者对超额利益的分配产生决定性影响。

14.2　标准与专利规则

标准公权与专利私权具有对立统一的关系。利用好统一的方面,可以使公权为私权所用,合理、合法地成就超额利益;对立的一面是利益失衡导致的激烈冲突。为了调和冲突,达成公平的利益平衡,需由标准制定者出面,由各国公权力背书,建立和完善与标准配套的专利规则。

14.2.1　利益失衡:标准必要专利劫持

尽管对其定义和理解因不同国家而异,标准必要专利(Standard Essential Patents,SEP)大体指执行特定标准时不可能规避的专利,即实施该标准时,实施行为必然落入标准必要专利的保护范围。

强制标准的标准必要专利对整个行业具有极强的垄断约束力,对产业发展有突出影响,商业价值极大。通常所说的标准必要专利主要指涉及强制性标准的必要专利。涉及非强制性标准的必要专利不具备全局性约束力、影响力,没有突出的价值优势。

通信行业大系统互联互通的需要,使技术标准成为行业赖以生存的基础,天然具有强制力。因此,通信行业是标准与专利形成利益共振的突出典型,引领着标准必要专利的发展。

通信技术的应用方式极为复杂,保密性高,技术调查和专利侵权判定、举证非常困难,成本高昂。但是,通信系统的运行必须合乎技术标准,相应可以推定通信系统实施了标准必要专利。进而,标准必要专利的专利权人可以锁定相关行为人并主张权利。通常,一件标准必要专利不可能涉及整个系统,只涉及系统中的特定环节、设备。实施专利技术的行为人通常包括相关方法的实施者、相关设备的控制者和供应商、为相关方法实施和设备运行提供支持的运营商等。

通信领域的主要国际标准由以下三个组织制定:国际标准化组织(International Organization for Standardization,ISO)、国际电工委员会(International Electrotechnical Commission,IEC)、国际电信联盟(International Telecommunication Union,ITU)。此外,欧洲电信标准化协会(European Telecommunications Standards Institute,ETSI)是主要面向欧盟国家的地区性国际标准组织,与前三个国际标准组织有着紧密协作。

这些组织的背后以及相关标准制定的台前和幕后,充满各大通信巨头和相关国家的激烈角逐。各大通信巨头提交标准提案,由标准组织择优纳入技术标准。提案人当然已经围绕自己的提案做了充分的专利布局,不遗余力地争取自己的提案被采纳。一旦成功,提案人将获得可以制约整个产业的标准必要专利。

标准必要专利的权利人居于特别强势的地位。业界将专利权人倚仗标准必要专利的威力,滥用垄断权利、压迫技术实施者的行为称为标准必要专利劫持。

在巨额垄断利润驱使下,标准必要专利劫持事件屡见不鲜,权利人对技术实施者提出苛刻条件、提起大量专利侵权诉讼,利益严重失衡,任由下去必然深度危害产业健康。

14.2.2　FRAND 原则

为了恢复利益平衡，通信行业逐步建立和完善了与强制性标准配套的公平、合理、无歧视（Fair，Reasonable and Non-Discriminatory，FRAND）的专利原则。

FRAND 原则要求权利人以公平、合理、无歧视的方式向他人提供专利许可，以较低的费率收取许可费。但因为许可费的基数非常大，所以权利人的收益仍然极其丰厚。如此，在公众和行业利益与专利权人利益之间取得平衡。除了对许可费率的要求，FRAND 原则还包括一系列行动准则，以防止权利人以其他方式刁难实施者。

为确保行业的健康发展、FRAND 原则的有效贯彻，须自技术标准起草开始就有严谨的配套措施。与 FRAND 原则相配合的技术标准制定程序通常如下：

（1）标准制定的参与人，其中包括提案人及了解技术提案、标准草案等内容的相关各方，须尽早对所了解的潜在标准必要专利及专利申请向主持标准制定的标准组织做披露。需要注意：参与人对了解的他方专利或专利申请也须披露；参与人的披露须及时；当参与人又发现新的专利或专利申请，或有其他变化时，应当立即做补充披露。

（2）参与人做出披露的同时，还应对披露的专利、专利申请承诺未来给与许可的条件，例如，承诺给予免费许可；承诺按 FRAND 原则给予许可；不做承诺，不保证做出许可。注意，参与人披露了他人专利或专利申请的，应联系相应专利权人、申请人取得他们承诺的许可条件，提交给标准组织。

（3）标准组织将参与人披露的专利、专利申请和许可承诺向公众公开。

（4）标准组织权衡各方面的利弊，包括承诺的许可条件，最终确定技术标准。[22]

标准必要专利鉴定对专业性要求极高，成本极高，初步鉴定的成本至少为数万元人民币，而且不能确保鉴定结果准确，因此最终可能需要靠司法程序解决争议。

因此，标准组织对参与人是否做了如实披露没有实质核查能力，因而不做实质核查。参与人依诚信自律进行披露。

倘若一项制度的运行完全依靠诚信，则很容易被恶意利用而败坏。所以，FRAND 原则的有效贯彻须由各国司法体系提供兜底保障，例如，相关方可以通过司法维权使技术标准制定过程中有明显不诚信、恶意行为的参与人付出高昂代价，例如，［案例 3-1］。

FRAND 原则已经获得各国当局的认可和支持，覆盖所有领域之强制性标准的必要专利，并不局限于通信领域。

当技术实施者受到权利人压迫，即使尚未被诉专利侵权，也可以针对权利人发起诉讼，例如，反垄断诉讼、裁决合理许可费之诉。涉案专利为标准必要专利时，法院会依照 FRAND 原则来裁判。

此外，还存在与 FRAND 原则类似的原则，即合理、无歧视（Reasonable and Non-Discriminatory，RAND）原则。两者没有原则性差别，相比之下，FRAND 原则的使用更普遍。

14.2.3　利益再平衡：标准必要专利反向劫持

标准必要专利具有强势垄断地位，但亦是行业公敌、众矢之的。基于标准必要专利维权的行为当然会受到 FRAND 原则的制约，以及执法当局从反垄断、反不正当竞争角度的重点规制。专利技术实施者也会利用这一点，制造技术性理由拒绝和拖延支付专利许可费，以讨价还价。这种情形被称为技术实施者对标准必要专利的反向劫持。

此时，专利权人通常依赖专利侵权之诉解决问题。

14.2.4　专利池运营规则

专利池（Patent Pool），是专门用于运营、在较长时期内稳定维持的特定专利组合。通常，专利池中的专利组合对特定技术领域、行业具有高度制约力，诸多相关企业难以规避，因此有必要形成专利池做专业化运营，以与相关企业达成专利许可安排，取得专利运营收入。而不具备这种高度制约力的普通专利仅能依靠偶然机会发现零散实施者，进行零散的维权，无法从经济上支持专利池式的专业化运营。

通常，专利池由专门运营机构实现专业运营，如此，可以实现较高的运营效率，较低的运营成本，可以使被许可方仅付出较低的许可费而专利权人取得较高的收益。

当专利池由多家企业、机构组建、加盟，就形成了专利联盟。通常，联盟成员间基于专利池形成专利许可安排并协调行动。

原始权利人大多不直接参与专利池的运营，而是通过与专利池的协议或股权等安排，实现收益，尤其当原始权利人是实体企业时。

由专利池的特点可知，行业基础性专利，尤其是强制性标准的标准必要专利，最适宜形成专利池。现实情况确实如此。至少基于与技术标准的关联，诸多专利池与公共规制工具形成了关联。

对某一产业具有强大垄断性制约能力的专利池，无论其中是否实际包含标准必要专利，必然受各国反垄断执法部门的特别关注，监管当局会倾向于比照标准必要专利，依照 FRAND 原则规制其运营。

14.2.5　非强制性标准的专利规则[23]

非强制性标准意味着实施者可以不采纳该标准而另循他路。因此，技术标准与专利的配合空间有限。诸多非强制性标准的制定者可以不考虑专利问题，完全放任。但是，随着商业环境、司法环境的变化，技术标准与专利相关联的利益和风险越来越受关注。

标准的制定者多数是行业市场的重要参与者，期望取得专利收益，但矛盾在于：非强制性标准的制定者通常有技术推广的意图，例如，在技术标准之下联合更多合作商，形成合力以影响市场格局，获取更大利益。如此，倘若与标准相关的专利政策不清晰或不友好，会使诸多潜在合作商因专利侵权风险而有所顾虑。

强制性标准的专利政策对非强制性标准的制定者具有参考价值。但是，标准制定者应先根据具体情况，权衡各方面利益，明确自己的商业目标，方能确定好技术标准的配套专利政策。

就非标准必要专利而言，参与人在标准制定过程中依照标准制定者的专利政策做出承诺并经公示的，各国执法当局也会予以尊重，并基于民法中的契约精神、诚实信用原则来维护公平。

14.3   案例分析

标准等公共规制工具与专利等知识产权实现配合的场景极其复杂，须就具体情况做专门的商业模式设计。

对成功的最大挑战来自公权。公权关乎公众和国家，涉及诸多有影响力的相关方，甚至有时一国政府都不能左右局面。涉事各方必须顺势而为，协调有共同利益的势力使局面向有利的方向发展。能否有效利用公权的关键在于，设定的商业模式是否合乎公共利益、是否破坏公平贸易原则、是否妨碍正当竞争。复杂利益格局之下，正当和不正当之间的界限非常模糊。

通常，标准等公共规制工具仅在一些特别的领域具有较强的干涉作用，从而提供与专利等知识产权配合获利的巨大空间：

① 需要实现互联互通之大系统的领域，各参与方只在大系统中实现某一局部环节，则需要强势标准有效保证大系统的实现，例如，［案例14-2］和［案例14-3］涉及的通信领域；② 涉及特别公众利益，需要国家特别监管、许可的领域，例如，安全、健康、环保等领域。《世界贸易组织贸易技术壁垒协定》（WTO/TBT）规定，WTO各成员可以为自身安全、健康、环保等正当目标，在符合WTO总协定的有关标准和国际指南的前提下修改或制定出新的技术法规、标准等相关规范性文件。例如，［案例14-1］和［案例14-3］涉及的人身安全、数据安全领域。

14.3.1   强制标准和专利所支持的贸易壁垒案例

从［案例14-1］可以看出，公共规制工具在专利的配合下，比反倾销调查、加税更行之有效，甚至不必成功实施，其准备实施的姿态就足以威慑市场，对市场运行和利益分配产生广泛、复杂的影响。在［案例14-1］中，专利并未凸显于利益冲突的焦点，但其是配合实现利益重新分配的关键因素。

另外，公权执行层面的操作控制带来的影响也不容忽视。

↘【案例14-1】 ══════════════════════════════

美国和欧盟打火机技术壁垒[24]

1992年前后，中国打火机产业开始成规模地探索出口市场。不到10年，中国制造的金属打火机占了全球市场的八成。

美国和欧盟是打火机利润最丰厚的两大市场。在这里，中国企业的主要竞争者有美国ZIPPO公司、起源于法国的BIC公司、瑞典火柴（Swedish Match）公司、日本东海（TOKAI）公司。

1. 美国壁垒

1992年，中国打火机开始成规模进军美国市场。参考相关年份《中国海关统计年鉴》中国对美国打火机出口统计，1992年为5086万个；1993年达到1.75亿个，年增长超过240%；1994年达到2.80亿个，年增长60%。

感受到来自中国的冲击，ZIPPO 公司推动美国国会出台了 CR（Child Resistance）法规（见附图 14-1），于 1994 年 7 月 12 日起实施。中国打火机厂商在美国顺风顺水的态势就此被打断。CR 法规实指美国联邦法规（the Code of Federal Regulations）的 Title 16，Part 1210，其上位法律依据是美国消费者产品安全法（the Consumer Product Safety Act）的 15 U.S.C.2057 and 2068（a）（1）。

附图 14-1

CR 法规是涉及打火机产品安全的强制性规定。依照 CR 法规，特定打火机须加装童锁，以防低龄儿童玩弄打火机引发火灾等事故。

CR 法规规制的打火机主要包括一次性打火机、海关估价或出厂价低于 2 美元的打火机、玩具式新奇打火机。CR 法规要求这些打火机能够通过儿童操作安全测试，即测试至少 100 名儿童，童锁成功率高于 85%。CR 法规对测试程序和方法有诸多具体规定，涉及儿童年龄和性别分布、测试编组方法等。不难看出，CR 法规是典型的公共规制工具。

在美国，儿童玩打火机酿成悲剧的现象时有发生，而 CR 法规正好于中国打火机强势冲击美国市场时落地，背景并不单纯。事实上，这种一次性打火机、价格低于 2 美元的打火机、玩具式新奇打火机恰是中国企业最有竞争力的产品，欧、美、日、韩厂商的打火机出厂价均大大高于 2 美元，因此几乎只有中国企业能以低于 2 美元的出厂价赢利。

然而，缺少经验的中国厂商当时并没有意识到事态之严重。一些中国企业不明就里地盲目闯关，大量货物被美国海关扣押、销毁，诸多中国厂商、美国进口商受到处罚，损失惨重。1995 年，中国打火机对美出口从上一年年增长 60% 变成年下降超过 17%。而同期对欧盟的出口仍取得了约 25% 的增长。考虑到中国海关统计数据不能反映美国海关查扣的情况，且中国企业代工生产或外资企业生产所受影响较小，因此实际情况是自主品牌的国产打火机企业受到很大冲击。

中国打火机行业协会牵头做了技术摸底：打火机童锁主要有 9 种，普遍应用的有 5 种，这些技术已全部获得专利，被掌握在外国竞争者手中。另外，CR 法规没有对打火机实现童锁的技术路径加以限制，因而已有专利均不是 CR 法规的必要专利，理论上讲有可能规避这些专利而实现满足 CR 法规要求的童锁打火机。

因此，如果不放弃美国市场，中国企业有两条路：使用成熟的童锁技术，但须取得外国专利权人的许可，支付许可费；规避现有专利，研发新的合规童锁。

许可这条路基本走不通。一方面，中国企业缺少许可谈判的筹码和能力，很被动；另一方面，外国竞争者为了实现利益最大化，开出的专利许可费很高，将使中国产品不可能具有价格竞争力。

规避现有专利，做自主研发，挑战性很大，但实为唯一可行的路径。

CR 法规带来的后果是：中国企业必须付出较大的经济成本和时间成本才能够再次打开美国市场；损失部分价格优势；在成功之前，还须面对失败风险，所付出的经济成本和时间成本变成无法挽回的损失。

1996 年，中国企业成功研制出第一款满足 CR 法规要求、技术自主的打火机。之后，又有多家中国企业陆续研制出多款合规的打火机。依法定程序，每款打火机须经由美国消费品安全委员会（Consumer Product Safety Committee，CPSC）检测认证。当时，检测认证的成本超过 20 万元。时间成本影响更大，存在耗时超过 18 个月仍未等来结果的案例。

中国企业付出数年时间才克服 CR 法规壁垒。2001 年，中国对美国打火机出口终于重新迎来超过 50% 的可观年增长。但是，重返美国市场的，仅限于成功取得技术突破的少数领先企业。

随即，在以 BIC 美国公司为首的本土制造商的推动下，美国本土打火机制造商协会促成了 2001 年 11 月的国会提案，要求对进入美国市场的打火机强制实施美国材料实验协会（American Society of Testing Materials，ASTM）标准。ASTM 涉及打火机的标准是美国企业参照自身的技术和工艺编制的，与中国企业的技术、工艺路径差别很大。由于在 2000 年下半年，加拿大强制实施 ASTM 标准后，几乎将中国打火机完全逐出了市场，因此面对此次国会提案，经历过教训的中国打火机行业组织力量，成功阻止了该国会提案。

2002 年 11 月，美国本土制造商协会补充加强了理由和证据，再次向国会提出强制实施 ASTM 标准的提案，在中国业界的努力之下该提案再次被挫败，至此尘埃落定。

尽管 ASTM 标准未能达成强制实施，但风波之下，中国企业 2002 年的对美出口低于 2000 年的水平。

2. 欧洲壁垒

中国打火机挑战欧盟市场的努力亦始于 1992 年，此后较长时间延续了良好态势，仅在 1997 年出现了一年滞长，在 1998 年马上就出现了超过 30% 的报复性年增长。打火机出口欧盟的数量，从 1992 年的 8000 万个增长到了 1998 年的超过 5.5 亿个。

1998 年 7 月，欧盟下达命令，要求欧洲标准化委员会（Comité Européen de Normalisation，CEN）制定欧盟版 CR 法规。

此命令是在 BIC 公司、瑞典火柴公司、日本东海公司等的游说下促成的。欧盟拟定的 CR 法规几乎是美国 CR 法规的翻版，主要变化是将海关估价或出厂价由不高于 2 美元变成不高于 2 欧元。当时的情况是，欧盟版 CR 法规拟于 2004 年 6 月 19 日实施。欧盟希望复制美国的经验。

中国企业充分利用 2001 年中国加入世界贸易组织的契机，提出 CR 法规设置价格标准的操作明显有违 WTO 公平竞争原则，对产品质量和安全性的考量应从技术角度进行而不应与价格挂钩。中国政府主管部门也协调中国企业同欧盟成功进行了交涉。

与此同时，欧盟的本地打火机进口商与中国企业有共同利益，此次事件促成欧盟打火机进口商之间建立起联系，组成行业协会，与中国企业共同推进反 CR 法规的交涉。

2003 年 12 月 9 日，欧盟宣布原定 2004 年实施的 CR 法规不再生效。随后的 2004 年和 2005 年，中国打火机对欧盟出口年增长均超过 25%。

2006 年上半年，欧盟迅速推出了修改后的 CR 法规，其中不再设定价格门槛。一年后，欧盟 CR 法规生效。2006 年和 2007 年，中国打火机对欧盟年出口转跌。

3. 联合解析

中国打火机对美国和欧盟出口的影响因素当然不限于 CR 法规、ASTM 标准强制实施。由于美国和欧盟市场有诸多相似特点，将两个市场的数据同时列示（见图 14-1），有助于排除共同影响因素的干扰。两个市场同期表现出现严重背离时，背后原因值得深入分析。

图 14-1 还示出了欧盟针对打火机进口采取的三个动作：1995 年和 1999 年增加关税，2002 年启动反倾销调查。可以直观地看出，这三个动作的效果相对有限。

可以看出，美国更有效地抑制了中国产品的冲击：在起步阶段，中国打火机对美国和对欧盟的出口齐头并进；美国采取措施后，对美出口严重受挫，与对欧盟出口相比，差距越拉越大。

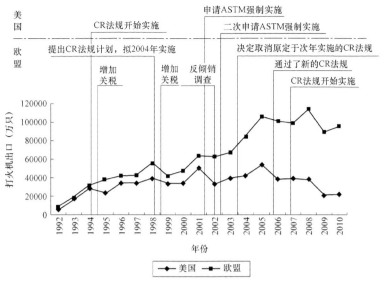

图 14-1　对美国和欧盟的打火机出口

先发优势和突然性对于 CR 法规在美国取得突出效果很关键。欧盟酝酿 CR 法规时，落地较慢，且中国企业已有在先教训，得以从维护贸易公平的角度有效发起反击；并且中国企业对童锁技术已经有所掌握，进一步削弱了 CR 法规的威力。另外，欧盟最终实施的 CR 法规不能再针对中国企业设置价格门槛，冲击被进一步弱化。

CR 法规在欧盟市场的效力减弱，与美国和欧盟市场之间的关联也有关，美国因其先发优势额外受益。美国先落地了 CR 法规，所以中国企业取得技术突破后，中国童锁打火机在美国市场更有竞争力，以美国为主要目标。在同期欧盟市场，童锁并未带来竞争优势，反而因成本高而处于不利地位。在欧盟酝酿 CR 法规时，这种预期使童锁打火机在欧盟市场也变得更有竞争力和吸引力，势必将吸引一部分原本以美国市场为目标的中国童锁打火机企业转而投向欧盟市场，从而在一定程度上减弱了欧盟 CR 法规的效果。

此外，无论从美国 ASTM 标准强制实施的尝试，还是从欧盟第一次 CR 法规尝试来看，尽管尝试都以失败告终，但这种尝试本身已经通过影响市场预期而成功改变了市场走向。

本案例中，专利发挥的作用没有凸显在冲突的焦点上，但其是必不可少的关键因素。仅仅依靠 CR 法规、ASTM 标准而没有专利配合，技术壁垒的高度和效果将大打折扣，绝不会出现诸如使许多中国企业在美国 CR 法规落地之后失去长达 4～6 年的宝贵时间。与 CR 法规相比，通过 ASTM 标准更容易实现必要专利布局，其强制实施的威慑力更大。

14.3.2　与标准必要专利相配合的商业策略案例

↘【案例 14-2】

高通公司与标准必要专利相配合的商业策略

1. 背景

高通公司初创于 1985 年，总部在美国加利福尼亚州，后来成长为位列美国 500 强的大型跨国公司。高通公司推出无线数据通信码分多址（CDMA）技术，深刻影响了全球移动通信的发展格局，成功实践了以标准必要专利为赢利支柱的商业模式，是蜂窝移动通信（Cellular Mobile Communication）的"无冕之王"。

高通公司的商业策略中，充分利用技术标准与专利相结合的威力，配合并巩固其市场优势地位，获得巨额收益。相应地，其运营亦极易落入反垄断和反不正当竞争的规制范围，受到多国执法部门的重点关注。

蜂窝移动通信极度依赖通信技术标准，以实现通信大系统下的互联互通，相应标准是约束力极强的强制性标准。蜂窝移动通信的实现和发展高度依赖 LTE（Long Term Evolution，长期演进）技术体系，进一步还涉及支持蜂窝移动通信的芯片、调制解调核心技术等。高通公司在这些领域拥有强大的专利组合，其中包括大量标准必要专利。

高通公司持续申请大量发明专利。根据主要国家的专利公开数据，在 2008—2012 年，高通公司年专利申请量基本保持在 12000～15000 件；自 2013 年起，高通公司年专利申请量总体高于 15000 件。

2. 专利运营

根据美国联邦贸易委员会诉高通公司案（17-CV-00220-LHK）披露的信息，高通技术许可（Qualcomm Technology Licensing, QTL）部门是高通负责专利许可的事业部，长期以来，QTL 代表着高通至少 2/3 的价值。根据 2015 年高通高级副总裁 David Wise 向 QTL 总裁 Alex Rogers 分享的文件，QTL 收取的许可费，1 个点即达 160 亿～200 亿美元。

截至 2018 年 3 月，高通公司持有约 140000 件专利和专利申请。QTL 将持有的专利分为三类，采用专利池的方式运营：蜂窝标准必要专利、非蜂窝标准必要专利、非标准必要专利。

高通公司在 CDMA 调制解调器芯片领域长期居于强势垄断地位。2010 年，高通公司保持着 95% 的市场份额；2014—2016 年，高通公司占据全球至少 96% 的市场份额。高通公司利用其强势地位，针对 CDMA 调制解调器芯片收取附加费。

在高端 LTE 调制解调器芯片市场，高通公司也处于强势垄断地位。2014 年所占市场份额为 89%，2015 年为 85%。因此，高通公司得以就高端 LTE 调制解调器芯片取得 47%～49% 的利润率。

通常，高通公司将标准必要专利与非标准必要专利捆绑在一起对外许可，以便取得更高的收益。仅在特别情形下会单独对外给予标准必要专利许可。

1990 年，高通公司开始许可 CDMA 专利。根据 1990 年 7 月高通公司与 AT&T 公司和摩托罗拉公司分别签署的许可协议，高通公司针对手机销售额收取 4% 的变动许可费。其许可费不以手机芯片组的销售额为计算基数。

后来，出于商业策略考虑，高通公司停止向竞争者的调制解调器芯片供应商授予专利许可，仅提供 OEM（Original Equipment Manufacturer，代工）许可，并按照手机销售额收取 5% 的变动许可费。通过以手机销售额而不是芯片销售额为许可费的计算基础，高通公司大幅提高了许可费金额。

高通公司将芯片价格与专利许可分开处理，单独订立合同。在定价策略上，压低芯片价格，抬高专利许可价格。人为压低芯片价格，一方面，可以挤压其他芯片生产商的获利空间，以维持和扩大垄断优势；另一方面，利于以断供芯片胁迫合作商，因为芯片价格低且其供应不与专利许可挂钩，断供芯片对于高通公司不会造成压力，专利许可才是其核心利益。

进一步与低芯片价格、高许可价格策略相配合，高通公司设计了芯片奖励基金，合作商可以获得与芯片购买量挂钩的奖金，效果相当于购买量越大越可以获得折扣。该策略除了使合作商更易于接受高许可费，还会诱使合作商放弃从高通公司的竞争者那里采购产品，从而挤压竞争者的市场空间，扩大自己的市场占有率和强势地位。

高通公司不惜以较大的折扣牺牲利润来换取独家合同，意图依然是挤压竞争者的市场空间，扩大自己的市场占有率和强势地位。

高通公司的商业策略还包括要求被许可方将自己的专利免费许可给高通公司阵营，即提供免费反向专利许可，就范的多为小公司。这使得被许可方凭自有专利取得收益的能力大受损害，利于高通公司壮大阵营势力，巩固垄断地位。因为通过购买高通公司产品和专利许可，加入高通专利联盟，一家公司还获得了其他被许可人之专利的许可，免受那些专利的威胁。对于提供免费反向专利许可的公司，自己申请专利，成了给高通公司做嫁衣。

高通公司至少对以下公司实施了上述商业策略：LGE、索尼、三星、华为、摩托罗拉、联想、苹果、中兴、诺基亚；至少对以下竞争者拒绝或尽可能避免给予标准必要专利许可：联发科、三星、VIA、英特尔、海思、博通、德州仪器、LGE。

此外，高通公司利用与其他巨头，例如苹果，达成独家交易，排除竞争，获得额外利益。

3. 规制

高通公司的商业策略经常需要依照各国执法部门之裁定、判决加以调整。

2014 年，中国国家发展和改革委员会对高通公司进行反垄断调查，迫使其在中国地区调整了专利许可操作方式。例如，不得坚持将标准必要专利与非标准必要专利捆绑在一起对外许可，被许可人可以选择仅获得标准必要专利许可；对于仅使用 LTE 技术的手机，将变动许可费率下调至手机销售额的 3.5%；对于中国制造并供应中国市场的手机，将计算许可费的基础下调至手机销售额的 65%；不得强制被许可人提供免费反向专利许可。

14.3.3 标准必要专利许可案例

【案例 14-3】

西电捷通 WAPI 标准必要专利许可

WAPI 是无线局域网鉴别和保密基础结构，是一种无线局域网安全协议，因采用了特有的虎符 TePA 三元对等安全架构而大大提升了无线局域网的安全性。该技术由西安电子科技大学的国家重点实验室开发。2000 年，西安电子科技大学就 WAPI 技术引入商业资本，成立了西安西电捷通无线网络通信股份有限公司（以下简称西电捷通），注册资本约 3000 万元。之后，西电捷通走上标准必要专利培育和运营之路。

其间，西电捷通对索尼、苹果等公司发起标准必要专利侵权之诉。该案件进而引发了一系列不同领域的诉讼和争端，堪称典型，被称为"中国标准必要专利第一案"。

1. 技术标准推进

技术标准竞争是西电捷通的成败关键，是最有挑战性的工作：强制性标准带有公权性质，牵涉很大的格局和利益，不可控风险也极大。

2001 年 6 月，认识到 IEEE 802.11 标准，也就是无线局域网 Wi-Fi 的技术标准存在重大安全漏洞，对维护国家信息安全、数据安全构成巨大隐患，信息产业部建立并下达了无线局域网国家标准起草任务，期望用自主技术加强信息和数据安全。8 月，西电捷通成功加入多家科研机构联合组建、信息产业部批准成立的中国宽带无线 IP 标准工作组（ChinaBWIPS）。WAPI 技术所解决的问题正是 IEEE 802.11 标准安全性之不足。IEEE 802.11 标准在 Wi-Fi 接入安全认证方面，采用的是二元架构；WAPI 技术则引入第三元，打造了一种全新的更为可靠的虎符 TePA 三元对等安全架构，其性能获得了无线 IP 标准工作组的认可，开启了 WAPI 技术变身成为中国无线局域网安全标准的进程。

2003 年 5 月，中国宽带无线 IP 标准工作组将起草的无线局域网国家标准《信息技术 系统间远程通信和信息交换 局域网和城域网 特定要求 第 11 部分：无线局域网媒体访问控制和物理层规范》（GB 15629.11—2003）、《信息技术 系统间远程通信和信息交换 局域网和城域网 特定要求 第 11 部分：无线局域网媒体访问控制和物理层规范：2.4GHz 频段较高速物理层扩展规范》（GB 15629.1102—2003）提交信息产业部后报送国家标准化管理委员会颁布。这两项标准在安全机制部分采用了 WAPI 技术。

2003 年 11 月，国家质量监督检验检疫总局、国家标准化管理委员会联合发布 2003 年第 110 号公告，宣布自 2003 年 12 月 1 日起强制实施国家标准 GB 15629.11/1102—2003。

2004 年 3 月，美国国务卿鲍威尔（Colin Powell）、商务部部长埃文斯（Don Evans）和贸易代表佐立克（Robert Zoellick）突然联名致函中国政府，要求中国放弃 WAPI 标准。美国信息产业机构（United States Information Technology Office，USITO）等 16 个产业组织联合要求中国政府放弃 WAPI 标准，并游说美国政府将 WAPI 标准定性为"技术贸易壁垒"提交至中美商贸联委会和世界贸易组织大会，作为中美贸易纠纷来解决。实际上，依照《世界贸易组织贸易技术壁垒协定》（WTO/TBT）规定，各成员可以为自身安全、健康、环保等正当目标，在符合 WTO 总协定的有关标准和国际指南的前提下修改或制定技术法规、标准等相关文件。为加强无线网络安全性而在标准中引入 WAPI 技术符合 WTO 规则。美方发难的背后是英特尔、博通等美国公司的集体游说，它们认为自己的既得利益受到了威胁。

2004 年 4 月，第 15 届中美商贸联委会会议总理级磋商决定暂不强制实施 WAPI 国家标准。随后，国家质量监督检验检疫总局、国家认证认可监督管理委员会、国家标准化管理委员会联合发布 2004 年第 44 号公告，宣布"自 2004 年 6 月 1 日将延期强制实施 WAPI 标准"。这一变化给西电捷通的经营乃至生存带来巨大的压力，给投资人及合作商带来极大的冲击。

2004 年 7 月，中方向国际标准化组织（ISO）提交了提案，寻求将 WAPI 技术纳入国际标准。这一努力受到美国方面各种阻挠。

2008 年底，WAPI 技术标准陆续被中国移动、中国电信、联通这三大电信运营商采纳。随着接受程度加深，运营商先后要求包括手机在内的入网设备符合 WAPI 技术标准。WAPI 技术标准随之在中国内地具有了事实上的强制性。

2009 年 6 月，WAPI 进入国际标准的努力取得突破，在东京召开的 ISO/IEC JTC1/SC6 会议上，多国与会成员达成一致，WAPI 技术被接纳为无线局域网络接入安全机制独立国际标准。该标准于次年正式发布。

2. 标准必要专利布局

截至 2020 年 6 月，由公开数据可知西电捷通至少完成以下专利申请（见表 14-1）。

表 14-1　西电捷通专利公开数据

专利公开国家/组织	专利数量（件）
中　国	257
世界知识产权组织	194
美　国	104
韩　国	78
欧洲专利局	75
日　本	71

注：数据截至 2020 年 6 月。

西电捷通自 2000 年成立起，每年产出的专利多与 WAPI 技术直接相关：2007—2011 年较为集中，年申请量在 65～219 件；其他年份的申请量在 40 件以下。因为技术一直在发展进步，专利申请需持续跟进。专利年申请量受技术发展节奏、产业环境变化、商务计划推进等诸多因素的影响。

通常，配合技术标准完成专利布局是单纯的技术性工作。而西电捷通案例中出现了极特别的情况：专利申请因涉及敏感的通信技术标准和重大经济利益，其美国专利申请疑似受到严重干扰，出现了极不自然的情况。

美国专利 US8726022B2 是西电捷通的核心专利，其同族中国专利构成标准必要专利，有效性经受住了多轮司法、行政程序的考验。一般的美国专利正常审查周期为 3～4 年，而西电捷通的该专利经历了近 8 年 4 个月极为严苛的专利审查，又经中美商贸联委会交涉，方获得授权。

依照美国专利法，专利因专利局审查的原因而延迟授权的，应按法定方法折算天数，相应延长其专利保护期。该调整补偿专利保护期的操作被称为 PTA（Patent Term Adjustment）。依照专利授权公告，US8726022B2 的 PTA 延期为 1651 天，与西电捷通自己的核算结果出入很大。西电捷通及时在法定申诉期内申请重新核算，最终核定的 PTA 延期为 2088 天。

3. 许可运营[25,26]

专利许可是最敏感的商业活动之一。通常，专利许可人、被许可人会对许可活动严格保密。仅从公开信息分析，西电捷通至少曾将专利许可给数十家中外厂商。

但是，作为一家规模不大的公司，影响力和维权所能运用的资源有限，西电捷通的维权举步维艰，深受反向劫持的困扰。

索尼公司一直以各种借口拒绝获得许可，西电捷通于 2015 年将索尼公司诉至北京知识产权法院。西电捷通与苹果公司在 2015 年之前签有专利许可协议，但协议到期后，苹果公司以各种方式阻碍许可续约谈判。西电捷通遂于 2016 年 4 月以专利侵权为由，将苹果公司诉至陕西省高级人民法院。

商业纠纷是实力比拼。西电捷通与苹果公司，两者的实力极为悬殊。长期以来，苹果公司的利润甚至超过可口可乐、Facebook 等公司的营业额，其市值长期居全球首位。西电捷通的维权困难重重。

为应对西电捷通发起的侵权诉讼，索尼公司针对西电捷通的专利提起专利无效，除此之外基本没有采取其他实质性措施。

苹果公司则大为不同：① 2016 年 5 月，向专利复审委就涉案专利提起无效宣告请求；② 2017 年 8 月，在涉案专利被专利复审委维持有效后，向北京知识产权法院提起行政诉讼；③ 2016 年 10 月，苹果公司针对西电捷通向北京知识产权法院提起标准必要专利许可费率纠纷之诉；④ 2016 年 12 月，苹果公司针对西电捷通向北京知识产权法院提起反垄断之诉。苹果公司还将反制行动延伸至中国香港：2018 年 3 月，苹果公司针对西电捷通向中国香港国际仲裁中心提起标准必要专利许可费率国际仲裁。

此外，苹果公司还利用美国司法长臂管辖的特点，绕过中国司法程序对取证规则的合理限制，通过美国 28 U.S.Code § 1782 司法程序来调取证据：① 2016 年 5 月，苹果公司向美国加利福尼亚州中区联邦地区法院提起请求，要求向博通公司调取西电捷通与博通公司的合同；② 2016 年 8 月，苹果公司向美国加利福尼亚州南区联邦地区法院提起请求，要求向高通公司调取西电捷通与高通公司的合同。

2017 年 7 月，索尼公司也利用美国 28 U.S.Code § 1782 司法取证程序向美国加利福尼亚州北区联邦地区法院提起请求（案号：17-mc-80090-NC），要求向苹果公司调取西电捷通与苹果公司签署的许可协议，以用于索尼公司与西电捷通在中国的诉讼。此过程中，苹果公司主动配合索尼公司的迹象明显，涉嫌串谋利用美国司法程序破坏保密义务。索尼公司以"中国诉讼框架下没有可资调取该证据的任何手段"（Because of the lack of any means to obtain this discovery within the framework of the Chinese lawsuit）这一不实理由涉嫌绕过中国司法取证程序。而索尼公司本可以直接请求中国主审法院从西电捷通调取证据。事实上，在审理西电捷通提起的标准必要专利侵权诉讼中，各法院至少调取、审查了数十份其他公司与西电捷通达成的专利许可协议，其中覆盖了应被控侵权方要求调取的"具有可比性的"许可协议。[27]

倘若索尼公司以不实理由调取证据的请求不是向域外法院提起，而是在国内另行提起，其行为恰可能属于《最高人民法院最高人民检察院公安部司法部关于进一步加强虚假诉讼犯罪惩治工作的意见》（法发〔2021〕10 号）所针对的虚假诉讼。

西电捷通于 2018 年 1 月向北京知识产权法院起诉苹果公司侵犯商业秘密。

此外，苹果公司还充分调动资源在立法、司法、执法、学术、舆情等方面通过游说等方式施加影响。

强势专利实施者面对难以负担维权成本的弱势专利权人时，有时会采取趋利侵权（efficient infringement）策略，即利用各种方式，包括利用司法、行政程序，增加权利人维权难度和成本，策略性地拒绝和拖延支付许可费、压低许可费率。这对于实施者常常在经济上更合算。

包括西电捷通案在内，在与诸多专利权人的纠纷中，苹果公司的行为方式符合这种特征，并有因"存在主观恶意"行为，同时结合其他原因，被中国法院判决承担 3 倍赔偿责任的记录。西电捷通即使有标准必要专利在手，面对苹果公司这种级别的公司，维权仍很艰难。

4. 综合运营

依据 2017 年 9 月的数据,西电捷通在各项经营活动中的投入分配如图 14-2 所示。

即使技术成果被纳入标准,形成了专利布局,为使其价值能够实现,仍需将经营活动的重头放在持续的工程化支撑、技术研发等方面。西电捷通在标准开发、专利布局、专利许可方面面临诸多挑战,这些活动占经营活动的近三成。

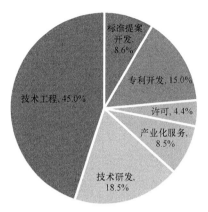

图 14-2 西电捷通经营投入分配

14.4 技术标准提案的专利配合

14.4.1 工作定位

企业开发技术标准时,要面向产业、行业的发展,综合考虑商业因素、经济性、社会影响等,做出顶层规划,就研发者如何开展技术标准相关工作先行给出指导精神,主要涉及遴选纳入技术标准之技术提案的指导原则、考虑因素,以及配置专利保护的原则等。通常,面向强制性标准的专利挖掘会采取较为激进的态度,追求获取标准必要专利。

研发者则按照指导精神,在操作层面参与技术标准的制定:就希望纳入技术标准的技术方案做出提案,提交给技术标准起草组;针对技术标准做出专利技术提案,以期形成专利布局。

提交专利申请后,权利要求和相应技术标准均有可能调整。这就需要专利的撰写更加丰满和有弹性,尽可能有预见性地覆盖可能的变化方向;对专利审查期间的权利要求修改严格做好与相应标准之对应的监控;必要时利用技术性操作,例如,延迟审查和授权进程、提交分案,以享有更多的修改机会。

涉及标准的专利挖掘布局、风险评估、标准必要专利鉴定等,可被视为面向特殊技术项目的专利工作。该技术项目便是标准开发。从专利的角度,与其他技术项目相比,研发者需要考虑的因素、完成的工作存在鲜明特色,但没有本质不同。

相关专利工作应当由专利部门总体负责,并协调标准化、情报等部门及外部专业机构提供好支持。

14.4.2 技术参考资料检索

技术资料的检索中,关注点应随着时间的变化进行动态刷新,尤其应重点关注相关人、标准组织公开的技术标准、专利等文献。技术参考资料的检索由研发者和专业专利情报人员以取长补短的方式协作完成,收效最好。

通常,标准组织会在其官方网站上提供专利披露信息的检索入口,如 ETSI 专利检索界面(见附图 14-2)。

附图 14-2

14.4.3　专利风险排查

专利风险排查从检索发现相关专利开始。相关防侵权检索常可以与技术参考资料检索合并进行。对于发现的高相关专利，应当评估风险，即其对标准制定和实施的可能影响，包括绕道设计等各种应对方式的可行性，以及权利人许可条件承诺的情况。需注意，可行性不单指技术可行性，也包括商业可行性。

14.4.4　专利挖掘和布局策略

就专利挖掘和布局，可先参考第 10 章、第 11 章相关内容。对于技术标准提案的专利工作，还需注意以下几点：

第一，标准必要专利涉及重大利益及复杂的跨专业问题，应当配备较强的跨专业支持力量，强化全生命周期的程序和质量管控。

第二，标准必要专利具有极高的商业价值，但是受 FRAND 原则严格限制。有时高质量的非标准必要专利反而更有优势，也必然会在面向标准必要专利的挖掘过程中大量产出。

申请人应充分挖掘各布局角度，尤其是技术演进和链条延伸，并融合使用以下策略：

1. 套路改进和专利翻新

技术标准常以有一定成熟度的技术为基础，使专利的挖掘和布局工作在创造性方面极具挑战。加强套路性改进、专利翻新尤显重要。

2. 涉标准实施与易于举证相配合

标准必要专利的一大优势是方便举证。若不能利用符合标准而推定侵权，一些专利侵权很难被发现和证实。退而求其次，例如，培育与标准高相关的非必要专利，权利要求中涉及标准的技术特征仍可利用符合标准的推定方式举证，确保其他技术特征易于被发现和举证即可。

3. 通过布局达成近似标准必要专利的效果

充分利用布局思想，使多件非标准必要专利形成布局组合，达成近似标准必要专利的效果，即标准的实施无法绕过该专利组合。同时，这样做可以降低单一专利直接受制于 FRAND 原则的不利影响。具体方法可参考［案例 6-9］相关内容。

14.5　标准与专利的比对

本节所阐释的标准与专利的比对，也适用于其他与标准类似的技术文件，例如，技术规范与专利的比对。

14.5.1　原理和工具

通过标准与专利的比对可以确定标准与专利的关系，指明实施技术标准的行为是否必然落入或较有可能落入专利保护范围。表 14-2 示出了通常结果。

表 14-2　专利与标准的三种关系

序号	情　景	专利性质
1	构成标准实施的行为必然落入专利保护范围	标准必要专利
2	构成标准实施的行为，尽管也存在不落入专利保护范围的情形，但落入专利保护范围的现实可能性较大，因而标准实施与专利技术实施的相关性很高	标准相关专利
3	构成标准实施的行为落入专利保护范围的可能性较低，标准实施与专利技术实施之间没有明显相关性	与标准不相关的专利

可将标准与专利的比对视为特殊的侵权判定，两者依赖相同的法理、原则、工具。其中，工具主要是指"技术特征分解表"（见 4.5.3 节图 4-12）。比对中，将技术标准视为被控侵权技术方案，即标的，以与分解成技术特征的权利要求相对应的方式填入"技术特征分解表"，进行比对。

对于与一般侵权判定相同的内容，可参考 4.5 节。

14.5.2　标的相应技术特征的确定

使用"技术特征分解表"时，参照ⓔ栏内容，在ⓖ栏填写标的具有的相应技术特征，并且注明其在标准中的出处。

标准与专利之比对的特别之处在于，标的技术标准不是一个具体的实施例。而在常规侵权判定中，标的通常是具体实施例，可以通过补充技术调查使其无限具体化，最终使标的技术特征成为权利要求相应技术特征的相同概念、下位概念，或无交叠的不同概念。以技术标准为标的时，其技术特征不可能无限具体化。当标的技术特征不能再有效具体化时，就须如此填写，据此做出判定。

当权利要求的技术特征对应于标的中的可选技术特征，即技术标准中的可选实施方式时，在ⓖ栏填入相应的可选技术特征，并在相应ⓗ栏中将标的涉及的各可选实施方式分别列出。对于每种可选实施方式，尽量通过技术调查估计可能的实施规模，例如，占所有标准实施行为的几成，也在ⓗ栏中注明。

技术标准中不存在相应技术特征时，在相应ⓖ栏中填写"无"。同时，应做补充技术调查，以判断实施技术标准时，行为人按具备该专利技术特征的方式开展实施的现实可能性，对可能的实施规模做出估计，例如，占所有标准实施行为的几成，将结果填入相应ⓗ栏。

14.5.3　技术特征比对

使用"技术特征分解表"时，可以填入ⓘ栏的技术特征比对结论有交叉、相同、不相同也不等同、无结论，但通常不会出现"等同"。仅当其他填写方式确实不妥，等同确实成立时，方可填写"等同"结论。

当权利要求技术特征对应于标的中的可选技术特征，或标的中不存在相应技术特征时，应参照补充技术调查揭示的信息，做出综合评估。倘若构成相同且等同的实施例与既不相同也不等同的实施例都可能存在，应在①栏中填入"交叉"。

当①栏应填入"交叉"时，应结合对实施规模的估计，进一步按以下三种方式之一注明权利要求的特征与标的相应特征的相关度：高相关、低相关、相关度不明。

当无法得出交叉、相同、不相同也不等同、等同结论时，应在①栏中填写"无结论"。

当①栏为"相同"且结论直观明显时，⑪栏的评议可以较为简略。其他情形时，应做详尽说明。

14.5.4　得出判定结论的方法

得出判定结论的方法如表 14-3 所示。

表 14-3　得出判定结论的方法

结论 1	结论 2	判断方法
构成标准必要专利可能性高	标准疑似落入字面范围	①栏内容全部为"相同"
构成等同式标准必要专利可能性高	标准疑似落入等同范围	①栏中出现过"等同"，其余均为"相同"；或者①栏中全部为"等同"
构成标准相关专利的可能性高	疑似一定比例的标准实施行为落入保护范围	①栏中出现过"交叉-高相关"，其余均为"相同"或"等同"；或者①栏全部为"交叉-高相关"
构成标准相关专利的可能性低	疑似仅有少量的标准实施行为落入保护范围，或标准实施行为不会落入保护范围	①栏中出现过"交叉-低相关"或"不相同也不等同"
无结论	无结论	①栏中出现过"无结论"，且未出现过"交叉-低相关"或"不相同也不等同"

其中，可将"交叉-相关度不明"视为"无结论"。

除了给出结论，还应详述得出结论的依据，重点是涉及相关性的内容、未尽事项及不确定性的来源。

第 15 章
外观设计权和外观保护

阅读提示

对于研发者，本章 15.1 节至 15.3 节、15.5.1 节至 15.5.4 节、15.5.8 节、15.6.1 节、15.6.2 节属于重要内容，15.5.5 节至 15.5.7 节、15.5.9 节、15.6.3 节、15.7 节属于提高内容。此外，本章属于一般内容。

本章主要涉及外观的个性化问题。外观设计与其他专利共性化的内容不再赘述。

15.1 外观保护的客体、实用性

15.1.1 外观保护的客体

外观保护的客体是外观设计，指对产品的形状、图案或其结合以及色彩与形状、图案的结合所做出的富有美感并适于工业应用的设计。

具体而言，单纯产品的形状可以构成外观设计；单纯产品图案，例如花布的平面图案，可以构成外观设计；产品形状和图案的结合可以构成外观设计。前述外观设计，既可以不包含色彩，也可以包含色彩。

关于外观设计保护的客体：

（1）脱离了形状、图案的单纯色彩不构成外观保护的客体，不受保护。

（2）外观设计也应符合社会公序良俗等要求，其申请文件不能涉及产生不良政治影响或不良社会影响的内容。

（3）天然物的外观因不属于人所设计的产品外观，不受保护。

（4）外观设计不保护技术。

15.1.2 外观设计的美学意义和对标识的排除

外观设计制度的本意是保护具有美学意义的产品外观。

外观设计除了包含美学考虑，还会受到技术因素的制约，如产品功能和制造工艺。例如，隐形飞机的外观受空气动力学因素和隐形功能实现等技术原因的制约。但是，只要产品外观设计当中包含美学考虑，仍然可以享有外观保护。

中国专利法规定，对平面印刷品的图案、色彩或者二者的结合作出的主要起标识作用的设计不给予外观保护。很多标识、标志或徽标在各方面均可能符合外观对保护客体的要求，但是，倘若其作用以标识为主，如商标之类，对产品的来源或品质有特定的标识作用，尽管其本身也具有美感，但其设计意图和主要功能不在于外观的美学意义，因此不属于外观保护的客体。对标识、标志或徽标，宜用商标保护。

15.1.3　外观设计实用性及其对客体的限制

外观设计的实用性在于适于工业应用。

依据实用性，可以将工业性外观设计与艺术作品区分开来：前者被认为适于工业应用，因而可以受外观保护；后者则相反。

适于工业应用，指可以实现工业化生产。例如，著名画家的水墨画作品属于典型的艺术作品，不是可以工业化生产的产品，不具有实用性，不受外观保护。但是，如果将该作品体现到一扇工艺屏风上，而该工艺屏风是可以工业化生产的家具，其外观具有实用性，可以受外观保护。

同理，利用独一无二的自然条件形成的设计，可能会因其不能工业化生产而被认为不具有实用性，不受外观保护。

15.1.4　对图形用户界面的保护

图形用户界面（Graphical User Interface，GUI）指电子设备上用以实现与用户交互的图形界面。

通常，专用设备和通用设备上的操作系统界面，软件或游戏的界面，网页，开机、关机画面，以及软件启动、退出画面，包括静态的和动态的界面，均可获得外观保护。

相较于传统的产品外观，图形用户界面有鲜明的特点，在处理上也因不同国家而异。

15.2　新颖性、原创性和权利正当性

外观设计须具有新颖性、原创性和权利正当性。

外观设计的新颖性，指申请人提出外观申请时，要求保护的外观设计是新的，即不属于现有设计、不为公众所知。

原创性，指申请人提出外观申请时，要求保护的外观设计与公众已知的现有设计相比，具有明显区别。

权利正当性，指与他人在先取得的权利不冲突。倘若设计人抄袭他人享有正当权利的作品而形成外观设计，则因与他人在先权利存在冲突，相应外观申请不应获得授权。

15.3　局部外观设计

通常，外观设计权保护产品的完整外观。对产品局部的外观设计也加以保护的外观设计

权称为局部外观。

一些国家对局部外观设计予以保留。支持局部外观设计的国家，在优先权有效性认定、如何支持分案等方面各有章法，充满变数，例如，局部外观设计可否以整体外观设计为优先权基础，从整体外观设计申请中是否可以分案得到局部外观设计申请。

因此，申请人希望同时保护整体外观设计和一些局部外观设计时，最稳妥的方式是同时提交这些外观设计申请，避免通过优先权或分案来转换。

申请人应注意获取充分的专业支持。

局部外观设计为外观设计的保护增加了一个变化维度。但在基本法理和操作程序上，如侵权判定、新颖性、原创性、实用性、外观设计的申请和无效、维权诉讼等方面，二者不存在实质区别。

15.4 外观设计申请程序和文件

15.4.1 外观设计申请程序

通常，外观设计申请通过形式审查后，不需要经过严格的实质审查即可获得授权。因此，一些国家也将外观设计授权称为完成注册。

中国的外观设计申请程序与实用新型专利申请程序基本相同。

15.4.2 国际外观设计申请

利用国际外观申请，申请人能够基于一件外观设计以较低成本便捷地在多国申请获得外观设计权。

国际外观的运行由世界知识产权组织主持，制度基础是《工业品外观设计国际注册海牙协定》，简称《海牙协定》。《海牙协定》的缔约方为国家或国家间专利局，如非洲知识产权组织。

有资格提交国际外观申请的申请人应为缔约方国民，或者在缔约方境内有住所、经常居所或有效营业场所。

通过一件国际外观申请，申请人可以在其指定的多个缔约方境内获得外观设计权。否则，申请人需要分别在这些国家提交外观设计申请。

国际外观申请在费用方面具有显著优势，可以避免支付许多国外代理费。通常，国外代理费在海外外观申请费用中的占比很大。

国际外观申请允许在一件申请中最多包含 100 项不同的外观设计，只要它们同属于外观设计国际分类——洛迦诺分类中的同一大类。一件国际外观申请包含的多项外观设计，自第 2 项起被称为附加外观设计。对附加外观设计的收费大大低于首项外观设计。

通常，国际外观申请的操作程序是：缔约方的申请人委托本地代理机构提交国际外观申请，指定需要生效的国家，缴纳费用。很多国家或地区的外观申请不必经受实质审查即可获得授权，申请人将直接基于国际外观申请在这些国家或地区获得外观设计权。少数国家的外观申请需要经过不同严格程度的实质审查，倘若不能通过，该国或该地区专利局将下达审查意见或驳回决定。此时，需要委托当地代理机构做审查意见答辩或提起复审，由此也会产生相应的国外代理费，但只有这样才有可能获得授权。

2022 年 2 月 5 日，中国向世界知识产权组织提交了《海牙协定》加入书，该协定于 2022 年 5 月 5 日在中国生效。中国申请人可以以英文向中国局提交国际外观专利申请，在指定国家或地区获得外观设计权。

在《海牙协定》对中国生效之前，一部分中国申请人已经在利用该协定，例如，申请人利用在缔约方具备有效营业场所的便利条件，提出国际外观申请。

由于《海牙协定》的缔约方在不断产生变化，且国际外观申请在费用结构等方面较为复杂，因此，申请人宜委托代理机构办理。

15.4.3　外观的封面页

中国外观专利的封面页中包括诸多著录项，涉及各项法律、技术信息，如权属信息、程序信息、分类号等（见表 15-1）。附件 15-1 展示了中国外观专利 CN305610881S 的封面页。

附件 15-1

表 15-1　外观专利封面页主要著录项

INID 码	名　　称	说　　明
（10）①	专利文献标识	用于标识在法定程序中予以授权公告的外观文献
（12）	专利文献名称	
（15）	专利文献更正数据	外观专利文献出现过更正的情形下，用以标示更正情况
（19）	公布或公告专利文献的国家机构名称	
（21）	申请号	
（22）	申请日	
（30）	优先权数据	通常包括本申请之优先权申请的申请号、申请日和受理该优先权申请之专利局
（45）	授权公告日	
（48）	更正文献出版日	
（51）	国际外观设计分类（洛迦诺分类）	
（54）	使用外观设计的产品名称	
（56）	对比文件	对评价外观设计的新颖性、原创性有参考价值的文件。通常，其内容构成现有设计
（62）	分案原申请数据	
（72）	设计人	
（73）	专利权人	
（74）	专利代理机构及专利代理师	

① 该 INID 码曾使用"（11）"。

附图 15-1 示出了日本外观——移动电话（1167394）的封面页。
附件 15-2 欧盟外观004750693-0001 的第3页和第4页为封面页。

附图 15-1   附件 15-2

15.4.4   外观设计文件

附件 15-1 是名称为"用于手机的动画图形用户界面"的中国外观专利 CN305610881S。外观专利文件在封面页之外，应包括外观设计图，以清楚示出所要保护的外观设计。有必要对保护内容加以解释的，应包括"简要说明"。

不同国家或地区的专利局对外观设计图和简要说明有不同的形式要求。例如，中国外观专利文件中，可以采用图片或照片，但同一外观专利申请中，图片和照片不得混用；美国外观专利文件中，图通常应为线条图。又如，对于图形用户界面的外观设计图，中国要求必须示出显示该界面的设备，欧盟则不要求。

附件 15-2 是名称为"电子图标"的欧盟外观设计 004750693-0001，包括了证书副本的完整文件，是附件 15-1 中国外观专利 CN305610881S 的同族。

由于外观的形式要求因国而异，代理机构应对申请文件做适应性处理，以使申请人的权益免受损害。

15.5   外观保护范围和侵权判定

与发明专利侵权判定类似，外观专利的侵权判定，指判定产品外观是否落入外观设计权的保护范围。除此之外，其他法定条件也满足时，外观侵权成立。产品外观落入外观保护范围，是侵权成立的必要而非充分条件。

涉及外观的企业应对外观保护范围和侵权判定有基本认识。这两项工作的专业性、主观性很强，各国的法规和操作总体统一，但也有区别。企业应主要依靠专业代理机构。

15.5.1   保护范围

外观的保护范围首先受制于其指定的产品类别。外观设计权的保护范围以表示在图中的外观设计为准，简要说明用于解释该外观设计。

应注意，保护范围并不直接以图为准，不应拘泥于图本身。

15.5.2   侵权判定的步骤和标准

侵权判定有以下两个步骤：

第一步：产品类别是否相同或相近。

倘若涉案产品的类别与涉案外观设计权指定的类别并不相同或相近，则涉案产品外观不落入其保护范围。例如，采用了某款汽车外观的汽车玩具并不落入汽车外观设计权的保护范围。

第二步：涉案产品外观与授权外观是否相同或相似，足以使一般购买者或使用者产生混淆。

授权外观指涉案外观设计权的图示出的外观设计，其体现涉案外观设计权的保护范围。

对涉案产品外观与授权外观加以比对，如果两者相同或相似，足以使一般购买者或使用者产生混淆，则该产品外观落入涉案外观设计权的保护范围。

产生混淆，意味着未获得涉案外观设计权之许可的生产经营者，因为使用了具有美感的授权外观而使产品更具有吸引力，从而获取了更大的商业利益。多获取的利益应与授权外观的权利人分享。

侵权判定以一般购买者或使用者的眼光为标准。此一般购买者或使用者不是现实中具体的人。因此，基于某个或某些购买者、使用者的观点来形成侵权判定结论，这种方式并不正确。

侵权判定中，应以直接观察的感受为准，不应借助如显微镜、透视设备等超常视觉增强工具。

15.5.3 综合判断原则

综合判断原则，指外观侵权判定应在整体观察、明确区别、突出重点、建立尺度的基础上做出综合判断。

1. 整体观察

判断涉案产品外观与授权外观是否相同或相似，应做整体观察，不能仅从外观局部出发，不可以将外观各部分生硬割裂，均应从整体或局部进行观察、比对。

2. 明确区别

经由整体观察，梳理涉案产品外观与授权外观的区别，尤其是较为显著的区别，无论整体还是局部，无论涉及哪些外观维度或元素。

外观维度，指外观设计特定的元素类型、表达角度。基本的外观维度包括形状、图案、色彩、局部。其中，色彩、局部这两个维度不能脱离形状、图案而独立存在。

3. 突出重点

突出重点，指应重视外观设计的要部。不同部位、维度的区别，对相似性的破坏，其影响权重理应不同。对设计要部应做重点考虑，非要部的影响也不应无视。

确定重点的依据，首先应参考外观设计的图及简要说明；然后在于产品在销售、使用的一般状态下，较容易为购买者或使用者注意到的部分。

授权外观设计与典型现有设计相比，具有鲜明的独特设计特征，能够带来特别的美学意义的，该设计特征也是设计要部。同理，涉案产品外观设计与典型现有设计、相关授权外观设计相比，具有鲜明的独特设计特征，能够带来特别的美学意义的，该设计特征也是设计要部。

设计特征，指外观设计某一元素、方面、维度或者其特定结合，所表达的设计特点。

与权利要求的技术特征类似，设计特征具有弹性且层次丰富：较细微的特定细节可以是设计特征；多个设计特征组合在一起，可以构成更高层级的设计特征。

4. 建立尺度

利用设计空间基准建立外观之间或相应设计特征之间相似与否的衡量尺度，即相似尺度。

建立并遵循尺度，才不会失度。

5. 综合判断

综合整体观察、明确区别、突出重点、建立尺度所建立的外观比对基础，做出全面权衡，基于授权外观与涉案产品外观之间的区别，确定一般购买者、使用者是否会在两者之间产生混淆，相应得出后者是否落入前者保护范围的综合判断结论。

通常，授权外观与涉案产品外观，倘若在设计要部上存在较大区别，即使其他部分相似度很高，涉案产品也不会落入外观保护范围；倘若设计要部相似度很高，即使其他部分存在一定的局部或细节区别，涉案产品仍可能落入外观保护范围。

通常，授权外观和涉案产品外观之一存在较鲜明的独特设计特征，则意味着授权外观和涉案产品外观之间存在显著区别，后者不落入前者的保护范围。

15.5.4　设计空间基准和惯常设计

外观侵权比对中的典型错误是：当涉案产品外观和授权外观存在区别时，仅仅使用这两件外观直接比对而得出判定结论。倘若没有充分研究并明确现有设计状况，就无从建立相似与否的衡量尺度，判定结果必然失度。

设计空间，指在设计中可以出于审美考虑而调整设计的余地。衡量尺度即相似尺度。任一设计空间均有与之对应的衡量尺度。设计空间或衡量尺度可以针对一件外观设计整体而言，也可以针对特定设计特征而言。为得出侵权判定结论，有时需要研判多个设计特征的设计空间和衡量尺度。

衡量尺度与相应设计空间中现有设计的密度成反比，即与相应设计空间的大小正相关，与相应设计空间中的现有设计数量负相关：

（1）某一外观设计，倘在有限的设计空间中存在丰富的现有设计，则衡量尺度被大大挤压，涉案产品外观和授权外观之间较为细小的差别也可能依照相应尺度被认定为显著区别，使两者不构成相似。

（2）相反，某一个外观设计，倘在较大的设计空间中仅存在稀疏的现有设计，则衡量尺度较大，涉案产品外观和授权外观之间的较大差别也可能依照相应尺度被认定为区别并不显著，使两者构成相似。

还存在一种极致情形，即惯常设计，指业内的现有设计中大量、普遍采用的特定设计特征。

倘若授权外观设计和产品设计实质相同的特征属于惯常设计，此相同不对侵权判定有支持作用或参考意义。一方面，在先惯常设计不应被纳入保护范围而被外观权利人独享；另一方面，产品的购买者和使用者不会因已经普遍采用而习以为常的惯常设计对不同产品产生混淆，相应地，应转向其他设计特征寻找区别，研究产生混淆的可能。

另外，倘若设计特征偏离了惯常设计，即使偏离度不大，也可能形成较为显著的区别。

图 15-1 示出了现有设计对外观保护范围的影响。图中示出了授权外观设计 1 和授权外观设计 2，以及多件现有外观设计，它们之间的距离与相似度成反比。这里有一个前提是：两项授权外观的权利均有效，不会因图中示出的现有设计而被无效；两项外观设计权保护的是同类产品的外观设计，且设计维度相同。

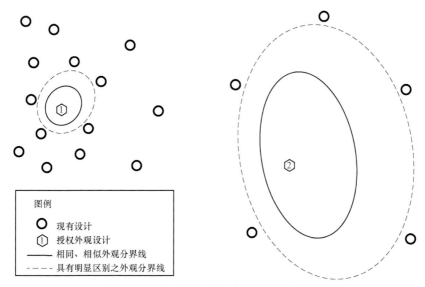

图 15-1　现有设计对外观保护范围的影响

实线是相同、相似外观的分界线，指实线区域内的外观设计与授权外观设计相同或相似，区域外的则既不相同也不相似。实线圈出的范围实际是外观的保护范围。授权外观应具备新颖性，意味着实线区域内不应存在现有设计。

虚线是具有明显区别之外观的分界线，指虚线区域内的外观设计与授权外观设计不存在明显区别，区域外的则存在明显区别。授权外观应具备原创性，意味着虚线区域内亦不应存在现有设计。

相应地，实线标示了相似的衡量尺度，虚线标示了明显区别的衡量尺度。虚线包围的区域完全包含并远远大于实线包围的区域。

15.5.5　区别参照法

图 15-1 可以演示用于外观侵权判定的"区别参照法"。

区别参照法：将涉案产品设计也表示在图中，若其与授权外观设计之间隔有现有设计，可以确定其未落入授权外观保护范围，即现有设计与授权外观设计的相似度明显高于涉案产品设计与授权外观设计的相似度，且倘若由授权外观设计演变成涉案产品设计，现有设计相当于演变过程中的过渡设计。

参照图 15-1，因为现有设计不应落入虚线所包围的区域，而侵权设计须落入实线包围的区域；此外，虚线所包围的区域完全包括并远远地大于实线所包围的区域。如此，可以支持并解释区别参照法。

图 15-1 仅是区别参照法的方便展示。不利用示图，即不将授权外观设计、涉案产品外观设计、现有设计抽象出相应位置表现在示图上，依然能够利用区别参照法得出正确结论。

注意，区别参照法的应用不能偏离综合判断原则。

区别参照法只支持得出涉案产品外观不落入外观保护范围的否定性结论。当不能得出否定结论时，并不意味着涉案产品外观必然落入外观保护范围，结论应为不确定。

仅当相互比较的外观设计在相似度上有明显差别时，才可能依靠区别参照法得出较为可靠的结果。条件不具备时，应当弃用此方法。

15.5.6 禁止重复授权和更加近似法

1. 禁止重复授权

禁止重复授权的原则也适用于外观，其内容为：不应允许就特定外观设计有多项外观设计权并存，即行为人实施一项外观设计时，不应同时侵犯多项维度相同的外观设计权，否则有失公允。

维度相同的外观设计权，指两件授权外观设计所涉及的维度相同。并存，意味着不能以其中之一为对比文件使另外一件被无效。

禁止重复授权原则并不意味着一件产品不可能同时侵犯多项外观设计权。如果一件产品中包含诸多技术点，其可能侵犯分别保护不同技术点的多件发明专利；一件外观设计存在诸多维度，其可能侵犯分别保护不同维度外观设计的多项外观设计权。

由于基本外观维度包括形状、图案、色彩、局部，并且这些维度可以组合。因此，就同一个杯子，至少可能并存表 15-2 所示 5 种维度组合的外观设计权。因此，一个杯子可能同时落入上述 5 项外观设计权的保护范围。

表 15-2 杯子外观设计维度示例

序 号	形 状	图 案	色 彩	局 部
1	√			全 体
2	√	√		全 体
3	√			杯体（不含杯把手）
4	√	√	√	杯体（不含杯把手）
5	√			杯把手

2. 更加近似法

参照图 15-2，两项并存的同维度外观设计权，其所能覆盖的保护范围最多平分秋色，即任一件外观的保护范围均不可能突破两者间的中线，不可能伸入到距离另一项授权外观更近的区域。其他因素，如存在其他现有设计，只会导致保护范围收缩。

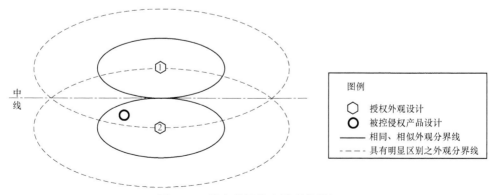

图 15-2 并存的同维度外观设计权

相应地，可以利用更加近似法解决一部分侵权判定。

更加近似法建立衡量尺度的方式与区别参照法类似。参见图 15-2，当被控侵权设计与授权外观设计 1 和授权外观设计 2 相比，明显与授权外观设计 2 更相近，与授权外观设计 1 的差别更大时，则被控侵权设计必然位于中线靠近授权外观设计 2 一侧，于是可得出结论"被控侵权设计未落入授权外观设计 1 的保护范围"。

使用更加近似法时，示图仅只是为了方便展示。不利用示图，即不将授权外观设计、涉案产品外观设计等抽象出相应位置表现在示图上，依然能够利用该方法得出正确结论。

在实际的侵权判定中，当只针对一项外观设计权时，例如授权外观设计 1，可以将一件现有设计视为授权外观设计 2 并替代之。前提是，该现有设计就授权外观设计涉及的各维度均有清楚展现。

"涉及的各维度均有清楚展现"指，例如，授权外观设计涉及立体形状时，倘若现有设计仅为某期刊刊登的若干照片，且这些照片不能完整、准确地示出设计的立体形状，则此维度不符合要求。通常，当现有设计为实物产品时，该现有设计必然满足各维度清楚展现的要求。当现有设计为包括在先外观设计在内的各类文献、影像资料时，应先确定其是否满足要求。

另外，该现有设计应不能作为对比文件使该外观设计权被无效。但倘若可以使其被无效，则侵权判定已无必要。

依照图 15-3，被控侵权产品设计中的设计 1 和设计 2 明显与现有设计更相似，与授权外观设计差别较大，两件设计必位于中线以下的现有设计一侧，不会落入外观设计权的保护范围。

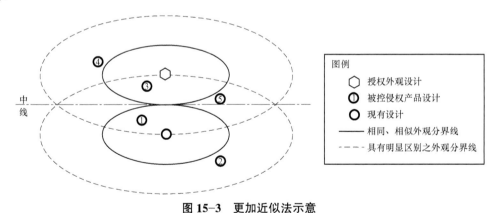

图 15-3　更加近似法示意

设计 3 和设计 4 与授权外观设计更相似，与现有设计差别较大，两件设计必位于中线以上的授权外观设计一侧。但对于设计 3 和设计 4 是否落入外观设计权保护范围，无法通过更加近似法判定。可见，与区别参照法类似，更加近似法仅支持得出否定结论，不支持得出肯定结论。

对于设计 5，因其与授权外观设计和现有设计的相似度不相上下，实际操作中无法清楚判断其位于中线哪一侧，则无法适用更加近似法。

15.5.7 对权利人其他授权外观之利用

一个权利人常会获取多项外观设计权。例如，很多企业会就其生产的同一类产品中的每一型号获得外观设计权。这种情形在快消品行业尤为典型。

当权利人基于某一项外观设计权指控他人侵权时，权利人的其他相似授权外观可能被对方利用，即使申请日、公开日较涉案授权外观设计更晚，也不能构成现有设计。

依照民法的通常原则，当事人自认具有效力。权利人就两件外观设计先后申请或取得外观设计权，可视为权利人认为两件设计存在明显区别，即两项外观设计权可以并存。

因此，同一权利人取得的另一项外观设计权，即使申请、公开晚于涉案授权外观，仍然可以在区别参照法和更加近似法中被作为现有设计利用，帮助构建相似尺度或明显区别尺度。

15.5.8 其他基本准则和方法

1. 呈现方式

比对者有时需要对多件外观设计一起观察。为利于比对，这些外观设计应尽量以相同的方式并列呈现。倘若呈现方式不理想，则可能因视觉错觉而被误导。

2. 对文字和符号的处理

依照外观保护之本意，外观设计中包括的具有特定意义的文字或符号应被视作装饰性图案，因而主要从视觉效果的角度来考虑，而不考虑文字或符号的特定含义。

3. 对技术和功能限制的处理

外观设计受技术因素制约。倘若授权外观设计和产品设计实质相同的特征是由技术、功能的限制所导致，此相同不对侵权判定有支持作用或参考意义。

在考虑受技术、功能限制的设计特征时，应判断在技术、功能的限制之外，存在多大的设计空间、衡量尺度。

4. 镜像、尺寸及单元排列

通常，如果两件外观设计呈现镜像对称而无其他区别，两者相同。如果两件外观设计的差别仅在于同比尺寸缩放，两者相同。如果两件外观设计存在不同维度间的不同比例变化，尤其造成美学效果上的显著差别时，则两者不相同。

当某一外观设计所涉及的产品具有排列单元的性质，例如电影院座椅，其排列方式的简单变化不为外观设计带来有效变化。

15.5.9 外观侵权案例

【案例 15-1】

佰利公司诉苹果公司外观设计侵权

基本案情如下。

佰利公司拥有名称为"手机（100C）"的中国外观专利 201430009113.9，并认为苹果公司的 iPhone6 和 iPhone6 Plus 两款手机落入其保护范围，遂提请行政管理机关处理。之后，当事人诉至法院，经北京知识产权法院一审［判决书（2016）京 73 行初 2648 号］、北京市高级人民法院二审［判决书（2017）京行终 2606 号］，认定苹果手机未落入涉案专利保护范围。

苹果 iPhone6 和 iPhone6 Plus 手机尺寸大小不同，iPhone6 Plus 更大。不考虑色彩，两者外观设计实质相同。

涉案专利简要说明如下：

（1）本外观设计产品的名称：手机（100C）。

（2）本外观设计产品的用途：本外观设计产品用于移动通信。

（3）本外观设计产品的设计要点：设计要点在于产品的形状。

（4）最能表明本外观设计设计要点的图片或照片：主视图。

无疑，涉案手机与涉案外观专利指定的产品类别相同。需要比对授权外观和涉案产品外观以完成侵权判定。

1. 不引入现有设计时的判定

依照简要说明，设计要点在于产品形状。专利未声明保护颜色。因此，形状最重要，图案次之，色彩应予排除。

依照简要说明，主视图最能表明设计要部。主视图表现的手机正面也是购买者、使用者最常见到的部分。因此，手机正面的形状是设计要部的重中之重。

就手机正面（见图 15-4）而言，授权外观设计与涉案产品外观设计的形状相同，采用了比例相同的矩形、圆角、平板设计；区别在于上端和下端部件，如听筒、按键，显示屏与边框距离不同。

外观设计　　　　　　　　　　iPhone 6 Plus　　　　　　　　　iPhone 6

图 15-4　主视图对比

就其他部分而言（见图 15-5），在形状方面，后视图所示的背面相同，采用了相同的平板形状；侧面至正面、背面均采用弧形过渡，但在弧度上呈现了一定区别，涉案手机显得更薄；其他方面存在部件、装饰图案区别。

外观设计　　　　　　　iPhone 6 Plus　　　　　　iPhone 6

图 15-5　其他视图对比

倘不引入现有设计，应当得出两者相似、会产生混淆的结论，即涉案手机落入涉案外观保护范围。理由在于：

（1）形状是设计要部，手机正面的形状是重中之重：就手机正面的形状而言，两者相同；整体观察时，两者形状相似度很高，采用了比例相同的矩形、圆角、平板设计，侧面至正面、背面采用弧形过渡，区别仅在于局部细节或不应考虑的部分，对整体视觉效果影响有限。

（2）除此之外的部件和装饰之区别等，越发属于次要维度下的局部细节区别。

2. 引入现有设计后的惯常设计和设计要部认定

引入现有设计（见图 15-6）并建立了衡量尺度后，判定结论发生反转。

有一个前提需要明确，包括图 15-6 所示现有设计在内的诸多现有设计未能使本案外观专利被无效。

就手机正面的形状而言，授权外观设计、涉案手机设计与诸多现有设计相同。充分的证据表明，这种设计已经被业界普遍应用于大量触屏智能手机，形成了惯常设计。相应地，消费者不会因为手机正面的惯常设计而产生混淆，授权外观设计与涉案手机设计在正面形状上的相同就失去了意义。

同样，手机背面形状也构成惯常设计。

一审、二审法院均认为，手机正面的形状不再是重点，应重新确定设计要部。

排除了属惯常设计的手机正面、背面后，结合专利简要说明第 3 条对形状的强调。观察发现，应以手机从正面到背面的弧形过渡部分，尤其是四角部分为设计要部。该部分在现有设计中呈现较为丰富的变化，授权外观设计与现有设计各有不同；并且该部分是惯常设计之外，购买者、使用者容易注意到的部分。

因相关手机四角的过渡弧均上下、左右对称，仅以左视图上部（见图 15-7）为参考。

二审法院指出，由于正面到背面的侧面过渡设计、四个角部的设计关系到手机产品的整个外部轮廓，同时因侧面设计与正面和背面及整个机身厚度都有关联，也会影响到产品的整体观感，因此上述设计特征对产品的整体视觉效果具有显著影响，属于设计要部。

图 15-6　现有设计主视图

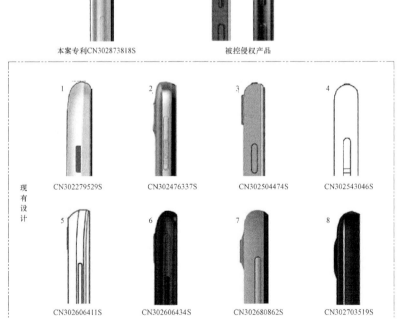

图 15-7　左视图上部对比

3. 涉及功能性设计、惯常设计的综合分析—设计要部之外

涉案手机外观与授权外观在设计要部之外的有效区别仅在于次要维度上的局部细节。由整体观察可见，涉案手机外观与授权外观的相应区别在于装饰性图案、部件、总体形状。

（1）装饰性图案。涉案手机外观与授权外观的装饰性图案均为局部细节，对整体观感影响有限，且图案属于次要维度，不做重点考虑。

（2）部件。部件对外观的影响分为图案和形状两个维度，均为局部细节，对整体观感影响有限。就图案而言，情形与前述装饰性图案类似；就形状而言，涉案手机外观与授权外观对部件尽量采用了隐藏式设计，且均为局部细节，区别更小。

此外，部件的图案、形状均涉及功能性设计，而功能性设计带来的区别亦不应考虑。例如，手机摄像头形成的凸起主要是技术和功能的限制所致：受制于光学组件为保证拍摄品质而必需的厚度、镜片的圆形形状。因此，摄像头凸起的高度和圆形形状主要属于功能性设计，不应考虑其影响。但是，摄像头的位置选择存在一定的设计空间；在总体圆形之外仍有一定变形处理的设计空间，例如过渡弧等。这些维度不属于功能性设计，在侵权比对中应考虑其影响。但是对于本案，这些区别均属于局部细节。

（3）总体形状。此处仅讨论总体形状不涉及设计要部的方面：① 手机正面、背面的形状属于惯常设计，不予考虑；② 手机的厚度会产生较为显著的观感。但是，当手机正面和背面已经确定时，手机设计会追求减小厚度。因此，手机的厚度并不完全取决于美学考虑，也受制于技术能力，设计空间有限，对侵权比对的参考价值不高。

4. 设计要部分析

参照图 15-7，就设计要部而言，即手机正面到背面的弧形过渡，尤其是四角部分，涉案手机设计具有与现有设计和授权外观设计均不同的独特特征：正面到背面的过渡弧采用对称设计，形成完全圆滑的弧形过渡。而现有设计均采用非对称设计，向背面过渡的圆弧弧度较小，向正面的较大，绝大多数在正面侧采用了非圆滑的有棱过渡。涉案手机这一独特设计特征，给购买者和使用者带来特别观感，具有突出的美学意义，构成鲜明的独特设计特征。

5. 综合判断

综合上述分析可见：涉案手机外观与授权外观在设计要部之外的有效区别仅在于次要维度上的局部细节；但是，涉案手机在设计要部中存在鲜明的独特设计特征，显著区别于授权外观和现有设计，给购买者和使用者带来特别观感，具突出的美学意义。综合判断的结论是：普通购买者或使用者不会在涉案手机外观与授权外观之间产生混淆，涉案手机设计未落入保护范围。

6. 设计要部相似分析示意图

图 15-8 就手机正面到背面的弧形过渡特征，包含四角部分，给出了相似分析，其中已经排除了手机厚度的影响。图中横轴表示过渡弧的近似平均曲率半径：曲率半径越小的外观设计越靠左，弧形越平缓的越靠右。纵轴表示过渡弧前后非对称的程度：非对称程度越大的外观设计越靠上，越对称的越靠下。非对称程度计入了过渡弧与手机正面、背面接入点的高度差，过渡弧顶点的偏移和弧度的变化，以及非圆滑的有棱过渡的影响。

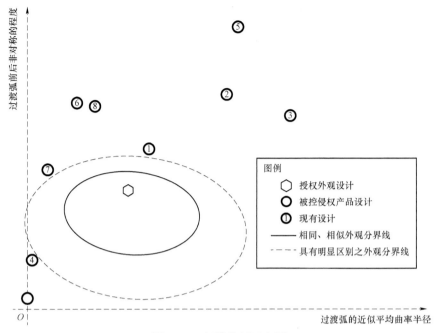

图 15-8　相似分析示意图

7. 区别参照法

利用设计 4，可以采用区别参照法得出涉案手机设计未落入保护范围的结论。采用区别参照法判定时，也应遵循综合判断原则，以各外观设计的总体区别为基础。图 15-8 覆盖了设计要部的主要特征，已经足够充分，可作为近似参考。

综合观察可见，设计 4 与授权外观设计的相似度明显比涉案手机设计与授权外观设计的相似度更高；而且，设计 4 大体居于授权外观设计和涉案手机设计之间，即设计 4 是两者间的过渡，突出表现在三者过渡弧的对称性上，且过渡弧属于设计要部：涉案手机设计是对称的，设计 4 呈现较小的不对称度，授权外观设计呈现较大的不对称度。其中，不对称的形式是，由顶点向正面过渡的弧较短，向背面过渡的弧较长。此外，授权外观设计连接手机正面的弧采用了非圆滑的有棱过渡，加剧了不对称性。

其他特征带来的区别并不显著，且不涉及设计要部，属次要方面，并不影响判定结论。

综上，依照区别参照法可得出结论：涉案手机设计未落入保护范围。

8. 更加近似法

采用更加近似法判定时，亦应遵循综合判断原则，以各外观设计的总体区别为基础。综合观察可见，涉案手机设计明显与设计 4 最相似，与授权外观设计区别较大，且专利设计与授权外观设计 4 所涉及的维度相同，相应地可以采用更加近似法直接得出涉案手机设计未落入保护范围的结论。

具体在于：

（1）涉案手机设计与设计 4 均采用了曲率相近的过渡弧，正面至背面的过渡均为圆滑弧形过渡，尽管涉案手机设计的过渡弧前后对称，而设计 4 并不对称，但不对称度很低，区别不明显，两者相似度很高。

（2）授权外观正面至背面的过渡弧不对称度较高，且在正面使用了非圆滑的有棱过渡，与涉案手机存在明显区别。

综上，涉案手机过渡弧设计明显与设计 4 最相似，与授权外观设计区别较大。而过渡弧属于设计要部，对外观整体感受影响显著；其他特征带来的区别并不显著，且不涉及设计要部，属次要方面，不影响上述结论。

15.6　外观侵权

15.6.1　外观侵权的成立

经由侵权判定确定相关产品落入一项有效外观设计权的保护范围后，还需要参照法定的其他要件判断行为人之行为是否构成法定实施，这样才能确定侵权能否成立。

各国对外观侵权的规定总体原则一致，但也有一定的差异。例如，中国《专利法》对外观侵权的规定是："外观设计专利权被授予后，任何单位或者个人未经专利权人许可，都不得实施其专利，即不得为生产经营目的制造、许诺销售、销售、进口其外观设计专利产品。"

与发明专利侵权不同，授权外观产品的使用通常不构成侵权。因为授权外观产品的使用者不因授权外观产生直接收益，如果要求使用者向权利人支付许可费，并不合理。

美国专利法 35 U.S.C.289 就外观侵权规定如下：外观专利侵权指未经专利权人许可，（1）对产品施以授权外观，且该产品以销售为目的，或者（2）销售或为销售而展示施以了专利外观的产品。

美国专利法以上法条中未明确提及外观产品的进口，但是，倘若对进口的授权外观产品加以销售或为销售而展示，将导致侵权。

而美国专利法 35U.S.C.271（a）就专利侵权做了原则性规定，其中明确覆盖了未经许可之进口。所以对授权外观产品的单纯进口，倘未经许可，也构成侵权。

对发明专利侵权的例外或限制性规定，凡可以适用的，通常也适用于外观侵权。因为豁免大多适用于使用侵权，所以实际能够适用于外观的并不多。

外观侵权同样适用权利用尽。

15.6.2　零部件外观侵权

一些零部件本身是独立产品，同时又会组装到下游产品上，例如发动机水泵、车轮均是可以独立销售的产品，同时又可以被组装到汽车上。

很多申请人就发动机水泵、车轮等零部件产品取得外观设计权。无疑，零部件外观将制约他方生产、销售相同的零部件，而其对下游产品的制约作用也值得注意。

通常，当下游产品在一般状态下时，零部件主要部分可见，且对下游产品的购买者、使用者而言，该可见部分的零部件外观会引起一定注意、产生一定视觉效果，则该零部件的外观设计权对下游产品有制约作用，涉及下游产品的商业行为，例如产品销售，可能导致侵犯该零部件的外观设计权。

以汽车发动机水泵、车轮为例。发动机水泵装入汽车之后，在汽车的日常状态下不可见，因此发动机水泵外观设计权不会对汽车的生产、销售有影响。而车轮，尤其是特别设计的特色车轮，其在汽车日常状态下显著可见，并且会引起汽车购买者、使用者的注意，产生较为显著的视觉效果，所以未经权利人许可，销售该汽车的行为会导致侵犯车轮外观设计权。

15.6.3　图形用户界面外观侵权

有别于传统产品外观，图形用户界面外观主要由软件在硬件上运行后形成并展示。因其特殊性，图形用户界面外观保护较为复杂。

软件开发商、经销商是软件的提供者。倘若软件用于销售，软件运行会生成受外观保护的图形用户界面，则：销售软件的行为属于提供实施外观的专用工具、指导他人实施的行为，就此可能认定软件开发商、软件经销商的行为构成直接或间接侵权；软件开发商在软件开发过程中，不可避免地会多次运行软件而生成受保护的界面，软件经销商也可能因销售展示等商业目的运行软件而生成受保护的界面，这些行为也可能构成外观侵权。

产品生产商、经销商将软件安装入其生产、销售的产品，而软件运行会生成受保护的界面，则产品生产商、经销商将面临与前述软件开发商、经销商相同的局面。

具体侵权认定方式和法理依据多因国而异。

15.7　外观无效

外观设计权新颖性的要求可被理解为授权外观不应将现有设计纳入其保护范围。授权外观原创性的要求更严格：授权外观设计与现有设计相比，具有明显区别。授权外观不能满足原创性要求应是其被无效的最主要理由。

外观设计权也可能因其他理由而被无效，例如外观设计不属于外观保护的客体、有违公序良俗、与他人在先权利存在冲突。

企业应重点关注外观设计的新颖性、原创性，因其他理由引发外观无效的，应在一般性了解的基础上，主要依靠代理机构处理。

本节主要讨论涉及新颖性、原创性的外观无效。

15.7.1　外观无效判定的方法和原则

外观无效判定的方法和原则可参照外观侵权判定的方法和原则。两者的不同主要在于如何明确相似尺度和明显区别尺度。

侵权判定主要依靠相似尺度以确定是否产生混淆。而外观无效，除了利用相似尺度做新颖性研判，还需要利用明显区别尺度做原创性研判。

研判外观设计的原创性时，授权外观设计与对比文件的比对应坚持单独比对原则。这与发明专利创造性审查不同。发明技术方案的创造性审查中对不同对比文件可以组合使用，即可以从某些对比文件中抽出技术特征将其组合到另外一篇对比文件的技术方案之中。对于发明技术方案可以如此操作，原因是，客观上，特定技术特征在现有技术中用于解决发明技术方案需要解决的技术问题，相应可以形成启示，为技术特征跨技术方案转移建立桥梁。

外观设计保护的是美学原创，美感与特定设计特征之间不存在明确的客观关联。若干个被认为具有美感的设计特征，能够以任意多的方式组合成一个设计，但对于该设计是否具有美感并不能因各个设计特征各自具有的美感而形成明确预期，启示无从谈起。

所谓授权外观设计与现有设计特征组合的比较，也只有在将所选取的设计特征以特定方式组合成一个设计之后才可能考查其相似性。而任意选取并组合现有设计特征以形成一个设计的方式不可计数，倘若单单选出形成相似设计的组合方式来做比对，难以避免"事后诸葛亮"效应。

总之，在外观无效中，仍应坚持单独比对的方式。但是，也存在特定例外。例如两个外观设计产品，惯常应当以特定方式组合使用，则如此形成的组合外观相对于前述两个外观设计而言可能不具有原创性，床头柜和床的组合就是典型的例子。

15.7.2　外观无效判定中相似尺度和明显区别尺度的建立

外观无效与外观侵权判定相比，主观性更强，更具有挑战性。一方面，侵权判定基于相似尺度，而外观无效的底线在于明显区别尺度，后者更为宽泛模糊；另一方面，也是更重要的方面，外观无效的解决通常先于侵权判定。因此，侵权判定可以从先行的外观无效中获得丰富的尺度参考依据，而外观无效没有这种便利。

参考尺度的可能来源如下：

（1）涉及相似设计的近期判例，无论涉及外观侵权还是外观无效，均有参考价值，最好是同一个司法管辖区内的判例。

（2）被提起无效的授权外观权利人自己申请、获得的相似授权外观。倘若权利人申请、获取了两项外观设计权，应视为权利人认为两项外观设计之间存在明显区别；同理，倘若权利人已知某一现有设计，此后又申请、获取了一项外观设计权，也有相似效果，可以帮助建立明显区别尺度。

15.7.3　与侵权判定相关的策略启示

与发明专利类似，外观侵权与无效之间也存在实质关联，当事人须加统筹方能达到最好的效果。

对比文件、现有设计的引入影响外观设计权的有效性，还在于明确相似尺度或明显区别尺度，即明确保护范围。因此，对于权利人，在无效程序中得以维持权利有效，不一定意味着胜利，因为无效程序中被引入的对比文件以及无效决定有可能导致外观保护范围被压缩，而使涉案产品不可能成为侵权产品。

尽管对比文件通常会使外观被无效、保护范围被压缩，但有时也会有相反作用。因此，无效请求人应慎重地把握引入对比文件的策略；同理，权利人亦有必要引入对比文件。

例如［案例 15-1］，如果在无效程序中，无效请求人仅引用少量极为相似的现有设计，使得高度一致的手机正面、背面的形状不能因证据被认定为惯常设计，同时使得手机正面形状被认定为设计要点，则涉案外观设计权极可能被成功无效。相应地，权利人将丧失全部保护范围和维权机会。所以，此时权利人应考虑引入适当的现有设计证据，以支持将手机正面、背面的形状认定为惯常设计，至少先维持权利有效。

15.8   企业外观申请和风险控制

15.8.1   外观的特点

外观设计权的特点是成本低，速度快，易于掌握和运用，其最主要的功效是打击照抄、照搬式侵权。该情形下使用外观维权，可操作性强，侵权认定简单，维权成本可控。

外观维权的局限在于，只要他方具有基本认识和警惕性，就可以容易地实现侵权规避。

事后规避在法理上可行，但在操作中会受限于更改产品外观的经济成本和时间成本。对于不同的产品，在不同的运营阶段更改外观的成本和难度差别极大。例如，常规包装箱的图案外观很容易更改；而汽车外观定型开模后的更改成本很大，几乎不可行。

15.8.2   适用行业和基本策略

外观设计权最适宜保护对外观有审美要求的消费品，例如服装、饰品、个人电子设备、家用电器、家居器物、汽车等。对于非消费品，例如工业产品，也可以利用外观加以保护。

不少企业形成了一个产品设计对应一件外观注册的习惯。该策略可操作性强、简单有效。

对于外观设计，可以通过对设计要点和保护维度的说明来实现对某些维度的强化保护，淡化甚至消除某些维度的影响。某些维度的限定性下降，意味着保护范围获得扩展。因此申请获得保护的外观设计权时，所提交的图片宜淡化细节和不要求保护的维度，以利于获得较大的保护范围。

外观授权后的维护也较为简单，对于后续需要缴纳年费的，提前评估必要性，避免在明显不会再有商业应用价值的外观上继续投入费用。

拥有外观设计权，还可以以较低成本提升企业形象。

15.8.3   外观布局的简单变化策略

对于重要的外观设计，企业可以考虑对其做简单变化形成诸多新设计，从中选取较为典型的一并注册外观设计权，以形成防御性外观布局，防止他方以类似的简单变化来规避外观侵权。

15.8.4   外观布局的维度策略

就一件特别有意义的外观设计而言，如果企业希望获得强化保护，则可以利用不同的维度组合来规避重复授权的限制，形成多项外观设计权（可以参考 15.5.6 节相关内容）。

形状、图案、色彩和局部均是可以利用的维度。利用"局部"这一维度时，则形成局部外观。利用维度变化申请多项外观设计权时，应尽量同日提交，以减少风险。

例如，倘若申请人先就一只杯子的形状提交了外观申请后，又就杯子把手的形状提交了局部外观申请，则在先的外观申请可能构成在后外观申请的抵触申请，使在后局部外观申请丧失有效性。

此外，对于局部外观与整体外观之间是否可以主张优先权，不同国家的规定不同，甚至可能产生冲突，因而也不宜通过主张优先权来解决上述问题。

15.8.5　相似外观设计的维度延伸策略

要使外观申请策略更为精细，企业应在申请控制程序中加入审核，对相似外观应尽可能合案申请、同日提交，防止就与已知设计过于相似的外观设计再行提出外观设计申请。其中，已知设计包括企业自己做出的外观设计、已经提交过的外观设计注册申请的、已经或将要公布的外观设计，或者因其他原因明显应为企业所知的现有外观设计。

如 15.5.7 节、15.7.2 节所述，企业就与已知外观设计极为相似的外观设计提出注册申请，可能被认定为自认两者间存在明显区别，从而对外观保护范围产生不利影响。在这种情形下，倘若企业仍希望就外观较为相似的两款产品均申请外观设计权，那么可以利用维度延伸策略，即对在后相似产品设计注册外观时，在一些外观维度上施加变化，既可就相近设计获得新的外观设计权，又可避免压缩保护范围的不利自认。

例如，企业已经发布了某款产品设计，并进行了外观注册，后来对该产品形状稍作修改，那么在先注册的外观是否仍能有效对应修改后的产品，将存在不确定性。此时，企业可以采取维度延伸策略，使新的外观设计反映修改后的产品形状，同时使用企业在修改前的产品上未曾使用过的特定颜色、图案，从而使在后注册的外观设计与在先注册的外观设计存在维度上的不同。这样做，既能消除自认对保护范围的不利影响，又能取得与修改后产品完全对应的外观设计权。

15.8.6　原创风险控制

原创外观设计偶然与在先权利重合而导致侵权的概率很低。为了更好地降低这种风险，企业可以设立侵权风险排查机制。

企业应实时关注相关产品外观设计，以合理的频度检索新出现的外观设计。检索的重点可以适度聚焦于存在激烈竞争或业务冲突的友商。企业检索跟踪外观设计，除了可以控制侵权风险，还可以跟踪行业趋势，为自己的产品设计提供参考。

当设计师掌握了外观侵权原理时，自然能够有效实现规避设计。

15.8.7　现有设计风险控制

本节涉及的法律问题较为复杂，企业做出重大相关决策前，应慎重咨询专业机构。

实践中，企业除了使用自己原创的外观设计，有时也会考虑使用源自他方的现有设计，甚至不加修改直接使用。对此，通常应先确定该现有设计不具有有效权利。例如，一件现有设计曾经取得外观设计权，但使用时其已经过期或因其他原因失效，且权利不可恢复，基于不得重复授权原理，再实施相同外观设计将不会有外观侵权风险。如果企业实施的外观设计仅与该已失效设计相似而不是相同，则仍不能完全排除侵权风险。

尽管有时可以排除外观侵权风险，但相关实施行为仍有可能构成商标侵权、著作权侵权或不正当竞争，因此企业还应做相应的风险排查和评估。如若所采用的现有设计不是非常驰名产品的特有或典型设计，对于产品购买者、使用者而言，没有形成与特定产品品质、来源的关联，不会产生相关混淆、误导，且为善意的合理使用，则其他风险基本也可以被排除。

通常，单纯因外观导致商标侵权的风险较低，企业可以通过商标查询来排除风险。各国执法当局对工业品外观的实施导致商标侵权一般持谨慎态度。

同样，构成著作权侵权的风险也较低。对于工业品外观，著作权保护的门槛比较高，绝大多数外观设计不适格。即使具备很高艺术审美价值的大师级外观设计也有可能无法享受著作权保护，此种外观设计多应用于高端驰名商品。如若企业准备实施的现有设计不属于此情形，大多可排除著作权侵权风险。各国执法当局对工业品外观的实施导致著作权侵权也持谨慎态度。

但是，当产品外观上使用了受著作权保护的艺术作品时，可能导致著作权侵权。例如，生产的水杯印有受著作权保护的画作。

构成不正当竞争的风险相对较高。例如，当某现有设计已经由他方使用，并在产品购买者、使用者当中建立起了与产品品质、来源的关联时，倘若该设计使用在较为驰名的商品上，或者构成驰名商品的特有装潢，则使用相同、相似外观的行为容易构成不正当竞争。

【案例 15-2】

路虎与陆风之争[28,29]

2015 年 8 月，江铃控股有限公司（以下简称江铃控股）推出新款乘用车陆风 X7，其外观与捷豹路虎公司（以下简称捷豹路虎）已经推出的路虎极光相似度较高（见图 15-9）。随后，捷豹路虎在北京市朝阳区人民法院针对江铃控股提起外观侵权、著作权侵权、反不正当竞争之诉。江铃控股掌握了路虎极光在其外观专利申请提交之前做过产品发布的情况，成功无效了捷豹路虎的外观专利 CN302053610S，使捷豹路虎的外观侵权主张丧失了权利基础。

2019 年 3 月，法院下达一审判决，捷豹路虎反不正当竞争的诉求获得支持，但著作权侵权的主张未获支持。

2021 年 5 月，北京知识产权法院下达终审判决（2019）京 73 民终 2033 号、（2019）京 73 民终 2034 号，维持一审判决。

图 15-9　路虎与陆风

此外，路虎与陆风的案例也有助于说明恰当的对比呈现方式对侵权判定的重要性。图 15-10 示出了两款汽车的三组主视图：前两组为实拍照片，第三组取于相应外观专利。通过观察，可以直观地体会到视角、色彩等方面的微妙变化带来的影响。

路虎极光　　　　　　　　　　　　　　陆风X7

路虎极光　　　　　　　　　　　　　　陆风X7

路虎极光 CN302053610S　　　　　　　　　　陆风 CN302802915S

图 15-10　路虎极光和陆风 X7 正面及相应专利外观主视图

15.8.8　外观设计权的地理布局

通常，外观设计权的地理布局取决于相关产品、商业活动所覆盖的地理范围。其中，所述商业活动不仅限于产品生产、销售，还可能包括产品研发、物流运输等活动。

图形用户界面外观很特殊，对软件开发活动、预装软件的硬件产品有较强的制约。移动互联时代，软件跨国开发、运行、投放的复杂运营模式也对保护和布局提出了特别要求。

外观申请的形式要求因国而异，企业应依靠有经验的专业机构来处理。

↘【案例 15-3】

苹果图形用户界面外观申请

就本案例涉及的图形用户界面，苹果公司至少做了以下地理布局：CN（中国）、（CN）HK（中国香港）、（CN）TW（中国台湾）以及 EU（欧盟）、JP（日本）、KR（韩国）、CA（加拿大）、US（美国）。

图 15-11～图 15-19 列举的授权外观的图示出了不同专利局的不同形式要求。其中，美国外观专利是最早申请的，是后续外观申请的优先权基础。

图 15-11　美国外观 GUI USD0844700S

主视图

主视图中的图形
用户界面放大图

图形用户界面
变化状态1放大图

图形用户界面
变化状态2放大图

图形用户界面
变化状态3放大图

图形用户界面
变化状态4放大图

图形用户界面
变化状态5放大图

图形用户界面
变化状态6放大图

图 15-12　中国外观专利 GUI CN305446978S

设计1主视图　　设计2主视图　　设计3主视图　　设计4主视图　　设计5主视图

设计1图形　　设计2图形　　设计3图形　　设计4图形　　设计5图形
用户界面放大图　用户界面放大图　用户界面放大图　用户界面放大图　用户界面放大图

图 15-13　中国外观专利 GUI CN305633369S

图 15-14 中国台湾外观（CN）TWD199862S

图 15-15 欧盟外观 GUI EU005506748-0001

图 15-16 欧盟外观 GUI EU005506748-0003

图 15-17 欧盟外观 GUI EU005506748-0007

图 15-18 欧盟外观 GUI EU005506748-0011

图 15-19   日本外观 GUI JP1626910

图 15-19 所示日本外观 JP1626910 示出了最多品种的电子图标设计。

苹果公司并没有将不同品种的图标同等地在各地做外观布局，其布局策略因地而异，各有取舍。美国外观专利一般接受黑白线条图；除美国、日本外观，其他外观设计均包括了彩色图片。中国外观专利和欧盟外观包括了一件设计的多个简单变化。欧盟外观的形式要求较为宽松，允许申请人将相关联的外观以系列外观的形式统合申请。对于图形用户界面外观设计，中国和日本都要求示出显示设备，而示出显示设备的风格有所不同。此外，中国台湾外观设计也有类似要求，但仅以很抽象的虚线框括在了电子图标之外。

第 16 章

专利费用

阅读提示

对于研发者，本章属于一般内容。

16.1　总述

本章主要讨论申请专利等基本专利活动所涉及的直接费用，其中不包含企业内部的人工成本、管理成本等。

专利基本活动指与获得、维护专利和与专利保护相关的基本活动，主要包括专利申请、专利无效、程序性的专利转让，以及与专利保护和维权相关的司法、行政程序，不包括专利许可、涉及运营的专利转让、技术产业化等商业运营活动。

本章提供的参考费用以现时性价比较好的中端偏高端代理机构的平均水平为基础。实际操作中，一些代理费项目会有较大变动，例如，中国发明专利撰写的费用从 2000 元以下到20000 元以上的都有，变动范围超过 10 倍。

专利申请等基本活动的费用较高，且具有一定的持续性及可预见性，企业应依照自身情况，结合代理机构的报价，做出费用预估、预算规划。

16.1.1　费用结构

企业支出的费用可分为官费和代理费两种。

1. 官费

官费，即官方费用，也称为规定费用、规费，例如，申请专利时专利局收取的费用、专利诉讼时法院收取的诉讼费。专利活动涉及的税费可被视为广义的官费，例如，提交中国专利申请时，专利局代收的印花税。

通常，官费的收费标准会在各专利局官方网站上公示。官费透明度很高，数额相对较低，不是企业费用管控的重点和难点。

2. 代理费

代理费指代理机构就提供相关服务所收取的费用。

企业可通过代理机构的报价了解费用情况。通常，代理费还可以被分解为流程代理费、专业代理费、翻译费，以及杂费和支出。

流程代理费，指代理机构就程序性工作收取的代理费，通常参照标准化流程工作项目按固定标准收取，例如，办理发明专利申请及日常流程控制、专利转让、专利年费缴纳等程序性工作收取的代理费。在诉讼代理中，尽管也包括一定的流程管理工作，但因为流程代理费在整体代理费中份额较低，常常不单独收取。

专业代理费，指代理师或律师等专业人员完成的专业工作所对应的代理费。典型的专业工作包括，专利代理师从事的专利撰写、审查答辩、驳回复审等。专业工作的完成不能按照标准化操作实现，工作量也因个案而异，相关费用收取方面也就难以形成固定标准。在发达国家，普遍采用的成熟方式是依照办案专业人员的专业水平，确定其小时费率，按完成工作的有效小时数乘以小时费率计算专业代理费。国内专利代理师的小时费率大多介于300～2000元，发达国家专利代理师的小时费率通常介于1500～6000元。费率高的专利代理师因水平和效率较高，常能为委托人省钱。

通常，翻译费按照所翻译的文件原文的字数乘以翻译费费率来计算。翻译费费率因语种而异。

广义的代理费中还包含代理机构的杂费和支出。严格来说，杂费和支出并未形成代理机构的实际收入，代理机构在向委托人提供服务的过程中需要将其支付给第三方，例如，邮递费、差旅费。通常，代理机构会将小额的杂费和支出吸收到代理费中不再另计；一些国外代理机构会以较高的标准对杂费和支出计费，积少成多亦很可观。

16.1.2　影响费用的主要因素

影响费用的主要因素有案件规模和复杂度、工作水准及其他变动因素。

1. 案件规模和复杂度

案件的规模和复杂度直接影响案件处理的工作量和费用。例如，专利申请文件页数、权利要求数增加，专利代理师需要付出更多的劳动，翻译费也更高。超过一定规格时，各国专利局也会收取超页费、超项费。

案件的实际规模和复杂度无法准确预估，但会随进展而逐渐明晰。例如，在专利审查中，审查员不断找到新对比文件，使答辩工作的复杂度和工作量上升。

2. 工作水准

对工作水准要求不同，工作量和成本会有天壤之别。例如，对于相似的技术提案，因要求不同，专利撰写代理费的范围可以从低于2000元至高于20000元。又如，在专利撰写时对技术方案做查新检索，可能仅耗费两三小时人工；而涉及重大利益的专利纠纷，针对相关专利技术方案的无效检索可能不计工本，除了利用各类专业数据库，还可能查找非文献类的使用公开证据。

3. 其他变动因素

最典型的其他变动因素是跨币种结算中的汇率波动。

16.1.3　专业代理费的变动计费和固定计费

专业工作的工作量和相应费用存在不确定性，一些国家已经形成成熟的变动计费模式，即按照有效专业服务的工作小时数乘以小时费率结算。这种方式须以诚信为基础，要求委托方对专业工作的质量具有一定的辨识力。此外，需确保委托人和代理机构之间沟通顺畅，出现问题时，委托人可以随时要求修正或叫停，以有效控制风险。此方式利于保障专业工作的质量。

过去，我国很多企业不接受变动计费方式，尤其对于国内服务机构。因此，广泛出现了以固定计费方式与国内代理机构结算，以变动计费方式与国外代理机构结算的情形。但是随着发展，越来越多的中国企业认识到了变动计费的合理性，也具备了相应条件，开始与国内代理机构也按变动计费方式结算。

固定计费方式存在不利于案件工作质量的明显弊端，但是也有优点，即利于控制成本，消除成本上的不确定性。该优点在商业风险较高而未来不确定性较大的情形下更为凸显。风险和不确定性常因当事人认识水平不足而被高估或低估。

16.1.4 涉及专利申请费用的说明

由于实际操作过程中会有各种具体情形，本章仅示出专利申请费用的简化示例，以使申请人就费用建立起基本概念。示例必然与实际情形存在出入，各项费用也会随时间变化。实操中，申请人应事先要求代理机构根据具体情形提供更为精细的报价和费用预估。

本章就专利申请给出的典型费用示例，均假定以下条件：

（1）专利说明书不超过 20 页、权利要求不超过 10 项。

（2）专利申请不产生说明书超页费、权利要求超项费。

（3）无优先权或主张一项优先权。

（4）专利申请不需要经过实质审查的，一年以内获得授权。

（5）专利申请需经过实质审查的，提交专利申请的同时请求实质审查并缴纳相关费用，发生一轮次实质性审查答辩，三年内获得授权。

（6）专利年费凡能够与专利申请费用剥离的，剥离处理。

（7）专利申请顺利获得授权，未出现特别情形、特别程序，例如，驳回复审、请求宽限、请求权利恢复、公证认证，不包含特别费用。

（8）图不超过 7 个。

（9）外观设计申请仅包含一件外观。

对于申请人而言，主张《巴黎公约》优先权的直接申请与 PCT 申请国家阶段在费用方面无实质区别，本章不将直接申请与 PCT 申请国家阶段分别列出、重复介绍。

本章不考虑各种费用减免，例如，一些国家在特定情形下对特定申请人、小企业提供的优惠。

16.1.5 专利申请的一些典型费用项目

1. 年费

专利年费也称维持费。

一些国家，例如中国，自专利授权开始收取年费；还有一些国家自专利提交起即开始收取年费。一些国家，例如中国，要求专利权人每年缴纳年费；还有一些国家则规定每若干年缴纳一次，或在几个规定的时间点缴纳年费。

通常，年费年度越往后，年费收费标准越高，即一件专利的年费会越来越贵。

不建议企业自己缴纳年费。尤其涉及海外专利且专利积累到一定量以后，年费缴纳操作烦琐且易出现疏漏，存在损失权利的重大风险。

委托代理机构代为办理年费缴纳时，每次缴纳一件中国专利的年费，代理费通常在 200 元左右；每次缴纳一件海外专利的年费，代理费多在 1000 元到 2000 元不等，其中代理费包括国内、国外两部分。

现阶段，普遍受到认同的最优选择是委托专门的专利年费代缴公司完成此项工作，这些公司能够以更低的费用标准提供更可靠的年费缴纳服务。

2. 转让、变更等费用

转让和著录项变更经常发生。

转让涉及权利的转移，指就权利人的变动，例如，增加、减少、更换权利人，在专利局完成登记。

著录项变更，指就转让之外、不涉及权利转移的变动，例如，权利人更名、发明人变动，在专利局完成变更登记。

中国专利的转让、变更，官费一般为 200 元，典型代理费为 1000 元。其他国家的专利转让，官费通常在 150~2000 元，代理费通常在 2000~6000 元。其中，代理费包括国内、国外两部分；变更的官费和代理费一般均略低于转让。还有少数国家对变更不收取官费。

3. 制图费

提供适于在专利申请中使用的附图是申请人的责任。代理机构承担的专利撰写工作不包括制图，仅包括对附图做简单形式调整以合乎专利申请的形式要求。因此，倘若申请人不能提供适当的附图而需要制图，理想方式是申请人自行制图或委托专业制图公司来完成。

不推荐申请人委托代理机构制图，因为代理机构并不具有该项日常职能和专业优势。申请人坚持委托代理机构制图的，代理机构通常会再度委托专业制图公司，费用单计。

16.1.6 费用随发展阶段升级的特性

通常，随着专利活动从初期到后期的发展，费用呈现升级的态势。越到事务的高级阶段，问题越复杂，越需要利用高端资源以更专业的方式来解决。所以，费用、成本往往呈几何级数上涨。

专利活动从初期到后期的发展可以从多个维度来看。

按照专利申请、专利无效、专利侵权诉讼这一自然发展顺序而从事这几项专利活动。总体上，后一项活动所发生的费用大大高于前一项，尤其是专业代理费。其中，尽管专利侵权诉讼的发起常常早于专利无效，但是，前者的结果通常依赖后者的结果，侵权诉讼在专利无效终局后才真正尘埃落定。

从争议处理方式的角度，一般先通过行政程序处理，例如，专利申请先经过实质审查，如果被驳回则提起复审；如果仍不能解决，则就复审决定提起行政诉讼。自实质审查到复审，再到诉讼，当事人需要支付的费用逐步增加。

16.2 在中国提交专利申请的费用

除国际外观申请，本节所涉及的官费依据国家知识产权局 2024 年 8 月发布的专利申请等官费收费标准（可参考附件 16-1）。

附件 16-1

16.2.1 发明专利申请费用

获得一件中国发明专利的典型费用约为 12455 元。其中，官费约为 3455 元，含撰写在内的代理费约为 9000 元（见表 16-1）。这些费用集中发生在准备和提交专利申请时。

表 16-1　中国发明专利申请费用示例

主要费用项目	官费（元）	代理费（元）
撰写至授权的常规代理费		9000
申请费	900	
公布印刷费	50	
实质审查费	2500	
授权印花税	5	
小　计	3455	9000
总计（元）	12455	

专利授权时，权利人须缴纳授权当年的年费。此后，专利权人应每年缴纳年费以维持专利有效。专利授权之前的年度不缴纳年费。专利权人每年需支付的年费及代理费会从每年约 1100 元涨至每年约 8200 元（见表 16-2）。

表 16-2　中国发明专利年费示例

年　费	官费（元）	代理费（元）
第 1 年	900	200
第 2 年	900	200
第 3 年	900	200
第 4 年	1200	200
第 5 年	1200	200
第 6 年	1200	200
第 7 年	2000	200
第 8 年	2000	200
第 9 年	2000	200
第 10 年	4000	200

年　费	官费（元）	代理费（元）
第 11 年	4000	200
第 12 年	4000	200
第 13 年	6000	200
第 14 年	6000	200
第 15 年	6000	200
第 16 年	8000	200
第 17 年	8000	200
第 18 年	8000	200
第 19 年	8000	200
第 20 年	8000	200

16.2.2　实用新型专利申请费用

获得一件中国实用新型专利的典型费用约为 5505 元。其中，官费约为 505 元，含撰写在内的代理费约为 5000 元（见表 16-3）。这些费用集中发生在准备和提交专利申请时。

表 16-3　中国实用新型专利申请费用示例

主要费用项目	官费（元）	代理费（元）
撰写至授权常规代理费		5000
申请费	500	
授权印花税	5	
小　计	505	5000
总计（元）	5505	

专利授权时，权利人须缴纳授权当年的年费。此后，专利权人应每年缴纳年费以维持专利有效。专利授权之前的年度不缴纳年费。专利权人每年需支付的年费及代理费会从每年约 800 元涨至每年约 2200 元（见表 16-4）。

表 16-4　中国实用新型专利年费示例

年　费	官费（元）	代理费（元）
第 1 年	600	200
第 2 年	600	200
第 3 年	600	200

年　费	官费（元）	代理费（元）
第 4 年	900	200
第 5 年	900	200
第 6 年	1200	200
第 7 年	1200	200
第 8 年	1200	200
第 9 年	2000	200
第 10 年	2000	200

16.2.3　外观申请费用

　　获得一件中国外观专利的典型费用约为 2505 元。其中，官费约为 505 元，自委托至授权的代理费约为 2000 元（见表 16-5）。这些费用集中发生在准备和提交专利申请时。

　　专利授权时，权利人须缴纳授权当年的年费。此后，专利权人应每年缴纳年费以维持专利有效。专利授权之前的年度不缴纳年费。专利权人每年需支付的年费及代理费会从每年约 800 元涨至每年约 3200 元（见表 16-6）。

表 16-5　中国外观专利申请费用示例

主要费用项目	官费（元）	代理费（元）
委托至授权常规代理费		2000
申请费	500	
授权印花税	5	
小　计	505	2000
总计（元）	2505	

表 16-6　中国外观专利年费示例

年　费	官费（元）	代理费（元）
第 1 年	600	200
第 2 年	600	200
第 3 年	600	200
第 4 年	900	200
第 5 年	900	200
第 6 年	1200	200
第 7 年	1200	200

续表

年　费	官费（元）	代理费（元）
第 8 年	1200	200
第 9 年	2000	200
第 10 年	2000	200
第 11 年	3000	200
第 12 年	3000	200
第 13 年	3000	200
第 14 年	3000	200
第 15 年	3000	200

16.2.4　PCT 国际申请国际阶段

完成由中国局受理的 PCT 国际阶段申请，典型费用约为 13440 元。其中，官费约为 9440 元，根据 2022 年中国局与世界知识产权组织国际局达成的官费协议，按照最经济的电子提交方式，申请费约为 7190 元，由中国局代收；提交及维护代理费约为 4000 元（见表 16-7），不包含专利撰写费用。这些费用集中发生在准备和提交专利申请时。

注意，这些费用不包含国际初步审查费用。通常不推荐申请人做国际初步审查。

表 16-7　中国局受理的 PCT 国际申请国际阶段费用示例

主要费用项目	官费（元）	代理费（元）
提交及维护代理费		4000
申请费	7190	
优先权文件费	150	
检索费	2100	
小　计	9440	4000
总计（元）	13440	

16.2.5　国际外观申请费用

提交国际外观申请的费用较为复杂，以下仅就中国局受理的国际外观申请给出示例（见表 16-8）。

表 16-8　中国局受理的国际外观申请费用示例

主要费用项目		官费（瑞士法郎）			代理费（元）		
		单价	数量	合计	单价	数量	合计
基本费				397			4000
附加外观费		19	1	19	500	1	500
基本指定费	1 级：法国、英国	42	2	84	1000	2	2000
	2 级：德国	60	1	60	1000	1	1000
	3 级：韩国	90	1	90	2000	1	2000
附加外观指定费	1 级：法国、英国	2	2	4			
	2 级：德国	20	1	20			
	3 级：韩国	50	1	50			
个别指定费	日　本	603	2	1206			2000
	俄罗斯（基本）			138			2000
	俄罗斯（附加外观）	29	1	29			
	美　国			989			2000
示图公开费		17	14	238			
小　计				3324			15500

参见表 16-8，假定申请中包含 2 件外观设计，14 幅示图，说明不超过 100 字，指定了英国、法国、德国、俄罗斯、美国、日本、韩国。相应地，典型费用约为 38500 元。其中，官费约为 23000 元，提交代理费约为 15500 元。

参见示例，多数国家适用标准的三级指定费，分级的依据是：1 级，不执行实质审查；2 级，执行实质审查，但不审查新颖性，审查内容包括外观设计保护的客体、公序良俗等；3 级，执行实质审查，包括新颖性的审查、第三方异议后的新颖性审查。

另有一些国家，例如俄罗斯、美国、日本，须适用个别设定的指定费。通常，个别指定费的标准高于标准指定费，因为相应国家执行较严格的实质审查，审查成本较高。

倘若相关国家对外观设计执行实质审查，则这些国家也会给出审查意见和驳回。此时，审查意见答复和驳回复审将在相应国家产生大笔费用，相关费用可以参考该国一般外观申请在相同情况下的费用。

鉴于国际外观申请的官费较为复杂，世界知识产权组织提供了在线官费估算工具。

16.3　向海外提交专利申请费用

需要说明的是：16.3.5 节至 16.3.10 节的国外专利申请费用示例未包含翻译费和国内费用，这些费用将在 16.3.2 节至 16.3.4 节做介绍；16.3.5 节至 16.3.10 节的年费为委托代理机构缴纳时的费用，倘若请专门年费代缴公司缴纳，通常可以节约代理费。

16.3.1 费用结构

申请人获得海外专利授权所涉及的费用，可划分为国内费用和国外费用，即本土费用和海外费用。国内费用指本地代理机构的代理费。国外费用主要包括国外代理机构的代理费和目标国的官费。进一步地，国内代理费、国外代理费可再分解出国内、国外的流程代理费、专业代理费、翻译费。

国内、国外的流程代理费主要涉及国内、国外代理机构协作完成的日常流程控制、专利转让、专利年费缴纳等程序性工作。国内、国外的专业代理费主要涉及国内、国外代理机构协作办理的审查答辩、驳回复审等专业工作。

由于申请人的海外申请通常基于已经完成了撰写、提交的国内申请而进行，因而不再涉及专利撰写，主要涉及申请文件的翻译。

16.3.2 国内流程代理费

提交国外专利申请时，国内流程代理费分别为：发明专利，5000 元；实用新型和小发明专利，4000 元；外观，3000 元。

进行国外专利转让或变更时，国内流程代理费为 1000 元。

16.3.3 国内专业代理费及其优化

国内专业代理费主要是审查答辩的专业代理费。视审查意见的性质，一次审查答辩的国内代理费可能在 500 元至 5000 元不等。

审查答辩需由国外、国内代理机构协作完成，双方均会涉及专业工作，由此产生相应费用。企业作为申请人，可以选择由哪方承担更多的工作，这将影响费用总额。

理论上，答辩意见应当主要由国外代理机构完成，国内代理机构主要完成国外代理机构与申请人之间的沟通转达，其优点是利于保证质量。但是，由于发达国家专业代理费收取标准很高，因此会产生非常高额的国外专业代理费。

现实中，许多企业的选择是，依赖具有丰富涉外经验的国内代理机构，请国内专利代理师凭借其专业能力，在确保质量的范围内承担更多的答辩工作。相应地，国内代理费会上升，国外代理费会大额下降，由此可以节约费用。挑战在于，必须选用涉外专业能力强、经验丰富的可靠代理机构，同时也要求企业对国外专利申请有较强的实体质量管控能力。

16.3.4 国内、国外翻译费及其优化

国外专利申请过程中，在国内和国外均可能涉及翻译工作并产生相应的翻译费。特别是需要从第一小语种翻译成第二小语种时，通常需要以英语为中转，做两遍翻译，相应地，委托人需要支付两次翻译的费用。

翻译费费率因涉及的语种而异，通常以原文每千字或每百字为单位计算。对于原文为拼音语言的，"字"指单词而非字母。由于专利文件的翻译有特别的专业要求，翻译费费率大大高于一般商业文件的翻译费费率。

国内翻译费主要涉及中译英和英译中，翻译费费率均约为原文每千字 700 元。国外翻译费通常为某种语言与英文之间的互译，通常的费率为原文每百字 100～300 元。

国内处理国外专利申请的代理机构至少要具有英语翻译和处理能力。一些国内代理机构也有一定的日语、韩语、德语等语种的翻译和处理能力。因国内翻译费和国外翻译费存在差价，申请人可以通过充分利用国内的优质小语种专利翻译资源节约翻译费，即省去二道翻译、国外翻译产生的费用。

16.3.5 欧洲专利及欧盟外观专利费用

1. 欧洲专利费用

欧洲专利局管辖的欧洲专利，官费约为 4745 欧元，国外代理费约为 54000 元（见表 16-9）。其中，按进度大致划分，在专利申请提交前后约发生四成费用，在审查期间约发生四成费用，在授权时约发生二成费用。

表 16-9 欧洲专利申请费用示例

主要费用项目	官费（欧元）	国外代理费（元）
申请费（电子提交）	125	8000
检索费	1350	2500
优先权		1500
国家指定费	610	3000
审查费	1700	4000
审查答辩		27000
授权费	960	5000
转文及杂费		3000
小 计	4745	54000

欧洲专利授权后，权利人须在希望取得权利的《欧洲专利公约》缔约国办理生效登记。生效登记的官费和国外代理费因国而异（见表 16-10），通常在 3000～8000 元。倘若欧洲专利的语言与生效国的官方语言不同，多数国家还要求将专利全文或权利要求书翻译成其官方语言，仅少数国家，如德国、法国没有翻译要求。

表 16-10 《欧洲专利公约》主要缔约国办理生效登记费用示例

国　　家	官费（欧元）	代理费（元）	翻译范围	目标语种	翻译费（元/百字英文）
德　国	0	4500	—	—	—
法　国	0	5500	—	—	—
意大利	78	4500	全文	意大利文	220
荷　兰	25	6000	权利要求	荷兰文	260
土耳其	240	4500	全文	土耳其文	200

注：假定欧洲专利文本为英文。

欧洲专利审查过程中，从第四年起就需要申请人缴纳维持费，以后逐年上涨。欧洲专利授权后，申请人不再向欧洲专利局缴纳维持费，但需要在欧洲专利生效的各缔约国缴纳年费。

2. 欧盟外观费用

欧盟外观统一覆盖欧盟成员国。欧盟外观申请的官费为 350 欧元，国外代理费约 12100 元（见表 16-11），集中发生于外观申请提交前后。

表 16-11　欧盟外观申请费用示例

主要费用项目	官费（欧元）	国外代理费（元）
申请费	230	7000
公　开	120	1600
优先权		1000
转文及杂费		2500
小　计	350	12100

欧盟外观的年费每五年缴一次，每次缴费使保护期续展五年。第一次缴纳年费为授权后 5 年，总计可以缴纳 4 次（见表 16-12），共 25 年保护期。

表 16-12　欧盟外观年费示例

年　费	官费（欧元）	国外代理费（元）
第 5 年	90	1300
第 10 年	120	1500
第 15 年	150	1700
第 20 年	180	1800

16.3.6　美国专利费用

美国设有发明专利、外观专利。依照美国专利法，发明人、设计人为原始权利人，企业须通过转让从发明人、设计人处取得专利所有权。相应地，企业提交专利申请时，须包含上述转让证明文件。

1. 美国发明专利费用

美国发明专利申请的官费约为 2860 美元，国外代理费约为 51100 元（见表 16-13）。其中，在专利申请提交前后约发生四成费用，在审查期间约发生四成费用，在授权时约发生二成费用。

表 16-13　美国发明专利申请费用示例

主要费用项目	官费（美元）	国外代理费（元）
申请费	320	8000
检索费	540	
优先权		2400
转让费		2400
提交信息披露声明		2800
审查费	800	
审查答辩		25000
授权费	1200	7000
转文及杂费		3500
小　计	2860	51100

美国发明专利保护期为 20 年，年费在授权后第 3.5 年、第 7.5 年、第 11.5 年分三次缴纳（见表 16-14）。

表 16-14　美国发明专利年费示例

年　费	官费（美元）	国外代理费（元）
第 3.5 年	2000	3500
第 7.5 年	3760	3500
第 11.5 年	7700	3500

2. 美国外观费用

美国外观申请须经历实质审查，费用较高，官费约为 1760 美元，国外代理费约为 34800 元（见表 16-15）。其中，在专利申请提交前后发生近五成费用，在审查期间发生近三成费用，在授权时发生二成至三成费用。

表 16-15　美国外观专利申请费用示例

主要费用项目	官费（美元）	国外代理费（元）
申请费	220	7000
优先权		1500
转让费		2400
检索费	160	
审查费	640	
提交信息披露声明		2800
审查答辩		12000
授权费	740	5600
转文及杂费		3500
小　计	1760	34800

美国外观无须缴纳年费，授权后即获得 15 年保护期。

16.3.7 日本专利费用

日本设有发明、实用新型专利和外观设计权，授权费中已经自动包含前三年的年费。

日本发明、实用新型专利，其审查费、授权费、年费均与权利要求数相关。示例中，均假定权利要求数为 10。

1. 日本发明专利费用

日本发明专利的官费约为 204300 日元，国外代理费约为 36500 元（见表 16-16）。其中，在专利申请提交前后约发生五成费用，在审查期间约发生四成费用，在授权时约发生一成费用。

表 16-16　日本发明专利申请费用示例

主要费用项目	官费（日元）	国外代理费（元）
申请费	14000	10000
优先权		1000
审查费	138000	2000
权项附加费（审查）	40000	
审查答辩		18000
授权费	6300	2500
权项附加费（授权）	6000	
转文及杂费		3000
小　计	204300	36500

日本发明专利的保护期为 20 年，每年均需缴纳年费。由于其前三年的年费已经包含在授权费之中，从第 4 年开始缴纳年费（见表 16-17）。

表 16-17　日本发明专利年费示例

时　间	官费（日元）	国外代理费（元）
第 4 年	11400	700
第 5 年	11400	700
第 6 年	11400	700
第 7 年	34300	800
第 8 年	34300	800
第 9 年	34300	800
第 10 年	98400	1000
第 11 年	98400	1000

续表

时　　间	官费（日元）	国外代理费（元）
第 12 年	98400	1000
第 13 年	98400	1000
第 14 年	98400	1000
第 15 年	98400	1000
第 16 年	98400	1000
第 17 年	98400	1000
第 18 年	98400	1000
第 19 年	98400	1000
第 20 年	98400	1000

2. 日本实用新型专利费用

日本实用新型专利的官费约为 23300 日元，国外代理费约为 15000 元（见表 16-18）。

表 16-18　日本实用新型专利申请费用示例

主要费用项目	官费（日元）	国外代理费（元）
申请费	14000	10000
优先权		1000
授权费（含权利要求附加费）	9300	2500
转文及杂费		1500
小　计	23300	15000

日本实用新型专利的保护期为 10 年，每年需缴纳年费。其前三年的年费已经包含在授权费之中，从第 4 年开始每年缴纳年费（见表 16-19）。

表 16-19　日本实用新型专利年费示例

时　　间	官费（日元）	国外代理费（元）
第 4 年	9100	600
第 5 年	9100	600
第 6 年	9100	600
第 7 年	27100	700
第 8 年	27100	700
第 9 年	27100	700
第 10 年	27100	700

3. 日本外观设计权费用

日本外观设计申请须经历实质审查，费用较高，官费约为 41500 日元，国外代理费约为 23400 元（见表 16-20）。其中，在外观申请提交前后约发生五成费用，在审查期间约发生四成费用，在授权时约发生一成费用。

表 16-20　日本外观设计权申请费用示例

主要费用项目	官费（日元）	国外代理费（元）
申请费	16000	5200
优先权		1000
传送费		600
附图准备		2000
审查意见答辩		12000
授权费	25500	1400
转文及杂费		1200
小　计	41500	23400

日本外观设计权的保护期为 25 年，每年需缴纳年费。其前三年的年费已经包含在授权费之中从第 4 年缴纳年费。

16.3.8　印度专利费用

印度设有发明专利、外观设计权。

1. 印度发明专利费用

印度发明专利申请的官费约为 468 美元，国外代理费约为 21700 元（见表 16-21）。其中，在专利申请提交前后约发生五成费用，在审查期间约发生四成费用，在授权时约发生一成费用。

表 16-21　印度发明专利申请费用示例

主要费用项目	官费（美元）	国外代理费（元）
申请费	134	4000
制　图		500
优先权		600
提交同族申请信息		2200
审查费	334	1600
审查答辩		8600
授权费		2200
转文及杂费		2000
小　计	468	21700

印度发明专利保护期为 20 年，自授权后第 3 年起每年缴纳年费（见表 16-22）。

表 16-22　印度发明专利年费示例

时　间	官费（美元）	国外代理费（元）
第 3 年	67	700
第 4 年	67	700
第 5 年	67	700
第 6 年	67	700
第 7 年	200	900
第 8 年	200	900
第 9 年	200	900
第 10 年	200	900
第 11 年	400	1400
第 12 年	400	1400
第 13 年	400	1400
第 14 年	400	1400
第 15 年	400	1400
第 16 年	667	2100
第 17 年	667	2100
第 18 年	667	2100
第 19 年	667	2100
第 20 年	667	2100

2. 印度外观设计权费用

印度外观设计权申请的官费约为 67 美元，国外代理费约为 9500 元（见表 16-23）。

表 16-23　印度外观申请费用示例

主要费用项目	官费（美元）	国外代理费（元）
申请费	67	2500
优先权		200
制　图		1300
审查答辩		2500
授权费		2000
转文及杂费		1000
小　计	67	9500

印度外观设计权的保护期为 15 年，需要在第 10 年缴纳一次年费，官费约为 65 美元，代理费约为 800 元。

16.3.9 南非专利费用

南非设有发明专利和外观设计权。

1. 南非发明专利费用

南非发明专利不经历实质审查即可授权，官费约为 85 美元，国外代理费约为 17900 元（见表 16-24）。

表 16-24 南非发明专利申请费用示例

主要费用项目	官费（美元）	国外代理费（元）
申请费	80	10000
检索费		1000
优先权	5	400
补　正		3500
授权费		1000
转文及杂费		2000
小　计	85	17900

南非发明专利保护期为 20 年，需每年缴纳的官费约为 100 美元，国外代理费约为 1400 元。

2. 南非外观设计权费用

南非外观设计权申请的官费约为 45 美元，国外代理费约为 16700 元（见表 16-25）。

表 16-25 南非外观申请费用示例

主要费用项目	官费（美元）	国外代理费（元）
申请费	40	6300
优先权	5	400
制　图		4000
补　正		3000
授权费		1000
转文及杂费		2000
小　计	45	16700

南非外观设计权的保护期为 15 年，每年需缴纳的官费约为 80 美元，国外代理费约为 1400 元。

16.3.10 　其他国家专利费用

1. 发明专利费用

通常，发明专利经实质审查方可获得授权，相应的国外费用多在 3 万～6 万元，较发达的国家费用较高。

通常，经历实质审查的发明专利从提交到获得授权需要 2～4 年。提交阶段、审查阶段、授权阶段发生的费用分别占总费用的四成至五成、三成至四成、一成至二成。

不经实质审查可获得授权的专利，费用较低，授权耗时也较短。

2. 外观设计权费用

通常，外观设计申请不经实质审查即可较快获得授权，国外费用多在 1 万～2 万元。相应地，授权耗时短，全部费用几乎一次性发生。

少数国家对外观设计做实质审查或新颖性审查，相应的国外费用多在 2 万～3 万元。

3. 实用新型和小发明专利费用

通常，实用新型专利和小发明专利不经实质审查即可较快获得授权，与同一国家其他类型的专利相比，其国外费用大大低于发明专利，相当或略高于外观设计权。

4. 年费

各国年费的收费标准和收费方式差别较大。通常，专利年费会随年度上涨。在专利授权后开始缴纳专利年费的前期几个年度内，平均每年的年费（含国外代理费），在 1000 元至数千元不等。

通常，发明专利的年费最高；实用新型专利的年费略高于外观的年费，或两者相当。

16.4 　专利复审和专利无效费用

通常，专利复审的费用大大高于专利申请、审查的费用；专利无效的费用大大高于专利复审的费用。

因专业代理费占比较大，专利复审和无效的费用大体取决于代理费。除了个案差异，不同国家司法环境、商业环境的差异也给费用带来了很大的不确定性。决策时，权利人应就个案情况咨询代理机构。

16.4.1 　专利复审费用

通常，各国专利复审的费用可以以该国家专利审查和审查答辩的费用为参照：前者的费用通常显著高于后者，可能为后者的数倍或高出后者数量级。

申请人对专利局做出的专利复审决定不服的，还可以利用司法救济程序提起诉讼，诉讼的费用又将大大高于专利复审的费用。由于诉讼费用太高，申请人大多会放弃，并考虑以其他方式，例如强化专利布局来补救。

例如，中国发明专利的复审，官费为 1000 元，代理费通常为 10000 元起。典型的审查意见答复代理费应在 1500 元左右。倘若申请人对复审决定不服而提起诉讼，诉讼费用多在 20 万元以上。

就审查员驳回的美国发明专利申请提出复审，指针对驳回决定向美国专利商标局专利审理和上诉委员会提起上诉，总体可分为预上诉和正式上诉两个阶段，官费分别为 800 美元和 2000 美元，合计接近美国发明专利审查费的 10 倍。复审的代理费，包括与审查员会晤，总体费用多高于十万元，是普通审查答辩的数倍。倘若申请人对复审决定不服而提起诉讼，诉讼的费用可能达到数百万元。

16.4.2　专利无效费用

通常，各国专利无效的费用大幅高于专利复审的费用，两者间的费用差别常达数量级。因为专利无效背后常常牵涉巨额经济利益，对抗性强，更为复杂。在专利无效总体费用中，官费只占很低的比例。

当事人对专利局做出的专利无效决定不服的，可以通过提起诉讼实现司法救济，诉讼的费用又将大大高于专利无效的费用。

例如，中国发明专利的无效，官方费用为 3000 元，代理费通常为 50000 元起；对无效决定不服而提起诉讼的，诉讼费用应在 20 万元以上。

就美国发明专利提出无效，存在两个主要途径：向美国专利商标局专利审理和上诉委员会提起无效请求，此为行政途径；向有管辖权的法院提起无效诉讼，此为司法途径。由专利审理和上诉委员会审理专利无效，相应费用通常可以控制在 150 万～300 万元。对无效行政决定不服而向法院上诉的，当事人的诉讼费用大体与由法院直接审理专利无效的相当。不考虑专利无效与专利侵权合并审理的情形，诉讼费用常超出 1000 万元。

16.5　诉讼和行政维权费用

通常，维权的费用大大高于专利无效的费用。作为维权的终极方式，诉讼是解决专利侵权纠纷的首选，其费用往往大大高于行政维权费用。

维权费用中，专业代理费所占比例极高，官费所占比例极低。维权费用除了受案件事实和法理的复杂程度影响，还受标的额的影响。标的额很高时，当事人需付出更多努力和更高额代理费，以获取更高水准的法律服务，进而增大赢面。

16.5.1　诉讼维权费用

作为维权的终极方式，诉讼维权的费用水平最高。中国的专利侵权诉讼，通常的起步基础费用为数十万元。美国的专利侵权诉讼，费用常可达到 2000 万元，费用上亿元的案例也常出现。诉讼费用随诉讼标的额水涨船高。

绝大多数诉讼当事人会因费用等现实原因而无法坚持到底，最终提前放弃或达成和解。

16.5.2　行政维权费用

本节所述行政维权，主要指通过行政准司法程序维权，例如，中国的专利行政机构就专利侵权所做的行政查处，美国国际贸易委员会主持的 337 调查。

相较于诉讼程序，行政准司法程序常更为便捷、经济。例如，中国的专利侵权行政查处和裁决，数月即可办结；美国的 337 调查，通常在 18 个月以内结案，费用可以低至 150 万元左右。而侵权诉讼常常历时数年，费用也会是行政维权的数倍。

16.5.3　跨国维权费用

无论对于诉讼维权还是行政维权，倘若维权行动是跨国的，尤其当有语言障碍时，当事人的直接和间接成本会大幅上升。因此，跨国当事人相对于本地当事人，处境更为不利。相应地，当事人决定发起跨国维权时，需更为谨慎，胜率较大时才会行动。

跨国案件的当事人，通常需要目标国和本国两套代理团队提供支持，付出两套代理费。跨国沟通也需要额外成本、时间、努力，其中包括大笔翻译费。

第17章
专利的规划和管理

专利的规划和管理与企业其他专利活动一样，以实现企业商业利益最大化为核心目标。

17.1　专利的预算和计划

企业专利工作的起点不是专利挖掘，而是专利规划，主要涉及专利的预算和计划。其中，企业用于专利事务的财务预算涵盖专利部门运行和人员成本，包括专利申请、采购、维护在内的各项专利活动的成本。企业获取、持有专利的计划，除了包括数量方面的计划，还包括对专利质量和专利布局的要求。其中，获取专利的途径以自行申请为主。

预算和计划应当匹配，由专利部门负责制定。专利预算和计划须适度。专利数量越多，保护力度越强，但是费用也越高。若企业以承受不了的费用追求过度的专利保护，必然得不偿失。相反，专利数量过少，节省了费用，但可能因为专利保护力度不足而使经营蒙受更大的损失。

因此，专利预算和计划的适度，意味着企业在合理范围之内付出费用，获取的专利与需要保护的经济利益形成最优匹配，以最优性价比保护好自身的商业利益。

企业应将主要竞争者、对标企业以及总体行业专利活动的情况作为把握何为"适度"的重要参照，再结合历史经验和对趋势的预判，即可做好预算和计划。

设计专利的预算和计划时应注意：良好的专利布局需要时间养成，以一定的节奏持续申请专利加以维护，方能使企业的专利组合维持良好的新陈代谢和健康状态，为企业的商业行动提供良好支持。

17.1.1　自上而下解析预算

宏观预算大体会决定专利申请、收购、维护的预算，相应地也决定了企业持有专利数量的变化。通常，企业应先在顶层确定合理预算。由总预算，可以核算出总的申请计划，再向下分配给各个技术部门、产品部门或项目。

企业在确定合理预算时，应注意排除片面性，在现实的基础上综合考虑各方面因素，从多角度加以分析印证，做出权衡。预算必须与企业经营状况相匹配，不能超出企业现实承受力。

以下参数具有很好的参考价值。

1. 预算比率

企业可以为专利预算确定特定的基准比例，例如，不低于企业营业收入或研发预算的某一比例。此方法可以较好地适用于业务运行较为稳定的公司。初创公司由于企业营业收入变化较大，可更多地参考研发预算核算基准比例。

企业专利预算在营业收入中的占比类似于国家国防预算在国民收入中的占比。国力相当的两个国家，其中一国一直保持更高的国防预算，假定各国对国防预算的使用效率相当，则若干年后，该国的军事实力将更强，对他国形成压制态势。专利也一样，在商业竞争中起压制竞争者的类似作用。

专利预算在营业收入中的合理占比因行业而异，也因企业的运营模式和商业策略而异。企业可以收集相关行业及企业的信息，尤其针对与自身特点相近的企业和希望对标的企业，以之为参考。通过综合分析上市公司的财报、行业市场情报、专利公开数据等，大体可以获得这些信息。

专利预算在研发预算中的合理占比，更具有跨行业、跨企业的参考价值。2013 年，工业和信息化部发布了《工业企业知识产权管理指南》（工信部科〔2013〕447 号），指出"企业应根据不同发展阶段和规模水平等实际情况为知识产权工作提供相应的经费预算，一般按企业研发经费的 1%～5%预算。预算包括日常工作经费和专项经费预算。"此 1%～5%的范围，充分照顾了当时众多专利工作滞后企业的现实情况。知识产权工作较好的企业，当时即已经达到或超过了 5%。例如，小米公司仅在专利申请上的开支即可达到研发费用的 5%，甚至超过 8%，其中还未包括其他日常专利开支。

2. 人员配置

人员配置指企业专利部门专职专利人员的配置，通常以研发者相对于专职专利人员的倍数来衡量。该倍数相当于一名专职专利人员服务的研发者的人数。

人员配置关联着专利预算需要覆盖的人员成本、日常工作成本等。更多的专职人员必然消耗更高的成本，但也是保质保量产出专利的基础。

2010—2020 年，专利工作较好的典型中国企业，研发人员相对专利人员的倍数在 100 左右，即一名专利人员服务于 100 名研发者；专利工作较好的欧洲、美国、日本的企业，该倍数的典型值为 15～50。

3. 专利数量

企业应当跟踪主要竞争者、对标企业的专利申请量、持有量、分布情况、变化趋势，还应注意行业总体情况。这些数据可以从公开渠道方便地获取，作为确定专利预算和计划的参考。

17.1.2　自下而上核定计划

自下而上核定计划，指在企业的各个技术项目、产品项目层面，以各个项目之下的研发取得的创新成果为基础，综合考虑项目预期收益，结合行业情况和历史经验，大体估算本项目合理的专利产出量，即专利申请计划。将各个项目的专利申请计划汇总，可自下而上地拼出企业的总体专利计划。

各个技术项目、产品项目产出的创新成果，在量上应与该项目的研发投入总体相当，即研发投入高的项目应产出更多专利。对预期收益高的项目，也应产出更多专利，以配置更完备的专利保护。

对于各个技术项目、产品项目基层专利产出计划，各项目组可以先在专利部门的指导下制订并上报。然后，专利部门对其进行汇总和修正，形成总体专利计划。

17.1.3　地理布局

地理布局是专利计划的重要组成部分，对预算有重大影响。

地理布局决策的专业性较强，应由专利部门主导并在其他部门的配合下完成，不宜由技术部门、产品部门、市场部门主导完成。

国外专利申请和维护的费用很高。通常，企业仅在海外布局较为重要的专利，即那些价值更高、更切合企业商业计划的专利。即使企业的全部商业活动仅发生在本国，仍然可能需要海外专利布局的有效配合。

策划地理布局时，涉及针对目标国专利制度，核定以何种专利类型、何种方式进入该国。企业有时还需要通过采购弥补自身专利组合的不足，但由于专利交易很难在仓促间匹配成功，因此有此需求的企业应尽早明确需求、寻找目标。

1. 专利价值考量

地理布局决策中，应重点考虑专利的价值。倘若一件专利与企业的商业计划、主营业务并无关联，除非其确有可能在企业主营业务之外为企业带来实质性收益，否则不应考虑付出高昂成本在海外做布局。

对专利的价值，须结合第 4 章、第 5 章涉及的专利侵权原理，估算目标国内可能受其制约的相关商业活动的规模，充分考虑目标国司法保护和商业运营环境的特点，运用第 6 章所述的价值原理，做出评估。

对于目标国商业活动的规模，可以参考表征国家经济活动体量的国内生产总值（GDP）、相关行业集中度，以及更细化的行业数据、情报，面向发展做出测算。例如，确定欧洲专利布局时，企业通常比较注意市场规模、经济体量大的德国、法国，容易忽视荷兰。而荷兰是西欧最重要的海运口岸，约七成进出大陆欧盟国家的货物要经过荷兰港口。依照欧盟知识产权规则，经欧盟成员国港口转运的货物，即使仅途经中转、不办理通关，海关也可以就包括专利侵权在内的知识产权侵权加以管辖、查处。所以，至少就产品专利布局而言，荷兰可能极有意义。随着"一带一路"倡议的推动，欧盟进出口的重要铁路枢纽国也将更有专利布局价值。

2. 切合商业计划

企业商业计划对专利地理布局的影响很复杂，可从防守和进攻两个方面梳理。该工作应由专利部门负责，其完成依赖各相关部门的配合。

专利部门应提前 3～5 年以上掌握企业商业规划，否则没有足够的时间为其实施配备好专利支持。专利部门对商业规划的了解至少应涉及何种技术、产品需要在哪些地域何时有所行动，以及行动的性质和规模。所述地域、行动，不仅局限于目标市场和销售行动，还应包括完整商业实现链条上的各项可能涉及专利侵权和需要专利支持的商业活动，例如采购、研发、储运、生产、售后服务。

基于上述信息，专利部门应当按商业利益的大小梳理风险点。最重要的风险点来自：

（1）因企业行动形成直接利益冲突的，例如某产品打入市场构成直接竞争，挤压竞争者利益的。

（2）尽管没有直接利益冲突，但是存在经济价值较高的商业活动，可能成为他方维权目标并使他方取得较大收益的，例如尽管不在某国销售产品，但在该国投资设立生产基地。

对于风险点，专利部门应采取如下措施：评估相关商业利益的大小及其与风险的关联方式；梳理相关技术领域；排查主要风险人，尤其有激进的专利维权记录的风险人，主要包括利益冲突的对象，例如竞争者，以及通过向己方维权而可能获利的各方。

除了上述风险人，专利部门还应排查企业实施商业计划所需的重要合作商。

3. 利益相关方

风险人和合作商都是利益相关方。

进一步地，专利部门应梳理各利益相关方，包括他们的重要利益共同体，以及他们在哪些地域存在可能受到己方专利制约的重大经济利益，例如重要市场、生产基地、研发中心等。

在上述基础上，开始专利地理布局的实际规划。所布局的专利应至少能实现以下功能之一：

（1）防守，通过形成专利壁垒，保护己方技术，阻止他方实施。

（2）进攻，能够扼制他方重大利益，实现对他方攻击的反制，或者促使他方与己方形成稳固合作。

防守型专利的布局相对简单，排查直接涉及己方主业的专利，按地域需要布局。地理布局应全面考虑完整商业实现链条的各环节，注意除了在己方有所行动的国家布局专利，还应在竞品、竞争行为可能出现的国家做布局。例如，某公司准备在非洲推出面向当地的网络游戏，梳理商业实现链条发现面向这些非洲国家的可支持此类游戏的网络服务器多集中于西欧某些国家；可能开发类似网络游戏的软件开发者，除了中国有，还集中于俄罗斯、印度。因此，除了在最终用户所在的非洲布局相关专利，至少还应当考虑在服务器、软件开发者集中的地区有针对性地布局相关专利。

进攻型专利的布局相对复杂，需要面向利益相关方，针对其重大利益及相应地域来进行。难点主要在于情报获取、分析，以及相关不确定性。可以有效制约利益相关方的专利，可能超出企业最熟悉的技术领域，需要向相关技术部门有指向地提出专利挖掘要求，或者通过采购获得。

关于防守型、进攻型专利在各国布局的总体数量，应以所牵涉经济利益的规模为基础，评估各国相关专利现有情况、对标企业和利益相关方的专利持有情况，尤其应排查可能给己方带来重大侵权风险的专利，进而做出计划。

↘【案例 17-1】

小米集团的专利地理布局[30]

作为具有国际视野的手机等智能硬件的生产商，小米集团积极做出海外专利布局，还通过专利收购加强了自己的专利组合，以配合海外业务的发展。从本案例可看出小米集团海外专利布局策略的演变和成熟。

案例述及的专利申请和收购仅涉及小米集团名下各公司，不涉及其他关联公司。案例数据来自商业数据库，采集时间为 2021 年 8 月，因技术因素的限制，与实际情况存在偏差。

1. 专利申请

图 17-1 示出了小米集团的海外专利申请，其中不含通过转让获取的专利。此外，亚欧专利与俄罗斯专利合并计数，《欧洲专利公约》国家的专利归入欧洲专利，个别国家的零星专利予以忽略。

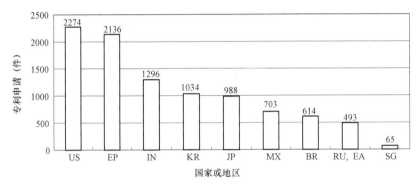

图 17-1 小米集团海外专利申请

专利申请的年度由专利申请日确定。不同国家或地区专利申请公开所需的时间不同，可能因未及公开导致该国或该地区年度申请量大大低于实际数量的，在表 17-1 中以阴影示出。

表 17-1 小米集团海外专利年度申请量 单位：件

申请年份	BR	EP	IN	JP	KR	MX	RU, EA	SG	US
2013	41	42							40
2014	137	57	61	139	142	140	1		114
2015	333	254	315	523	510	521	226	2	196
2016	20	522	390	140	118	0	130	10	531
2017	39	397	75	51	39	0	46	18	415
2018	44	349	43	62	87	0	42	35	300
2019	0	270	112	10	64	0	48	0	342
2020	0	238	172	15	27	0	0	0	309

下面分两组示出小米集团 2013—2020 年在 9 个国家的专利年度申请量，如图 17-2、图 17-3 所示。

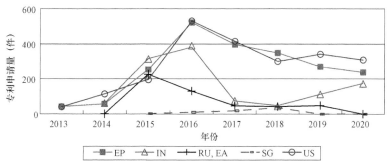

图 17-2　小米集团海外专利年度申请量（1）

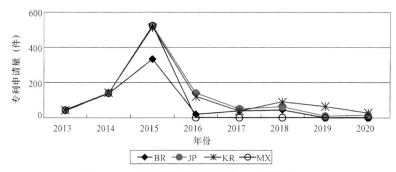

图 17-3　小米集团海外专利年度申请量（2）

可见，小米集团海外专利申请在 2015 年、2016 年达成峰值。以 2016 年及之前为前期，之后为后期，小米集团海外专利的布局策略有了明显调整。在前期，小米集团最早开始在欧洲、美国、日本、韩国、墨西哥布局专利，在这五个国家的专利布局总量几乎没有差别。而在后期，出现了分化：

（1）欧洲、美国为一组，年度申请量较 2016 年的最高水平有 30%～50% 的收缩，但仍维持在每年 300 件左右的较高水平，形成第一梯队。

（2）日本、韩国为一组，年度申请量较 2015 年的最高水平收缩 80% 以上，总体维持在每年 60 件左右的水平，形成第二梯队。

（3）而在墨西哥，自 2016 年起不再有新的专利申请。

小米集团对印度的专利布局，起步晚于前述五国，并在 2015 年、2016 年达到峰值，年度申请量达到 300～400 件；在 2017 年、2018 年，专利申请量急剧下跌到每年 40～80 件；而在 2019—2020 年，又回升至每年 100～200 件，居于第一梯队、第二梯队之间。

小米集团对俄罗斯的专利布局实质起步于 2015 年，当年申请量超过 200 件；次年下滑至 130 件；以后保持在每年 40～50 件的水平，相当于第二梯队。

小米集团于 2015 年在新加坡申请了 2 件专利；至 2018 年，年度申请量上升至 35 件。新加坡有望加入第二梯队。

2. 专利收购

图 17-4 示出了小米集团海外专利收购的情况，收购总量约为 900 件，其中约 800 件为美国专利，其他依次为欧洲、印度、巴西、日本、韩国等国家或地区的专利。

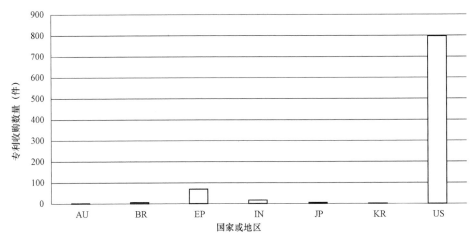

图 17-4　小米集团海外专利收购

表 17-2 示出了主要的大宗收购。

表 17-2　小米集团海外专利收购

出让人 （中文）	出让人 （英文）	国家	转让专利 数量	美国专利 数量	转让专利涉及的 国家或地区	主要转让年份
英特尔	Intel	美国	334	334	US	2016
飞利浦	PHILIPS	荷兰	158	133	US、EP、IN、BR、KR	2018、2013
诺基亚	Nokia	芬兰	105	71	US、EP、IN、BR、AU	2017、2018
卡西欧	Casio	日本	65	59	US、EP	2016、2017
欧芬诺	Ofinno	美国	56	46	US、EP	2021
朗讯	Lucent	美国	54	44	US、EP、IN	2017、2018
博通	Broadcom	美国	45	33	US、EP、JP	2017、2016
电装	Denso	日本	38	37	US、DE	2017
韦勒斯	WILUS	韩国	21	19	US、EP	2020
英华达	—	中国	17	17	US	2017、2019
大唐	—	中国	8	2	US、EP、IN	2014、2015

　　小米集团很早即开始零星收购专利。2016 年，小米集团爆发式地大量收购美国专利，登上了当年美国专利交易排行榜。此后，收购量有所下降，但是专利收购明显成为小米集团的惯常活动。在小米集团收购的海外专利中，美国专利占绝对数量优势。其余专利的国家分布与小米集团积极布局专利的国家大体吻合。

　　小米集团收购专利的卖家原本以产业内的头部公司为主。在后期，小米集团开始转向其他类型的专利卖家：欧芬诺，即欧芬诺有限责任公司，是一家专业从事专利运营的机构；韦勒斯，即韦勒斯标准与技术协会公司，是一家专注于移动通信技术标准开发和相关专利布局的韩国研究机构。

小米集团收购的专利，一部分是完全收购，即小米集团成为唯一专利权人；另一部分是部分收购，即小米集团与原专利权人成为共同权利人。其中，部分专利可能存在在先对外许可。

3. 海外布局解读

小米集团海外专利申请和收购，包括策略调整，与其海外市场开拓的计划和遭遇紧密关联。

小米集团正式创建于 2010 年年初。至 2013 年年底，小米集团已经实现了初创阶段在国内市场的爆发增长，估值高达 8000 亿元。2013 年 8 月，小米集团宣布聘请谷歌前高管雨果·巴拉来帮助开拓海外市场，意图利用海外市场的巨大空间支持后续的高成长。

在大规模开拓海外市场之前，小米集团已经开始在海外遇到专利麻烦。例如，2013 年 10 月，美国知名"专利海盗"Blue Spike 向得州东区联邦地区法院针对小米集团流入美国的部分产品提起专利侵权指控。类似事件发生了多起。但是，事件的规模、影响有限，未对小米集团构成实质威胁。

2014 年，明显存在专利短板的小米集团迈出了开拓印度市场的关键一步。印度人口基数大，智能手机普及率尚低，是任何一家智能手机厂商都必须争分夺秒抢占的蓝海。小米集团当年即取得了不菲的业绩，第四季度，在印度的出货量达百万部，市场占有率约 4%，排名第五。

随即，当年 12 月 15 日，爱立信公司以"小米"侵犯其 8 项通信标准必要专利为由将"小米"诉至印度德里高等法院。由于小米集团从高通购买的芯片附带了 3G/4G 网络通信专利许可，按照"每台设备预缴 100 印度卢比于法院提存"的条件，小米集团可以临时获得此部分手机的销售许可，其他手机的进口和销售被法院禁止。

爱立信公司才向小米集团发难，2015 年 1 月 4 日，小米集团在韩国发布首款智能手机 2 天后便由于"法律原因"而下架该款手机。原因很可能也涉及专利。

上述诉讼对小米手机印度市场的开拓构成了根本威胁。小米手机以极低的利润率迎合了价格敏感的印度市场，正在打开局面。高昂的海外诉讼成本外加可能的侵权赔偿、专利许可费，直接威胁小米手机在印度市场的赢利能力和价格竞争力。最大的威胁是禁售压力。因为技术升级很快，智能手机贬值也很快，延迟销售就是损失；更致命的是，禁售会使消费者、经销商对小米手机的信心受到打击。倘若不能在短期内取消禁售令，使小米手机能够迅速满足市场需求，则已经获得的市场份额也会迅速丢掉，消费者、经销商不等人。小米集团以最快的速度解决了与爱立信公司的争端，恢复了销售。和解的细节依照惯例保密，但估计受制于人、完全被动的小米集团付出了很大代价。

随后的 2015—2016 年，出现了小米集团海外专利申请、收购的高峰。

2016 年，小米手机在印度市场实现的销售额超过 10 亿美元，市场占有率位居第二。

小米集团除了加大印度专利布局、收购的力度，海外专利布局的重点首先放在美国专利上，其次为欧洲专利。相较于印度，美国、欧洲是手机头部厂商，尤其是欧美手机厂商更为重要的市场，是他们商业活动的大本营。相应地，持有大量欧美专利组合，可以对这些头部厂商形成有力威慑，他们就不敢在印度或其他市场轻易向小米手机发难，对小米集团开拓其他国际市场也有支撑作用。

无论是在专利申请还是专利收购上，小米集团明显表现出追逐通信标准专利的倾向。此类专利在行业内具有最大威慑力，价值最高。

小米集团后续的欧洲等国际市场开拓先后取得了较大的成功，在专利方面没有再碰到重大威胁。但是，小米集团迟迟没有正式大规模进军美国市场。

在后期，小米集团在日本和韩国的专利布局大大收缩。首先，日韩的市场容量小于欧美。此外，因为文化等原因，他国手机、家电、汽车等产品很难打入日韩市场。但是，日本和韩国存在行业头部公司。可见，小米集团就专利布局的数量控制、分寸拿捏较前期更为成熟。

小米集团放弃了曾经很看重的墨西哥，转而对巴西、俄罗斯、新加坡产生并保持着布局专利的兴趣。

17.1.4　预算和计划的融合调整

自上而下的专利预算和自下而上的专利计划通常不会自然契合。在将专利地理布局等各相关因素纳入考虑后，加以调和才能形成融合统一的预算和计划。

此外，面向未来的预算和计划不能死板僵硬，须有足够的弹性，以适应发展变化。

17.1.5　专利自产和外购

通常，企业获取专利的方式以自主研发、自行申请为主。外购专利的成本较高。因此，仅当自有专利不足以满足需要时，才应外购。

外购专利时，应当判别相应专利是否符合主营业务方向、研发规划，企业研发能力是否可以消化相关专利技术，是否能够按其技术路线继续迭代研发，向前推进。倘若企业并不具备消化这些技术的能力或兴趣，只是一次性临时需要，则可以视具体情况考虑形式灵活的专利许可，这样既能满足需要，又可节约费用。

专利收购常与公司或项目收购打包进行。

17.2　专利管理系统的建设

17.2.1　专利管理系统的功能实现

专利管理系统服务于企业专利资产的管理、维护、运用，应当覆盖专利资产的全生命周期，为企业相关活动提供支撑。专利管理系统应当与企业其他的经营管理系统融合贯通，构成体系，实现最佳效能。

专利管理系统是流程制度和文件数据的融合体，会不同程度地利用数字化手段，例如，利用基于计算机网络的办公自动化系统实现流程控制，利用计算机数据库实现文件数据的存储和调用。

本章所指的管理系统并非仅指计算机系统和数据库，还包括使之运转并实现功能的人。再先进、智能的系统要实现功能，也无法脱离人。自动化系统仅是提高人的工作效率以实现专利管理系统的工具。

专利管理系统的实现可以脱离专门的计算机系统、数据库。尤其对于小企业、初创企业，可以主要依靠基本电子办公文档、数据表以及纸质文档、表单，并更多地依赖人工来实现管理。小企业、初创企业在条件不成熟时建设专门系统和数据库来实现高度自动化的专利管理，反而不现实、不经济。

17.2.2 专利管理系统的覆盖范围

专利管理系统应当覆盖专利资产的全生命周期，系统性提供流程、工具、数据等管理支撑。专利许可也是专利资产。

首先，专利管理系统的系统性支撑始于 17.1 节阐释的专利预算和计划。其次，专利管理系统覆盖第 9 章涉及的从挖掘到授权的各工作步骤，例如专利挖掘与布局、提案评审、代理机构委托、撰写、审查答辩、质量控制、案件淘汰管理等。最后，专利管理系统还要系统性支撑专利授权后的维护、运用、评估、放弃等管理工作。此外，专利管理系统提供对研发者专利工作绩效、人事和部门管理的支撑。

全范围的流程、工具、数据管理支撑至少包括：系统、全面地建立规章制度、操作流程，无论是采用人工还是自动化系统的方式实现；配齐各类工具、表单，例如，参照第 6 章的内容建立价值评估工具，参照第 12 章、第 13 章的内容建立专利撰写、审查答辩的质量控制表单等；就相关数据文件建立结构化数据库，实现系统性的存留，便于检索、分析、利用，例如，除了专利个案基本信息，建立专利与产品、与商业行动、与各类利益相关方的关联等。

不可避免地，专利管理系统须与技术秘密、技术成果和相关知识、产品等管理系统和数据档案贯通，融入企业运营管理。

17.2.3 专利的维护和放弃

取得专利权后，专利管理系统除了支持专利的基本维护，例如缴纳年费，还应当就专利的放弃提供管理支持。

专利管理系统应支持以适当的节奏和成本对维护中的专利、专利申请、专利许可等资产加以评估，这种评估应贯穿专利资产的全生命周期；当认定其缺乏为权利人产生收益的前景时，应予放弃，以节约维护成本。该评估为价值估值，可参考第 6 章。

17.2.4 专利工作绩效管理

研发者完成专利工作的绩效管理可以由专利管理系统方便地实现。专利工作绩效的设计应与企业专利计划、专利应用等情况相匹配。

专利工作绩效设计的常见问题有：重奖励、轻处罚，重授权、轻应用，重申请、轻维护。结合企业现实情况，把握好上述问题，将使专利工作绩效发挥应有功效，有力促进专利工作开展。

1. 重奖励、轻处罚

奖励的适用情形是：员工特别优质地完成本职工作，或在工作职责之外做出贡献。处罚的适用情形是员工未能做好本职工作。倘若研发者未能完成好专利工作而没有受到处罚，或仅受到极轻的处罚，意味着专利工作不在其职责之内，或者其重要度很低。

为研发成果配置适当的专利保护，是研发工作的重要内容、基本内容，是研发者的重要职责、基本职责。

2. 重授权、轻应用

专利申请是为取得商业回报而做的投资。

作为发明人的研发者，其在专利申请中的角色类似于投资经理，企业是投资人。专利获得授权，相当于投资经理将投资人的资金成功地投入某些投资项目中。此时，投资经理仅能取得基本工资，只有当投资产生丰厚利润时，投资经理才会获得丰厚的奖金。

因此，对发明人的奖励应主要依赖于专利收益。

专利收益不应仅限于显性许可收益，隐性收益也有效。衡量专利收益即为专利估值，可参考第 6 章。

3. 重申请、轻维护

在专利申请之外的专利维护、专利应用中，作为发明人的研发者须提供重要技术支持，例如，评估专利价值以确定是否应继续缴纳年费、发现潜在侵权行为、侵权风险分析、应对专利无效时的稳定性分析。

上述工作应当纳入研发者的专利工作绩效管理。

17.2.5　人事和部门管理

专利管理系统应实现以下管理要求：

（1）建立原始权利人管理，复核并收录原始权利人向企业转让权利的转让证明文件。其中，原始权利人至少包括以下三种类型：本企业发明人、外部发明人、原权利人。

（2）纳入专利管理系统的专利资产，对于其中并非企业自己成果的，例如通过转让、许可取得的专利资产，均应委派适当的研发者担当名义发明人。

（3）当某件专利的发明人即将离职或因工作变动等原因不能继续履职时，应当清理相关专利申请、评估未来申请计划，要求发明人签署未来办理相关专利申请可能需要的形式文件，例如办理美国专利申请人需要发明人签署的转让证明。

（4）当某项专利资产的发明人或名义发明人即将离职或因工作变动等原因不能继续履职时，必须确定具备相应技术能力的其他人员接力成为新名义发明人承接相关技术支持。

（5）应确保每项专利资产存在对应的技术部门提供技术支持，通常该支持部门即为发明人所在部门。当支持部门因重组或其他原因而不能继续提供技术支持时，应确保委派新的技术支持部门提供技术支持。

17.2.6　数据和文件管理

数据和文件管理的核心在于通过充分标引使之结构化，并提供检索、分析、评估、管理工具，以实现针对具体要求的有效利用。另外，还包括对特别文件的合规保存。

对相关专利资产做出标引时，在基本信息项、注录项的基础上至少还应覆盖以下方面：

（1）详细权属信息，包括权属变动历史、涉及权属正当性的证明材料等，例如发明人向申请人转让权利的转让证明。

（2）提供技术支持的研发者、技术部门。

（3）相关联的技术项目、涉及的产品、具体应用方式、技术标准及应用情况，应尽量详尽，尤其关联到企业、合作商、竞争者具体产品的。

（4）相关知识产权的关联信息，指专利涉及的技术项目或产品，其实施除了涉及本专利，还需涉及的其他专有技术，例如企业或他方的其他专利、商业秘密、著作权、相关许可。

（5）同族专利信息、地理布局情况。

（6）与企业商业计划相关联的信息。

（7）专利运用策略及记录，例如积极程度、特别要求、运营历史、运营机会等。其中，积极程度指更倾向于对外积极给与许可还是尽量排除竞争。

（8）对评估专利稳定性有价值的证据、资料。

（9）价值评估及相关历史记录，包括评估依据。

（10）相关商业和法律文件、证据。

其中，相关商业和法律文件、证据，指涉及重大商业利益、法律责任、外部重大权利义务关系的商业和法律文件、证据，尤其是行政或司法维权程序中可能用到的证据，例如协议、订单、客户指示或通知、行政决定、司法判决、传票、警告函、公证书、交易原始单据、多媒体证据材料。这些商业和法律文件、证据，除了需要通过标引与相关专利等记录相关联，还涉及以符合证据形式要求的方式加以记录和存留。例如，对于收到的函件记录接收时间，除函件原件外，还需存留寄件信封；对于电子证据材料，做区块链存证。

为使数据结构更合理，某些标引项目适合以专利为中心，再关联到技术项目等其他主体；而有些标引项目适合以其他主体，例如以技术项目为中心，再关联到专利等主体；或者，为相关商业和法律文件、证据设立单独存档系统，将其中涉及专利的项目经由标引关联到专利等主体。

对技术秘密的管理也可以以类似方式实现。专利管理系统与技术秘密管理系统应贯通。

17.3　国内代理机构的管理

17.3.1　代理机构的数量

通常，使用代理机构的数量以 2～3 家为宜，若专利申请量确实很大，企业可以适当扩充代理机构数量。

即使是专利申请数量很有限的企业，也应尽量避免仅使用一家代理机构。若企业的全部专利由一家代理机构处理，这种高度集中就会使抗风险能力降低。此外，企业也难以在实际工作中对代理机构服务质量通过直观对比体会优劣，易于形成认知局限。即使不能货比三家，至少应货比两家。

使用的代理机构过多，将增加管理复杂度和成本，使风险上升、性价比下降。

17.3.2　代理机构的背景调查

企业选择合作代理机构时应当做背景尽职调查，以确保代理机构在经营作风、专业水准、流程管理等方面均值得信赖。通常，企业不必强求必须由本地代理机构提供服务，异地代理早已经很普遍、成熟、方便。

除了口碑等其他参考信息，专利公开数据也可直观反映代理机构的状况，例如：

（1）代理机构在某一领域内代理诸多知名公司，尤其是专利能力强的公司，通常说明该机构在该领域具有较强实力。

（2）代理机构拥有较大比例的长期委托人，尤其当这些客户将较大比例业务委托给该代理机构时，通常说明客户忠诚度好，该代理机构较为值得依赖。

（3）一家代理机构与相似的代理机构相比，业务增长更快，通常说明该代理机构更受客户认可。

（4）运营时间更久的代理机构通常具有更丰富的经验。

（5）专利代理量更大的代理机构通常流程管理能力更强。

关于专利公开数据，企业也可以在接触代理机构时直接要求其提供。

缺乏经验的申请人容易只注意代理机构的专业水平，忽视其流程管理能力。事实上，流程管理更有挑战性，更能体现代理机构服务水准，因为流程事故更容易给权利人带来难以挽回的损失。

倘若选用的代理机构有较强的综合服务能力，即除了专利代理，在专利诉讼等关联领域也有较强实力，会为满足随企业发展的潜在业务拓展需求带来便利。

17.3.3　代理冲突的处理

企业与代理机构接触时，首先需要确认代理冲突问题，即代理机构不应同时服务于具有直接利益冲突、竞争关系的两个客户。

仅就专利代理业务而言，代理冲突并不突出。因为专利代理服务并不涉及有竞争关系的两个客户间产生直接利益冲突。通常，相关客户可以接受，例如代理机构以不同的代理团队分别处理存在冲突的客户所委托的专利申请案。但是，若相关客户不能接受此处理方式，则利益冲突构成实际障碍，使某一代理机构不能为某一客户提供服务。

对于存在直接冲突的业务，例如专利无效、专利诉讼，代理机构须严格恪守代理冲突处理原则，没有余地。

一些大型企业选择代理机构，在受到代理冲突原则限制的同时，也会积极利用之，即在可能的范围内，将自己的业务委托给一国之内各家最优秀的代理机构、事务所，使得未来与他方发生法律纠纷时，他方因受限于代理冲突，不能委托那些代理机构、事务所与自己对抗。

17.3.4　涉外代理机构的选择

办理海外专利申请的复杂度常常被低估。有海外专利需求的企业，应当优先选择具有丰富相关经验的代理机构。

企业在仅因国内专利需求而选择代理机构时，倘若对未来国外业务的需求有所预见，应直接选择具有较好海外业务能力的代理机构。仅有中国专利代理经验的优秀代理机构，包括服务于海外申请人申请中国专利的涉外代理机构，也可能不具备处理好海外专利的能力。

企业考查、选择涉外代理机构时，应就其海外代理服务网的建设和维护情况、海外专利申请相关经验、数据等深入、细致提问，与尽职调查取得的信息相对照。

1. 海外服务网

企业选择国内涉外代理机构时，同时也选择了该机构的海外服务网。涉外代理机构的海外服务网是其宝贵的业务资源。因海外情况复杂，代理机构良莠不齐，找到经营作风、专业水准、流程管理俱佳且费用合理、合作顺畅的海外代理机构并搭建起覆盖各国的优质服务网络，绝非朝夕可就的易事。打造和维护海外服务网的时间成本和经济成本都很高。

有经验的代理机构在与他国代理机构正式建立合作关系时，要相互做实地考察，后续做周期互访。合作代理机构是否可靠还需要时间检验，合作数年后发现严重问题而止损并解除合作，在大浪淘沙的过程中实属正常。

2. 海外专利申请

在对代理机构海外专利代理经验进行摸底时，检索公开专利所得数据只能反映间接状况。通过检索获得各代理机构代理 PCT 国际申请的数据，在不同代理机构间做横向比对，可以初步得出哪家代理机构更有相关经验。但该数据的参考价值有限，因为实际进入国家阶段进行国家申请的数据才最真实地反映代理机构的经验，其与 PCT 国际申请的数据之间仍存在很大出入。

进一步地，可以从委托该代理机构提交大量 PCT 国际申请的申请人入手，检索这些申请人海外专利申请的数量。因这些申请人可能委托多家国内代理机构提交 PCT 国际申请，所以还应参照委托代理比例核算出可能由该代理机构代理的海外申请的数量。该数据可能更接近实际情况，但仍是间接数据，也会存在偏差。

17.3.5 商定委托协议

商定委托协议时，服务费用、服务质量、违约责任是最核心的内容。

1. 费用和质量

同样撰写一件专利，申请人对专利的认知、质量要求、流程要求不同，代理机构需付出的工作量和相应产生的合理费用有极大差别。不同的费用结构，例如专业代理费采用固定计费还是基于工时的变动计费，也会对最终费用有影响。

企业应根据自身情况，向代理机构明确专利服务实体和流程各方面的内容和质量要求、速度要求，在此基础上商定费用的标准和结构。该内容应当包括在企业与代理机构签订的委托代理协议中。例如，企业可参照第 12 章和第 13 章内容，确定适合自身情况的专利撰写、审查答辩质量要求，要求提供对审查意见的诊断，将这些要求列入委托协议。

企业还应平衡好质量、经济、速度三者的关系，可参考 12.1.2 节。

2. 确保授权或胜诉

一些经验不足的委托人可能对代理机构或事务所提出专利确保授权、官司确保胜诉的要求；某些代理机构或事务所为迎合客户，也可能主动提供此类承诺。做出此类保证的代理机构或事务所，其诚信和专业性应当被怀疑。

确保专利授权并不困难，确保有价值的专利授权很难。不以价值保障为前提而承诺专利授权，有违基本道义。官司胜诉，无论从基本法理还是实务经验看，不可能提前确定。代理机构或事务所做出此类保证的行为，通常会被各国监管机构认定为违规。

3. 违约责任

违约责任主要针对提供服务的代理机构。

对违约责任的通常约定是，倘若因为代理机构失职导致委托人受到损失，应由代理机构尽量弥补，如无法弥补，在就相应案件所收取的代理费的范围内加以赔偿。

一些委托人会提出由代理机构赔偿全部损失。通常，具有专业水准的代理机构不会接受此种条款，除非给出确定损失额的明确方法或违约责任上限。基于风险与利益同在的经济原理，违约责任提高时，应比照保险业务提高收费标准。

代理机构有可能接受更高的违约责任，例如案件代理费的 2～3 倍，但不同于保险公司，不接受过高的赔偿责任。

17.3.6　专利申请委托

为保护自己的技术秘密，一些企业在将业务委托给代理机构之前，会要求代理机构签署保密协议。企业此举有益无害，但通常并不必须。依照各国通例，专利代理行业日常处理申请人的技术秘密，除了受到国家专门法规规制，还有严格的执业监管、行业自律。

关于专利申请的委托和后续处理，企业向代理机构提出要求后，可按代理机构的提示办理。

与多家代理机构并行合作时，关于专利申请案在不同代理机构间的分配，企业应注意：

（1）进入多个国家的一件专利申请应尽量委托给同一家代理机构。

（2）联案申请应尽量委托给同一家代理机构。

同一个申请人同一批次的多件专利申请，且所涉及的技术方案特别相关、特别接近的，习惯上被称为联案。

上述处理方式利于各国同族、联案之间的协调。处理不当可能导致工作量和费用增加，并且权利也可能会受到损害。例如，对每件美国专利申请均应提交信息披露声明，致使联案中每个美国申请案的信息披露声明均须包括其他案件的信息。此外，其他国家的同族专利申请案的信息也应包括在信息披露声明中。随着各件专利申请的进展，信息披露声明通常还需要更新。因此，倘若将联案及不同国家的同族申请案分派给不同的代理机构，将使信息披露声明的准备极为复杂，导致额外工作和费用，也提高了造成事故和损失的概率。

17.3.7　质量和费用的管控

企业对专利申请等专利活动的质量和费用的管控分形式和实体两个层面。除此之外，企业还应平衡好质量、经济、速度三者的关系，可参考 12.1.2 节。

1. 形式管控

形式管控，指核查代理机构是否按基本形式要求完成了各项工作，例如专利申请提交、申请费缴纳等；不涉及对代理机构实体工作质量的考查，例如专利撰写质量。

在费用方面，实行账面管控，即就已经完成的工作，企业依照服务协议、报价等费用依据，对代理机构以账单等形式申报的费用做审核，以确定所申报的费用是否准确。

因此，形式层面的管控对专业能力没有实质要求。通常，企业均有能力对一般商务合同做履约和财务审核，相应就有能力对专利活动在形式层面实现管控。

2. 实体管控

实体管控，指在形式管控的基础上，对代理机构实体工作完成质量做出评估，以确定代理机构是否按预期的质量完成了工作，所申报的费用是否合理。

无疑，实体管控对专利部门的专利能力要求更高。专利部门不必具备与代理机构同等专业的专利能力，但是，专利部门应当能对代理机构专业工作的品质形成基本判断，对完成工作所需的有效工作量有基本概念。

倘若企业缺乏这种专利能力，将不能确保取得与之付出的费用相匹配的专业服务或专利。

17.3.8　流程管控

企业委托代理机构处理专利申请的主要原因之一是代理机构能以专业、高效、可靠的方式完成专利案的流程控制，免去企业此方面的压力。

代理机构的流程可靠性直接关系专利的"生死"。企业发现其使用的代理机构有重大流程管理问题时，应考虑及时更换代理机构。

企业对代理机构流程管控的重点在于，代理机构应对企业的指示有及时、专业的反馈；案件各个动作按照形式要求、时限要求正确完成，对重要动作和状态变化及时报告给企业并随附材料依据，例如费用明细、专利局下达的官方文件等。

企业可以酌情采用重点案件、关键节点重点核查，全部案件定期筛查、不定期抽查相结合的管控方式。

企业既不应追求为防止个案出现问题而全面覆盖式地监控代理机构的流程管理，如此将耗费极大工作量和成本，且不现实；也不应将流程控制完全甩给代理机构而没有基本核查，如此可能将专利暴露在失控风险之下。

17.3.9　对管控能力的补充

企业管控能力建设的薄弱环节多在实体管控方面。以下操作方式有助于弥补实体管控能力的不足：

（1）优先选择值得信赖、经验丰富的代理机构。

（2）重要指示、沟通采用书面形式，相关往来材料、专利局下达的官方文件、提交官方的文件、财务单据等，系统存档备查。

（3）多渠道查证。

（4）引进外部专业力量加强管控能力。

其中，多渠道查证指企业就实务、程序、费用等各方面的疑问，应向多家代理机构分别咨询。企业应至少与两家代理机构保持合作，为经由不同渠道查证提供便利。多家印证之下，企业可以获得更全面的解答，利于提高自身的专利能力，还会对各合作代理机构的专业水平和工作作风有更好的了解，判断其是否值得信赖。

一些企业，尤其是初创企业，由于自身专利能力严重不足，可以另行引入外部专门力量，例如外部专利咨询顾问，以协助完成专利管理工作和专利能力建设。

17.3.10 翻译质量控制

涉外案件的质量建立在翻译质量的基础上。但是，核查外文专利文本对能力要求很高，一些有经验的企业会通过背对背译回的方式，对部分重要专利翻译做核查。

例如，某企业没有西班牙文专利文本的阅读、审核能力，而某件专利申请由某代理机构由英文翻译成西班牙文。为核验翻译质量，在英文专利文本公开之前，企业委托另外一家代理机构将西班牙文本译回英文，对译回的英文文本与原始的英文文本做比对，通过查找区别来发现问题。

此种检查方式最可靠，但是成本高，不适合大范围使用。

17.3.11 代理机构服务质量评价

对代理机构的服务质量评价主要围绕经营作风、专业水准、流程管理三个方面。企业在日常合作中，尤其当企业可以互相比对多家代理机构的服务时，自然会对各家服务机构的优劣和特点形成直观认识。

企业可以就代理机构日常服务状况形成记录，尤其就特别体现服务质量的事件进行记录。

企业还可定期组织相关人员做出评价。例如，参照企业对专利撰写和审查答辩的质量要求，请专利部门的审核人员和发明人，依照质量控制清单开列的各个项目要求就各个代理机构的表现给出评价。

17.3.12 代理机构的淘汰

企业认为某合作代理机构存在问题或因其他原因而准备终止合作时，通常应优先考虑自然终结业务的方式，即停止向该代理机构委托新的案件，待该代理机构已经代理的案件正常办理完成后自然脱离业务合作。

除非确有理由让企业认为该代理机构无法以可接受的质量标准完成已经委托的案件，企业不宜采用转案的方式，即将该代理机构处理中的案件转给新代理机构接续办理。转案主要在两家代理机构之间进行，但还要涉及申请人和专利局，其给流程控制带来的挑战常常被低估，容易引发事故、损失。

17.4 国外代理机构的管理

就国外代理机构的管理，可比照国内代理机构实施的，本节不再赘述。

17.4.1 代理机构的选任

依照惯例，国外代理机构的选任由企业所委托的国内代理机构自行负责。

随着发展，诸多企业具备了很强的涉外沟通能力，越来越多地与国外代理机构进行直接交流。但是，这些越过国内代理机构的直接交流应当仅限于案件办理之外的事务。海外案件的办理应当严格恪守业务流程，即以国内代理机构为必需的中间桥梁，企业与国外代理机构不应越过国内代理机构直接安排案件办理，以避免混乱。

企业不与国外代理机构直接发生业务关系，通常不签订协议。

一些具备能力和条件的企业可能要求自己选择国外代理机构，并要求国内代理机构与之配合办理海外案件。该操作方式通常可行，潜在问题是，倘若国内代理机构与企业自行选定的国外代理机构在配合上出现问题，于企业可能较为不利。更为可取的方式是，企业在国内代理机构推荐的范围内选取国外代理机构。然后，企业可以与相应国外代理机构取得联系，进行业务考查、价格谈判等。

17.4.2 质量和费用的管控

由于海外案件的办理更为复杂，国外代理机构的质量和费用管控更有挑战性，对企业的能力建设提出了更高的要求。

在参考对国内代理机构做管控的基础上，应注意以下两点：

（1）企业应充分依靠、利用国内代理机构对国外代理机构就质量和费用等方面的管控发挥积极、关键作用，对于要求海外代理机构提供费用合理的高质量服务，国内代理机构与企业存在利益统一的方面。

（2）多渠道查证，除了咨询多家具备涉外沟通能力的国内代理机构，还可以直接联系相关国外代理机构。

第18章
跨境技术管制下的研发、专利申请、涉技术交易

阅读提示

对于研发者，本章属于一般内容。

本章重点涉及企业面向多国的涉外技术管制合规。倘若企业经营只涉及本国业务，则技术管制相对单纯。

18.1 综述

经营活动不涉及敏感技术的企业也很可能出现技术管制的合规问题，受到法律的制裁。

各国的技术管制措施并不统一且非常复杂，在法规设置上，各国都会留有弹性，根据形势发展和国家利益的需要随时调整管制措施和范围。

企业应注意依靠专业资源，在严格依照合规的程序完成工作的同时，注意最新政策动向，就特别问题积极咨询专业顾问、律师、主管机关。

18.1.1 管制范围

本章讨论的技术管制也包括技术出口管制，主要指各国为保护敏感技术而施加的限制，涉及敏感技术的传播、披露、使用、出口等。涉技术交易，指技术转移和技术产品交易，尤其包括涉外交易和出口。

技术转移指通过知识产权的许可或转让，接收方获得并可以实施某项技术。

敏感技术管制，既关乎技术本身，也关乎行为人的行为。因为各国保护敏感技术的法规和措施，其影响不可避免地延及仅涉及非敏感技术的企业常规活动，所以经营活动不涉及敏感技术的企业也很可能出现技术管制的合规问题。

涉及技术管制、敏感技术的规定极为复杂，各国差异极大，往往不可能以简单原则或方式加以周密总结，只能具体情况具体分析。

18.1.2　敏感技术

敏感技术指国家认为具有特别重大意义、应施加管制的技术。通常，各国主管机关会颁布受管制敏感技术的清单、相关管理措施等。

管制的目的是使本国的敏感技术仅在本国控制的范围内以符合本国利益的方式被利用。倘若敏感技术脱离了本国的控制，将对本国极为不利。

敏感技术的概念与保密技术、技术秘密并不相同：大量保密技术、技术秘密并不构成敏感技术；一些公开技术却可能属于敏感技术，受到管制。

18.1.3　管制重点

敏感技术管制的重点多在于传播和涉外。传播包括披露技术信息和提供技术产品，使他方获得该技术或可以利用该技术。涉外通常指向外籍人员、外籍机构、境外传播敏感技术。涉外既可能指跨越本国国境而与当事人国籍无关的事项，也可能指一国境内涉及与外国主体交流、交易的事项。

例如，技术信息经由通信线路传输的过程中过境其他国家，甚至即使技术信息并不以该国为目的地，进入该国后又传回本国，也构成涉外技术信息传送。互联网环境下，由于网络服务器、通信中继或枢纽设备常常设置在海外，很容易出现发送端、接收端均在国内，而信息过境他国的情况。

企业日常经营中，涉外技术产品交易、涉外技术转移、跨国研发、与外籍人员或机构做技术交流、跨境技术信息传输，以及以各种形式携带技术资料出境，即使不实质涉及敏感技术，仍可能依照不同国家的规定产生各式的合规问题和法律风险。

18.1.4　非敏感技术的合规需要

尽管并不涉及敏感技术，绝大多数企业，尤其是业务运营中存在涉外环节的，仍会受到延及非敏感技术的管制措施的制约。因此，延及非敏感技术的管制措施是上述企业合规工作的重点。

例如，在很多国家，企业准备申请海外专利或向海外转让技术，尽管仅涉及非敏感技术，但是倘若未先向主管机关申报并取得许可，即属于违规行为；在一些国家，未公开的技术信息在传播时即使是过境其他国家，也可能导致严重法律问题。

在操作层面，相关合规工作主要是程序性的，例如向各国主管机关申请报备。相应地，要求企业先确定所牵涉国家的范围，掌握相关国家的要求，按要求建立管理制度、操作流程。

18.1.5　专利转让与专利许可

专利转让与专利许可同属于技术交易、技术转移。通常，各国对专利转让与专利许可实施同等的管制。

专利转让必须经过专利局办理转让登记方可实现。相应地，一国对本国专利转让实现技术管制的可操作性更好。

18.2 一般国际司法管辖原则

对于涉及多个国家的涉外事项，首先需要解决适用哪国法律的问题，即国际司法管辖。涉及技术管制的国际司法管辖原则，适用最广的两项是属地原则、国民待遇原则。

18.2.1 属地原则与长臂管辖

为协调跨国法律适用冲突，基于现实原因，最普遍和优先适用的原则是属地原则。

属地原则主张以主要行为发生地及当事人双方与有关地域的联系，作为确定涉外司法管辖权的标准，强调一国司法基于领土主权的原则，对其域内人、物、行为所涉及的法律事件具有管辖权，即一国领土内发生的事件由该国管辖，适用该国法律。

相应地，对于严格奉行属地原则的国家，其对敏感技术的管辖仅限产生于本国的技术，与做出技术成果的研发者、企业的国籍、身份等情况均无关系。

少数情况下，一些国家会利用国内法对海外的事件或当事人加以管辖、施加影响，这种做法被称为长臂管辖。

18.2.2 国民待遇原则

随着跨国交往越来越频繁，反对国籍歧视的国民待遇原则越发为各国普遍遵循。

早在 1883 年，《巴黎公约》在知识产权领域广泛奠定了国民待遇原则。搭建当今国际贸易架构的世界贸易组织也将国民待遇、平等非歧视奉为基本原则。

18.3 对敏感技术的识别和管理

企业有必要对经营活动中涉及的敏感技术做系统性排查，适应各相关国家的规定，建立敏感技术识别申报制度。

18.3.1 排查重点

企业做敏感技术排查时，需在了解相关国家涉及敏感技术规定的基础上，基于敏感技术本身的特点和受管制行为的特点，排查企业相关技术和行为。

相关技术的特点在于：绝大部分敏感技术是非公开的保密技术；可以用于重大军事用途的技术；涉及重大利益，尤其是公共重大利益的技术。

相关行为的重点多关乎传播和涉外，最常见的有向外方或境外交付技术产品、转让技术、披露或传送技术信息。其中，最容易被忽视的有：人员携带技术资料或存储有技术资料的设备出境；在境外通过网络访问存储在国内的服务器，包括邮件服务器上的技术资料；不同国籍之间的人员进行技术交流，无论其是否位于同一个国家，是否受雇于同一个雇主，是否在同一个研发项目下合作。

18.3.2　相关国家清单

各国对敏感技术的规定各不相同，因此企业须整理自身经营活动涉及的国家，列出相关国家清单。

虽然各国对敏感技术的管制主要遵从属地原则，但是也有例外。例如，一些国家对源自本国的技术在他国的应用也会利用国内法对相关行为人加以管制，从而实现长臂管辖；也有利用属人原则加以管制的，即对本国人在海外的某些行为加以管制。

开列国家清单时，应梳理：① 主要商业活动涉及的国家，例如技术来源地、技术研发完成地、技术实施地、技术交易地、技术产品的市场和流向，其中，技术来源地包括企业生产、研发等活动涉及和使用的技术的来源地，含技术设备的技术来源地（例如产地为荷兰的设备，也可能包含大量源自美国的技术）；② 主要相关人员的国籍，例如研发者、权利人、实施者、交易相关方。

国家清单应配有相关说明，即对疑似敏感技术的说明，包括其具体形式、行为人行为方式，以及该技术与这些国家的关联的说明。倘若仅有对技术实体内容的说明而不包含其他关联信息、背景信息，尤其涉及当事人身份和行为的信息，可能不足以就其是否构成敏感技术、是否存在技术管制合规风险做出准确判断。

18.3.3　敏感技术评估

尽管各国多对敏感技术开列清单并予以公布，但具体认定极其复杂，难以确保准确。对于国家清单中不能明显排除的，应委托专业人员做评估，直至最终向有关国家主管机关求证，以确定相关风险。

18.3.4　发现敏感技术时的处置

当企业意识到其经营可能涉及敏感技术从而存在法律风险时，最佳处置方式是即时中止相关活动以免造成或扩大不利后果。尤其应禁止传播活动、涉外活动，即除了停止技术产品交付、技术实施外，尤其应禁止跨国籍、跨国境的信息传递、披露、访问。然后，在第一时间咨询专业人员、主管机关，一事一议地确定合规的处理办法，并遵照执行。当事人应优先在事件所在国向当地专业人员、主管机关咨询。

18.3.5　管理和流程优化

就技术管制合规，企业应在相关国家清单的基础上，对可能出现合规风险的事项逐一设计解决方案。企业至少可以从以下几个角度设计管理措施、流程制度。

1. 技术输出管理

技术输出，指企业对外传播技术信息或技术产品，无论是否涉外。保密的对外技术交流也属于技术输出。

技术输出，尤其是涉外技术输出，是技术管制合规风险的最主要来源，因而是工作重点。

2. 技术输入管理

技术输入指企业经上游渠道接收技术信息或技术产品。技术输入是最容易被企业忽视的合规风险来源。

尽管技术管制合规风险集中爆发于技术输出，但是也有很大一部分源自技术输入。例如，企业生产某些技术产品的过程，倘若利用了超过某一比例的源自美国的技术，无论是产品的原材料中涉及美国技术，生产设备涉及美国技术，还是生产过程涉及美国技术，将技术产品销售给特定对象、出口至特定国家时，则可能触犯美国技术管制的规定，并引发制裁。

此类合规风险常常难以事前察觉。企业输入的技术中常常超出企业主业和专长，往往还包括无从了解的"技术黑箱"，这为风险控制带来了挑战。

因此，企业应当在掌握各国相关法规和具体情况的基础上，切实做好技术溯源，配套措施应当包括：对上游技术来源做有针对性的背景摸底、尽职调查、风险排查；要求上游技术或技术产品供应商提供担保。

3. 信息流和信息存储管理规划

信息流和信息存储管理主要针对企业自身，也可以延及合作商。企业应在掌握各国相关法规的基础上，有针对性地做出信息流和信息存储管理规划。

倘若企业运营中不存在涉外因素，则相关管理规划较为单纯，主要应注意避免出现数据通路经由海外、数据服务器布设在海外的情形。

倘若存在涉外因素，由于各国技术管制措施差异较大，信息流和信息存储的管理规划较为复杂。不同国籍的合作人员和主体之间、不同地域间传送信息的管制要求可能不同，须通过优化设计降低合规风险，并能确保运营顺畅。

例如，尽管美国主要奉行属地原则，产生于美国以外的技术通常不会成为敏感技术而被纳入技术管制，但是，倘若该技术信息仍处于未公开的保密状态，而该信息在传送中过境美国，则该技术信息可能因此被美国纳入技术管制。显然，对于跨国公司、业务涉及多国的公司，应当尽量避免源自他国的信息流入美国，信息传送通路应当尽量绕过美国，尽量避免在美国布设信息枢纽、数据存储服务器、数据备份服务器等。

4. 人员和内部管理

人是完成包括合规风险控制在内的各项工作的根本。企业内部的研发等运营活动也是技术管制合规的重要风险源头。因此，需要各个岗位的人员就其工作内容，掌握合规要求，按照制度、程序开展工作，了解可能的风险点，能够尽早发现疑似风险点并上报企业主管部门。

18.4 专利申请的合规

18.4.1 保密审查和国外申请许可

保密审查和国外申请许可的目的是实现敏感技术管制，管理措施延及非敏感技术。

如 3.1.8 节所述，各国普遍设置了保密审查制度。由于通过保密审查后申请人方可在海外提出专利申请，一些国家将通过保密审查称为获得国外申请许可。

经保密审查，确定专利申请文件涉及敏感技术时，专利局会通知申请人不得公开、不得向国外提供相关技术信息，相应地，不得向国外提出专利申请。通常，国家设有保密专利、国防专利制度，满足要求的，申请人可选择提出保密专利或国防专利申请。

最便捷的操作方式是：发明完成后，申请人在当地就该发明提出首次专利申请、进行保密审查。保密审查默认必须进行，通常不要求申请人提交专利申请时主动提出要求，但中国等国家有时存在例外。

发明完成后，如果申请人不想在当地就其提出首次专利申请，也可以提交 PCT 国际申请并通过保密审查；或者向该国专利局单独提出保密审查请求而不提交专利申请。通过保密审查并获得国外申请许可后，申请人可在其他国家提交专利申请。

18.4.2　保密审查的适用范围

申请人就本国的技术成果申请专利时，应做保密审查。

除极个别例外，各国，包括中国、美国、日本等，以属地原则确定何为本国技术成果，即在本国完成的技术成果属于本国技术成果，与研发者或发明人的国籍无关。其中，在本国完成，指带有创造性的实质性研发工作是在本国完成的。为研发提供财政支持、物质条件、技术资料等，不属于带有创造性的实质性研发工作。

18.4.3　跨国研发背景下的合规

企业从事跨国合作研发，就产出的技术成果申请专利时，需特别注意合规问题。

有关国家均遵从属地原则时，例如中国、美国、日本，倘若申请专利的技术方案，部分在中国完成，部分在美国完成，部分在日本完成，即跨三国完成，则无论完成的时间顺序和发明人的状况如何，申请人准备申请专利时，均应先确定在哪个国家提交首次专利申请，而在提交该专利申请之前，还应在另外两国单独提出保密审查并获得通过，从而取得在外国先申请专利的许可。然后，专利申请可以通过正常渠道再进入这两个国家。

无论完成的时间顺序和发明人的状况如何，是指：无论在哪个国家的发明工作先完成；无论是同一个发明人往来于三个国家之间最终完成发明工作，还是在三个国家有不同的发明人团队协作完成发明；无论这些发明人的国籍如何；在完成发明时，无论发明人是当地的长期居民还是短期派驻出差的身份；等等。这些对专利申请均无影响。

如果存在特殊情形，企业应咨询专业机构。

18.5　保密专利和国防专利

18.5.1　保密专利和国防专利制度

国家通常设有保密专利制度，使敏感技术的权利人在敏感技术管制允许的范围内，通过获得保密专利取得经济收益。

国防专利在程序和功能方面与保密专利实质相同，区别在于，国防专利仅适用于涉及国防的敏感技术。因此，可以将国防专利纳入广义的保密专利。

保密专利授权时不会公开技术信息。可能据此推知保密专利所涉及技术内容的间接信息，例如技术分类信息、权利人信息、发明人信息，通常也不披露。

保密专利内容只能在国家保密制度的框架内向负有保密责任、具备相应资质的单位透露，由它们实施。保密专利的专利权人只能在此范围内收取专利许可费，不可能向公众主张权利。除非技术已经失去保密意义，保密专利依程序转变为普通专利，并按普通专利完成了公告。

研发者在工作中涉及保密专利的，除了在保密方面须遵守规定，其他技术层面和操作层面的问题与普通专利无实质差别。

18.5.2　申请保密专利的决策

适宜申请专利，且经判断不属于敏感技术的，应当优先申请普通专利。但是否属于敏感技术，最终由专利局通过保密审查判断。

相应地，在专利技术提案阶段，应尽量淡化、规避敏感元素。如此，一方面，无论后续申请保密专利还是普通专利，均更利于保密；另一方面，有利于增加构成普通专利的机会，以经由更广泛的商业应用获得更多的经济回报。

做出申请保密专利还是普通专利的决策时，应防止两种错误倾向：

（1）凡是可以广泛民用的技术均不是敏感技术。

（2）凡是军用或敏感保密项目中涉及的技术均是敏感技术。

例如，某项技术已经应用于诸多民用领域，该项技术本身可能并不敏感。但倘若外界得知该项技术运用于某型号军用装备，则有可能就此推知该型号装备所采用的技术路线和在某些方面可能达到的性能指标，这些技术信息可能属于特别敏感的内容。

例如，某新型导弹发射车属于极度敏感的项目，该发射车的车轮采用了最传统、成熟的螺栓固定方式装配到车上，且该发射车在阅兵庆典时已经公开展示，车轮装配方式是直观可见的，则该传统车轮装配技术方案显然不是敏感技术。

例如，洛克希德·马丁公司申请的中国专利 CN103261943B，涉及可以装备给狙击手用于"军事作业"的头戴式显示装置。

18.5.3　保密专利的质量控制

保密专利申请，其专利挖掘和布局、提案审核、质量控制等方面与普通专利实质相同。但是，"尽量淡化、规避敏感元素"的要求应纳入质量控制要求。

18.6　中国技术管制

18.6.1　法律框架

中国的技术管制主要适用属地原则，国内产生的技术成果满足其他条件，构成敏感技术时，应对其加以技术管制。

《中华人民共和国保守国家秘密法》是涉及敏感技术管制的基础性法律，《中华人民共和国出口管制法》是统筹敏感技术管制的主要法律。

从技术进出口角度,《中华人民共和国对外贸易法》《中华人民共和国技术进出口管理条例》(以下简称《技术进出口管理条例》)均做了规定。商务部配套颁行了《技术进出口合同登记管理办法》。

中国针对军民两用物项、军品、核等敏感技术参照《中华人民共和国核两用品及相关技术出口管制条例》《中华人民共和国导弹及相关物项和技术出口管制条例》《中华人民共和国生物两用品及相关设备和技术出口管制条例》等加以管制。

18.6.2 延及非敏感技术的管制措施

中国延及非敏感技术的管制措施以出口管制为主,有关专利保密审查的内容不再赘述。

就技术出口而言,中国设有全面覆盖的管理制度,任何技术产品和技术的出口,包括非敏感技术出口,均应向主管机关申报。其中,技术出口指向境外、外籍人员、外籍机构提供技术产品或技术。

依照《技术进出口管理条例》《技术进出口合同登记管理办法》,可将技术分为三级:自由级、限制级、禁止级。自由级技术是非敏感技术,限制级、禁止级技术属于敏感技术。

申请出口的技术属于自由技术的,由主管机关予以登记,并颁发《技术出口合同登记证》;属于限制出口技术的,应向主管机关申请《技术出口许可证》;禁止级技术不得出口。

技术进口也应依照《技术进出口管理条例》管理,但是技术进口管理的实际影响有限。

18.6.3 专利技术出口

国家知识产权局专利局配合实现技术出口管制。当中国专利或专利申请的转让属于中国技术出口时,除通常的转让证明文件外,请求人还应提供《技术出口合同登记证》或《技术出口许可证》,否则不能办理转让。

专利转让构成技术出口的认定标准是受让人中存在外籍主体。该认定标准与对出口的通常理解有出入。

参照表 18-1,第一种情形,中国专利所有权变动导致增加了一名中国权利人;第二种情形,所有权变动导致减少了一名美国权利人。依照技术管制的标准,这两种情形均属于中国专利出口。

表 18-1 构成中国专利出口的两种非典型情形

序 号	原始权利人	变动后的权利人
1	中国权利人 A 美国权利人 A	中国权利人 A 中国权利人 B 美国权利人 A
2	中国权利人 A 美国权利人 A 美国权利人 B	中国权利人 A 美国权利人 A

存在一种特殊情形:中国发明人在美国境内为美国雇主工作而完成职务发明,依照美国专

利申请的惯例，提交美国专利申请时，常以中国发明人为申请人，并提交将专利申请转让给美国雇主的转让证明。当后续中国专利申请提交专利局后，专利局根据在案的转让证明文件，可能怀疑作为发明人的中国籍权利人向美国权利人做的专利转让构成技术出口，而要求当事人提交准许技术出口的证明文件。但是，倘若向专利局证明了全部事实，则该转让不会被认定为中国向美国的技术出口。因为基于属地原则，在美国境内做出的发明不受中国技术出口管辖。

其他国家的专利局并不会对中国技术出口的管制措施加以配合。因此，当向其他国家申报办理其他国家专利或专利申请转让时，相应专利局仅按一般转让办理，并不审查其是否属于中国技术出口，不会要求提供《技术出口合同登记证》或《技术出口许可证》。

18.6.4　管理建议

凡应受中国技术管制措施规制的，企业应完全遵照执行。

企业其他国家的专利或专利申请向外方转让而构成技术出口的，即使实际转让办理不必提供《技术出口合同登记证》或《技术出口许可证》，企业也应事先依法履行技术出口申报、申请手续。

18.7　美国技术管制

18.7.1　法律框架

Export Administration Regulations（15 CFR parts 730-774），简称 EAR，中文名称为《出口管理条例》，是美国统筹敏感技术管制的最主要法规，覆盖最全面。

此外，还有与 EAR 并行的 *International Traffic in Arms Regulations*（22 CFR 120-130），简称 ITAR，中文名称为《国际武器贸易条例》。ITAR 适用范围较窄，仅针对国际武器贸易。EAR 中设置了专门条款以明确与 ITAR 的协调适用。

18.7.2　技术管制特点

除了管制规则极为复杂，美国技术管制体系的突出特点还在于：长臂管辖；相对于原理、信息形态的技术，对可实施的产品形态技术实施更严格的管制。

1. 长臂管辖

美国技术管制措施对属地原则有诸多突破，以实现长臂管辖。如已述及，产生于美国以外的技术，倘若此技术仍是不为公众所知的保密技术，且相关技术信息入境美国，美国可以将之列为美国的敏感技术加以管制。

此外，EAR 未完全遵从属地原则的管制措施主要涉及再出口、含最低标准美国管制内容（De minimis U.S.content）的国外产品，由特定敏感技术直接生成的产品（15 CFR 730.5 Coverage of more than exports 15 CFR 734.4 De minimis U.S. content）。

其中，关于再出口的规制主要指，某些合法出口到第二国的技术或技术产品，不得再出口至特定第三国，不得提供给特定第三国的人员或机构。

关于含最低标准美国管制内容的国外产品的规制，指国外生产的产品，倘若利用特定美国技术达到一定比例而超过规定的最低标准，仍受美国技术管制。所述最低标准，针对不同情况各有规定，最低可设置为 0。

由特定美国技术直接生成的产品，也受到超出属地管辖原则的技术管制。

2. 可实施的产品形态技术受到更严格管制

依照 EAR，所有以文献或类似文献方式公开而可为公众所知的技术不属于敏感技术。但是，将某些文献或信息形态的技术产品化以后，也就是从不可运行的理论形态进入到现实可实现功能的有形、无形产品式的可实施形态以后，这种质变可能导致管制升级，产品形态的相同技术构成敏感技术，受到管制。

EAR 中的相关规定见于 15 CFR 734.3。例如，EAR 中 15 CFR 734.3（b）（2）、（b）（3）的注释做了举例说明：

"Note to paragraphs（b）（2）and（b）（3）:

"A printed book or other printed material setting forth encryption source code is not itself subject to the EAR（see §734.3（b）（2））.However, notwithstanding §734.3（b）（2）, encryption source code in electronic form or media（e.g., computer diskette or CD ROM）remains subject to the EAR（see §734.17）.Publicly available encryption object code "software" classified under ECCN 5D002 is not subject to the EAR when the corresponding source code meets the criteria specified in §742.15（b）of the EAR."

也就是说，以书籍或印刷品方式呈现的加密源代码及对技术的说明，其本身不受 EAR 管制，不属于敏感技术。但是，倘若该源代码是软件可运行形态的，存储于计算机存储介质，就变成受 EAR 管制的敏感技术了，即使这些加密源代码已经由书籍或印刷品公开。

3. 管制规则极为复杂

美国敏感技术的管制规则复杂，自长臂管辖即可见一斑。

首先，敏感技术本身的范围难以清楚确定；其次，管制规则还与行为人的身份、特定行为、行为对象和地点、技术的形态等因素相关；最后，相关范围、规则存在很大的灰色弹性地带，并且美国随时可能视需要而调整。

18.7.3　技术管制与专利

EAR 授权美国专利商标局在其工作领域内处置敏感技术管制问题，即通过美国专利商标局保密审查、获得国外申请许可的，不受 EAR 管制。

依照 EAR 中的 15 CFR 734.3，尤其是 15 CFR 734.3（b）（2），公开专利文献中的技术信息不属于敏感技术。

涉及美国专利申请保密审查、国外申请许可的内容不再赘述。

一经通过保密审查，美国专利商标局对专利转让，无论是否涉及技术出口，均不再施加技术管制限制。

18.7.4　管理建议

美国技术管制的复杂特点使合规工作充满挑战，企业应就可能涉及的各方面做好充分研究，制定完备措施，尤其应注意严格技术溯源、关注技术产品化和专利实施中的法律风险、规避经由美国的信息传输。

1. 严格技术溯源

美国技术管制的长臂管辖，导致企业合规管理工作难度巨大，主要在于技术输入管理方面，企业没有直接从美国境内或美国人员、机构那里引进技术，却可能不经意间使用了二手、三手美国技术并触发美国技术管制。

2. 关注技术产品化中的法律风险

美国技术管制体系倾向于对产品化、可实施的产品形态技术采取更严格的规制措施。这一特点不易为企业相关人员，例如完成技术成果产品化任务的研发者所了解。在企业就新产品做出运营规划时，也常常潜藏这种风险。

3. 关注专利实施中的法律风险

专利实施中的法律风险是上述技术产品化法律风险的一种典型形态。企业申请专利、受让专利、取得专利许可的行为均不涉及美国敏感技术，不受美国技术管制，但是，实施这些技术或将这些技术产品化的行为可能涉及美国技术管制，受到 EAR 规制。

4. 规避经由美国的信息传输

如 18.3.5 节相关部分所述，应当尽量避免源自他国的信息流入、流经或存储于美国。

第19章

开源软件

阅读提示

对于工作涉及开源软件的研发者，本章属于重要内容。对于其他研发者，本章属于一般内容。

随着软件技术的蓬勃发展，开源软件已经渗透到各个角落，几乎关联着每家从事商业软件开发、应用的企业，其中的知识产权问题也越来越凸显。

19.1　总述

开源软件又称开放源代码软件，是一种源代码可以被他人任意获取的软件，其著作权人在软件协议的约定下保留一部分权利，允许用户学习、修改、分发该软件。

19.1.1　发展历程

自 20 世纪 50 年代，开源软件以最早的开源组织 GNU 为标志性起点，开始了以 10 年为周期的演进：1992—1999 年是以 Linux 操作系统为代表的古典时代；2000—2010 年是以 Android 操作系统为代表的移动时代；之后，进入了以 Openstack 云平台等为代表的云开源时代；2020 年，进入了方兴未艾的人工智能和区块链开源时代。

19.1.2　概念

1. 自由软件
自由软件（Free Software）指用户可以自由运行、复制、分发、学习、修改的软件。
2. 开源软件
依据开源许可证来公开源代码的软件称为开源软件（Open Source Software，OSS）。
3. 公有领域软件
公有领域软件（Public Domain Software）指不受著作权保护的软件。
根据《伯尔尼保护文学和艺术作品公约》，作品，包括软件作品，一经完成自动获得著作権。因此，如果作为作者的开发者想使其软件进入公有领域，必须通过必要法律步骤放弃相关著作权。

4. 专有软件

未经授权，专有软件（Proprietary Software）的使用、再分发、修改被严格禁止或限制。

5. 免费软件

免费软件（Freeware）指开发者拥有著作权，保留控制发行、修改、销售权利的免费软件。为防止用户修改，开发者通常不发布软件源代码。

6. 商业软件

"商业软件"和"专有软件"并不等同，商业软件（Commercial Software）是企业作为其业务的一部分所开发的软件。大部分商业软件是专有软件，但也有商业化的自由软件，也存在非商业化的专有软件。

图 19-1 示出了各种软件之间的典型关系。

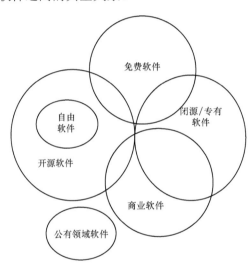

图 19-1　各种软件的典型关系

19.1.3　常见的开源许可证

许可证即授权条款。开源软件并非不受限制。例如，开源软件强制任何使用和修改该软件的人承认原作者的著作权和所有参与人的贡献；用户拥有自由复制、修改、使用开源软件源代码的权利，但是不得设置针对任何人或团体的限制等。

开源许可证是通过附条件的著作权授权来保证这些限制的法律文件。常见的开源许可证有如下几种。

1. AGPL 许可证

AGPL3.0 改自 GPL3.0 并加入了额外条款，以更好应用于在网络上运行的应用，例如 Web 应用，避免有人以应用服务提供商的方式逃避 GPL 许可证的相关条款。

2. GPL 许可证

GPL 许可证是一种传染型许可证，要求修改项目代码的用户再次分发源码或二进制代码时，必须公布相关修改的源代码。

3. LGPL 许可证

LGPL 许可证允许商业软件通过类库引用的方式使用 LGPL 类库，而不需要公开商业软件的源代码。

4. Apache 许可证

Apache 许可证允许代码修改和再发布，既可以继续作为开源软件，也可以作为商业软件。该许可证还为用户提供专利许可。

5. BSD 许可证

BSD 许可证给予使用者很大的自由，一般仅要求开发者做出著作权声明，不设使用、修改等限制。最常用的版本有 BSD-2-Clause 和 BSD-3-Clause。

6. MIT 许可证

MIT 许可证简短、宽松，允许开发者使用、复制、修改、合并、发表、分发、再授权或者销售该软件。

19.2 专利与开源软件

开源受软件开发者的青睐，代表未来趋势。同时，软件是专利保护的客体，受专利的制约。专利保护有加强的趋势。

专利的排他性与开源软件倡导的"自由、共享"存在冲突。

19.2.1 开源许可证中的专利条款

部分开源许可证包含专利许可条款，将开发者、参与者与开源软件相关的专利许可给开源软件使用者。另外一些开放型开源许可证没有明确涉及专利许可的条款，因此关于使用或引入适用此类许可证的开源软件时是否会导致专利侵权，存在争议。

为防止恶意专利诉讼对开源软件正当使用的干扰，Apache 等许可证设置了"专利报复"条款：如果开源软件的使用者对其他使用者提出专利侵权诉讼，主张该开源软件的使用侵害其专利权，该开源软件给予发起诉讼者的相关专利许可将被终止。甚至，有些许可证会终止许可证授予的包括著作权许可在内的全部权利。

19.2.2 非执业实体对开源软件的侵扰

软件开源并不会让使用者获得专利侵权豁免。开源软件使用者遭遇的专利侵权威胁主要来自第三方专利权人。通常，该第三方未涉及相应开源软件的开发、使用，因而不受开源许可证的约束，但持有相关专利。

美国专利组织 Unified Patents 研究了 2012 年以来，约 260 个开源项目、平台在美国涉入专利诉讼的情况。2019 年公布的研究结果表明，涉及开源项目的专利诉讼呈明显增加态势，约 59%的诉讼由非执业实体发起。

其中，非执业实体（Non-Practicing Entity，NPE）指不在专利技术相关行业里实质从事产业运营的专利权人。

19.2.3　开源的专利保护

开源软件的使用仍受专利的制约。因此，开源软件的开发者也应积极申请专利，以之作为保护自身利益、维护开源软件正常使用、防范他方专利威胁的手段。

开发者具有申请专利的先发优势，可以就开源软件技术方案及其典型应用取得专利，防止他方申请相同的专利来威胁开源软件的使用。对他方其他专利的威胁，有时也有制衡作用。

开发者就自己的专利拥有主动权，可以将之无偿许可给开源软件的正当使用者，以制约破坏开源规则的使用者，守护开源软件的"自由、共享"。

19.3　开源软件的知识产权风险

19.3.1　风险及应对

无序使用或引入开源软件，将使企业的知识产权风险失控，带来经济和声誉损失。风险可能涉及著作权、专利、商标、商业秘密。例如，所利用的开源软件，其许可证带有传染性时，可能迫使企业公开本应构成商业秘密的自己开发的源代码。

各个企业软件开发、应用的情况不同，须依照具体情况，梳理开源软件需求和应用场景，权衡可操作性和风险，设计可以适用于大多数场景的开源软件操作指引或者白名单，即允许企业软件开发人员在操作指引或者白名单的规定之下规范地利用开源软件，例如特定来源、特定许可证的开源软件。该方式应可满足企业软件开发绝大多数场景下的需要。对于需要突破操作指引或者白名单限制的使用要求，应专门评估其必要性、规避可能性、商业风险，然后确定最优方案。

开源软件风险管控对专业性要求很高，企业应引入必要的外部专业支持。

19.3.2　案例

【案例 19-1】

Harald Welte v. Sitecom 许可证违规案[31]

本案例是未按照许可证规定提供源代码的典型案例。

Welte 是 netfilter/iptable 程序（Linux 核心的防火墙程序，采用 GPL2.0 许可证）的共同著作权人，受其他著作权人委托进行维权。Sitecom 公司在路由器固件中使用了 netfilter/iptable 程序，但未按许可证要求提供源代码和许可证的文字内容。

2004 年，Welte 向德国慕尼黑地方法院申请临时禁令。法院裁定，Sitecom 公司必须在产品中标明采用了 GPL2.0 许可证，附上 GPL2.0 原文，并提供相关源代码，否则不得继续复制、散布 netfilter/iptable 程序。

↘【案例 19-2】

Microsoft v. TomTom 专利侵权案

本案是引入不受专利报复条款约束的第三方专利的典型案例。

2009 年 2 月，微软公司向美国华盛顿西区联邦地区法院提起诉讼，案号为 2：09–CV–00247，指控荷兰导航设备厂商 TomTom 侵犯了微软公司的 8 项专利，其中 5 项专利与车内导航技术有关，另外 3 项专利涉及文件管理技术。TomTom 公司的 GPS 设备采用的是 Linux 系统。微软公司声称 Linux 已侵犯其专利多年。该案被视为微软状告 Linux 侵权的第一案。

2009 年 4 月，微软公司与 TomTom 公司达成和解，撤回诉讼。双方达成了为期 5 年的协议，TomTom 公司将向微软公司支付专利使用费；微软公司可以免费使用 TomTom 公司的 4 项专利。这项协议覆盖双方过去和未来在美国销售的产品。协议还要求 TomTom 公司在未来两年内去除产品中的某些功能。

↘【案例 19-3】

数字天堂与柚子科技著作权侵权案

原告数字天堂（北京）网络技术有限公司，向北京知识产权法院起诉被告柚子（北京）科技有限公司等侵犯其计算机软件著作权。该案被认为是中国 GPL 开源协议第一案，受到了开源社区及行业的高度关注。

原告主张被告抄袭其软件，被告辩称原告软件包含 GPL 开源协议代码内容，本应开源。法院根据 GPL 协议条款，认定原告软件整体未受 GPL 传染，不受开源的限制，一审判决［（2015）京知民初字第 631 号］支持了原告诉求。

被告上诉至北京市高级人民法院。二审［（2018）京民终 471 号］维持了原判。

↘【案例 19-4】

前端代码+后端代码著作权侵权案

因涉及 GPL 开源协议的软件著作权纠纷，北京闪亮时尚信息技术有限公司提出上诉，被上诉人为不乱买电子商务（北京）有限公司。就该案，最高人民法院在（2019）最高法知民终 663 号判决中指出，网站前端代码与后端代码在展示方式、所用技术、功能分工等方面均存在明显不同，属于既相互独立又互相联合的独立程序，即便前端代码使用了 GPL 协议项下的开源代码，后端代码也不受 GPL 协议约束，未经许可复制后端代码仍构成著作权侵权。

第20章

专利运用

对于研发者，本章属于一般内容。

20.1 概念

专利运用指利用专利获得直接和间接利益。其中，专利也包括通过许可等获得的专利资产。存在两种广义的专利运用：对涉及专利的信息从情报角度加以利用，对涉及专利的风险加以控制。

涉及专利的信息，除了专利文件所包含的信息外，还应扩展至专利许可、交易、诉讼信息等。对专利信息的情报利用，应持开放的态度，即不应以割裂的方式仅对专利信息做分析，应将专利信息作为信息情报源之一，与各个来源的各类信息情报加以通盘分析，方能发挥其最佳效能。

专利风险控制是对他方运用专利使我方利益受损的可能加以防范，是对他方专利运用的反制。专利风险控制必然涉及专利信息利用，控制损失等同于获得利益。因此，专利风险控制也属于专利运用。

专利运营也是一种专利运用。

20.2 专利运用实践——非运营

对不属于专利运营的各类专利运用，分下述场景阐释：企业控制、锁定投资目标和研发立项、研发设计、拓展合作、业务运行模式设计、风险控制、行动支持和专利反制、融资、宣传和游说。

20.2.1 企业控制

对专利等知识产权可以将其从企业剥离而安排特定方持有。如此，可以通过控制核心知识产权加强对企业的控制，并防止特殊情形下的知识产权流失。

剥离企业知识产权、安排特定方持有，应以适当的方式进行，否则可能对企业融资、上市等活动产生极其负面的影响，甚至触犯法律。

相关内容可参考 1.1.12 节。

20.2.2 锁定投资目标和研发立项

投资目标，指面向实体产业运营的投资目标。投资人可以是各类投资机构、企业、个人。投资行为包括入股特定企业、企业收购并购、收购某企业部分业务等。

企业技术研发立项、新产品立项也属于投资，因为其前期投入的目的是在未来取得超额收益。

在投资和研发立项活动中，至少以下几个方面涉及对专利信息的利用：寻找最佳技术项目和投资标的，对技术项目和投资标的的估值和尽职调查。

投资项目永远需要面对未来的不确定性。越重大的投资，越需要广泛利用各渠道的信息、各角度的分析手段，以减小决策的片面性。其中，专利信息分析也起着重要作用。

1. 寻找最佳目标

专利信息结合其他情报，例如科技文献、产业情报等，长于全景式地深入挖掘相关技术路径演进的历史脉络，透彻展现目标技术领域的现时竞争格局，前瞻性地估测未来发展趋向。

这种展示并非只是宏观层面上的，还可以通过申请人、发明人、文献作者信息，聚焦到各个企业、研究机构、大学等研发团队，清楚确定各个研发团队在整个技术格局中的位置。如此，投资人可以找到最合适的技术项目和团队。

2. 目标的估值和尽职调查

在前一阶段的基础上，投资人应深入完成价值评估、尽职调查，分析其商业前景。

可结合技术路径的发展脉络全景，基于专利、科技情报的技术发展生命周期分析等手段，预估未来发展趋势，评估各个技术项目的未来竞争力和商业价值。

技术发展生命周期，指一项典型的产业应用的技术，其历程可划为四个时期：引入期、发展期、成熟期、淘汰期。在不同时期，研发、应用活动，以及相应投入，呈现不同特点，这些特点也在专利文献及其他科技文献中留下鲜明烙印。综合情报分析有助于前瞻性地判断一项技术所处的发展时期，甚至对何时出现强劲增长、迅速衰败给出提示。

面向未来的技术，其商业角逐常常已经在当下进行。结合技术路径发展脉络中的历史信息，通过共同申请人信息、共同发明人信息、共同文献作者信息，可以发现不同企业、机构、团队之间的合作关系。再辅以专利诉讼及其他商业情报，则可以拼出不同企业、机构在不同技术路线发展上的合作、竞争关系。尤其通过诉讼信息，可以更清楚地揭示在哪些区域，不同路线之间的竞争已经激烈到何种程度。掌握这种竞争格局，对投资人的意义在于，当他选择了某个技术项目，就可以知道自己投入了哪个阵营，将与谁为伍，与谁对抗。这些因素直接关联技术项目的成功率和估值。

另外，就作为投资标的的技术项目而言，通过分析专利等技术情报还可以回答以下问题，从而更好地评估技术项目的成功率和赢利能力：团队是否在该技术路线上有扎实的历史积淀，具有持续研发的能力；对于作为研发基础的已有成果，是否有较好的专利布局，从而可以面向未来有效构建专利壁垒；是否存在侵犯他方专利的重大风险，使基于相关技术的商业活动受制于人；技术来源是否正当，是否可能形成自主知识产权。

↘【案例 20-1】

中关村项目引进和培育

中关村科技园区（以下简称中关村）是中国第一个国家级高新技术产业开发区和国家自主创新示范区，由中关村科技园区管理委员会管理，设立了中关村发展集团，核心业务是产业投资、园区发展和科技金融。

中关村作为一家特殊的投资机构，为国家科技兴国的规划和实现提供支撑。依照 2011 年初国务院批复的《中关村国家自主创新示范区发展规划纲要（2011—2020 年）》，中关村的工作目标包括"形成 2～3 个拥有技术主导权的产业集群"。2020 年 9 月发布的《中关村国家自主创新示范区统筹发展规划（2020—2035 年）》，要求中关村"到 2035 年，建成全球科技创新的主要引擎和关键枢纽，为我国建设世界科技强国提供战略支撑。具有国际领先优势的科技创新政策体系基本建立，建成适应新经济发展的政策体系和制度环境，颠覆性技术大量涌现，面向国家安全的战略性领域得到有力保障……"

中关村面向打造拥有技术主导权的产业集群、培育颠覆性技术等目标，在技术项目引进和投资的决策中，通过向北京集慧智佳等专业咨询机构采购专业服务，充分运用包括专利情报、科技情报分析在内的各种分析评估、尽职调查手段，就面向未来的颠覆性技术的萌芽提供线索，包括全景式地深入挖掘相关技术路径演进的历史脉络，透彻展现目标技术领域的现时竞争格局，前瞻性地估测未来发展趋向，以锁定未来技术主导权。

专利及科技文献情报还提供了从事这些研究的全球领先团队的精准信息，使投资人有的放矢地从全球引进技术创新、技术合作、技术交流项目。

这些活动对有效支持中关村的工作目标、科技兴国战略的实现有着重大积极作用。

↘【案例 20-2】

从 CDMA 之母到无冕之王[32]

1914 年出生于奥地利的海蒂·拉玛（Hedy Lamarr），既是一位开电影史先河的好莱坞明星，又是一位开移动通信技术先河的杰出发明家。

1941 年，乔治·安塞尔为海蒂·拉玛弹钢琴时，后者突发奇想：跳动的琴键发出不同频率的声音，那么用这样跳动的频率是不是可以实现保密通信？这就是"跳频"的概念，也就是移动通信码分多址（CDMA）技术的基本思想。

1941 年 6 月，海蒂·拉玛和乔治·安塞尔二人完善了构思，提交了美国专利申请，并获得了专利 US2292387。该专利因其军用价值而被认定为保密专利。被搁置十几年后，US2292387 提出的跳频技术受到美国军方关注，经过研发和产品化后，做了有限的秘密应用。

20 世纪 70 年代，US2292387 被解密。

1985 年，一家规模为 7 人的公司在美国圣迭戈成立了。经过探索，该公司独具慧眼地认准了这一在专利中沉睡了多年的跳频技术，依其理念研发推出了 CDMA 技术，并推动其被纳入移动通信技术标准。该公司即为高通，其在相关标准必要专利布局的助力下，成为 3G、4G 移动通信的无冕之王。参考［案例 14-2］。

1997 年，以 CDMA 技术为基础的 3G 通信进入大众视野，美国电子前沿基金会（Electronic Frontier Foundation）授予海蒂·拉玛先锋奖。她获得了"CDMA 之母"的称号。

20.2.3 研发设计

在研发设计中，专利情报至少可以在研发参考和规避设计两方面发挥作用。

1. 研发参考

90%以上的技术均在专利文件中披露过。专利信息能够为研发设计提供丰富的高价值参考资料，可参考第 8 章相关内容。

尽管很多前沿技术难以在第一时间由专利文件公开，诸多专利文件中包含大量言过其实、无法实现的技术，但是，浩如烟海的专利文件中也沉淀着大量极其超前、巨大价值尚待慧眼发掘的技术。

参考案例：［案例 0-1］、［案例 8-2］、［案例 11-2］和［案例 14-1］。

2. 规避设计

研发设计的过程中，研发者、专利部门应通过侵权检索来发现可能存在威胁的高相关专利。必要时，企业应当对高相关专利做风险评估，权衡专利的有效性、规避可能性、许可成本、现实威胁等，以确定解决方案。可进一步参考 4.6 节。

参考案例：［案例 11-1］、［案例 14-1］。

20.2.4 拓展合作

在全部商业活动中，包括投资、合作研发等，企业随时可能需要引入合作商，例如投资合伙人、业务长期合作商、某项行动的一次性合作商。专利在这些拓展合作中可以发挥作用。

1. 寻找合作商及尽职调查

企业在各种情形下寻找潜在合作商并对其做尽职调查，均可以按 20.2.2 节述及的方式，对专利情报加以充分利用。

企业与合作商建立合作，其中最大的价值来自双方在诸多方面能够取长补短，由此获得超额利益。通过对专利信息及其他情报的分析，可以充分揭示双方在技术、专利等方面是否具有这种互补性。这些分析还可以延及对方的合作阵营。

再结合对专利诉讼、许可等情报的分析，可以了解对方乃至其阵营的经营策略和作风，例如，是否倾向于与某些类型的企业建立合作以拓展特定业务，是否在某些领域希望达成垄断从而将竞争者排挤出市场，等等。

2. 促成合作

企业的专利优势可以成为促成合作的重要筹码，专利优势能够对对方形成巨大的吸引和震慑。对于具有专利优势的企业，当对方不愿意合作时，可以用专利来威胁，甚至发起连环专利诉讼以达成目的。此种案例屡见不鲜。

参考案例：［案例 11-4］。

20.2.5　业务运行模式设计

规避专利侵权风险是业务运行模式设计的重要组成部分，可参考 5.8 节。

20.2.6　风险控制

专利侵权风险的根本源头是利益冲突。为配合好业务，应面向侵权风险做检索。

检索不仅面向技术，还应当面向利益相关方，即与企业存在潜在利益冲突、有动机利用专利制约己方的行为人。

对发现的相关专利，应当做全面分析，至少应综合考虑权利稳定性、规避可能性、权利人行权可能性、获得许可或购买该专利的可行性。

在权利人行权可能性的分析中，应当重点考虑权利人与企业利益冲突的规模和性质，还应当考虑权利人的经营作风及企业是否拥有反制手段。

实际上，绝大多数高风险专利未被权利人用来积极主张权利；而一些权利人会因各种原因以实际并不真正相关、稳定的专利来骚扰企业，向企业施压。因此，分析中不能忽视权利人的具体情况和商业动机。

对于与企业业务运营没有实质关联但有潜在利益冲突的利益相关方，通过专利、商务情报分析实现预警的难度较大，冲突爆发常具有突然性，且企业通常缺少有效的专利或非专利反制措施。很多利益相关方在发起诉讼前会接触企业，例如，通过警告函要求企业购买专利许可，这为企业提供了警讯，也为以有理、有利、有节的方式通过谈判解决问题提供了机会。即使当事人已经涉入诉讼，仍然不能排除谈判和解这一重要途径。

不应孤立地分析涉及专利的风险和冲突，专利只是大牌局中的一张牌，应在相关方利益冲突的全局之下通盘研判风险、冲突、反制之变化，其可能在于，例如，专利手段与非专利手段之间，不同地域之间，不同主体之间，例如，以利益相关方为攻击的发起方或目标。

另外，专利保护环境的变化也影响风险的强度。除了通过专利、诉讼等情报检索，企业还应通过自己的各种情报资源，包括而不限于同行、协会、政府资源等，积极观察和预估环境变化趋势。

参考案例：［案例 6-8］、［案例 8-4］、［案例 12-6］。

【案例 20-3】

三星采购

2015 年，国内某初创公司 A 生产的某种传感器芯片被韩国三星公司相中，准备采购。三星公司依照流程做了专利侵权风险排查，锁定 8 件高相关美国专利，并将专利清单交给 A 公司，要求其完成不侵权分析。

A 公司委托咨询机构北京集慧智佳，并协调欧洲的上游技术供应商提供配合。通过不侵权分析，确定产品未落入其中部分专利的保护范围，可排除相应侵权风险，但仍有数件专利难以清楚地排除风险。

最终，三星公司经过风险评估，在 A 公司作为技术供应商依惯例提供知识产权担保的情形下，仍旧采购 A 公司的芯片，用于销往美国等市场的三星产品。

作为具有丰富经验的跨国公司，三星公司制度化地对上游技术、产品做风险排查，并要求供应商就可能给自己和下游带来的侵权风险提供知识产权担保，至少在以下方面显现了其老到：

（1）自行完成高质量侵权风险检索。

（2）接受通行专业标准，不要求美国专利由美国律师来分析。

（3）接受合理风险，不因噎废食。

专利检索的结果很容易受人为因素影响。因此，三星公司自己承担费用自行检索，不将检索推给供应商。而对相关专利做不侵权分析的工作，则交由供应商完成。

三星公司并不要求完全排除侵权风险。强求零风险只会因噎废食。三星公司要的是心中有数，只要风险在合理可控的范围内，即应接受。当然，应当依照惯例由供应商提供知识产权担保。

20.2.7　行动支持和专利反制

专利应当为企业各项商业行动提供支持。

专利反制指企业受到对方威胁时，无论对方采用专利侵权指控还是其他方式，企业利用专利发起反制。

专利组合的准备工作，可参考 17.1.3 节和 17.1.4 节；情报及其他方面的支持工作，可参考本章相关部分，尤其是 20.2.4 节。例如，迫使他方停止某些商业活动或退出某些市场也可以被广义地理解为要求他们给予配合。

企业应通过专利使用证据（Evidence of Use，EOU）分析来确定所持有的哪些专利可以用来制约对方。专利使用证据分析可以理解为反向的侵权判定，即参照侵权判定的原理锁定落入己方专利保护范围的对方行为或产品。

企业在做专利挖掘、布局时，应在可行范围内，对以扼制他方为目的专利申请做使用证据分析，以预估扼制效果。企业在有针对性地收购专利以加强自己的专利组合时，也应通过使用证据分析来确保收购的标的能够满足需要。

对于可能用于向他方维权的专利，企业应当提前以严格标准做稳定性评估。如果发现问题，应尽可能弥补。必要时，可以以可控的方式由相关方提起专利无效。除了考验专利的稳定性，还要尽可能通过相关程序或判例使权利保护范围以最有利的方式被核定，巩固权利。

对维权行动缺少经验和把握时，应提前做周详评估、尽职调查，甚至以可控的方式做预演。应就对方可能采取的反制手段做出预判，并准备预案。

↘【案例 20-4】

搜狗诉百度专利侵权[33]

百度和搜狗两家公司有直接业务竞争，百度公司认为搜狗公司采用了不正当竞争的手段，对搜狗公司发起反不正当竞争之诉。

2015 年 10 月 19 日，北京市海淀区人民法院下达了对百度公司有利的一审判决，令搜狗公司向百度公司赔偿 50 万元。

在随后的一个星期内，搜狗公司基于 8 件专利针对百度公司向北京知识产权法院提起侵权诉讼，索赔 8000 万元。

百度公司迅速反击，在 11 月初对全部 8 件专利提起专利无效。

随即，搜狗公司于 11 月 16 日至 11 月 19 日，在北京、上海两地向百度公司发起第二轮共计 9 件专利侵权诉讼，索赔 1.8 亿元。

搜狗公司如此行动当然不是为了有趣。这种安排会对对方产生心理冲击，凸显信心、实力和态度之坚决。搜狗公司的行为方式引起了业界和公众的广泛关注，产生了预期的积极宣传效果。

百度公司马上表态，搜狗公司的诉讼是无理取闹[34]。

百度公司和搜狗公司在对簿公堂之外穿插了舆情交锋。

例如，2017 年 6 月，互联网多家媒体转发文章《输入法"亿元天价专利案"以搜狗撤诉告终百度完胜》[35]。当日晚些时间，与之针锋相对的另一篇报道又迅速传播开来，嘲弄百度公司太着急了——《撤诉不等于败诉，百度你捉急了！》。[36]

交锋中，搜狗方面约过半数的专利经受住了至少一轮专利无效的考验。

之后，两个公司之间的诉讼慢慢淡出了公众视野，最大的可能性是双方达成了秘密和解。因此，往往不能简单地从诉讼结果等公开信息来判断当事人得失。

很明显，搜狗公司的行动经过了精心策划，对时机、力度都有精心拿捏，将百度公司可能采取的反制措施也已经算计在内。

搜狗公司用以攻击百度公司的专利，除了自有专利，还有来自腾讯公司的专利。这意味着搜狗公司参照所规划的专利攻击规模，对自己的专利组合做过评估，并补足了缺口，也可能另有他意。其中，必然涉及专利使用证据分析。

20.2.8 融资

融资包括但不限于上市融资。企业上市发行股票后，购买股票的机构、个人均为投资人。在一些国家，企业上市的审核监督机构，例如证券监督管理委员会、股票交易所，替投资人承担一部分投资尽职调查，其中就涉及专利。

对于以技术为重要无形资产的企业，其运用专利的情况对投资人的投资决策有重大影响。当然，影响程度受投资人对专利运用认识水平的制约。

对于企业的专利运用，投资人的理想预期是，其服务于企业长期稳定赢利，具体在于：对主营业务有效形成专利壁垒，即对支持主营业务收入的核心技术、关键技术形成有效保护，从而形成竞争优势；专利壁垒具有良好的成长性，即支持技术迭代发展而持续有效形成专利壁垒，维护可持续的技术领先优势和竞争优势；形成自主知识产权，主营业务没有重大侵权风险。

企业要实现投资人的理想预期，关键在于做好专利布局，包括恰当的地理布局，在自产专利不足时，通过购买来补充。

【案例 20-5】

科创板上市

上海证券交易所（以下简称上交所）负责科创板上市的核准，在中国证券监督管理委员会，即证监会的指导下，为投资人承担一部分尽职调查的职能，其中涉及专利。

不仅限于科创板，对于希望在各个板块上市的公司，证监会的总体要求是公司具有持续、稳定赢利的能力。如此，方可为投资人的利益提供基础保障。

对于强调科技创新属性的科创板，技术是该板块上市公司的核心资产，而专利和技术秘密是技术最主要的资产和法律载体。证监会和上交所就科创板发布的《科创板首次公开发行股票注册管理办法（试行）》《上海证券交易所科创板企业上市推荐指引》《上海证券交易所股票发行上市审核规则》等文件提出的诸多严格要求，全面涉及企业的专利运用，对企业的专利能力有很高的要求。

以下从自主知识产权和技术壁垒、诉讼风险、权属纠纷、技术趋势和先进性这几个方面来阐释。

1. 自主知识产权和技术壁垒

《上海证券交易所科创板企业上市推荐指引》第五条涉及保荐机构评估科创企业能力的重点关注事项，尤其是第（一）和（四）项：

"（一）是否掌握具有自主知识产权的核心技术……"

"（四）是否具有相对竞争优势，包括但不限于所处行业市场空间和技术壁垒情况，行业地位及主要竞争者情况，技术优势及可持续性情况……"

自主知识产权至少有两方面的含义：我方可以禁止他方实施该技术，他方不能禁止我方实施该技术。自主知识产权的实现首先依赖有效的专利组合。专利组合也是维持、保护竞争优势、技术壁垒可持续的主要手段。获取这样的专利组合，主要依靠高质量的专利挖掘和布局。

2. 诉讼风险

《科创板首次公开发行股票注册管理办法（试行）》第十二条中的第（三）项规定："发行人不存在……重大担保、诉讼、仲裁等或有事项……"

按照历史经验，企业上市牵涉的重大经济利益除了吸引竞争者，也会吸引其他逐利者积极地利用专利对其发动攻击。上交所会对发行人涉入的专利诉讼做判别，并非任何情况下都会影响发行人上市。

企业除了需要做基础的专利风险预警，还应当针对类似科创板上市这类事项提前数年即开始做准备。

3. 权属纠纷

《科创板首次公开发行股票注册管理办法（试行）》第十二条中的第（三）项规定："发行人不存在主要资产、核心技术、商标等重大权属纠纷……"

相对于有形资产，技术和专利的权属问题复杂得多、隐蔽得多。这需要企业从技术资产生成和引入的源头即打好基础，设立严格的尽职调查制度和管理操作流程，确保以专业、合规的方式处理，确保权属清晰、保护完善，没有后遗症。

4. 技术趋势和先进性

《上海证券交易所科创板企业上市推荐指引》第六条提出"准确把握科技创新的发展趋势"，第五条第（一）项中提及的技术"快速迭代的风险"也与把握技术发展趋势相关。

《上海证券交易所科创板企业上市推荐指引》第二条所列出的第（一）项原则即指出"坚持面向世界科技前沿"，第五条涉及保荐机构评估科创企业能力的重点关注事项，其中第（一）

项提到"是否国内或国际领先"。

技术趋势分析和先进性评估均可以从专利和科技情报角度获得支持。

科创板开板后的两年里，冲刺科创板的企业因各种原因未能核准注册或主动放弃的超过三成，专利工作存在重大缺陷是主要障碍之一，而这些缺陷无法临时补救。

除了重大侵权纠纷，最主要的问题是企业专利组合、专利布局的品质不过关。例如：专利布局与企业核心技术、涉及主营业务的技术不匹配，未能为这些技术提供完善保护；专利申请的节奏不正常，存在突击申请或断档，不能实现专利组合的健康新陈代谢，从而难以实现持续有效的专利保护，也使企业的研发能力受到怀疑；专利权属存在疑问。

此外，企业受到重大专利侵权威胁，也不同程度地说明企业可能在专利布局、风险排查和控制、专利反制等方面有重大不足。

为了加强对企业的控制及防范其他商业风险，企业控制人可能剥离企业知识产权，由特定方持有。该操作对企业的价值和稳定经营有负面影响，体现在对自主知识产权、技术壁垒的削弱和潜在的权属纠纷上，严重时还会构成实质障碍。

20.2.9　宣传和游说

专利在宣传方面的价值已经为越来越多的企业所重视。企业的诸多专利信息、专利活动是公开的或可以公开的。企业围绕专利活动的宣传，可对公众、用户、投资人、行业圈、合作商、竞争者等受众以较低的成本产生期望的有利影响，例如提升企业形象和知名度、提振对企业的信心、展示企业实力等。

企业应当迅速控制负面舆情。因为专利的专业性很强，涉专利的舆情控制需要专利部门在第一时间即迅速响应、提供支持。

在产品上使用专利标识也属于涉及专利的宣传。专利标识的使用应当合规，否则可能产生严重法律后果。

参考案例：[案例 20-4]。

[案例 7-5]涉及的自拍杆专利，在中国专利金奖的宣传效应下，为权利人行权和获得竞争优势起到很大促进作用。

在[案例 14-1]和[案例 14-3]中，相关方的努力不仅限于影响舆情，更进一步通过游说等方式施加影响，使国家法规、政策的制定和执法分寸更有利于己方，相应可能提升己方或降低对方特定专利的价值。

20.3　专利资产运营实践

20.3.1　专利资产运营的分类

专利资产运营可以分为实施式运营和维权式运营两种。

1. 实施式运营

实施式运营指权利人通过与他方合作的方式，或者通过授权他方开展的方式，来完成专利技术产业化应用，从而凭借专利资产实现收入的专利运营。权利人自行实施专利的，通常不视为专利运营。

开展实施式运营时，通常由实施方，即被许可方主动以某项技术和相关专利的产业实施为目的接触运营方，即技术和专利的所有者，通过支付对价取得专利或专利许可。实施方也可以通过邀请运营方技术入股等方式达成目的。

实施式运营下，实际的运营对象为权利人的技术项目，当权利人的技术项目布局了一定的专利时，相应的专利作为技术项目的附属品一并达成专利运营。

很多达成运营的技术项目并没有配置专利，此时就不存在专利运营。倘若技术项目没有恰当的专利布局保护，将有极大的经营风险。

因此，实施式专利运营，专利工作的核心是如何为技术项目恰当地布局专利保护。相应地，企业不必从专利运营的维度考虑实施式运营，应主要从技术产业化实施和专利布局的角度规划和处理这些工作。

2. 维权式运营

维权式运营指权利人通过向专利实施方收取许可费或将专利售卖给实施方，从而凭借专利资产实现收入的专利运营。

开展维权式运营时，通常专利权人采取主动，接触未取得授权的实施方，要求实施方支付许可费或购买专利。

当实施方拒绝时，维权式运营很可能发展成维权诉讼。维权是实现专利价值的根本保障，有利于社会技术进步、经济发展；而当专利权人滥用权利时，会对经济造成伤害。

维权式运营的经济成本高，且可能有损商誉，模式和需求复杂，牵涉面广，对专业能力的要求很复杂。因此，企业通常不直接涉入维权式运营，而是通过，例如将相关专利出售或许可给专业机构来实现收益，由专业机构完成维权式运营。

专利池运营是一种维权式运营。

20.3.2　运营的基础管理

1. 原则

通常，专利运营，尤其是维权式运营不属于企业主营业务，企业在专利运营规划和实施策略上应当服从主业、目标明确、规模适度。

2. 管理结构

专利运营由专利部门负责。实施式运营和维权式运营的开展方式根本不同。具备条件后，企业通常选择配置不同的团队负责这两种不同方式的运营。

3. 跨部门协调

专利运营的实现通常需要技术、业务等多部门协同工作，因此需要专利部门具有足够的权限以调动相关资源。

4. 情报整合

企业应当统筹情报的收集和分析，系统支持包括专利运营机会挖掘在内的各项经营活动。

专利运营的实现极度依赖技术、市场、产业等方面的最新情报。专利部门、技术部门、业务部门等均应通过自己擅长的渠道和方式，通过业务网络、友商网络、专业机构等渠道，收集产业、市场、技术、产品情报。

5. 发现运营机会时的处理

无论是实施式运营还是维权式运营，当企业发现潜在运营机会时，应立即评估相关技术及其专利布局，以确定是否有必要、有可能追加专利申请，以完善专利布局和技术保护。

然后，企业应制定运营指导方针，以确保专利运营活动以最符合企业总体商业利益的方式开展。例如，当对外给予专利许可可能给企业主营业务带来竞争压力时，企业应拒绝给予许可，或者在法律允许的范围内提高专利许可的门槛、减慢给予许可的工作节奏。

20.3.3 实施式运营

1. 运营机会的发现

实施式运营的机会主要依靠感兴趣的第三方主动征询而获得。

作为补充，企业可以为各个技术项目有针对地制定运营指导方针，筛选出可能有兴趣参加实施式运营的潜在合作商，并将相关信息精准推送给他们。

这些行动应限于低成本的精准情报推送，例如，利用行业圈内的经常性交流。除非确有成功前景，一般不应做主动营销的积极努力，不应对非特定的受众做营销推广。不精准和高投入的营销努力所造成的浪费经常大大超出预期。

2. 运营实现

实施式运营可能以合资的方式或者技术许可、转让的方式实现。

各方需先商定合作方式。运营实现通常并非只涉及专利，还涉及非专利技术资产，相关的估值、许可等问题通常应一揽子解决。

合作方式直接表现为各方的权利义务，例如各方出资和利益分享的方式。在出资方面，牵涉技术、专利时，需做技术、专利的估值，以便将之折算成资本。在收益方面，投入技术、专利的一方，即权利人，取得利益的方式为股权收益、许可费收益、转让收益或三者的混合。

就股权结构、公司治理、许可费结算方式，各方根据自己的情况和对风险的认知，争取达成对自己最为有利的安排。

例如，当权利人是出资较少的一方，并且缺少监督、干预、管理公司的能力时，权利人往往会认为保留对技术资产的控制、依靠许可费取得收益更为安全，将技术资产折成股份并注入公司存在较大风险。而不掌握技术的出资方更愿意权利人将更多的技术资产入股到合资公司，以实现权利人与公司的深度利益捆绑，从而利于公司得到权利人最充分的持续技术支持。

又如，当权利人对其技术的商业前景存在担心时，会倾向于一次性出售技术资产。权利人对公司运营的前景存在担心时，会倾向于保留技术资产而收取许可费，并要求将许可费的结构设计成前期收取大笔的一次性固定费用，后期以较低的许可费率按产量收取变动许可费。权利人存在较大的短期现金压力时，也可能做出上述选择。

20.3.4 维权式运营

维权式运营主要依靠企业主动发现机会。企业应重点关注进行扼制性专利布局的对象。企业拥有确实具有极高商业价值的专利才真正具备维权运营的条件。

通常，仅有少量实力雄厚的头部公司有可能产生较稳定的维权式运营需求，例如专利池运营。但是，即使这类实力雄厚的公司也常常并不直接实施运营，而是以各种方式委托、转移给专业机构来实施。具备足够运营能力的企业也可以先接触专利实施方，尝试收取许可费，当遭到拒绝、运营难度较大时，再委托、转移给专业机构。

原因在于，首先，维权式运营操作复杂，对专业性要求很高，适宜由专业机构实施；其次，维权式运营易在行业内引发激烈冲突，权利人作为经营实业的企业不宜直接涉入。

企业作为原始权利人，只需提供必要的技术支持，并通过巧妙的安排，既可以取得收益，又有可靠的防火墙以避免引火烧身。

通常，企业仅将与自身主营业务不相关的专利积极投入维权式运营，单纯以取得现金收益为目标。而对于与企业主营业务相关的专利，企业应结合商业计划和市场竞争形势，待机加以更为复杂的运用，例如行动支持和专利反制。

参考案例：［案例 14-2］和［案例 14-3］。

专利海盗指基于特定专利，以激进的方式集中向诸多实施专利的企业主张权利，并以之为主要业务收入的非执业实体。其行为方式类似把守重要海路的海盗大肆劫掠过往商船，因而得名。

美国自 2009 年起，由非执业实体发起的专利侵权诉讼超过全部诉讼的半数。大量诉讼属于专利海盗式诉讼，典型特征是：为基于某件或某些专利批量提起专利诉讼成立专门公司，短期内即采用同一模式集中针对不同被告提起数十件乃至数百件诉讼。如此操作可以压缩发起诉讼的成本并控制风险。

被诉方则被迫面对高昂的诉讼成本。诸多小公司难以承受诉讼费，即使并不侵权，只要专利海盗开出可接受的和解条件，也常会选择支付许可费、达成和解，以解除诉累。

诉讼主要集中在得州东区联邦地区法院、特拉华州联邦地区法院等少数法院。这是因为，上述法院在专利海盗看来于他们最有利。其中，得州东区联邦地区法院长期以来也是美国本土专利权人针对海外被告提起专利侵权诉讼的首选地。

【案例 20-6】

美国专利海盗连环诉讼

1. 基本案情

2013 年 6 月至 2014 年 6 月，Delaware Display Group LLC（以下简称 Delaware Display 公司）和 Innovative Display Technologies LLC（以下简称 Innovative Display 公司）作为原告，在美国两家联邦地区法院利用一个专利族的 18 件美国专利向诸多公司提起 38 件专利侵权诉讼。2015 年 12 月，因程序原因，又重新补交了 3 件专利侵权诉讼。

41 件诉讼中，有 29 件被提交到得州东区联邦地区法院，12 件被提交到特拉华州联邦地区法院。

被告包括微软、苹果、谷歌、诺基亚、亚马逊、惠普、戴尔、索尼、尼康、LG、宝马、丰田、尼桑、本田、大众、奔驰、通用、福特、联想，以及华为、中兴、宏碁、宏达等公司。

附件 20-1

专利涉及计算机发光板技术。

专利清单及诉讼清单参见附件 20-1。

2. 专利运营过程

检索公开记录可以发现：

2013 年 1 月之前，涉诉专利由 Rambus 公司（Rambus Inc.）持有，Rambus 公司主动接触了诉讼被告，试图收取许可费而未能成功。

2013 年 1 月 30 日，Rambus 公司将涉诉专利转让给 Acacia Research Corporation（以下简称 ARC 公司）。依据转让协议，这些专利在转让后通过许可、诉讼取得的收益，仍有一定比例归属于 Rambus 公司。

2013 年 3 月 13 日，诉讼原告 Innovative Display 公司注册成立。Innovative Display 公司是 ARC 公司的子公司。

2013 年 3 月 25 日，就对被告产品的专利侵权技术分析，Rambus 公司与 ARC 公司达成咨询协议，为后者提供技术支持。

2013 年 6 月 26 日，ARC 公司将涉诉专利悉数转让给 Innovative Display 公司。

2013 年 6 月 28 日，收到专利后 2 日，Innovative Display 公司开始发起专利诉讼。

2013 年 12 月 20 日，诉讼原告 Delaware Display 公司注册成立。Delaware Display 公司是 ARC 公司的子公司。

2013 年 12 月 21 日，Delaware Display 公司成立次日即收到了 Innovative Display 公司转让过来的部分涉诉专利。

2013 年 12 月 31 日，收到专利 10 日后，Delaware Display 公司开始发起专利诉讼。

3. Rambus 公司

Rambus 公司是在美国纳斯达克证券交易所交易的上市公司，代码 RMBS。

Rambus 公司创立于 1990 年，初期是一家微电子技术公司。后来，Rambus 公司逐渐将专利运营纳入主业。依照公司财报，2012 年至 2014 年，该公司专利许可收入占公司综合收入的 89%、92%、88%。

很明显，Rambus 公司以其原技术基础为依托，逐步转型成为非执业实体，专业从事专利运营。

在本案例中，Rambus 公司并不希望置身于诉讼维权的激烈冲突之中。因此，在收取许可费出现障碍的情形下，Rambus 公司选择将专利转让给其他运营机构，由它们发起诉讼，Rambus 公司提供技术支持并从后续诉讼或许可收益中抽成。

4. ARC 公司

ARC 公司也是在美国纳斯达克证券交易所交易的上市公司，代码 ACTG。

依照 ARC 公司 2015 年财报，其主营业务模式是成立子公司，由子公司利用其持有或控制的专利取得专利收益；公司已经累计成功签署超过 1490 项专利许可协议，取得近 12 亿美元许可费收入。专利运营收益占 ARC 公司总收入的 95%。

ARC 公司是专业从事专利运营的非执业实体，以诉讼和收取许可费见长。

很明显，Rambus 公司、ARC 公司以取长补短的方式配合实施专利运营。

【案例 20-7】

北电网络的专利遗产[37]

北电网络（NORTEL）是一代通信巨头，其前身是加拿大贝尔电信公司的电话制造和修理部门。2009 年，北电网络宣告破产。入职北电网络仅半年，负责其专利许可业务的约翰·维奇（John Veschi）已经敏锐地认识到了北电网络专利组合的巨大价值。经他的游说，在北电网络的破产重组中，6000 件专利被剥离出来单独拍卖。

在拍卖中，谷歌公司、英特尔公司败北，6000 件专利由苹果、微软、索尼、爱立信等公司组建的滚星（Rockstar）公司以 45 亿美元购得，即每件专利的均价超过 500 万元。

其中，苹果公司是最大的金主，出资 26 亿美元，占收购资金的近六成。苹果公司最主要的竞争者是谷歌公司安卓阵营。

由于北电网络专利的威慑力巨大，美国司法部发起了反垄断调查。最后，微软公司和苹果公司就不滥用权利做出了承诺。同期，深感受到威胁的谷歌公司收购了摩托罗拉移动公司及其 2.45 万件专利，专利估值为 30 亿美元。于是，美国司法部于 2012 年 2 月放行了滚星公司对北电网络专利的收购。

最终，2000 件专利由各出资公司瓜分，滚星公司保留了 4000 件，形成了一个专利池。约翰·维奇出任滚星公司首席执行官。2012 年，滚星公司共有 32 名员工，其中 8 人是律师，有 25 人来自北电网络，包括北电网络的资深技术人员。滚星公司的主要工作是对手中的专利做使用证据分析，即确定哪些公司实施了这些专利，每件专利的分析成本在 10 万元左右。随后，滚星公司向使用了这些专利技术的公司索要许可费。

专利许可属于高度敏感的商业秘密，因此滚星公司发起许可谈判的规模不能确定。但仅在美国司法部放行滚星公司专利收购后的两个多月内，滚星公司即发起了上百件许可要求。

滚星公司的专利运营对使用谷歌公司安卓系统的手机厂商威胁很大。例如，2013 年 11 月，滚星公司在美国得州东区联邦地区法院一次性提起了 8 件专利侵权诉讼，被告包括谷歌公司、安卓手机厂商华硕、宏达电、华为、LG、韩国泛泰、三星、中兴等公司。

2015 年 2 月，完成了使命的滚星公司，由显得更为良性的专利运营公司 RPX 以 9 亿美元收购。RPX 公司与微软公司颇有渊源，其宣称的运营宗旨是为企业对抗专利海盗及专利风险提供解决方案。

20.4　对专利资本运营的探讨

20.4.1　专利质押

在各式专利资本运营中，专利质押融资"距离企业最近"。有融资需求的企业可以向开设专利质押融资业务的金融机构申请融资。但是，专利质押因其本身特性，难以成为具有现实竞争力的融资方式。因为无论是从企业还是金融机构的角度看，通常都存在更为理想的融资选择。

具体原因在于：

（1）质押物必须接受价值评估，而专利资产的价值评估过于复杂，估值成本直接拉高了专利质押融资的成本，使之没有成本优势。

（2）绝大部分专利资产的价值受诸多不可控因素制约，价值极难准确评估，通常又贬值很快并且极难变现，难以实现质押物的功能。

（3）企业的核心专利资产才可能具有较高价值，有条件成为融资的质押物，但是倘若企业将核心专利质押给金融机构，即意味着企业存在丧失核心专利的重大风险，而且一旦迈出这一步,将使企业投资人、合作商、用户对其经营状况和发展前景充满疑虑、失去信心。

实际上,专利质押成功的现实案例中,专利大多并未起到决定性作用,融资方通常还提供了其他优质平行质押物,或者融资额大大低于金融机构所评估的信用额度。

20.4.2 其他专利资本运营

对于其他专利资本运营,例如信托、证券化,绝大多数企业并没有尝试的能力和机会。专利资本运营通常由金融机构主导。对于并不涉足金融业的企业,没有必要在这一方向耗费资源和精力。即使遇到一些机会,也更适合在不与企业商业计划、主营业务相冲突的范围内,以专利出售或许可的方式简单处置。

关于专利资本运营,可进一步参考 6.4.5 节及 [案例 6-7]。

20.4.3 专利池及专利组合的资本运营

专利池,以及具有类似性质的专利组合,作为高质量专利资产,不同于其他绝大多数专利资产,其具有稳定的实质性价值,未来收益确定性较好,容易变现。这些专利资产作为特例,较为适合作为资本运营的标的。

高质量的药品专利组合也具备类似性质。

但是,即使对此类优质专利资产,也鲜有资本运营的成功案例,大多由专业运营机构或企业自己来完成运营。如前述及,专利运营对专业能力要求极高,而资本运营主要由不具备这种能力的金融机构主导。

20.5 知识产权归属和转移协议、保密协议

一些企业,尤其是缺乏涉外经验和市场化经验的企业,对知识产权和保密的协议谈判中涉及的重大风险缺少基本认知。相关协议的商业谈判应当由深谙知识产权事务、具有丰富的相关法律从业经验和商务谈判技巧的专业人员实质参与。

通常,研发者对商业沟通的复杂性,尤其涉及侵权等重大敏感问题时,缺乏认知,因此仅适宜在商务谈判的幕后间接提供支持,尤其是不应未经专业控制而与对方直接交流,以防对己方利益造成重大损害。

本节主要针对知识产权相关的协议及谈判的特色问题,不专门涉及一般商业协议及谈判。

20.5.1 总述

企业与合作商的诸多合作牵涉专利运用,所涉专利等知识产权问题可以归结为归属、转移、保密,主要就这三项内容达成协议安排。

本节主要涉及技术类知识产权,例如专利、商业秘密中的技术秘密等专有技术,以及这些专有技术的安排。对于不构成专有技术、知识产权的公有技术,不存在归属和转移的问题。

知识产权协议属于民事协议,当事人本着民事行为自由的原则,就己方期望达成的安排,与对方磋商达成一致,即达成协议。如果是涉及知识产权的商业合作,企业应形成签订书面

协议的习惯，以流程制度加以保证。严谨规范的书面协议利于保护当事人利益，避免不必要的纠纷。协议的效力受法律保护，除非存在特别原因，例如订立协议时当事人有严重欺诈行为、协议显失公平等。

归属是知识产权最基本的问题。知识产权转移主要包括转让和许可，性质上是对归属状况做出调整，可以视为广义的知识产权归属安排。因此，企业不应拘泥于归属、转移、转让、许可的字面或形式区别，只要面临的问题涉及其中之一，对其他各方面也应全面综合地做出考虑。

涉知识产权协议的谈判和签署应注意：

（1）各式协议应予关注的核心内容是对各方权利义务的约定，要点在于违约责任、退出机制。违约责任是责任底线，退出机制意味着摆脱责任。此外，可操作性也很重要。

（2）协议管控的要点首先在于防止对方利用协议中的巧妙设置侵占、限制己方原有及应得的知识产权或其他权益。

（3）协议生效后出现违约的，通常违约方应向受损方承担损失赔偿责任或违约责任。具体承担哪一种，可由受损方确定。因此，拟定协议时，作为知识产权权利人的当事人可以将对方侵害己方知识产权的行为定义为违约行为，并设定大大高于通常侵权责任的违约罚责。

（4）协议中应全面考虑相关知识产权担保、侵权责任免责。对担保和免责的考虑可以扩展到非知识产权的其他民事责任。

（5）协议中常涉及复杂的利益分配和转移，相应设计应有可操作性并便于审计核查，协议中宜就审计核查的方式、费用负担等做出约定。即使不涉及利益分配转移的保密协议，也可能涉及核查，也应参照办理。

（6）在协议谈判策略上，应做到有理、有利、有节。例如，小企业在高昂诉讼费的压力下，即使法理占优，也可能向专利海盗让步，支付少量许可费。仅就个案而言，节约了诉讼成本是有利的。但是，该处理方式在有理、有节方面存在欠缺，后续可能使专利海盗蜂拥而来。在与合作商的协议谈判中，如果在有理、有利、有节上进退失据，恶果常更为严重。

（7）协议的谈判和签署对商务和法律能力要求很高，企业应引入律师、顾问等专业资源以获得充分的专业支持。无论是在合作商之间的友好气氛下达成的项目合作协议，还是在高度对抗甚至诉讼背景下达成的和解协议，当事人均要对其中可能的套路和玄机保持最高警惕。

（8）对方确有实际赔偿能力，必要时追加担保人。

20.5.2 保密协议

保密协议应对保密的范围加以清楚、可操作的界定。

保密协议中不应存在将己方专有技术转移、授权给对方的明示、暗示性规定；也不应对己方专有技术的自主权加以任何限制。保密协议相关的排除、免责条款和退出机制尤其重要。原则是，尽管保密信息来自对方，但倘若己方就相同信息具有正当来源，则不应再受保密约束；保密责任应设期限。

例如出现以下情形时，不应因协议形成保密或其他义务，即使规定了相应协议义务，也应解除，否则己方专有技术的自主权或其他正当权益可能受到不公平的限制或损害：

（1）对方披露的保密信息，是己方事前已经掌握的。

（2）对方披露了保密技术，而己方不了解保密信息的其他团队自行研发掌握了相同技术。

（3）对方披露的保密信息，己方可从其他渠道正当获得。

（4）保密信息由他方公开。

应警惕隐性的限制。这类陷阱常常埋藏在操作层面的规定里。例如在合作项目中，对项目所涉及的技术看似公平地加以保密、不使用等限制，而实际上，这种规定已经隐蔽地将一方原本事前掌握而在项目中使用的技术纳入了限制范围。就某一方而言，只应针对项目下获知的他方技术、项目新产出的技术因协议的公平安排而受到保密、不使用等限制，己方原本已经掌握的技术不应被施加限制。

推敲上述内容可知，当事人如要尽可能避免争议和风险，应就保密事项有严格的管理制度并形成系统记录，能为证明己方行为合法合规提供尽可能充分的证据。

再完善的保密协议，也难以完全确保商业秘密的安全。深谙法律和规则的行为人总有可能采用表面合规的方式就获得的保密信息确立正当来源，规避违约或侵权责任。而权利人方面，常常很难发现、证明违规行为，并有效维权。

当承担保密义务的缔约方在相关项目之下需要引进接触保密信息的第三方时，应考虑保密责任向下传导的约定、可操作性和风险。

【案例 20-8】

鲁西化工违反《保密协议》案

2021 年 8 月 9 日，鲁西化工公司发布公告，公司收到山东省聊城市中级人民法院送达的（2019）鲁 15 协外认 1 号《民事裁定书》，裁定承认瑞典斯德哥尔摩商会仲裁机构 2017 年 11 月 7 日就公司违反与庄信万丰戴维科技有限公司（以下简称戴维公司）、陶氏全球技术有限公司（以下简称陶氏公司）签署的《低压羰基合成技术不使用和保密协议》（以下简称《保密协议》）做出的仲裁裁决。相应地，鲁西化工公司应支付 7.49 亿元赔偿款。

鲁西化工公司表示尊重法院裁定但未侵犯知识产权。结合案情可知，鲁西化工公司确实未侵犯他方知识产权，被判付出高额赔偿款的原因在于《保密协议》的签署失误。

2010 年，鲁西化工公司拟建设丁辛醇项目，在调研中接触了多家丁辛醇生产技术供应商，包括戴维公司、陶氏公司及四川大学等。鲁西化工公司最终选择了四川大学。

然而，依照《保密协议》，鲁西化工公司使用从他方包括后来从四川大学正当取得的技术秘密等保密信息前，须先向戴维公司、陶氏公司报告并取得书面同意。鲁西化工公司违反此项约定从而构成违约，是其被判定支付巨额赔偿的主要原因之一。

该《保密协议》有违通常惯例、基本法理之处在于：鲁西化工公司从其他途径正当取得保密信息并加以利用是应受法律保障进行自主经营的基本权利，并不需要再获得他方同意、许可；鲁西化工公司向他方披露从四川大学获取的保密信息，反而涉嫌侵害四川大学的商业秘密。

鲁西化工公司签署《保密协议》的行为，实为不明不白地无偿放弃基本权利并授人以柄，将自己置于被宰割的位置。

20.5.3　归属协议

需要明确知识产权归属的最典型情形是委托或合作研发。此外，诸多以委托或合作生产、加工为名义的项目实际上常常也包含研发、设计，会产出新的智力成果，因此也需要做归属约定。

1. 转移和授权的排除

知识产权归属是企业与合作者之间必须明确的重大问题，除非合作业务根本不涉及新智力成果的产出。即使确实如此，企业也应注意在协议中排查是否存在将己方知识产权不恰当地转移给他方的安排。无论如何，从维护基本公平的角度，在任何协议中明确各方原有专有技术、知识产权不应发生转移或授权、不应被施加额外限制，总是有益无害的。

应警惕隐性的转移、授权，这类陷阱常常隐藏在操作层面的规定里。例如，在合作项目中：

（1）对项目所涉及技术看似做出公平的归属安排，而实际上已经将一方原本事前掌握而在项目中使用的技术，至少部分隐蔽地转移给他方。归属安排只应针对项目新产出的技术，除非一方确实要将己方原有技术转移给另一方。

（2）利用管理决策流程规定，诸如例行项目进程、质量控制审核，使某一方就己方技术秘密向对方做出不必要的披露，隐蔽地达成了商业秘密的转移。

2. 协议优先

对知识产权归属的默认规定因国而异，但是相关方协议的优先效力都会被尊重，除非协议存在严重法律瑕疵，例如与法律规定相抵触、严重有违公平。

3. 基本约定

如前述及，归属协议也应首先明确各方原有专有技术、知识产权不发生转移、授权。进而，对项目中产生的新成果归属做出明确规定。必要时，还应明确具体的操作方式。例如，如何确定是否应当申请专利，由哪方申请专利、承担费用，各方配合义务，一方懈怠或放弃权利时如何处理；各方就新的成果或知识产权可以享有的权益，是否可以给予他方许可，许可的限制条件，收益如何分配，等等。

4. 退出机制

对于退出机制，在权利、义务终止的通常商务安排之基础上，相关方可以约定对相关成果、知识产权的转移限制。例如，相关方被收购或发生重大变动时，其持有的相关成果、知识产权应依照特定条件被转移给其他特定相关方，或特定相关方具有优先取得的权利，等等。

5. 可操作性

协议的设计应当兼顾可操作性，即可控且能够落地实现。

不具备技术能力的相关方不宜过度要求占有其无法消化的成果、知识产权，获得恰当的许可常常是更合理、经济的办法。由具备技术能力的一方持有技术成果，利于其通过积极研发实现技术迭代升级。其他方可以提前要求以优惠条件获得未来升级技术的许可，以达成性价比最合理的安排。

在研发设计协议中，要求他方交出技术秘密常常不具备可操作性。掌握技术秘密的一方，只要熟悉法律规则，就可以绕过协议规定秘密地占有、控制技术秘密，并能规避法律风险。

6. 共同权利人

专利等知识产权可以由多个权利人共有，应当通过协议明确各自的权利，否则易引起纠纷和运营困局。

首先，协议可以明确多个权利人各自享有不同的权利份额。通常，专利局仅记录共有权利人，不记录各权利人享有的份额。

其次，宜对收益分配方式和对相应知识产权加以运营、处置的权利做出规定。

其中，收益分配方式较为单纯，可以约定各权利人享有一定份额，该份额通常与权利份额相当。对知识产权加以运营、处置的权利，例如对外许可、发起诉讼、应对专利无效，较为复杂：委托某一权利人全权处置，行事效率较高，可操作性好，但其他权利人的权利容易受损；由所有权利人共同决定，形式上利于保障各方权益，但行事效率较低，可操作性差。通常，可以分不同事项和情形，分别规定。通常，权利转让须经各权利人同意。

最后，可考虑就共同权利人设置退出机制。

20.5.4 转让协议

知识产权通过转让实现所有权转移。一些官方登记的知识产权，如专利、商标，必须在签署转让协议之后在主管机关完成权利人变更登记方可办结。

在协商转让时，受让方需要做的一项基本功课便是要求转让方披露权利获得、转让、许可、运营的历史等转让方所掌握的与知识产权价值、稳定性、来源正当性相关的全部信息。除了利用这些信息完成估值，受让方还需要基于这些信息确认转让方确实享有该权利，有权实施转让。对于转让人未尽到如实披露责任的，可以在转让协议中设立罚则来制约。如前述及，转让不影响转让前已经达成的许可。转让之前的许可对知识产权的价值有直接影响。

协议中可以包含其他合理条件和安排。例如，使原权利人有权分享专利在转让后产生的收益；满足特定条件时，原权利人收回权利。

20.5.5 许可协议

知识产权许可最为复杂，可以依照当事人的意愿包含丰富的变化。企业尤其需要依靠专业人员处理许可事务。

通过转让可以达成的，通过许可均可实质性达成。反之未必。

1. 许可类型

许可通常有普通许可、独占许可、排他许可等基本类型。普通许可的被许可人无权再向他人给予分许可；独占许可（Exclusive license）的被许可人实质享有专利权人的所有权利；排他许可（Sole license），也称独家许可，被许可人实质享有专利权人的所有权利，只是原权利人仍保留实施专利的权利，但原权利人不能再向他人给予专利许可。

由于独占许可和排他许可容易混淆，在协议中常将独占许可称为独占排他许可（Exclusive and sole license）、排他独占许可（Sole and exclusive license）。

实务中，许可并不仅限于上述基本类型。当事人会因具体情况在以上基本类型的基础上加以变化。因此，协议多不会直接使用普通许可、独占许可、排他许可的字样，而是对具体许可范围、条件加以详细解释和限定，以防出现歧义。

必要时，当事人应考虑向主管机关做许可备案，以稳固协议效力。

2. 运营历史

被许可人与转让的受让人类似，应要求许可人披露权利转让、许可、运营的历史等许可人所掌握的与知识产权价值、稳定性、来源正当性相关的全部信息，以利用这些信息完成估值、确认许可人有权给出许可。当被许可人期望获得诉权及对外给予分许可的权利时，上述披露尤其关键。对于许可人未尽到如实披露责任的，可以在许可协议中设立罚则来制约。

3. 诉权

诉权，指通过诉讼等手段进行维权的权利。独占许可或排他许可协议中应授予被许可人诉权。

通常，普通许可的被许可人没有诉权，但许可协议中可以规定享有诉权的权利人有积极维权的义务，并对不履行义务的设立罚则；也可以在特定条件下，将诉权授予普通被许可人。

4. 许可费

依照价值原理，许可费应参照因许可带来的预期利润的四分之一来核定，可参阅 6.4.8 节。

许可费通常以变动许可费、变动与固定许可费混合的方式来约定。变动许可费按照许可费率和被许可人的实施规模计算。固定许可费与被许可人的实施规模无关，通常仅规定在特定时间按约定的数额缴纳。

通常，权利人给出独占许可或排他许可时，或者在一定范围、时期内给出独占许可或排他许可时，会提出较高的固定许可费要求，对分许可设置条件并要求分享分运营收入，同时设置对赌条款或其他督促被许可人积极实现运营收入的条款。当被许可人不能产生预期收入时，许可人可以依协议撤销许可或动用罚则。

5. 申报和核查

通常，因直接影响权利人许可收入的金额，权利人应要求建立被许可人相关运营情况的申报和核查办法。相应设置应当具体并有可操作性，并包括哪一方承担费用、相关方配合义务等约定。

6. 对抗转让

依惯例，专利许可的效力优先于转让，即转让不破许可。该原则类似于房产交易时的买卖不破租赁。通过转让获得专利的权利人仍应当尊重原权利人对外给出的专利许可。

为稳妥起见，当事人不应依赖惯例，应当在协议中明确未来转让不对许可构成影响。

当事人可以考虑通过许可备案巩固协议效力。

7. 禁诉及退出等安排

通常，当被许可人获得许可的目的为产业化实施时，为防备许可人方面还有继续主张权利的其他专利或知识产权，被许可人应要求达成一揽子许可，将与许可人及其关联方有关的专利等知识产权，甚至未来将要获得的知识产权，全部纳入许可范围；被许可人可要求在许可协议中明确约定许可人及其关联方不得再基于专利等知识产权提出权利主张，即设立禁诉条款。此种情形下，应将涉及的技术或知识产权范围在协议中界定清楚。

许可人可能会要求在许可协议中加入禁止挑战条款，即禁止被许可人挑战知识产权的有效性，例如提出专利无效等。通常，各国当局视禁止挑战条款为有违公平的霸王条款，一般不会对其加以维护。

相关方应特别注意退出机制。例如，技术秘密没有明确的权利期限，如果不专门设定期限或合理的退出机制，被许可人可能陷入无限期缴纳许可费的窘境。

权利人可以考虑在协议中设定条款，例如当被许可人出现破产重组等重大变故时收回许可。

↘【案例 20-9】

中国专利敲诈第一案

获知掌阅公司处于谋求上市的关键阶段，李某某利用其控制的科斗公司基于专利 ZL201010523284.4（以下简称 284 专利）向掌阅公司发起专利侵权诉讼。2017 年 7 月 15 日，科斗公司与掌阅公司达成协议，前者撤回诉讼，后者向前者支付人民币 50 万元以获得包括 284 专利在内的前者所持有或控制的所有专利的许可。

掌阅公司在支付费用并获得专利许可之后，仍然坚持通过专利无效谋求使李某某的专利失效。气愤之下，李某某采用倒签协议的招数，将科斗公司的另一件关键专利 ZL201010523269.X（以下简称 269 专利）"提前"独家许可给实际也由他控制的另一家公司——步岛公司，倒签的许可日期为 2016 年 12 月 29 日。

掌阅公司本应依据 7 月 15 日协议同样获得 269 专利的许可，从而不会侵犯 269 专利权。但因为倒签的协议在表面上使得 269 专利的相关权利在 7 月 15 日协议签署前已经转移给了不受该协议约束的步岛公司，从而使掌阅公司未能获得 269 专利的许可。

随后，步岛公司基于 269 专利向掌阅公司提起了专利侵权诉讼。后双方约定和解费 80 万元，掌阅公司实际支付了 10 万元。

2019 年 9 月 30 日，法院下达判决（2018）沪 0115 刑初 3339 号，主要由于倒签协议的恶劣情节，李某某一审被判犯有敲诈勒索罪，处有期徒刑四年六个月并处罚金。此外，判决书认定权利人选择在企业上市的关键时间点发起维权以期获得更好收益的行为，并无不妥。本案被称为中国专利敲诈第一案。

本案中，受害人掌阅公司尽管经由许可谈判，获得了科斗公司所有相关专利的许可，但是并未要求科斗公司披露相关专利许可、运营历史，也未将科斗公司通过控制人产生关联的公司一并纳入考虑。其许可谈判的处理存在问题，埋下了隐患。

2021 年 10 月，二审法院上海市第一中级人民法院裁定驳回抗诉、上诉，维持原判。

20.5.6　对权利滥用的限制

知识产权是垄断性权利，滥用相关权利可能构成垄断或不正当竞争。反垄断或反不正当竞争的规定因国而异，企业应当就具体情况咨询专业律师、顾问。

通常，典型的违规行为包括：拒绝以合理条件给予许可，坚持不合理的高价格，捆绑不合理的附加条件，搭售不必要的知识产权，恶意拖延，等等。

第21章
从专利战略到商业战略的实践与升级

阅读提示

对于研发者，本章属于一般内容。

21.1　从专利战略到商业战略

21.1.1　专利战略、研发战略、商业战略

战略一词源于军事，本义是利用军事手段争夺利益的宏观策略。相应地，专利战略是利用专利手段争夺利益的宏观策略，商业战略是利用商业手段争夺利益的宏观策略。

此外，企业的专利战略和商业战略之间还可以有机融合研发战略。研发战略是利用研发成果争夺利益的宏观策略。

可见，军事战略、商业战略、研发战略、专利战略的共通之处在于，均以相同的战略思维指导利益争夺；不同之处在于，发生在不同的环境之下，利用不同的手段。

企业专利战略或知识产权战略向来不是独立的存在，其部分经由研发战略，完全依附、融合于企业商业战略，以实现企业商业利益最大化为终极目标。研发战略也完全依附、融合于企业商业战略。商业战略、研发战略、专利战略最终统一于企业的商业利益。

企业专利战略部分经由研发战略，指专利战略覆盖的部分内容与研发战略不相关，例如针对市场竞争、服务于商业策划的专利和科技情报应用。

21.1.2　从专利战略到商业战略的规划

对企业专利战略的完整分析、策划、实施、评价不能与研发战略、商业战略剥离。在规划战略时，应处理好主从关系，不喧宾夺主。商业战略规划在先，研发战略规划、专利战略规划为之提供配套支持，共同以企业商业利益为终极目标。

作为企业在未来较长时期内如何开展专利活动的指引，专利战略通常涉及：① 目标，期望达成的战略目标；② 行动，为达成目标而规划的行动；③ 人员和物质，行动所需的人员和物质这两方面资源的准备。

其中，物质不能仅理解为实体物质，应广义理解为人员之外的实体性、非实体性的可供

利用的资源，也包括专利储备、资金等。

专利战略的目标需要依据企业的商业战略和研发战略来确定，通常以确保自主知识产权、有效构筑专利壁垒为基本目标，扩展至能够以各式专利应用有效支持企业的商业战略和研发战略。

在对人员、物质、行动的规划和准备中，人员是根本，要求团队各个岗位的人员均具备适当的能力。专利储备是物质方面的核心内容，涉及企业经营、技术研发等活动的方方面面，涉及各种场景下的各式专利运用，无论从情报、风险控制、维权、投资、运营等方面，还是从技术标准等公共规制工具、敏感技术管制、合规等维度。

企业的商业、研发、专利战略并无一定之规，需依照自身情况和对形势的预判，由具备战略思维同时又深入了解企业所处的商业环境、行业到企业的商业运营方式，深谙各式商业手段、研发成果利用手段、专利手段的策划者来制定，并随着发展做渐进明细式的调整。

不同的企业，其商业战略、研发战略、专利战略各不相同。即使是同一企业，也不存在唯一标准答案。好比面对同一战局，不同的军事家会采用不同的战略、战术，均能克敌制胜。

关于规划专利战略所需的素质，本书仅侧重于阐释专利手段，尽量系统化地提供了指引、示例，其他方面，例如打造战略思维、掌握企业和行业运营情况，则超出了本书的范围。

21.1.3 从专利权到技术主导权

特定环境下，特定产业中的领军企业，其专利战略、研发战略、商业战略的顶部会与国家的技术主导权战略、科技战略、经济战略的底部相交融。包括国家和企业在内的各参与者对上述战略的实践，塑造世界或区域的技术主导权格局、科技格局、经济格局。这些格局经由各个参与者的博弈而形成。参与者实力悬殊，对这些格局的影响力也极为悬殊，绝大多数参与者的影响力微乎其微，除非形成有效合力。

21.2 专利战略和技术主导权案例

↘【案例 21-1】

华为的技术自主专利战略[38]

1. 总述

华为公司成立于 1987 年，后来成为全球著名的通信设备供应商，是 5G 移动通信的全球领军企业。虽然无法知晓华为公司过往的专利战略，但毫无疑问，华为公司的商业成功是在专利工作的强大支撑下获得的。足以推定，华为公司多年来成功地规划、实践了其专利战略，达成了战略目标。可以说，华为公司目前已经取得的专利工作成果，即为其过往专利战略所确定的战略目标。回溯华为公司专利储备的建设及其他涉及专利的重大行动，即可揭示其过往专利战略在人员、物质、行动各方面的实践。

2018 年之前，华为公司呈现出来的专利战略对商业战略的配合相对单纯和典型，即追求自主知识产权、有效构筑专利壁垒，以各式专利应用，包括诉讼、许可等，有效支持企业的业务运营和收益，并控制风险。华为公司在其专利战略的指导下，以自主技术积累为依托，循序渐进地加强专利储备，巩固技术实力；随着技术实力、专利储备的加强，维权诉讼渐次从防守为主转换到攻防结合，再进一步开始以诉讼支持对专利运营的探索。

2018 年之后，华为的经营开始面对越来越恶劣的外部国际环境，华为在此期间的商业战略规划、专利战略规划是以高于通常大型国际化企业的视角和高度做出的，前瞻性地为融入技术主导权争夺做好了准备。

专利等知识产权是技术主导权、技术管制与合规的重要底层基础，在风险控制、技术反制等方面，专利分析、专利情报等专利运用亦不可或缺。

2. 华为公司与其他公司的数据对比

图 21-1 示出了华为、中兴、联想三家公司自 2007—2020 年的年报数据：每年的收入总额、净利润，以及美国专利授权量。当时，中兴公司是继华为公司、诺基亚公司、爱立信公司之后的全球第四大通信设备制造商，联想公司是全球最大的个人计算机制造商。

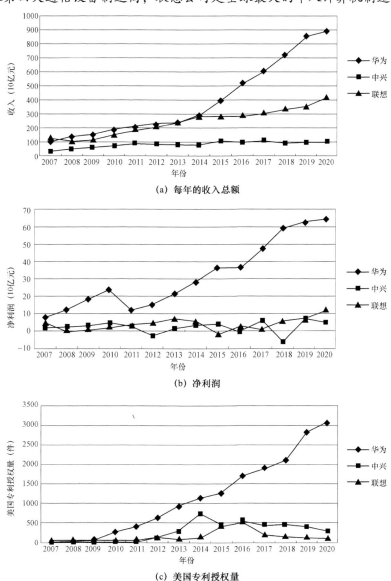

(a) 每年的收入总额

(b) 净利润

(c) 美国专利授权量

图 21-1　华为公司、中兴公司和联想公司数据对比

对比三家公司的数据,似乎可以看到美国专利持有量与公司收入和净利润总体呈正相关,即获得美国专利数量多,公司收入和净利润也高。

当然,不能仅以美国专利数量与企业收入和利润率的表面关联就武断地在它们之间建立简单因果关系。企业的成功往往是多方面原因共同造就的。但是,华为公司大量获得美国专利,是其坚持技术自主研发,并在研发和专利两个方面给予高投入的经营策略必然产生的结果。

十几年来,华为公司和中兴公司每年的研发投入从占企业收入的8%~10%,强劲上涨至14%~16%(见图21-2)。总体上,华为公司在研发投入和专利申请上更积极。联想公司的业务领域和业务模式与华为公司、中兴公司差别较大,在研发投入方面不具备可比性。联想公司的业务类型与小米公司、苹果公司类似,每年的研发投入占企业收入的1%~5%。

通常,公司业务的技术含量高,利于从长线保持稳定的业务增长,维持较高的利润率、抗风险能力、竞争力。前述数据与这些特性相吻合。

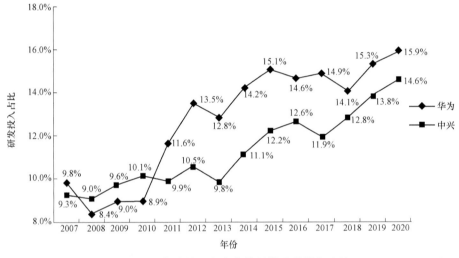

图21-2 华为公司和中兴公司的研发投入占比

3. 2018 年之前的国际化之路

2003 年 1 月,美国思科公司在得州东区联邦地区法院发起针对华为公司的诉讼,指控其盗用软件代码、实施专利侵权。2004 年 7 月,双方和解,和解内容未公开。华为公司相关产品退出了美国市场。与美国思科公司的冲突,暴露了华为公司在专利等知识产权方面的短板。也正是从 2003 年起,华为公司的美国专利申请开始提速(见图21-3)。

至 2010 年,华为公司当年仍需要付出约合 15 亿元的专利许可费,相当于年收入的 8‰。

2010 年 7 月,华为公司与摩托罗拉公司的长期合作出现了危机。诺基亚西门子网络公司(以下简称诺基亚西门子公司)宣布出资 12 亿美元收购摩托罗拉公司无线网络业务,并于 7 月 16 日在美国芝加哥针对 Lemko 公司及雇员侵犯摩托罗拉公司商业秘密的诉讼(Motorola Inc. v. Lemko Corp., No.1: 08-CV-05427)中追加华为公司为侵权被告。业务合作不能强求,但是在华为公司以 OEM 的形式与摩托罗拉公司进行十年的合作中,摩托罗拉公司掌握了华为公司的大量核心技术、商业秘密。交涉未果,2011 年 1 月 24 日,华为公司将诺基亚西门子公司和摩托罗拉公司诉至美国伊利诺伊州北区联邦地区法院(Huawei Technologies Co., Ltd

v. Motorola, Inc. et al., No.1：11-CV-00497）。法院随即下达禁令，禁止摩托罗拉公司向诺基亚西门子公司披露华为公司的商业秘密。2011 年 4 月，三方达成和解：华为公司获得技术许可费补偿，其与摩托罗拉公司的商业合同在并购之后转给诺基亚西门子公司执行；华为公司与摩托罗拉公司发表联合声明，并撤回相关诉讼。

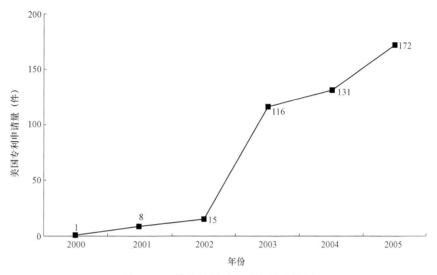

图 21-3　华为公司的美国专利申请量

图中，美国专利申请量按其申请日划入某一年度，其中剔除了华为公司采购的专利。

在这次争端中，华为公司有理、有利、有节地向强强联手的对方发起挑战以捍卫权益，与国际巨头分庭抗礼。这是中国企业在涉外知识产权争端中首次取得重大胜利。此次交锋也是对华为公司若干年来专利等知识产权能力建设的成果检验。

2010 年，华为公司还在欧洲针对中兴公司提起知识产权诉讼。本案涉及标准必要专利的 FRAND 原则和下达禁令等前沿法律问题，形成的判例对欧洲后续相关司法实践产生了影响。

从 2014 年华为向 T-Mobile 发起谈判，要求收取专利许可费未果，到 2019 年 2 月，三星向华为支付许可费，经过多年的励精图治，华为公司水到渠成地将技术和专利方面的长期投入形成收益。华为公司自 2015 年起实现知识产权收益，至 2018 年，累计净收益超过 90 亿元。部分许可收益应是通过专利池运营产生的。另外，华为公司与高通公司、苹果公司或其关联公司等，也达成专利交叉许可等专利交易。

4. 2018 年之后的步步为营

2018 年，国际环境风云变幻。华为公司对此早有预见，表现之一便是华为公司在技术安全性和行为合规方面，包括涉及专利等知识产权的行为合规方面，对自身保有最严格的要求。

2019 年 3 月 6 日，华为公司在美国得州东区联邦地区法院以美国为被告提起诉讼（案号 4：19-CV-159）。华为公司希望通过诉讼表明自己的技术是安全可靠的，并对其排除自由竞争、破坏公平贸易规则表达不满。尽管最终法官支持了被告方驳回诉讼的请求，但法院的驳回裁决中对情节的总结印证了华为公司的主张。

如前所述，正是华为公司对可能在美国遇到的状况早有预见，在技术安全性和遵守技术管制等方面，严格自律，堪称合规典范，才让美国、加拿大两国执法机构以破坏技术管制为由，非法扣押华为高管的挟持手段未能得逞。

2019年5月15日，美国商务部在其官方网站上发布消息，将华为公司加入实体清单（Entity List）。这意味着华为公司将遭受美国全面禁令的制裁，即任何公司或机构不得与华为公司及其关联公司就技术，包括软件在内的技术产品，进行交易或交流，除非获得美国商务部特许。

对美国的技术管制，华为公司早有战略预见，并为此做了长期准备。针对关键技术坚持长年投入做替代能力建设，实现以自主的技术和产品替代国外的技术和产品。全面禁令的下达可能早于华为公司的预期，但并非全无征兆，因此华为公司也做了较好的短期准备。

5. 5G翻身

自2009年起，华为公司开始5G研究，至2020年，累计投入超过300亿元，并且还在继续加大投入。就5G技术标准，华为提案超过2.1万件；5G基本专利提案占比超过20%，数量居全球第一。2016年11月，国际移动通信标准化组织3GPP确定了华为公司主导的Polar码（极化码）作为5G eMBB（增强移动宽带）场景的控制信道编码方案。2020年7月，国际电信联盟（ITU）召开的ITU-R WP5D会议上将华为公司主导的NB-IoT正式纳入5G标准。2021年3月，华为公司宣布将从2021年起开始收取5G专利费，为单部手机设备设置2.5美元的许可费上限。相比之下，爱立信公司公布的5G许可费标准约在每部2.5美元至5美元；诺基亚公司以每部手机3欧元为上限；高通公司所设上限约为每部手机13美元。

华为公司已经稳稳跻身5G第一梯队，尽管技术实力、专利池相较实力最强的公司仍有差距。

参考本案例、第14章和第18章相关内容，将技术主导权与自主知识产权相比较，可见后者处于一国私法管辖之下的私权领域，而前者在全球背景下跨入了公权领域，涉及技术标准及其他公共规制工具，涉及诸多法规和行政力量，例如行政许可、技术管制、关税、贸易制裁。

技术主导权的形成还涉及技术壁垒、商业壁垒的配合。这些壁垒的构筑，如在本案例中已经示出的，关键在于在规制力量、技术优势、商业利益的复杂配合下，策略性地选取产业链条、商业实现链条的关键点。其中，技术主导权实现的基础保障在于一国较强的综合国力，在于其对全球政治经济形势的强大威慑力。

21.3　知识产权战略案例

【案例21-2】

苹果公司的知识产权战略实践[39]

本案例侧重从苹果公司不同情形下的行为方式揭示其行动策略、指导方针，以领会其包括专利战略在内的知识产权战略、商业战略。还涉及与专利等知识产权相关的反垄断、反不正当竞争、诉讼策略等。

当公司的商业战略、专利战略呈现极端商业趋利时，常引发商业伦理争议。

1. 总述

苹果公司的知识产权战略很独到：充分立足于商业利益最大化，特别趋利；在此原则下充分适应其自身特点，攻击性强，表现老到。

苹果公司由史蒂夫·乔布斯等人于 1976 年在美国创立，引领了手机智能化革命，取得了巨大的商业成功。多年来，苹果公司一直是市值最高的公司，2021 年达到约 18 万亿元，利润甚至超过可口可乐、Facebook 等公司的营业额。长期以来，苹果公司在智能手机市场的占有率为一成到二成，但赚取着整个行业超过八成的利润。

苹果公司的优势和成功首先源于创意而非技术，其推出了革命性的智能手机创意，但在通信、芯片等基础硬核技术上缺少建树。

在商业战略和知识产权战略方面，苹果公司力图坚守其革命性创意，形成强势垄断，以实现超额利益。乔布斯坚称安卓手机剽窃了苹果的创意，谷歌和安卓阵营要扼杀苹果，他则要向安卓系统发起"热核战争"，不惜代价将之消灭。

这种垄断风格使苹果公司偏封闭而非开放。其显著标志还在于，例如，智能终端 iOS 操作系统的封闭性、电源适配器异于通行接口标准。

在技术方面，苹果公司并没有不切实际地希望突破自己的短板，只将大约 5% 的营业收入投入研发，与联想公司和小米公司类似。而涉及通信的技术公司，通常将 10% 以上的收入投入研发。

2. 激进的知识产权战略

与坚守创意、强势垄断的策略相配合，苹果公司就其创意做了严密的专利布局，并激进地收购专利，利用专利打击竞争者。可参考［案例 20-7］北电网络的专利遗产和 10.5.1 节介绍的苹果公司"滑动解锁"专利 US Patent 8046721 及相关诉讼。

苹果公司激进的知识产权战略与一般企业规避侵权风险的战略指导思想大相径庭，是其基于自身特点为实现利益最大化量身设计的。

2009 年，布鲁斯·休厄尔（Bruce Sewell）就职苹果公司的总法律顾问，领导法律部，直到 2017 年底退休。关于苹果公司的知识产权战略，他表示，苹果公司采用高风险的法律策略来获得竞争优势：使用巨额法律预算来支持可能导致非常有利或不利结果的商业决策。休厄尔称，他在苹果公司的工作不是规避法律风险，不是使业务运行远离法律风险行为和安全行为的分界线，而是"引导船尽可能接近这条线，因为那里是竞争优势所在"。休厄尔还称，苹果公司的年度法律预算为 10 亿美元，足以支持 350 名律师同时为一个大案子工作，例如与三星的专利诉讼，审阅约 800 万个文件，消耗 20 万计费工时。[40]

尽管司法是公平的，但是获得公平的成本极其高昂，往往让当事人难以负担，而财大气粗的苹果公司负担得起。此即休厄尔所说的"竞争优势"。苹果公司将之推至极致，在正义边缘依靠财富和资源优势充分利用规则压榨弱势对手，谋取最大的商业利益。

3. 对消费者

对于消费者，苹果公司的行事方式是"请君入瓮"。

2020 年 3 月，苹果公司同意支付达 5 亿美元的和解金以了结一桩美国诉讼。诉讼中，苹果公司被指控在推出新款机型时悄悄放慢了老款机型的速度，以吸引用户购买新机或更换电池。根据和解方案，苹果公司需向消费者按每部手机至少 25 美元的标准支付赔偿金。倘若在期限内申报领取赔偿金的美国用户数量较少，则每个用户有可能获得高达 500 美元的赔偿。

这项和解协议涵盖了基于 iOS 10.2.1 或更高版本操作系统运行的 iPhone 6、iPhone 6 Plus、iPhone 6s、iPhone 6s Plus、iPhone 7、iPhone 7 Plus 或 iPhone SE，还涵盖了 2017 年 12 月 21 日之前基于 iOS 11.2 或更高版本操作系统运行的 iPhone 7 和 iPhone 7 Plus。[41]

消费者声称在完成苹果手机软件更新后，感觉手机性能受到影响，误以为手机已经接近使用寿命而需要换代或更换电池。分析人士将旧款苹果手机运行速度下降的现象称为"降频"。法庭文件显示，苹果公司否认存在不当行为，将消费者感受到的问题归因于温度变化、高频使用等。该事件被称为"电池门"（Batterygate）。

而此前，法国刚对苹果公司处以近 2 亿元的罚款。苹果公司承认，在电池管理功能中限制了老款电池的工作性能，理由是防止设备意外关机，但不承认随之推出的更换电池服务属于强制升级。

此外，法国监管机构认为苹果公司在分销网络中触犯了反垄断规定，与批发商通过协议操纵并推高价格，破纪录地开具了 11 亿欧元的罚单。[42]

上述行为和电源适配器异于通行标准而使消费者额外埋单如出一辙，苹果公司充分利用优势地位赚取额外利润。

4. 对生态伙伴

对于生态伙伴，苹果公司的行事方式为"雁过拔毛"。

2008 年，苹果公司推出了应用商店（App Store），吸收生态建设伙伴开发各式应用，设置了应用内付费抽成 30% 的原则，给应用开发者留 70%。

至少自 2011 年起便有美国生态伙伴就此提起反垄断诉讼，指责苹果公司滥用市场支配地位。苹果公司坚持表示抽成 30% 很合理。

2017 年，越发强势的苹果公司进一步修改规则，将打赏也划入了执行 30% 抽成的范围，应用开发者如不接受，则下架其应用。随后引起了中国开发者集体向原国家工商总局、国家发改委举报，要求向苹果公司发起反垄断调查。作为应对，苹果公司出台了新政策：在应用商店审核指南中规定，在打赏的情形下，"获赠方收取 100% 的礼物金额"。[43]苹果公司不再从打赏中抽取 30%，但是也禁止应用开发者抽成，即如果不让苹果抽成，开发者也不可以有收入。

2021 年 8 月，韩国首先出台法案，限制苹果公司的 30% 抽成操作。[44] 9 月，美国加利福尼亚州北区联邦地区法院就 Epic Games 诉苹果案下达了不利于苹果公司维护 30% 抽成的判决。[45]

5. 对大型技术供应商[46]

对于大型技术供应商，苹果公司的行事方式颇为欺软怕硬。

苹果公司追求充分利用强势地位获得利益，与诸多巨头存在知识产权纠纷。最终，无论是诺基亚公司、高通公司还是三星公司，都与苹果公司达成了和解。和解细节通常保密，因而难以判断对哪方更有利。但是，商业规则通常倒向强势一方。

（1）与诺基亚：半年与两年和解。

苹果公司因拒绝和拖延向高通公司、三星公司支付专利费等原因而拉出很长的战线，面对全世界诸多诉讼，唯独与诺基亚公司迅速达成和解协议。是因为诺基亚已经退出手机市场，苹果公司没有反击的条件。作为曾经的手机王者，诺基亚公司握有高质量专利组合。

2016 年 12 月，诺基亚公司针对苹果公司在至少 11 个国家发起 40 件诉讼。半年后的 2017 年 5 月，双方和解。

　　而之前，诺基亚公司和苹果公司的纠纷用了两年方告解决。因为当时的市场上还充斥着诺基亚手机，苹果做专利反击时仍有发力点。2009 年 10 月，诺基亚公司将苹果公司诉至美国特拉华州联邦地区法院，诉称苹果公司侵犯了其 10 件专利。12 月，苹果公司反诉诺基亚公司的 E71、5310、N900 等机型侵犯了苹果 13 件专利。当月，诺基亚公司做出反击，向美国国际贸易委员会（ITC）投诉苹果公司专利侵权，请求针对苹果公司产品下达禁令。2010年 1 月，苹果公司也向美国国际贸易委员会投诉诺基亚公司专利侵权，请求针对诺基亚公司的产品下达禁令。2010 年 5 月，诺基亚公司又在美国威斯康星西区联邦地区法院起诉苹果公司侵犯自己 5 件专利。2011 年 6 月，双方和解，苹果公司同意缴纳专利费。

　　（2）与高通：两年和解。[47]

　　高通公司是手机专利许可费最强势的收割者。但是苹果公司更财大气粗，又是高通公司的超级金主，反而更为强势。双方从开始起诉至达成和解的时间超过两年。

　　2017 年 1 月，苹果公司与高通公司的许可谈判破裂，苹果公司先以反垄断为由将高通公司诉至美国加利福尼亚州南区联邦地区法院，要求被告退还 10 亿美元的专利许可费。高通公司于 5 月开始反击，将苹果的 4 家代工制造商诉至同一法院。双方拉开了全球诉讼战。

　　2018 年 12 月，福州市中级人民法院裁定苹果公司侵犯了高通公司专利，禁止苹果公司在中国销售包括 iPhone X 在内的 7 款机型。之后，德国法院和美国法院相继就苹果公司和高通公司之间的专利纠纷下了判决。就苹果公司的侵权行为，德国法院下达了禁令，美国法院确定了 3100 万美元的赔偿额。

　　2019 年 3 月，美国国际贸易委员会就 337 调查下达初步裁定（案件号 337-TA-1093），认定苹果公司侵犯了高通公司的专利，但是没有下达惩戒苹果公司的禁令而提前结案。5 月，双方和解。

　　两年间，双方在各国的诉讼超过 50 起。

　　（3）与三星：七年和解。[48]

　　一方面，长期以来，三星公司是苹果公司存储、显示等关键器件的重要供应商。

　　2011 年 4 月，苹果公司起诉三星公司的 5 款手机侵犯了苹果公司的专利，要求赔偿 25 亿美元。最终历时 7 年，中间曾出现要求三星公司支付 10 亿美元的判决。上诉之后，赔偿额降为 5.39 亿美元。三星公司仍然认为过高。最终双方于 2018 年 6 月达成全球和解。其间，双方在多国展开的专利纠纷不计其数。据估算，双方的诉讼成本在 10 亿美元数量级。

　　依照苹果公司的宣传，三星公司于 2009 年起上市的多款手机严重抄袭了苹果公司的创意，乔布斯勃然大怒，声称要向三星手机及其使用的安卓操作系统发起"热核战争"。此外，三星手机使用了滑动解锁这一苹果的专利技术。

　　另一方面，三星公司在通信技术方面的极强实力远非苹果公司可及。三星公司握有大量通信基础专利，包括标准必要专利，一直在和苹果公司接触希望收取专利费。而苹果公司坚持认为三星手机也使用了苹果公司的创意，反而应向苹果公司缴纳许可费。双方开出的条件过于悬殊，难以达成一致。在苹果公司首先发难后，三星公司当月即依靠其标准必要专利在多国向苹果公司发起反击。

　　值得一提的是，在 2013 年 8 月，美国国际贸易委员会判定苹果公司侵犯三星公司的专利而下达的禁令（案件号 337-TA-794）遭到总统否决。上次总统动用否决权是在 1987 年。这一事件从侧面反映了苹果公司的强势影响力。

6. 对小型技术供应商

对于小型技术供应商，苹果公司的行事方式颇显店大欺客。

仅就苹果公司在中国涉入的知识产权纠纷而言，特点是：苹果公司与小公司的纠纷频发，且常常是被告，胜诉率低，但会拖很久；苹果公司常常强硬地选择去穷尽各种司法救济手段，利用自己财大气粗的优势大加拖延、打消耗战。司法是公平的，但获得公平的成本之高常是诸多小公司难以承受的，知难而退的不在少数。如此，在商业上对苹果公司最有利。

可参考［案例14-3］和［案例5-7］中的相关部分。

第22章
专利管理体系、专利能力建设和研发者权益

阅读提示

对于研发者，本章22.3节属于重要内容，其余属于一般内容。

22.1 专利管理体系建设[49]

22.1.1 概念和基本特点

专利管理体系，是企业与专利活动相关的所有管理系统、制度、程序的集成，其中包括保证体系运转、实现功能的人。

专利管理体系应从制度和程序的角度，确保专利部门具有管理、调度相关部门的权限，足以保障各项专利相关工作的完成。

专利管理体系的建设应当以企业现实条件为基础，追求实用、高效并具有适度前瞻性，既不过度简陋，也不过度铺张。

17.2节阐释了主要面向专利申请、专利维护，并能支持基本专利运用的专利管理系统。但是，该专利管理系统未能延及企业所有专利运用和专利活动，只是专利管理体系的一个有机组成部分。至少本书涉及的企业全部专利活动均应作为有机组成部分被纳入专利管理体系。

专利管理体系仅能有限地实现专利活动中可以程序化实现的基础性工作，对于高端工作，例如专利撰写及质量审核、专利运营谈判、专利战略的设计和实施、配合商业计划的专利运用方案的设计和实施等，专利管理体系仅能提供辅助性、程序性支持。

专利管理体系内部的各个系统、制度、程序之间，与体系外部其他系统、制度、程序之间是有机融合的关系，并不能泾渭分明地对其加以切分。

各项管理措施应具有可操作性，有核查并确保实施的措施。

22.1.2 管理对象

专利管理体系实现的管理功能，可以依照面向的对象分为对人、物和信息情报的管理。

人，指行为人，包括与企业运营有关联的内部、外部个人、公司、组织。

物，指企业运营涉及的物料、产品，除了有形的，也包括无形的产品、资源，例如技术、知识产权、软件。

对人和物的管理中，主业之外的部分，例如仅涉及辅助性、保障性业务的部分，也不应被忽视，因为其中可能涉及复杂的专利等知识产权问题，例如专利咨询代理服务、通用办公软件、广告宣传、行业展会服务、辅助性自用品，包括自备的展会展板、材料或展示设施、在工作区或茶水间播放的音乐。

信息情报，指支持或影响企业经营规划、行动决策的各种信息和情报，主要可分为两类。

（1）与企业经营活动直接相关，可能产生直接、近期影响的，例如合作商订单或其他要求，产品需求信息，影响近期行情的重大事件，涉及企业的行政决定、司法判决、传票、侵权警告函，对行业业务运行方式有直接影响的法规、行政决定、司法判决出台。

（2）与企业经营活动间接相关，可能产生间接、远期影响的，例如行业头部企业的重大变动或行动，标示市场或行业发展趋势的重大事件，对行业业务运行方式有间接影响的法规、行政决定、司法判决出台。

22.1.3 对人的管理

管理体系应支持各项对人的管理。

可将人进一步分解为合作者和竞争者。其中，广义的竞争者包括与企业业务并不直接相关，但存在冲突的利益相关方，例如对企业发起专利维权的非执业实体。

从内外的角度，内部，涉及内部合作者，包括企业员工和部门；外部，涉及外部合作商和竞争者。

1. 合作者

合作者包括企业内部合作者和外部合作商。合作商可以再分解成上游合作商、下游合作商。可将用户视为下游合作商。

合作者和竞争者的身份可能转换。有时，合作者和竞争者会合二为一。例如，作为上游合作商的合作者可能同时又是下游业务的竞争者；与竞争者就业务运营达成协议时，竞争者同时也是合作者；企业员工离职后到竞争者方面就职，也引发身份转换。相应地，对竞争者的管理措施和手段，凡适用和必要时，也应施于合作者。

对合作者，企业在建立业务合作时，应签署合作协议，通常应就知识产权归属、保密做出约定，必要时，也会涉及竞业禁止、知识产权转移等内容。

2. 内部合作者——员工

对不同工作岗位的员工，在专利等知识产权方面，具有不同的职能和能力要求。专利部门应有设计规划，包括职责要求、能力要求，纪律、制度、绩效的管理规范、奖惩制度，以及培训计划等。管理措施应与员工的劳动合同、用工协议、知识产权协议等相衔接。

3. 内部合作者——部门

对于部门，与员工类似，在企业运营中有不同的职能，在专利等知识产权方面，亦有不同的职能和能力要求。对此，专利部门应有设计规划，包括职责要求、能力要求，纪律、制度、绩效的管理规范、奖惩制度，以及培训计划等。

4. 外部合作者

重要的外部合作者对企业运营发挥的作用，有时类似于企业部门，形同企业部门向外的延伸，在专利等知识产权方面，对其亦有不同的职能和能力要求。对此，专利部门应有相应设计规划，包括职责要求、能力要求、权利义务要求。相应地，据此指导企业对合作商的筛选和与合作商的业务谈判。

企业对外部合作者的要求主要通过协议实现。

5. 竞争者

对竞争者，企业应做风险控制、专利扼制，可进一步参考 20.2.6 节、20.2.7 节、10.1.5 节等相关内容。

22.1.4　对物的管理

管理体系应支持各项对物的管理。

企业经营涉及的物，包括有形和无形的产品、资源，例如技术、知识产权、软件。

物的来源包括上游输入和自产。物的去向包括下游输出和自用。按来源和去向的分型不是相互排他的，即存在交叠。

其中，无形的技术、知识产权的输入、输出最为复杂，通常涉及转让、许可等。

面向各类型的物，管理体系至少应涉及以下方面：侵权风险控制、上下游知识产权担保、技术和模式的规避设计、攻防兼备的专利布局、技术及专利运用。

1. 侵权风险控制

无论物的来源、去向如何，是否为公开技术，即使免费获得或赠予他人，也可能存在专利侵权或其他知识产权侵权风险。例如，免费取得的开源软件在许可范围之外的商业应用将构成侵权；未向下游收取费用，仍可能构成对专利的商业性实施而构成侵权。

因此，企业应对各种来源、去向的物做必要的侵权风险评估，将之纳入管理体系。其中，不应忽视与主业不相关的方面，例如，企业计算机使用的通用软件可能引入的知识产权侵权风险，包括员工个人行为牵连企业的情形。

2. 上下游知识产权担保

通常，企业仅能对采购获得的物要求获得知识产权担保，仅应对销售的物同意给予知识产权担保。应注意，不提供知识产权担保不能使企业完全规避来自下游的侵权责任。

完善的知识产权担保应针对具体技术、产品形态及运营模式，结合侵权原理加以设计，其复杂度往往超出通常想象。

企业应注意通过知识产权协议或其他方式明确技术来源，以防止实际的技术供应商通过各种方式掩盖事实逃避责任，参见 5.8.2 节相关内容。

一般情况下，企业不可能通过上游的知识产权担保完全转嫁自己的知识产权侵权责任。依照专利侵权法理，对上游提供的物，加以最简单的修改、拼装，甚至仅在向下游销售时做了特定组合搭配或修改了产品说明即可能产生无法向上游转移的专利侵权责任。

通常，企业希望获得于己更为有利的条件，即从上游获得更充分的担保，对下游仅提供有限的担保。他方对被担保物提出权利主张时，无论以诉讼还是其他形式提出，企业作为担保方有权实质性加入应对工作，并有主导权。

企业要求上游提供担保时，除明确上游应承担的责任及各项配合义务外，还应注意考查上游的资信和经营稳定性，评估上游无法承担担保责任的风险。必要时，可以要求追加共同担保人。

3. 规避设计

规避设计既包含4.6节的规避风险的技术设计，也包括5.8节的规避风险的运行模式设计。其中，技术规避设计主要针对输出物，模式规避设计主要针对企业运营活动。

4. 专利布局

如已述及，专利布局应攻防兼顾。进攻型专利也应在他方技术的基础上至少经过微创新而形成，微创新的成果也是企业的自产物。

5. 技术及专利运用

对于输入物、输出物，倘若不是简单的有形或无形产品，例如有形的零件、设备及无形的软件，而是技术或知识产权，通常涉及技术转移、专利许可等各类复杂的技术及专利运用。这些活动应由专业力量提供充分支持。

22.1.5 对人和物的管理结构总览

对人和物的管理结构总览如图 22-1 所示。

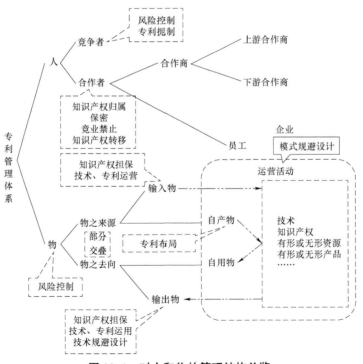

图 22-1 对人和物的管理结构总览

22.1.6 关于保密

在各类知识产权中，侵害商业秘密给权利人带来的损失大大高于对其他知识产权的侵害。

其原因在于，商业秘密覆盖面最广，对商业秘密的侵害极为高发，对权利人利益的影响最大。而商业秘密侵权又存在发现难、举证难、维权难的特征。

诸多企业对防止保密信息扩散的物理性、技术性保密措施给予了充分重视，而企业商业秘密保护还存在法律维度的保护措施。只有使各个维度的保护措施协同作用，方能达成效能与经济性的最佳平衡。其中，使员工和合作商更具有保密意识、感受法律威慑，从而更自觉地维护企业商业秘密，具有特别积极的意义。

以下主要阐释法律维度的保密制度建设。

1. 确保商业秘密明确、适格

法律维度的保护措施，其起点在于明确界定企业的商业秘密，依照法定要件的要求采取对应措施，以确保需要维权时，企业可以清楚、明确地指出并界定被侵害的商业秘密，证明其确实构成法律保护的商业秘密，以及证明在权利被侵害时企业掌握该商业秘密。诸多维权的失败归因于企业在维权时发现不能达成上述要求。适格的商业秘密应具备秘密性、价值性、保密性，可参考 1.1.8 节。

2. 保密协议

对于所有可能接触企业商业秘密的合作商，应提前签署保密协议、保密承诺书等。

对于所有员工，应在雇用时即签署保密协议、保密承诺书等。虽然部分员工的日常工作可能并不接触企业商业秘密，但是不能排除在工作中因偶然原因而有所接触。

针对企业雇用的员工掌握他方商业秘密的可能性，为降低企业侵犯他方商业秘密的可能性、减小对业务运行的妨害，可先对员工所承担的保密义务、工作限制进行摸底，并在相关协议中明确员工不得向本企业披露他方商业秘密。对于其他合作商，也可参照办理。

关于保密协议，还可进一步参考 20.5.2 节。

3. 保密管理及留痕

保密信息应有专门管理，目标是：仅使必要的人做必要接触，对秘密和人员作分级管理，形成框架；接触留有完善的记录，依托文件档案管理系统实现。

如此，利于企业维权时能够充分举证。不能举证将致无法维权。另外，如果保密措施过度牺牲工作的便捷，将使保密措施无法落地。

除了限制人员与秘密源头的接触，还应尽可能地限制人员与高风险的泄密下游的接触。例如，通过劳动合同等限制员工兼职，减少员工与同行竞争者的接触机会。

4. 加强宣贯

企业应加强保密宣传，使员工和合作商保密意识更强，更自觉地维护企业的商业秘密。

5. 员工离职

在员工离职时，宜梳理员工涉及的保密内容和保密义务，对员工重申相关要求。有必要的，应对离职员工的情况做回访跟踪。

22.1.7 关于竞业禁止

竞业禁止，又称竞业回避、竞业避让，指对于可能接触企业重大商业秘密的合作者，企业与之达成竞业禁止协议，禁止或限制合作者在与企业达成业务合作的期间及合作结束后的约定时期内与和本企业构成竞争关系、利益冲突的特定企业、组织、人员达成相关业务合作。

其中，合作者包括雇员，业务合作包括达成雇佣关系。

竞业禁止中牵涉的法律问题很复杂，企业应在律师等专业人员的支持下处理相关事务。

由于竞业禁止会使当事人受到极大限制，通常，各国法律对竞业禁止有严格的规制，以维护受限方的正当权益。例如，要求实施竞业禁止的一方应对受限方遭受的机会损失给予经济补偿，对竞业禁止的适用人群和期限等也有严格限制。

《中华人民共和国劳动合同法》第二十四条规定："竞业限制的人员限于用人单位的高级管理人员、高级技术人员和其他负有保密义务的人员。竞业限制的范围、地域、期限由用人单位与劳动者约定，竞业限制的约定不得违反法律、法规的规定。

"在解除或者终止劳动合同后，前款规定的人员到与本单位生产或者经营同类产品、从事同类业务的有竞争关系的其他用人单位，或者自己开业生产或者经营同类产品、从事同类业务的竞业限制期限，不得超过二年。"

通常，企业对于绝大多数合作者不必提出竞业禁止要求，仅当确实牵涉重大商业秘密、可能造成重大风险、保密协议的保护仍不充分时，才有必要考虑竞业禁止。当合作者并不掌握保密信息时，企业没有必要动用竞业禁止。

需要达成竞业禁止的，企业应在事前与合作者完成竞业禁止安排。

22.1.8　关于技术管制

参考第 18 章，专利管理体系的建设应当确保技术管制方面的合规。在与包括员工在内的合作者达成的协议中，应当明确合作者的合规义务。

22.1.9　关于特别项目

特别项目指对专利挖掘、申请等专利活动有特别要求的项目。

通常，特别项目出于合作商的特别要求而形成。企业与他方合作的项目，凡涉及研发、技术成果产出、技术秘密流转的，应当对相关知识产权事项做出安排。例如，知识产权的归属和使用限制中可能出现超常规的特别要求，需要企业就相关技术、知识产权的处理做特别安排。

受委托完成研发的一方，倘若不能享有项目产出的专利，则其可能没有充分理由积极投入资源开展相关专利挖掘、布局；受委托完成项目的一方，倘若应承担严格保密义务，且部分项目工作可能需要外包给第三方完成，则受托方进行外包之前，需要就应当传导给该第三方的保密义务做好妥善安排。

专利管理体系应当确保适应特别项目的特别要求，可实现个性化管理，设置特别的策略、行为规范、操作流程、申请计划等，就这些特别要求实现有效闭环管控，包括设立相应的执行、监督程序等。

22.1.10　对信息情报的管理

企业应从各渠道和各维度收集与经营相关的信息情报，并加以处理和利用，以为经营规划、行动决策提供支持。

对所有信息情报的处理和利用应做通盘规划，通过制度和程序保证收集和接收的信息情报在企业内部及时、有序、可靠地流转并得到处理，通常应做到如下几点：在情报信息的输入端设置专门接口，对接收的情报信息做识别和分类标引，并补充收集时间、来源等基本信息；在数据和文件管理系统中留档保存，并发送给负责处理的部门；对特定信息情报是否得到有效处理设置闭环监控，即有专门督办，直至负责处理的部门提供处理完结的反馈。

其中，信息情报的保存，尤其是商业和法律文件、证据的保存，可参考 17.2.6 节相关内容。专利部门仅依照制度和程序，参与与之相关的部分。

22.2 专利能力建设

本节的专利能力建设指企业组织的专利能力建设。

22.2.1 总述

企业专利能力建设存在关键的两头：一头是发明的源头，研发者；另一头是企业专利治理的源头，作为企业专利工作最高负责人的专利总监。

源头有缺陷，下游不仅难以弥补，而且通常只会将缺陷放大。对于大多数中国企业，制约专利工作效能的瓶颈在这两个源头长期存在。

专利总监所指的企业专利最高负责人，在不同的企业可能有不同的称谓，在管理架构中处于不同的位置，也可以是首席知识产权官或者负责知识产权的副总经理。在特定企业中，专利总监的岗位职能可能存在一定差别，但是专利总监应在企业核心决策圈内有实质性话语权。

选任适当的专利总监是企业专利工作成败的关键。专利总监是极难培养的复合型高端人才，企业应当在早期即开始重点培养。具备基本条件的人员，尤其包括研发者，可以将转型成为专利总监纳入自己的职业规划。

企业专利工作，首先是一把手工程，进而是全员工程。专利工作广泛涉及企业各个部门、各项工作，并非只在专利部门之内。专利总监能够有效发挥职能，除了要具备职位所需的技能、素质外，还必须得到企业最高管理层的充分支持、授权。

22.2.2 研发者专利能力建设

个别研发者具有较好的专利意识，通过自发的学习、实践，可以具备突出的专利能力。但是，这种个人自发提升难以使企业专利工作得到总体改观。

使企业研发者的专利能力有系统性提升，须由专利总监统筹，通过专利管理体系，配套提供培训、督导、管理、奖惩，做系统性治理。

本书可以成为理想的培训教材和工作参考书。倘若研发者具备向专利总监等专利岗位转型发展的意愿和可能，则应更为全面、深入地掌握本书内容。

22.2.3 对专利总监的能力要求

专利总监应具有战略思维、商业头脑、管理才能，对企业运营、行业市场、产业环境，以及对所涉及的技术、专利及其运用，有全面、深入的认识。

专利总监应具备经营、法律、技术相融合的顶层视野，首要的能力在经营方面：有能力为企业做出商业战略策划、重大经营决策，指导完成经营活动，能够驾驭专利在战略策划、经营决策、经营活动中的运用。

专利总监能够制定专利战略，并能够组织资源确保企业在专利战略的指导下完成好各项专利活动，支持企业经营。其中，组织资源包括人和物两类资源的准备，前者更为关键。专利总监必须能够系统性地规划并指导企业完成专利能力建设，包括专利部门和其他部门，以及不同岗位员工的能力建设。

专利总监必须能够系统性地规划并指导完成专利管理体系的建设，并确保该管理体系能够有效运转。

22.2.4　专利总监的培养选拔

专利总监所需的技能和素质较为综合，现成的人才一般很难找到。实践中，大部分企业最终需要在不同程度上自己培养专利总监。即使招聘到较有潜质的人员，通常其也难以直接就任，需要先在基层或辅助岗位经受考验、熟悉情况、补足短板。

综合分析专利总监所需的技能和素质，最难得的是兼具战略思维、商业头脑的经营管理才能，这种才能几乎不可能仅仅通过学习和培训就能获得；其次是对技术的掌握，尽管一些人能够通过努力学习取得一定成效，但是对于非理工背景的人员难度很大，近乎不可能。较为容易的是了解专利，这一能力要求对于有技术基础的人员并不特别困难，通过研习本书，能够得到系统提升。

相应地，从理工出身的人员中选拔具有经营管理才能的人员最易取得成效。

专利总监培养耗时长，成才率低。所以，应及早培养多个候选人。企业对专利能力的需求很复杂，未能成功晋升为专利总监的候选人还可以在专利管理体系内找到其他合适的位置。

企业暂时没有合适的专利总监时，可以从知识产权咨询公司外聘资深顾问部分承担相应职能，同时协助培养企业的专利总监。

22.2.5　专利总监的内部选拔路径

在企业内部，与专利总监所需的技能和素质最为接近的职位为技术总监、产品总监。能够胜任技术总监、产品总监的人员在经营管理才能方面，在对企业经营、行业市场的了解方面，在对技术的掌握方面，均可达到基本要求。其仅需对专利及其应用加深了解，可在本书的指引下通过学习和实践来补齐。

因此，当企业有合格的技术总监、产品总监时，其补足专利短板而变身成为专利总监是短期内实效可期的可靠捷径。

其次为专利部门中具备经营管理才能、对企业的经营和技术较为了解的人员。专利部门的人员来源通常有两种：研发者转型，专利专业人员转型。

此外，还有研发者中具备经营管理才能、有意愿和条件向经营管理转型的人员。实际上，很多企业中的专利总监、技术总监、产品总监均是这样成长起来的。

22.2.6　专利部门的人员来源

企业对专利能力的要求较为综合，专利部门需要由具备多种专利能力的人员组成。人员的来源有两种：内部转化和引进专业人员。

1. 内部转化

企业在聘用技术人员时，应注意优先聘用对专利有兴趣的，包括做过专门学习甚至考取了专利代理资质的人员。这对于尚难负担专职专利人员的初创企业和小企业尤其有益。

企业也应鼓励技术团队中有意愿的研发者多掌握专利技能，甚至向兼职、全职专利岗位转型，并为他们提供便利。

通过这种方式，可以最经济地提升企业综合专利能力。

这些具备条件和意愿的研发者脱离技术岗位，转入专利岗位或经营管理岗位，最终可能成为专利总监、技术总监或产品总监，甚至晋升到更高职位，能够为企业创造更大的价值。

2. 引进专业人员

这里不涉及从其他企业引进专利专职人员的情形。

通常，专利行业中的专业人员对特定企业、行业的运营和技术状况缺少深入了解。

与企业专利人员所需的技能和素质最为接近的是知识产权咨询公司中的专利咨询师。知识产权咨询公司、专利咨询师的工作即为站在企业立场解决与企业经营相关的各式专利问题。

专利律师所处理的诉讼及其他法律事务与企业底层商业运营紧密贴合，很适于企业这些方面的工作。但是多数律师不具备理工专业背景，难以在深入涉及技术的工作领域有所作为。此外，多数律师容易执着于法律思绪和程序细节，未必适应战略决策和经营决策。

专利代理师专长于专利代理实务，因为直接服务于企业，对企业的专利申请工作较为熟悉，但对企业其他方面的专利工作了解有限，对专利商业价值的认识也不够充分。

专利审查员，指从事实质审查的审查员，专长于专利审查，具备检索专长，工作不涉及对专利价值的考虑，仅聚焦于权利的稳定性，与企业专利工作的直接接触少。

22.3　研发者权益

本节主要涉及受雇工作的研发者在劳动关系中与研发活动、技术成果、知识产权等相关的权益。

22.3.1　一般原则

1. 坚守基本诚信公平

基本的诚信和公平必须得到一贯坚守。

2. 不清楚不签字

研发者与雇主或他方签署任何协议时，例如研发者与雇主建立雇佣关系时，通常需要签署劳动合同，也可能需要签署保密协议、竞业禁止协议，应当清楚在协议上签字意味着受其约束、承担相关义务。因此，研发者应当仔细阅读协议，确保正确理解其内容。如有疑问，应当请相关人员澄清，必要时应当咨询律师，并就澄清和咨询的过程留下清楚、有说明力的记录。

签署协议之后，除非确有非常特别或显失公平的情由，协议会受到法律维护，应当恪守。

协议的核心内容是对当事人权利义务的约定，其中，义务作为限制性的要求更为关键。此外，违约责任和退出机制也很重要。

3. 留存维权证据

就可能涉及重大利益并产生纠纷的事项，应当注意留下清楚、有说明力的记录、证据。最终在产生争议需要维护权益时，必须依靠证据。

清楚、有说明力的记录、证据，最理想的，可以是：完整的音视频，其中包括时间、地点、人物、背景的说明；当事人签字的完整笔录，尤其有旁证时；与事件充分关联的各种原始材料。

当各方面的证据和记录可以相互印证，形成证据链时，证明力最强。例如，当研发者要证明自己为某项成果的发明人时，其提供了工作日志和历次实验记录，其中包括历次实验设计方案、实验结果、使用实验设备和实验材料的记录。这些证据材料有其形成的自然历史过程，可以相互印证，可以据此还原研发中的技术摸索过程，例如每次调整、改进的动因和逻辑等，则具有难以反驳的证明力。

22.3.2　成果的归属和公开

大多数情况下，雇主与研发者签有约定成果归属的协议，约定成果归属于雇主。在包括中国在内的一些国家，倘若不存在协议，职务发明默认归属于雇主。关于职务发明，可参考1.1.4 节。

此外，依照《专利法实施细则》（2010 修订）第 12 条中的第（三）项，"退休、调离原单位后或者劳动、人事关系终止后 1 年内作出的，与其在原单位承担的本职工作或者原单位分配的任务有关的发明创造"也属于职务发明。可以理解为，与在单位承担的工作或任务有关的发明，倘若是在该单位工作期间或从该单位离职 1 年之内完成的，构成职务发明，属于该单位；倘若是在从该单位离职 1 年之后完成的，则不构成职务发明，归属于发明人。

通常，作为成果的所有者，权利人对该成果的处置拥有全权，是否给予公开也由权利人决定。特殊情况除外，例如技术成果被纳入国家技术管制，禁止公开。

22.3.3　署名权和成果发表

对技术成果的署名权，指表明技术成果完成者的权利，包括申请专利后被列为发明人的权利，是做出成果的研发者不可被剥夺的权利。倘若该权利受到侵犯，研发者可以通过诉讼来维权。

技术成果的署名权与所有权可以分离。

但是，权利人就成果加以保密的权利应当受到尊重。所以，署名权仅能在不破坏权利人保密要求的条件下、范围内实现。倘若技术成果已经充分公开，署名权的实现不应再受到阻碍。

研发者有权利将自己的成果形成例如学术论文，署名发表，但前提是，应在权利人保密要求所允许的范围之内。

22.3.4　发明奖励

一些国家在法规中做出规定，某些情形下，例如专利授权或产生收益，雇主应当给予专利发明人特定数额或份额的奖励，但是雇主与发明人有协议的，按协议执行。协议的效力优先于法律默认规定。

22.3.5　离职后的保密问题

研发者更换雇主或离职创业是正常现象。一方面，研发者以工作经验积累的技术能力为事业和谋生之本；另一方面，研发者会受与前雇主签订的保密协议的约束。

通过梳理签署过的涉及保密的协议，包括竞业禁止协议，研发者应首先明确自己是否负担有保密义务，梳理并明确要保密的内容和履行保密义务的范围。

通常，对于明确不应承担保密义务的信息，即使尚未公开，只要为正当取得，研发者可以自由使用；公开信息及有其他正当来源的信息，研发者也能够自由使用而不破坏保密义务。

对于应当承担保密义务的部分，研发者须依照协议和法规的要求，履行好义务。

当处于难以明确保密义务的灰色地带，研发者应咨询律师、顾问，获得行事指导。研发者也可以咨询相关商业秘密的权利人，通常为原雇主。研发者注意应就咨询的过程留下清楚、有说明力的记录。

依法理，保密协议禁止当事人泄露保密技术信息，但无权禁止当事人正当运用其技术能力，诚实地再做出类似的成果。但是在现实中，这种情况常常因无法充分举证而难以分辨，会给当事人带来不确定的风险。

倘若研发者发现其新工作可能涉及原雇主的保密信息，因而存在违反保密义务的风险时，如果可行，回避是最安全的处理方式。必要时，应咨询专业律师、顾问，做出风险评估，获得行事指导。

22.3.6　竞业禁止

如前述及，竞业禁止是强化商业秘密保护的延伸要求，涉及企业商业秘密保护与劳动者正当就业权利之间的复杂利益平衡。由于雇员多处于相对弱势的地位，无恶意雇员的利益通常会受到各国司法的充分维护，竞业禁止措施会受到法律的严格限制，可参考 22.1.7 节。

竞业禁止问题非常复杂，具体问题应咨询专业律师、顾问。

参考文献

［1］技术主导型企业的专利布局案例［EB/OL］（2020-12-05）［2021-06-01］. http://www.360doc.com/content/20/1205/15/30656440_949638528.shtml.

［2］尹新天. 中国专利法详解［M］. 北京：知识产权出版社，2011.

［3］虹软科技股份有限公司科创板首次公开发行股票招股说明书（申报稿）［EB/OL］（2019-03-27）［2019-06-01］. http://pg.jrj.com.cn/acc/CN_DISC/STI/2019/03/27/ba29a0b4f2f442798a39a4849b54e7ea.pdf.

［4］新华社. 中共中央　国务院印发《知识产权强国建设纲要（2021—2035年）》［EB/OL］（2019-09-22）［2021-10-01］. http://www.gov.cn/zhengce/2021-09/22/content_5638714.htm.

［5］国家知识产权局. 中国专利文献著录项目：ZC 0009-2012［S/OL］.［2020-05-21］. https://www.cnipa.gov.cn/transfer/pub/old/zwgg/gg/201310/P020131023597889866202.doc.

［6］李可.（2009）民申字第1562号"自认"与"解释超范围"带来的疑问［EB/OL］（2018-03-22）［2021-07-01］. https://zhuanlan.zhihu.com/p/29051415.

［7］李可. 论专利直接侵权的间接实施［EB/OL］（2018-10-26）［2021-07-15］. https://zhuanlan.zhihu.com/p/47750745.

［8］李可. 好专利之新瓶旧酒［EB/OL］（2021-07-16）［2021-07-16］. https://zhuanlan.zhihu.com/p/28949836.

［9］李可. 企业专利挖掘时的价值考虑——VEMAR公式［EB/OL］（2021-05-19）［2021-07-17］. https://zhuanlan.zhihu.com/p/373425801.

［10］李可. 就专利奇案说撰写"绝对"大忌——兼解优先权的成立［EB/OL］（2018-03-22）［2021-07-18］. https://zhuanlan.zhihu.com/p/33940731.

［11］李可. 专利创造性中的选择性问题［EB/OL］（2017-09-04）［2021-07-19］. https://zhuanlan.zhihu.com/p/29048539.

［12］国家知识产权局. 专利审查指南2023［M］. 北京：知识产权出版社，2024：187.

［13］国家知识产权局. 专利审查指南2023［M］. 北京：知识产权出版社，2024：187.

［14］国家知识产权局办公室. 知识产权基础数据利用指引（国知办函服字〔2020〕1192号）［EB/OL］（2021-01-06）［2021-06-06］. https://www.cnipa.gov.cn/module/download/downfile.jsp？classid=0&showname=%E9%99%84%E4%BB%B6%EF%BC%9A%E3%80%8A%E7%9F%A5%E8%AF%86%E4%BA%A7%E6%9D%83%E5%9F%BA%E7%A1%

80%E6%95%B0%E6%8D%AE%E5%88%A9%E7%94%A8%E6%8C%87%E5%BC%95%
E3%80%8B.doc&filename=bf7676f0a9134708b875336eaa5b8c4e.doc.

[15] amazon.Dog Training Collar[Z/OL][2021-10-02].https://www.amazon.com/Dog-Training-Collar-Rechargeable-Waterproof/dp/B07N7CFMSY？language=en_US.

[16] 李可.最烦人的专利《技术交底书》[EB/OL](2021-06-25)[2021-07-21].https://zhuanlan.zhihu.com/p/384028011.

[17] 李可.企业专利布局原理和案例（8-1）——原理[EB/OL]（2021-10-02）[2021-10-02].https://zhuanlan.zhihu.com/p/416279005.

[18] 李可.企业专利布局原理和案例（8-8）——案例 7 及典型问题[EB/OL]（2021-12-13）[2021-12-13].https://zhuanlan.zhihu.com/p/444546354.

[19] 王宝筠.专利申请文件撰写实战教程：逻辑、态度、实践[M].北京：知识产权出版社，2021.

[20] 王宝筠.专利审查意见答复实战教程：规范、态度、实践[M].北京：知识产权出版社，2022.

[21] European Patent Office.Guidelines for Examination[EB/OL].[2022-5-15].https://www.epo.org/law-practice/legal-texts/html/guidelines/e/g_vii_5_2.htm.

[22] IEC.Guidelines for Implementation of the Common Patent Policy for ITU-T/ITU-R/ISO/IEC（2/11/2018）[EB/OL]（2018-11-02）[2019-12-06].https://www.itu.int/dms_pub/itu-t/oth/04/04/T04040000010005PDFE.pdf#：～:text=The%20Guidelines%20for%20Implementation%20of%20the%20Common%20Patent，also%20on%20the%20web%20site%20of%20each%20Organization.

[23] 中关村标准化协会.中关村标准涉及专利处置规则：T/ZSA 4—2019[S].北京：中关村标准化协会，2019.

[24] 李可.案例经典：打火机出口的标准、法规、专利壁垒攻防战[EB/OL]（2020-08-17）[2020-12-12].https://zhuanlan.zhihu.com/p/186985824.

[25] 李可.科技之火 资本之油：大国复兴之路上的硝烟[EB/OL]（2021-10-27）[2021-10-28].https://zhuanlan.zhihu.com/p/33424319.

[26] 李可.学习"苹果"好榜样：大象对决蚂蚁的 7:1 专利战攻略[EB/OL]（2018-03-22）[2021-10-28].https://zhuanlan.zhihu.com/p/29953340.

[27] 李可.西电捷通通报背后：苹果为何冒险侵犯商业秘密帮索尼？有图有真相[EB/OL]（2018-06-27）[2021-10-28].https://zhuanlan.zhihu.com/p/34809685.

[28] IPRdaily.刚刚！陆风 X7 抄袭路虎极光一案宣判：陆风立即停止生产销售[EB/OL]（2019-03-25）[2021-12-02].http://m.iprdaily.cn/article_21273.html.

[29] 易车编辑.这看脸的世界没救了 陆风路虎傻傻分不清[EB/OL]（2015-01-04）[2021-12-02].https://news.yiche.com/toupai/20150104/2206506720.html.

[30] 李可.小米海外专利布局和收购简析[EB/OL]（2021-08-25）[2021-12-02].https://zhuanlan.zhihu.com/p/403332455.

[31] Sabet.Migrated/GPL Enforcement Cases[EB/OL]（2017-04-01）[2021-12-06].https://

wiki.fsfe.org/Migrated/GPL%20Enforcement%20Cases#Welte_vs_Sitecom_.282004.29.

[32] 李可. 美女 CDMA 之母告诉你，发明真的不难［EB/OL］（2021−09−08）［2021−11−11］. https://zhuanlan.zhihu.com/p/50988670.

[33] 李可. 科技企业 IP 规划四大坑［EB/OL］（2018−03−07）［2020−11−11］. https://zhuanlan.zhihu.com/p/30911400.

[34] 新浪科技. 百度回应搜狗 1.8 亿诉讼：无理取闹［EB/OL］（2015−11−23）［2021−11−12］. http://tech.sina.com.cn/i/2015−11−23/doc−ifxkwuwv3561422.shtml.

[35] IPRdaily 中文网. 输入法"亿元天价专利案"以搜狗撤诉告终，百度完胜！［EB/OL］（2017−06−28）［2021−11−12］. http://www.iprdaily.cn/article_16626.html.

[36] 素圈. 撤诉不等于败诉，百度你捉急了！［EB/OL］（2017−06−28）［2021−11−12］. https://www.zhichanli.com/p/1880712974.

[37] MacDailyNews.How Apple Led The High−Stakes Patent Poker Win Against Google，Sealing Ballmer's Promise［EB/OL］（2011−07−10）［2021−11−15］. https://macdailynews.com/2011/07/10/how−apple−led−the−high−stakes−nortel−patent−win−against−google−sealing−ballmer%E2%80%99s−promise/.

[38] 华为. 尊重和保护知识产权是创新的必由之路：华为创新和知识产权白皮书（2020 版）［EB/OL］［2021−11−12］. https://www−file.huawei.com/−/media/CORP2020/pdf/download/Huawei_IPR_White_paper_2020_cn.pdf.

[39] 李可. 苹果：知识产权人设坍塌？［EB/OL］（2020−05−07）［2020−10−28］. https://zhuanlan.zhihu.com/p/138631096.

[40] HORWIT Z. Apple's former top lawyer：$1 billion budget enabled high−risk strategies［EB/OL］（2019−06−10）［2020−10−10］. https://venturebeat.com/2019/06/10/apples−former−top−lawyer−1−billion−budget−enabled−high−risk−strategies/amp/.

[41] BURCH S. Apple to Pay $500 Million Settlement Over Throttled iPhones［EB/OL］（2020−03−02）［2020−10−10］. https://www.thewrap.com/apple−500−million−settlement−throttled−iphone/.

[42] 刘玲玲. 法国对苹果公司开出 11 亿欧元罚单［EB/OL］（2020−03−08）［2020−10−10］. http://world.people.com.cn/n1/2020/0318/c1002−31636655.html.

[43] App Store 审核指南［EB/OL］（2021−06−07）［2021−09−28］. https://developer.apple.com/cn/app−store/review/guidelines/.

[44] 牛弹琴. 韩国，对"谷歌税""苹果税"说不了［EB/OL］（2021−09−04）［2021−09−04］. https://mp.weixin.qq.com/s/009XvRhhz——IjhUh3Rv3fw.

[45] 华尔街见闻. 苹果输掉重要诉讼，市值一夜蒸发 5000 亿，"苹果税"的暴利生意悬了！［EB/OL］（2021−09−12）［2021−09−12］. https://baijiahao.baidu.com/s?id=1710689353643284701&wfr=spider&for=pc.

[46] 集微网. 努比亚雇员被指拿开源软件申请专利：与诺基亚和解、死磕高通　苹果专利战"套路"分析［EB/OL］（2017−06−11）［2020−10−10］. https://www.sohu.com/a/147915139_119579.

［47］中国知识产权报. 高通 VS 苹果：专利大战尘埃落定［EB/OL］（2019-05-09）
［2020-10-20］. http://ip.people.com.cn/n1/2019/0509/c179663-31075723.html.

［48］硅谷封面. 三星大战苹果：从供应商到最强大对手，三星是怎么做到的？［EB/OL］
（2020-03-01）［2020-10-10］. https://new.qq.com/omn/20200330/20200330A0RRCK00.html.

［49］国家质量监督检验检疫总局. 企业知识产权管理规范：GB/T 29490-2013［S］. 北京：
中国标准出版社，2013.

附录1

技术特征分解表示例

公开号：CN2819822Y

公开号：	CN2819822Y	专利名称：	用于粉条加工的揉面机		
文本性质	授权（√）、第（　）次无效、公开（　）	目标产品/方法定义：	春雨牌榨面机（2006年产）		
专利权人：	薛某国				

序 号	权利要求1技术特征	目标产品/方法	评 议	比对结论
T1	一种用于粉条加工的揉面机，它包括机架（1）	具有揉面功能的榨面机，包括机架	相同	相同
T2	设置在所述机架（1）上的驱动电机（2），其特征在于	机架上设有驱动电机	相同	相同
T3	在机架（1）上部设置有带有进、出料口（3、4）的料斗（5），和	在机架上部设置有带有进、出料口的料斗	相同	相同
T4	在机架（1）上部设置有水平设置在该料斗（5）内的由所述驱动电机（2）驱动的输送搅龙（6）	在机架上部设置有水平设置在该料斗内的由驱动电机驱动的输送搅龙	相同	相同
T5	并排设置有两个相通的U形揉面斗（7、8）	并排设置有两个相通的U形榨面斗	相同	相同

T6	两个 U 形揉面斗在位于所述出料口（4）上方的机架（1）上	两个 U 形榨面斗位于所述出料口一侧下方的机架上	两者出料口相对于面斗位置不同。两者不相同。 依照说明书，出料口是面斗进料口。料为面团。 对于权利要求 1，T6、T7 相结合，实现了面斗由下方进料，上方出料，料采用先进先出的方式，先后进入的料在面斗中的锤揉时间相等。 对于标的，面斗上方进料，上方出料，先进的料垫底，使后进先出，先后进入的料在面斗中的锤揉时间不等。 综上，在 T6、T7 共同作用下，权利要求 1 可使先后加工的料因锤揉时间相等达成更加均匀的效果，解决本专利所要解决的面团不够均匀的问题。标的不具备此效果。因而，两者手段、功能、效果存在实质性不同，也不构成等同	不相同也不等同
T7	其中一个 U 形揉面斗（7）的底部与所述出料口（4）相连通	其中一个 U 形榨面斗的上部与所述出料口相通	两者不相同也不等同。 T7 与 T6 实质相关，评议参见 T6 评议栏	不相同也不等同
T8	在位于每个 U 形揉面斗（7、8）上方的机架（1）上分别设置有一揉面锤（9、10）	在位于每个 U 形榨面斗上方的机架上分别设置有一榨面锤	相同	相同
T9	所述两揉面锤（9、10）的支撑架（11）通过曲柄连杆机构（12）与驱动电机（2）的动力轴相连接	所述两榨面锤各有一个支撑架，两个支撑架均通过曲柄连杆机构经由减速器与驱动电机的动力轴相连接	权利要求 1 并未限定支撑架的数量，仅限定了传动连接关系，因而，标的采用两个支撑架的情形仍符合技术特征描述。 就支撑架与动力轴之间的传动连接，权利要求 1 仅限定须通过曲柄机构，并没有排除可以加装其他传动中间环节，例如减速器，而形成间接连接，因而，标的加装了减速器后，仍符合技术特征描述。 综上，不存在不同	相同

T10	两个揉面锤共用的一个支撑架通过曲柄连杆机构与驱动电机的动力轴相连接	所述两榨面锤各有一个支撑架，两个支撑架均通过曲柄连杆机构经由减速器与驱动电机的动力轴相连接	T10 未包含在权利要求 1 字面中，来自权利人在最高院听证中的自认。（2009）民申字第 1562 号："对于专利技术特征 6，专利权人薛某国在本院听证时明确确认，两个揉面锤共用的一个支撑架通过曲柄连杆机构与驱动电机的动力轴相连接，动力驱动装置通过曲柄连杆机构带动两个揉面锤同向上下往复运动。"（2009）民申字第 1563 号重申了该叙述。 两个揉面锤共用一个支撑架与各自有一个支撑架是技术手段上的明确不同，不能构成技术段上的实质相同，因而两者既不相同也不等同	不相同也不等同
T11	动力驱动装置通过曲柄连杆机构带动两个揉面锤同向上下往复运动	动力驱动装置通过曲柄连杆机构带动两个揉面锤反向上下往复运动，即一个揉面锤向上运动时，另一个向下运动	技术特征出处参见 T10 评议栏。 两个揉面锤同向运动和反向运动是技术手段上的明确不同，不能构成技术段上的实质相同，因而两者既不相同也不等同	不相同也不等同
权利要求原文	"1. 一种用于粉条加工的揉面机，它包括机架（1），设置在所述机架（1）上的驱动电机（2），其特征在于：在机架（1）上部设置有带有进、出料口（3、4）的料斗（5），和水平设置在该料斗（5）内的由所述驱动电机（2）驱动的输送搅龙（6）；在位于所述出料口（4）上方的机架（1）上并排设置有两个相通的 U 形揉面斗（7、8），其中一个 U 形揉面斗（7）的底部与所述出料口（4）相连通；在位于每个 U 形揉面斗（7、8）上方的机架（1）上分别设置有一揉面锤（9、10），所述两揉面锤（9、10）的支撑架（11）通过曲柄连杆机构（12）与驱动电机（2）的动力轴相连接。"		
专利附图			

目标产品/ 方法之图	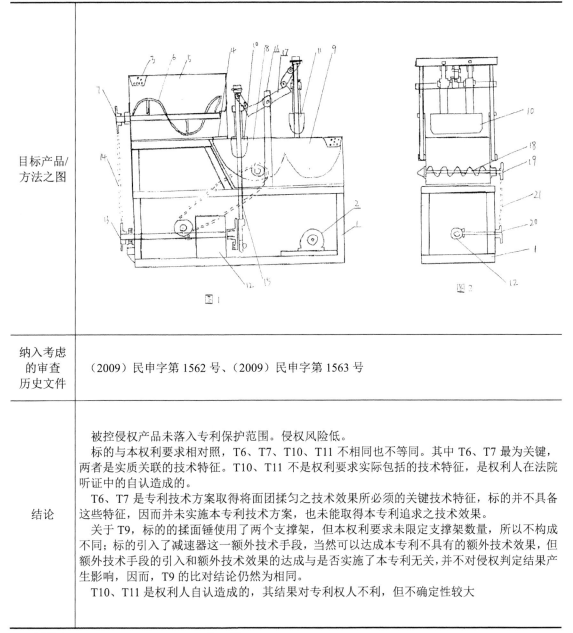
纳入考虑 的审查 历史文件	（2009）民申字第 1562 号、（2009）民申字第 1563 号
结论	被控侵权产品未落入专利保护范围。侵权风险低。 　　标的与本权利要求相对照，T6、T7、T10、T11 不相同也不等同。其中 T6、T7 最为关键，两者是实质关联的技术特征。T10、T11 不是权利要求实际包括的技术特征，是权利人在法院听证中的自认造成的。 　　T6、T7 是专利技术方案取得将面团揉匀之技术效果所必须的关键技术特征，标的并不具备这些特征，因而并未实施本专利技术方案，也未能取得本专利追求之技术效果。 　　关于 T9，标的的揉面锤使用了两个支撑架，但本权利要求未限定支撑架数量，所以不构成不同；标的引入了减速器这一额外技术手段，当然可以达成本专利不具有的额外技术效果，但额外技术手段的引入和额外技术效果的达成与是否实施了本专利无关，并不对侵权判定结果产生影响，因而，T9 的比对结论仍然为相同。 　　T10、T11 是权利人自认造成的，其结果对专利权人不利，但不确定性较大

制表人：　　　　　　　　　日　　期：

附录 2

技术交底书

提案编号：　　　　　　　版本号：

撰写日期：　　　年　　月　　日

发明名称：

发明人：

撰写人、联系人：

电话号码：＿＿＿＿＿　手机号码：＿＿＿＿＿　电子邮件：＿＿＿＿＿

特别说明：

由本交底书提供的内容均可通过专利申请公开。为利于专利撰写，需向代理师披露，但应当长期保密、不应当包含在专利文件中的资料，申请人应单独提供，并标明"保密"，注明不得通过专利申请或其他方式公开。

专利代理机构就本交底书提供的内容承担保密责任，直至内容被公开。本交底书提供的内容，既未通过专利申请公开，也未由申请人或他人通过其他方式公开的，专利代理机构长期予以保密。

注意事项：

● 专利代理师对专业技术仅具基础性了解，务请提供详尽材料及附图。

● 全文行文统一，一个词严格对应一个概念，即，一词一义，不应出现一词多义、多词一义。当对某一措辞可能有多重理解时，请避免使用。建议对一些措辞给出严谨的专门定义，列于"术语解释"部分。

● 全文应使用中文，出现的英语等其他语种词汇，包括缩写，须给出中文译文，列于"术语解释"部分。

● 在对发明技术方案的描述中，避免非语义的、无法意译的表述方式。例如，形容形状时，避免采用"几字形""工字形""T形"，即使其为通常用法。无法避免时，应对照提供可翻译的语义式形容表述，列于"术语解释"部分。

1. 公开状态

就发明人、撰写人所知，发明技术方案尚未公开，不属于现有技术。

请勾选：是□，或否□。

（说明：倘若回答为"是"，则不用填写"情况说明"。

倘若回答为"否"或存在疑问，应请示主管。如仍确定申请专利，请在"情况说明"中详述发明技术方案公开的情况和继续申请专利的理由。

专利只保护技术方案。技术方案可以是产品技术方案，例如，机电结构、物质配方；也可以是方法技术方案，例如，产品的生产方法、加工工艺、使用方法、测试方法。申请专利的前提：发明技术方案不属于现有技术。

现有技术指提交专利申请时，行业或公众已知的技术，包括，例如，查找公开资料可以获知的技术，对公众可正当获取的产品进行测量、拆解、反向工程即可了解的技术。）

情况说明：

2. 简要说明发明技术方案解决的主要技术问题

（说明：建议在 100 字以内。

典型的发明过程是：发明人面对一项现有技术，发现了要解决的技术问题，即因该现有技术的某些技术性能不足，而不能满足人的特定需要；为解决技术问题，发明人以该现有技术为发明起点，对之做改进而完成了发明，指在该现有技术中引入改善相关技术性能的技术手段，使此前满足不了的需要得以满足，解决了技术问题。

上述作为发明起点的现有技术被称为最相关现有技术。因为通常，其与发明技术方案相比，在产品结构、方法步骤上，所处的技术领域、运用的原理、实现的功能，都很接近。以之为起点来完成发明，技术思路顺畅，易于找到参考资料并获得启示。

例如，最相关现有技术是一台揉面机，发明人感受到了"现有揉面机耗电过高"的技术问题和节电的需要。发明人找到并引入了能使最相关现有技术减少耗电的技术手段，完成了省电揉面机的发明。

简要写明发明技术方案解决的主要技术问题即可，此处不必提供具体技术参数和细节。

发明技术方案解决了诸多技术问题的，按重要性由高至低填写三项主要技术问题即可。

发明技术方案解决的其他技术问题，尤其是最相关现有技术也解决了的常规技术问题，不是专利申请所关注的主要技术问题。

倘若发明技术方案与现有技术相比，技术性能没有明显改善，甚至可能变劣，其贡献在于提供了具有类似性能但不同于现有技术的替代方案，则解决的主要技术问题是"现有的解决方案过少"。

例如，发明技术方案是一种治疗糖尿病的新药物配方，则解决的技术问题是"现有糖尿病治疗方式较少"。）

3. 术语解释

（说明：请提供相关专业术语。请参考本交底书第1页中的"注意事项"。）

4. 围绕发明解决的主要技术问题就现有技术做详细背景介绍

（说明：务必只涉及现有技术，不涉及发明技术方案。

请先清楚、详细地介绍相关现有技术背景，进而重点补充以下内容：

● 面对现有技术，主要技术问题是如何发现的？为何想解决该技术问题？

● 从技术角度，主要技术问题的确定是否容易？为什么？准确确定主要技术问题有什么技术障碍？

请包括必要的附图。）

5. 详述发明技术方案

［说明：请尽量详细，应多于1500字，配有详尽附图，例如，原理图、流程图、电路图、结构图、时序图。

还应满足以下要求：

● 通过对发明技术方案中的各具体技术特征（指组成技术方案的技术细节）的描述，形成对完整发明技术方案的系统介绍，足以使本行业普通技术人员能够参照实施该技术方案，但其中不应包含对原理的介绍和解释，即只阐释如何实施，不解释为什么这样实施。

● 应确保按描述来实施技术方案能够解决主要技术问题，但是描述不应涉及技术问题、技术效果，除非发明技术方案必须包含这些内容，例如，发明人发现，现有技术中用作绝缘材料的某化合物还可以成为很好的肥料，则发明技术方案只能描述为"将某化合物用作肥料"，其中必然包含"用作肥料"这一用途，而该用途体现主要技术效果、技术问题。

● 重申本交底书第1页中的"注意事项"。

● 发明技术方案可以纳入上级产品、系统的，还请提供典型的上级产品、系统技术方案。

● 发明技术方案是方法，且可以以（纯或混合）装置（硬件）形式实现的，请提供相应装置技术方案。

● 涉及机电或其他复杂产品、系统之结构、流程的，应完整、系统地说明各相关部分，条理、逻辑清楚，例如，从大到小、从上到下、由表及里、从整体到局部、顺应流程时序或动作进程，逐级分解，层层说明，包括从系统到零件的名称、组成关系、结构关系、连接关系、交互方式、运行步骤、运行规则等。

● 所有附图应配文字叙述，达到没有附图时仍可完整说明发明技术方案的水平，即附图仅起增强可读性的作用，失去附图也不损失发明技术方案的有效技术信息。

● 附图不应遗漏涉及发明技术方案的细节。

- 附图的文字叙述应与附图标记严谨配合。
- 发明技术方案是方法的，请提供流程图。
- 附图中的文字应使用中文。
- 附图应为黑白图而非彩色图，不应以颜色深浅变化来表示立体效果或位置差别。
- 仅涉及现有技术常规功能的常规技术手段，且与主要技术问题无关的部分，可相对简略，但应清楚。]

6. 详述发明技术方案的技术原理、技术效果

（说明：对应问题 5 中的发明技术方案，详细、系统地说明发明技术方案的技术手段、原理、效果。说明应与技术方案中的技术特征充分、系统地对应。

请重点围绕主要技术问题做详细介绍，逻辑推理严谨：发明技术方案利用哪些技术特征，采用什么技术手段，依照什么技术原理，达成什么技术效果，导致技术问题的解决。尤其应详细介绍对主要技术问题之解决必不可少的关键技术特征、手段、原理、效果。

仅涉及现有技术常规功能，与主要技术问题无关的部分，基本技术手段、原理、效果的介绍可相对简略，但应清楚。）

7. 详述与发明技术方案最接近的现有技术方案及其技术原理、技术效果

（说明：最接近的现有技术，指与发明技术方案相比，区别最少的现有技术。最接近的现有技术经常就是最相关现有技术。

请合并问题 5 和问题 6 的回答要求，以之为参考，回答本问题。

请重点描述与主要技术问题相关的部分，例如，最接近的现有技术因技术性能限制而不能解决主要技术问题的原因。

与发明技术方案不相同的部分，应作为重点，在清楚指明不同之处后，从技术手段、原理、效果等方面做详细对比分析。

与发明技术方案在技术特征、手段、原理、效果等方面均相同的部分，可相对简略，但应清楚。

存在与发明技术方案极为相似的多项现有技术时，这些现有技术均应提供。越相似的越往前排。）

8. 介绍发明技术方案商业及产业实现的完整模式、流程

（说明：涉及多方合作的，请重点介绍各方在实现步骤中的具体角色和功能、各方如何达成配合、各方实施或掌握技术方案的哪些部分。

技术方案在商业和产业实现链条的上、下游有完整或部分体现的，请做详细介绍，例如，产业链上游供应商须提供非通用材料、零件、设备、服务，其中包含适应发明技术方案的专门配置；商业实现下游的售后服务涉及发明技术方案的完整或部分实施，涉及包含专门配置的非通用物料、设备、手段。

请重点说明与主要技术问题相关的部分，例如，涉及区别技术特征、区别技术手段的部分；区别技术特征、区别技术手段指最相关现有技术中未包含而在发明技术方案中包含的技术特征、技术手段。

请包括必要的附图。）

9. 详述与发明技术方案最相关的现有技术方案及其技术原理、技术效果

（说明：请参考问题 7 的回答要求。

倘若最相关现有技术即为最接近的现有技术，且已经包括在问题 7 的回答中，指明后不必重复回答。）

10. 关键参考资料的详细介绍

（说明：请提供对完成发明最有帮助的 1 至 3 项关键参考资料。

倘若其中包括不属于现有技术的参考资料，例如，属于发明人或申请人掌握的、不为公众所知的保密技术资料的，务请指出。

关键参考资料，指在发明过程中，最有效地为发明人指引改进方向，建筑起从最相关现有技术通向发明技术方案之桥梁的技术参考资料。通常，关键参考资料涉及区别技术特征、区别技术手段，发明人在关键参考资料的启示下，将区别特征、区别手段引入最相关现有技术，解决了技术问题、完成了发明。

对关键参考资料的介绍，请重点围绕区别特征、区别手段，尤其应详细介绍将之与最相关现有技术组合后带来的性能变化、新技术效果，并做原理解释。这种技术原理、效果，与关键参考资料、其他参考资料的介绍或预期是否一致？倘若存在差别，请详述是怎样的差别。

还请介绍发明人是如何想到利用这些关键参考资料来完成发明的？锁定关键参考资料的过程中存在什么技术障碍？

请包括必要的附图。）

11. 请提供现有技术中的差异化技术方案

（说明：为解决主要技术问题，现有技术中易于想到的不同于发明技术方案的技术路径有哪些？走不同路径的差异化技术方案，以之解决主要技术问题，会遇到什么困难？请详述。

说明的重点在于差异化技术方案相对于发明技术方案在技术特征、手段、原理、效果上的不同点和相应优缺点。

请包括必要的附图。

属于与发明技术方案最接近或最相关的现有技术，已经提供了详细说明的，不必重复提供。）

12. 倘若存在下列情形，请勾选，并提供详细解释

（说明：可多选。

完成发明的过程是使最相关现有技术与具备区别特征的其他现有技术相组合，引入区别特征、区别手段的过程。组合过程中须省略不相关技术特征、手段。）

选项1：□ 现有技术中有反向启示。

（说明：倘若依照现有技术中的常规认识，相近技术领域中的某些技术特征、手段有助于解决主要技术问题，发明人即得到将这些技术特征、手段引入最相关现有技术的启示，尝试向这一方向改进现有技术。

倘若从最相关现有技术出发尝试解决主要技术问题时，现有技术给出的启示方向恰恰与发明技术方案的方向相反，即指出应当引入的技术特征、手段恰恰与区别特征、区别手段相反，使发明改进与发明技术方案的方向背道而驰，则称现有技术中有反向启示。

例如，最相关现有技术为某型号火箭，技术问题是射程不足。就该技术问题，现有技术启示指向的技术手段是增加火箭携带的燃料。然而，设计师引入了与启示方向相反的技术手段：减少燃料，反使射程增加。则现有技术中有反向启示。

反向启示的成因是：区别特征、区别手段与最相关现有技术中的技术特征、手段形成了特定配合，产生了与通常效果相反的技术效果。

如果现有技术中有反向启示，请详述启示的内容和出处，重点在于：

● 依照现有技术中的常规认识，应采用何种技术特征、手段，预期以何种技术原理、达成何种技术效果，使主要技术问题得到解决，说明应当完整、详细、清楚，逻辑推理严谨。

● 应充分说明该启示在现有技术中是否明确，是否受到普遍认同，启示的出处应当可信、可查证，代理师难以自行取得的资料，请提供副本。

进而指明发明技术方案中与反向启示对应相反的技术特征、手段，结合技术原理、效果做出同等清楚、完整的说明。

请包括必要的附图。）

选项2：□ 发明技术方案有预料不到的技术效果。

（说明：发明技术方案有预料不到的技术效果，指依照现有技术中的常规认识不能明确得出区别特征、区别手段会有效推动主要技术问题的解决，现有技术中没有在最相关现有技术中引入这些技术特征、手段而向发明技术方案的方向做改进的启示。而引入区别特征、区别手段后，恰恰有效解决了主要技术问题，则其技术效果超出现有技术中的常规认识，是预料不到的。

例如，发明人发现用作绝缘材料的某化合物可以成为很好的肥料，现有技术中没有将该化合物或类似化合物用作肥料的提示或成功先例。则应当认为，将该化合物用作肥料取得了预料不到的技术效果，且没有现有技术启示，即发明人不能从现有技术中受到启示，将现有技术中该化合物的产业应用与作物施肥联系到一起而得到发明技术方案。

选项1"现有技术中有反向启示"的情形属于发明技术方案有极其预料不到的技术效果。已经在选项1中提供过的，不必重复提供。

尽管现有技术中有一定启示，但是倘若依照这些启示，区别特征、区别手段仅可能对主要技术问题之解决产生有限帮助，而发明技术方案在引入这些技术特征、手段后，就解决主要技术问题达成了非常好的效果，即技术效果的良好程度大大超出现有技术之启示给出的合理预期，也属于有预料不到的技术效果。

尽管现有技术中有一定启示，但是还存在诸多矛盾、混乱的启示，例如，面对最相关现有技术时，掌握现有技术的普通技术人员明显会基于其他更强的现有技术启示选择其他改进方向而非向着发明技术方案的方向做技术改进，而倘若发明技术方案对解决主要技术问题达成了非常好的效果，也属于有预料不到的技术效果。

预料不到的技术效果之成因是：引入的区别特征、区别手段与最相关技术方案中的技术特征、手段形成了特别配合，产生了与预期效果差别很大的技术效果。

若发明技术方案有预料不到的技术效果，请详述，重点在于：依照现有技术中的常规认识、现有技术启示，区别技术特征、区别技术手段的预期技术效果，与其在发明技术方案中就主要技术问题之解决而达成的技术效果，存在何种显著差别，造成这种差别的原因、原理是什么。对相关技术特征、手段、原理、效果的说明应当完整、详细、清楚，逻辑推理严谨。

请充分说明相关现有技术启示的状况，启示是否明确，是否存在矛盾和混乱的启示、指向其他方向的更强启示。就启示的出处提供可信、可查证的材料，代理师难以自行取得的资料，请提供副本。

请包括必要的附图。）

选项 3：□ 发明过程中技术特征、技术手段有组合困难。

（说明：不同现有技术方案能够有效组合，将区别特征、区别手段成功引入最相关现有技术，方能完成发明。而这种组合有时存在实质性技术困难：仅将其他现有技术中的技术特征、手段简单直接地挪用、拼凑到最相关现有技术中，常常难以奏效，必须对某些技术特征做实质性调整，方可使发明技术方案实现功能，解决主要技术问题。此时，称发明过程中有技术特征、手段的组合困难。

实质性技术困难，指进行实质性调整方可克服的技术困难。实质性调整，指这种调整依赖创造性工作方能完成，不能以显而易见的方式，例如，以简单原理、通过有限的简单调试或尝试，就能轻易完成。

例如，发明技术方案为用于远程中医诊疗系统面部图像处理的某数学算法。现有技术中，该算法也被用于门禁人脸识别和移动支付人脸识别的面部图像处理，并且两套人脸识别系统中各自采用的某些参数配置与发明技术方案中的部分参数配置相同。仅就该数学算法而言，难以无疑义地确定将之组合到远程中医诊疗系统中的过程涉及组合困难。但是，普通技术人员依照科学常理即可得出，两项现有技术方案中的具体参数配置不能直接挪用、拼凑到发明技术方案中，即至少就这些参数配置，存在技术特征、手段组合困难，即使客观上某些参数配置相同。尤其发明技术方案用于中医诊疗，有"察颜观色"的独特技术要求，完全不同于人脸识别现有技术。其中的具体参数配置只有，例如，根据具体技术要求做理论测算并经系统调试、测试验证方可得到。

若发明中有组合困难，应先指明具体涉及哪些技术特征、手段，再结合现有技术和发明技术方案，详述产生组合困难、致使直接挪用和拼凑行不通的具体技术原因、原理。

请包括必要的附图。）

选项 4：□ 以上三种情形均不存在。

（说明：如选择此选项，不必提供解释。）

13. 就发明技术方案，存在哪些容易想到的变化或改进？如果有，请提供变化或改进方式

（说明：容易想到的变化或改进，指，例如，对发明技术方案中与解决主要技术问题相关的技术手段、特征，利用惯用的替代技术手段、特征，做全面或部分替换，仍能解决主要技术问题，从而形成发明技术方案的替代方案。

请清楚介绍替代技术方案，从技术特征、手段、原理、效果等角度详述变化了的部分。

请包括必要的附图。）

14. 请申请人、发明人对追求达成的保护范围做出说明

（说明：申请人、发明人希望保护的技术应具备何种关键特点或属性，例如，最希望保护的关键技术特征、手段、原理、效果，按重要性顺序列出，为各项顺序标出序号1、2、3……

如果所追求的保护范围与前述发明技术方案、主要技术问题等存在出入，请就差别做出重点说明。

请包括必要的附图。）

15. 还存在哪些尽管与发明技术方案有一定不同，而申请人、发明人期望纳入保护范围的技术方案？请提供

（说明：请完整清楚地介绍希望纳入保护范围的技术方案，从技术特征、手段、原理、效果等角度详述与发明技术方案不同的部分。

请包括必要的附图。）

16. 其他有助于专利代理师理解技术、做好专利撰写的资料

附录 3

提案评价表

提案编号： 版本号：

进度管理（专利部门填写）

	专利部门受理	完成初步审核	完成提案评审	评价结果
日期				通过 □；未通过□

加急管理

	发明人填写		专利部门填写	
加急 时限	专利提交时限	提案评审时限	专利提交时限	提案评审时限
加急 原因	□ 按正常进度处理，不需要加急。 □ 按以上时限要求加急处理，原因如下：		□ 按正常进度处理，不需要加急。 □ 按以上时限要求加急处理，原因如下：	

基本信息（发明人填写）

提案名称：

第一发明人：_____ 部门：_____ 电话：_____ 电子邮件：_____

第二发明人：_____ 部门：_____ 电话：_____ 电子邮件：_____

所属项目： 技术领域：

提案摘要：

保密事项

发明人填写	专利部门填写
□ 提案内容可以随时通过专利申请公开。 □ 提案内容目前不宜通过专利申请公开。	□ 提案内容可以随时通过专利申请公开。 □ 提案内容目前不宜通过专利申请公开。
备注：（提交专利申请时间建议等）	备注：（提交专利申请时间建议等）

法律评估

	发明人填写	专利部门填写
新颖性\创造性	具备 □；不具备□	通过 □；不通过□
备　注	创造性支撑： 其他：	是否属于专利保护客体：是□；否□。 创造性支撑： 其他：

价值评估

	发明人填写	专利部门填写
提案综合价值 V_L	$V_L=V\times（1+L）=$ 其中：个案价值 $V=$ 布局系数 $L=$	$V_L=V\times（1+L）=$ 其中：$V=$ ，$L=$ 领先：□90%，□70%，□50%，□30%，□0%
专利功能（可多选）	保护自己□，扼制他方□	保护自己□，扼制他方□
对应产品		
竞争者、竞品及合作商		主营业务关联度：高□，一般□，低□
规避难度 A（市场占有率）	近于不可能（$A>90\%$）□ 很高（$50\%<A\leqslant90\%$）□ 较高（$10\%<A\leqslant50\%$）□ 一般（$0<A\leqslant10\%$）□	近于不可能（$A>90\%$）□ 很高（$50\%<A\leqslant90\%$）□ 较高（$10\%<A\leqslant50\%$）□ 一般（$0<A\leqslant10\%$）□

VEMAR 估值

发明人填写				专利部门填写			
个案价值：$V=E \cdot M \cdot A \cdot R=$				个案价值：$V=E \cdot M \cdot A \cdot R=$			
维权系数 E	市场系数 M	规避难度 A	利润系数 R	维权系数 E	市场系数 M	规避难度 A	利润系数 R

发明人说明：

1. 提案使用前景，涉及的竞争者、竞品、合作商：

2. 技术商业使用年限预估，即需要保护多长时期：
□10 年以下；□20 年以下；□20 年以上；□难以确定。具体说明：

3. 关于 EMAR 系数核算或其他：

专利部门初步意见：
专利申请类型（可多选）：□发明；□实用新型。具体说明：

布局配合

		项目说明	发明人填写	专利部门填写
布局系数		布局系数 L，指提案因专利布局因素使商业价值度可以提升的百分比幅度。 　如果布局配合能使预期收益取得大大高于 20% 的提升，除填写相应数值，还应在以下补充核算依据。	□ 0% □ 10% □ 20% □ 其他：%	□ 0% □ 10% □ 20% □ 其他：%
布局角度	重点强化	对于已经设置了专利保护的特别重要技术点强化保护。	□	□
	占据空白	填补了其他专利留下的重要保护空白点。	□	□
	防止规避	防止竞品使用可规避我方其他专利的设计。	□	□
	技术演进	针对较为可能的技术演进方向布局专利。	□	□
	链条延伸	将专利保护延伸至产业链或商业实现链条上下游各环节。	□	□

发明人补充说明：

专利部门初步意见：

□按 PCT 国际申请提交。具体说明：

评审意见

评审组签章：   日期：

专利部门处理意见

□提案申请专利；□提案终止；□其他：

专利申请类型（可多选）：□发明专利；□实用新型；□PCT 国际申请。

具体意见：（如申请专利，就申请时限、未来地理布局等给出意见。）

专利部门签章：   日期：

术语索引

案例索引

案例编号	章节	案例名称	说　明
6-3	6.2.2	机器的资产价值（提前报废）	
6-4	6.2.3	1 年存款	
6-5	6.2.3	1.2 年存款	
6-6	6.2.4	3 年期债券	
6-7	6.4.5	专利证券化运营	
6-8	6.4.9	某国跨江大桥部件侵权风险排查	涉及专利估值误区
6-9	6.5.8	把大象放进冰箱	涉及布局对价值的影响
7-1	7.2.1	在后申请中减少技术特征而优先权不成立	
7-2	7.2.1	在后申请中减少技术特征而优先权成立	
7-3	7.2.1	在后申请中增加技术内容致优先权受到损害	
7-4	7.5.7	格列卫二次用途发明的创造性	
7-5	7.5.7	自拍杆专利的创造性	涉及惯用手段套路，还涉及宣传
8-1	8.6.1	图片扫码技术方案查新检索案例	
8-2	8.6.2	"愤怒的小鸟"所涉技术方案检索	涉及辅助研发
8-3	8.6.3	二手车平台竞争者跟踪案例	
8-4	8.6.4	跨境电商爆品外观防侵权检索案例	涉及风险控制
10-1	10.7.2	基于指静脉特征的身份认证	涉及算法套路
10-2	10.7.2	安全元件空间管理	涉及算法套路
11-1	11.3	自拍杆专利布局	综合性案例
11-2	11.4.1	位置应用的技术演进布局	涉及研发参考
11-3	11.4.2	格列卫专利布局	涉及反向抓手
11-4	11.4.3	正泰诉施耐德专利侵权	涉及扼制型布局、技术演进、促成合作
11-5	11.4.4	热交换芯布局	涉及链条延伸
11-6	11.4.4	WAPI 标准必要专利侵权场景	涉及链条延伸
11-7	11.4.5	风力发电叶片形状的延伸保护	涉及链条延伸、牵连抓手
12-1	12.3.2	螺旋桨桨叶表面加工方法	涉及撰写质量
12-2	12.4.4	自拍杆专利的从属权利要求设置	涉及撰写质量
12-3	12.4.9	德国专利申请 DE102019204449A1 的权利要求	涉及撰写质量
12-4	12.5.13	格列卫二次用途发明的适应性处理	涉及撰写质量
12-5	12.6.3	拉索锚具专利割裂阴阳案例	涉及撰写质量
12-6	12.6.4	铸造件专利故弄玄虚案例	涉及撰写质量、风险控制

续表

案例编号	章节	案例名称	说　明
13-1	13.3.6	家用无线设备对码专利申请驳回复审	涉及审查答辩质量
13-2	13.4.8	构成不利自认的审查答辩	涉及审查答辩质量
14-1	14.3.1	美国和欧盟打火机技术壁垒	涉及游说、研发参考、规避设计
14-2	14.3.2	高通公司与标准必要专利相配合的商业策略	涉及维权式运营
14-3	14.3.3	西电捷通 WAPI 标准必要专利许可	涉及维权式运营
15-1	15.5.9	佰利公司诉苹果公司外观设计侵权	
15-2	15.8.7	路虎与陆风之争	涉及外观侵权、著作权侵权、反不正当竞争
15-3	15.8.8	苹果图形用户界面外观申请	涉及地理布局
17-1	17.1.3	小米集团的专利地理布局	
19-1	19.3.2	Harald Welte v. Sitecom 许可证违规案	涉及软件开源
19-2	19.3.2	Microsoft v. TomTom 专利侵权案	涉及软件开源
19-3	19.3.2	数字天堂与柚子科技著作权侵权案	涉及软件开源
19-4	19.3.2	前端代码+后端代码著作权侵权案	涉及软件开源
20-1	20.2.2	中关村项目引进和培育	锁定投资目标案例
20-2	20.2.2	从 CDMA 之母到无冕之王	研发立项案例
20-3	20.2.6	三星采购	风险控制案例
20-4	20.2.7	搜狗诉百度专利侵权	行动支持、专利反制和宣传案例
20-5	20.2.8	科创板上市	投资案例
20-6	20.3.4	美国专利海盗连环诉讼	维权式运营案例
20-7	20.3.4	北电网络的专利遗产	维权式运营案例
20-8	20.5.2	鲁西化工违反《保密协议》案	侵害商业秘密案例
20-9	20.5.5	中国专利敲诈第一案	涉及专利许可
21-1	21.2	华为的技术自主专利战略	涉及技术主导权
21-2	21.3	苹果公司的知识产权战略实践